Sprachliches Handeln und Kognition

Linguistik –
Impulse & Tendenzen

Herausgegeben von
Susanne Günthner, Klaus-Peter Konerding,
Wolf-Andreas Liebert und Thorsten Roelcke

Band 75

Sprachliches Handeln und Kognition

Theoretische Grundlagen und empirische Analysen

Herausgegeben von
Konstanze Marx und Simon Meier

DE GRUYTER

ISBN 978-3-11-057312-1
e-ISBN (PDF) 978-3-11-057548-4
e-ISBN (EPUB) 978-3-11-057325-1
ISSN 1612-8702

Library of Congress Cataloging-in-Publication Data
A CIP catalog record for this book has been applied for at the Library of Congress.

Bibliografische Information der Deutschen Nationalbibliothek
Die Deutsche Nationalbibliothek verzeichnet diese Publikation in der Deutschen
Nationalbibliografie; detaillierte bibliografische Daten sind im Internet über
http://dnb.dnb.de abrufbar.

© 2018 Walter de Gruyter GmbH, Berlin/Boston
Einbandabbildung: Marcus Lindström/istockphoto
Druck und Bindung: CPI books GmbH, Leck
♾ Gedruckt auf säurefreiem Papier
Printed in Germany

www.degruyter.com

Inhalt

Konstanze Marx und Simon Meier
Einleitung

Kognitive Pragmatik zwischen Grundlagenforschung und empirischem Programm

In einem kürzlich erschienenen Aufsatz stellt Schmid (2016: 543) die programmatische Frage, „[w]hy Cognitive Linguistics must embrace the social and pragmatic dimensions of language and how it could do so more seriously". Unbenommen ihrer Antwort wird bereits durch die Formulierung der Frage zweierlei präsupponiert: *Dass* die sozialen und pragmatischen Dimensionen berücksichtigt werden müssen, wird durch die W-Frage *why* schon vorausgesetzt, und der Komparativ *more seriously* setzt voraus, dass die bisher vorgelegten Versuche, dieser Forderung nachzukommen, noch zu halbherzig ausgefallen sind.

Schon ein rascher Blick in einführende Darstellungen der Kognitiven Linguistik zeigt, dass eine pragmatische Konturierung des Gegenstandsbereichs prinzipiell gesetzt zu sein scheint. So führen etwa Croft und Cruse (2004: 1) die These, dass sprachliches Wissen aus dem Sprachgebrauch hervorgeht, als konstitutive Grundannahme kognitiver Ansätze an. In der Tat ist „gebrauchsbasiert" ein Attribut, das vielen Ansätzen verliehen wird, die sich dem kognitiven Paradigma verpflichtet fühlen (vgl. etwa Kemmer/Barlow 2000; Langacker 2008; Lasch/Ziem 2013). Allerdings, und hier setzt Schmids Kritik an, bleibt es oft bei dieser allgemein gehaltenen theoretischen Grundannahme, dass Sprache und sprachliches Wissen im Sprachgebrauch gründen. Hinreichend konkrete Modellierungen der soziopragmatischen Prägungen kognitiver Prozesse, geschweige denn entsprechende empirische Untersuchungen tatsächlichen Sprachgebrauchs liegen Schmid zufolge bisher kaum vor. Und tatsächlich beschränken sich viele kognitionslinguistische Arbeiten auf exemplarische Analysen kontextentbundener und häufig sogar konstruierter Beispielsätze (vgl. erneut Croft/Cruse 2004; Langacker 2008). Deren ‚Sitz im Leben' (vgl. Herrmanns 2012) wird abermals vor allem *theoretisch* veranschlagt, etwa durch die Annahme leiblich fundierter Konzeptualisierungsstrukturen (vgl. Lakoff/Johnson 1980), nicht aber auch *methodisch* durch Analysen situierter und kontextgebundener Kommunikation. Denn für die oftmals abstrakten Modellierungen der Kognitiven Linguistik wie den für die Kognitive Grammatik typischen Schaubildern (vgl. Langacker 2002; 2008) ist diese schlicht zu komplex.

Mit Blick auf jüngere Forschungstendenzen, die gerade im vorliegenden Band aufgegriffen werden sollen, ist dieses Bild natürlich zu differenzieren. Doch auch in der schon länger zurückliegenden Forschungsdiskussion um die Integration

https://doi.org/10.1515/9783110575484-007

diskursanalytischer Fragestellungen in den Gegenstandsbereich der Kognitiven Linguistik (vgl. etwa Bybee/Fleischman 1995; Liebert et al. 1997) finden sich zahlreiche Ansätze, die die Grundidee einer pragmatischen Konturierung kognitionslinguistischer Theoreme auch empirisch einzuholen versuchen. Schmids Befund, dass der Stellenwert soziopragmatischer Aspekte in aktuellen kognitionslinguistischen Theorien konkretisiert werden kann und muss, scheint dennoch richtig, und nicht zuletzt in den Beiträgen der 1990er Jahre findet sich so manche Anregung, wie dies geschehen kann.

Gewissermaßen von der anderen Seite her nähern sich dieser Problemstellung verschiedene Ansätze zu einer kognitiven Pragmatik (vgl. Schmid 2012a). Hier ist es, wie für die Pragmatik insgesamt, gerade die Kontextgebundenheit von Sprache und Bedeutung, die als gegenstandskonstitutiv gilt. Ihre *differentia specifica* findet die kognitive Pragmatik in der Frage nach den kognitiven Aspekten kontextgebundener Bedeutungskonstitution (vgl. Schmid 2012b: 3). Einige der klassischen Fragen der Pragmatik, etwa nach dem Verhältnis von Gesagtem und Gemeintem im Rahmen der Implikaturtheorie oder nach der Elaborierung unterspezifizierter Satzbedeutungen hin zu pragmatisch angereicherten Äußerungsbedeutungen (vgl. den Überblick in Finkbeiner 2015), können ohne weiteres so reformuliert werden, dass ihre kognitiven Grundlagen in den Fokus rücken. Mehr noch, für den gesamten Bereich der intentionalistisch und inferentialistisch argumentierenden pragmatischen Theorien drängt sich eine solche kognitive Orientierung geradezu auf, da Intentionen und Inferenzen ja kaum anders gedacht werden können denn als kognitive Größen – oder wenigstens als Entitäten, deren Fundierung in den kognitiven Systemen der Sprachbenutzenden theoretisch modelliert und bestenfalls auch empirisch untersucht werden sollte. Ganz in diesem Sinne argumentiert Levinson (2006), dass wesentliche Struktur- und Funktionsmerkmale sprachlicher Kommunikation, wie sie von pragmatischen Theorien veranschlagt werden, von der Intentionalität des sprachlichen Handelns bis hin zu den emergenten Eigenschaften der Interaktion, auf das zugrundeliegende „ensemble of cognitive capacities and motivational predispositions" (Levinson 2006: 86) verweisen, ohne die Menschen zu solch komplexen Leistungen nicht fähig wären. Der bis heute wohl einflussreichste Ansatz zu einer kognitiven Pragmatik, Sperber und Wilsons (1986) Relevanztheorie, macht diese Überlegung zum Programm: Die für sprachliche Verständigung konstitutiven, über Aktualisierung bloßen sprachstrukturellen Wissens hinausreichenden Intentionen und Inferenzen werden in allgemeine Prozesse der kognitiven Prozessierung von Informationen eingebettet und dadurch erklärt (vgl. den Überblick in Padilla Cruz 2016). Kognitive Pragmatik in diesem Verständnis buchstabiert mithin eine Tendenz aus, die pragmatischen Theorien ohnehin innewohnt, und macht sie in jüngerer Zeit auch der empirischen Überprüfung im Rahmen von Experimenten zugänglich (vgl. etwa Egorova et al. 2013 sowie Liedtke in diesem Band). Der in Richtung der Kognitiven Linguistik vorgebrachte (wie oben erwähnt letztlich zu pauschale) Einwand einer mangelnden empirischen Orientierung an tatsächlichem und situiertem Sprachgebrauch trifft indes viele Ansätze zu einer kognitiven Pragmatik nicht minder. Gerade jene Arbeiten, die sich mit den klassischen Kernthemen der Pragmatik wie Implikaturen aus kognitiver Perspektive auseinandersetzen, greifen eben doch vielfach auf konstruierte Beispiele zurück (vgl. abermals Sperber/Wilson 1986; Carston 2002; Bara 2010). Authentische Sprachdaten werden zwar zur Veranschaulichung theoretischer Modellierungen eingesetzt, nicht aber, wie in soziolinguistischen oder kultur- und diskursanalytischen Arbeiten üblich, als empirische Basis, um etwas über die sozialen bzw. kommunikativen Praktiken zu erfahren, denen sie entstammen. Kognitive Pragmatik unter eben dieser Bezeichnung, so könnte man dies auf den Punkt bringen, wird bisher vor allem als Grundlagenforschung betrieben, um aus der klassischen linguistischen Pragmatik bekannte Phänomene und Theoreme aus einer kognitionswissenschaftlich informierten Sicht neu zu beschreiben. Damit ist insgesamt eine stärkere Fokussierung von Prozessen der Sprachproduktion und -rezeption verbunden, die aus den, wie Schmidt (2012a: 9) es formuliert, kognitiven *prerequisites* und *abilities* der Sprechenden heraus erklärt werden sollen.

Wie sehr sich eine solche kognitionslinguistisch orientierte Pragmatik der Grundlagenforschung verpflichtet fühlt und empirische Fundierung vornehmlich auf dem Wege des Experiments sucht, wird deutlich, wenn man sie mit der Konversationsanalyse kontrastiert, die schließlich ebenfalls zur Pragmatik gerechnet wird (vgl. Levinson 2000: 309–402; Finkbeiner 2015: 111–123) und auch in vielen soziolinguistischen Untersuchungen zum Einsatz kommt (vgl. u. a. Keim 2008). Nicht nur ist der Blick auf Sprache hier ein radikal empirischer, der die Analyse konstruierter oder dekontextualisierter Äußerungen prinzipiell ausschließt. Klassisch konversationsanalytische Arbeiten zeichnen sich sogar durch eine dezidiert antimentalistische oder wenigstens agnostische (vgl. Hopper 2006) Haltung gegenüber mentalen Phänomenen aus (vgl. hierzu Deppermann 2012: 747f.). Kognitive Prozesse selbst, Intentionen und Inferenzen eingeschlossen, gelten als nicht auf dem Wege der Analyse von Transkripten beobachtbar und werden deshalb – getreu dem konversationsanalytischen *display*-Konzept (vgl. Schegloff 1991, Hutchby/Wooffitt 2008: 13) – dann und nur dann Gegenstand der Analyse, wenn sie von den Gesprächsteilnehmenden selbst relevant gesetzt, gewissermaßen in den öffentlichen Kommunikationsraum projiziert und interaktional wirksam werden (vgl. den Überblick in Bergmann/Quasthoff 2012). Gut beschriebene Phänomene sind hier etwa sog. change-of-state-tokens wie *oh* (vgl. Heritage 1984) oder formelhafte Wissenszuschreibungen mit dem Vergewisserungssignal *weißt du* (vgl. Imo 2007: 156–171). Aber auch soziolinguistisch und kulturanalytisch orientierte Arbeiten, die auf konversationsanalytische Methoden zurückgreifen, sehen tendenziell vom kognitiven Substrat der untersuchten kommunikativen Praktiken – Wittgenstein (1984: 241) spricht von Sprachspielen – ab. Sie fokussieren vielmehr Phänomene der Oberfläche und der Performanz (vgl. Linke/Feilke 2009; Buss et al. 2009), der interaktionalen Sichtbarmachung und der (sozialen) Markiertheit von Rollen, Identitäten usw. Kognitionsbasierte Erklärungen sprachlich-kommunikativer Phänomene stehen hier im Verdacht, wenigstens unterkomplex, reduktionistisch und Ausdruck einer „Flucht in den Kopf" (Feilke 1994: 19; vgl. auch Liedtke in diesem Band), im schlimmsten Falle zirkulär zu sein, da sie sprachliche Daten als Hinweise auf kognitive Prozesse auffassen, die dann ihrerseits die sprachlichen Daten erklären sollen (vgl. hierzu Deppermann 2012: 748). Es hat also den Anschein, als stünden an situierter sprachlicher Kommunikation interessierte pragmatische Ansätze einerseits und kognitionslinguistisch inspirierte Forschungen zur Pragmatik andererseits einander unvereinbar gegenüber. Zu unterschiedlich scheinen die Erkenntnisinteressen und die verwendeten Methoden zu sein.

Allerdings ist insbesondere aus der Perspektive der linguistisch-anthropologischen Gesprächsanalyse (vgl. etwa Gumperz 1982: Kap. 7; 2002) auf die zentrale Rolle hingewiesen worden, die soziokulturelles Wissen und die darauf basierenden Inferenzprozesse sowohl für die Gesprächspraxis aus Sicht der Teilnehmenden als auch für ihre analytische Rekonstruktion spielen. Auch wissenssoziologisch inspirierte Ansätze der Gesprächsanalyse, die etwa „Wissensasymmetrien in interkultureller Kommunikation" (Günthner/Luckmann 2002) theoretisch modellieren (vgl. auch Linell/Luckmann 1991) und empirisch beschreiben, widersetzen sich immer schon einer allzu strikten Gegenüberstellung gesprächsanalytischer und kognitiver Perspektiven auf den Gegenstand. Und gerade in jüngerer Zeit sind auch in der Konversationsanalyse und verwandten Forschungsrichtungen wie der Interaktionalen Linguistik zahlreiche Arbeiten vorgelegt worden, welche die erwähnte antimentalistische Haltung durchaus kritisch sehen. Deppermann (2012: 763) etwa macht deutlich, dass jede verstehende Aneignung von Interaktionssequenzen, deren Kohärenz und Sinnhaftigkeit aus Teilnehmersicht in der Analyse unterstellt wird, immer auch Annahmen über die kognitiven Prozesse auf Seiten der Gesprächsteilnehmenden beinhaltet. Neuere interaktionslinguistische Studien fragen denn auch ganz gezielt etwa nach der interaktiven Aushandlung geteilten Wissens (vgl. Reineke 2016) oder nach der Herstellung gemeinsamer mentaler Räume durch Praktiken animierter Rede in der Interaktion (vgl. Ehmer 2011). Ein häufiger Bezugspunkt ist hier das Konzept des *common ground* (vgl. Clark 1996), das seit längerem eine der wichtigsten Schnittstellen von Interaktions- und Kognitionsforschung darstellt (vgl. Gumperz 2002). Untersucht werden aber auch grammatische Phänomene wie Analepsen, die ebenfalls eine Verbindung kognitions- und interaktionslinguistischer Zugriffe erforderlich machen, da zur adäquaten Erfassung ihrer Form und Funktionalität die Inferenzleistungen beschrieben werden müssen, die Hörern für die Resolution von Analepsen zugeschrieben werden müssen (vgl. Helmer 2016). Levinsons (1995; 2006) Hinweis, dass die ohnehin vor allem terminologisch motivierte Skepsis der Konversationsanalyse gegenüber Aussagen über Kognitives kein sine qua non sei, um interaktive Gesprächsstrukturen angemessen beschreiben zu können, wird nunmehr auch in empirischen Studien plausibel gemacht.

Obwohl sich diese Studien nicht ausdrücklich der kognitiven Pragmatik zurechnen, zeigen sie, wie und mit welchem Erkenntnisgewinn Verbindungen zwischen kognitionslinguistischen und pragmatischen Ansätzen gezogen werden. In ihrer empirischen Ausrichtung liefern sie zudem das nötige Gegenstück zu den eingangs erwähnten Grundlagenforschungen: Sie gehen weniger von etablierten pragmatischen Theorien und Konzepten aus, um diese kognitionslinguistisch anschlussfähig zu machen, sondern behandeln Gegenstände, deren Beschreibung eben einen Einbezug sowohl pragmatischer als auch kognitionslinguistischer Zugänge verlangt.

In einem solchen Verständnis kognitiver Pragmatik, das im Übrigen eher einem gemeinhin als ‚europäisch-kontinental' apostrophierten Pragmatikverständnis im Sinne einer funktionalen Perspektive auf Sprache entspricht (vgl. Finkbeiner 2015: 9), eröffnen sich also zahlreiche Perspektiven auf (derzeit wieder) intensiv erforschte Phänomene, die so gesehen als Gegenstände einer kognitiven Pragmatik gelten können. Einige seien im Folgenden exemplarisch aufgeführt.

– Zu nennen wäre hier zunächst der weite Bereich nicht-wörtlichen Sprachgebrauchs etwa durch Metaphern und Metonymien, die nur unter Bezugnahme auf kognitive Prozesse der Konzeptualisierung zu erklären sind, die indes auch durch spezifisch pragmatisches Wissen geprägt sind (vgl. Panther/ Thornburg 2003; Schwarz-Friesel 2004; Radden et al. 2007). Gerade der Metaphern- und Metonymiengebrauch im Diskurs (vgl. Liebert et al. 1997) war es, der schon in den 1990er Jahren Anlass bot, die klassischen kognitionslinguistischen Beiträge zur Metapherntheorie (vgl. insbesondere Lakoff/Johnson 1980) empirisch zu fundieren und nach dem Zusammenspiel von „Kognition und Interaktion" (Liebert 1996) zu fragen. Dieser Faden wird in neueren Studien wieder aufgenommen, die an der Diskursdynamik von Metaphern in verschiedenen kommunikativen Kontexten interessiert sind (vgl. Cameron 2007, Spieß/Köpcke 2015 und Schröder in diesem Band).

– Ein weiterer Bereich, der Kognitionslinguistik und Pragmatik zusammenführt, ist die linguistische Emotionsforschung (vgl. Fiehler 1990; Schwarz-

Friesel 2013). Emotionen, die in neueren Theorien als untrennbarer Bestandteil des menschlichen kognitiven Systems gesehen werden, beeinflussen maßgeblich Sprachproduktions- und Rezeptionsprozesse. Emotionsbezeichnende und -ausdrückende Lexeme und Sprachhandlungsmuster können mithin gerade auch in text- und gesprächsanalytischer Manier untersucht werden (vgl. Schwarz-Friesel in diesem Band). Und da gerade der Emotionsausdruck vielfach implizit geschieht, sind pragmatische Ansätze wie die Implikaturentheorie gefordert, die jedoch mit Blick auf die Prozessierung emotiver Information ihrerseits neu justiert werden muss (vgl. Schwarz-Friesel 2015: 168f.).

- Ein in der kognitiven Linguistik wohletabliertes Konzept ist das der Perspektivität (vgl. etwa Croft/Cruse 2004: 58–63), womit die prinzipielle Standortgebundenheit von Konzeptualisierungen, die spezifische Weise der kognitiven Gegebenheit von Gegenständen und Sachverhalten erfasst werden soll, der gerade auch sprachlich Ausdruck verliehen werden kann (vgl. auch Sanders/Spooren 1997). In Anschluss an Köller (2004: 21f.) kann hierbei unterschieden werden zwischen kognitiver Perspektivität, die konventionell abgesichert bestimmten sprachlichen Mustern (etwa Passivkonstruktionen) innewohnt, und der kommunikativen Perspektivität, die im sprachlichen Handeln den Kommunikationsteilnehmenden bestimmte Wahrnehmungsperspektiven konkreter Sachverhalte verfügbar macht und handlungswirksam werden lässt (vgl. auch Konerding 2015: 70). Damit wird der Begriff der Perspektivität pragmatisch konturiert. Nunmehr prozesshaft gedachte sprachliche Perspektivierungen sind in einer Vielzahl von text-, gesprächs- und diskursanalytischen Untersuchungen aufgezeigt worden (vgl. etwa Graumann/Kallmeyer 2002; Zeman 2016; Meier in diesem Band), die sich somit ebenfalls der kognitiven Pragmatik in einem weiten Verständnis zuordnen lassen.

- Von der Idee einer in verfestigte sprachliche Muster eingelassenen Perspektivität kann schließlich die Brücke hin zu konstruktionsgrammatischen Ansätzen gebrauchsbasierter Prägung geschlagen werden, die insbesondere im deutschsprachigen Raum in engem Anschluss an interaktionslinguistische Forschungen entwickelt wurden (vgl. Lasch/Ziem 2013: 156–161; Bücker et al. 2015). Der Konstruktionsbegriff erlaubt es, auch nur teilweise lexikalisch spezifizierte sprachliche Muster, wie sie aus Korpora gewonnen werden können, zusammenzufassen und diese nicht nur formseitig, sondern auch hinsichtlich ihrer pragmatischen Prägungen und diskursfunktionalen Eigenschaften in einem einheitlichen Format theoretisch zu modellieren (vgl. Croft 2001: 18; Deppermann 2006). Grundlegend pragmatisch ist der Konstruktionsbegriff, da Konstruktionen im und für den Gebrauch entstehen und als Ergebnisse von Routinisierungsprozessen zu beschreiben sind. Gleichzeitig sind sie als Einheiten mit übersummativen Qualitäten oft nur unter Einbezug ihrer typischen Gebrauchskontexte zu erfassen; Konstruktionen sind eine „intrinsisch sozio-pragmatische Kategorie" (Ziem 2015: 2). Der Konstruktionsbegriff hat aber auch eine kognitive Seite, da mit ihm die grundlegenden Einheiten sprachlichen Wissens beschrieben und ein realistisches Bild ihrer mentalen Repräsentation geliefert werden soll (vgl. Bücker 2012). Einschlägig ist hier der Begriff des *entrenchment* als der auf Rekurrenz sprachlicher Einheiten beruhenden sprachlich-kognitiven Verfestigung, die gewissermaßen die kognitive Seite zu soziopragmatischen Konventionalisierungsprozessen darstellt (vgl. Schmid 2015).

– Ebenfalls einschlägig ist hier aber auch das Frame-Konzept, das zur Beschreibung von Konstruktionsbedeutungen herangezogen werden kann (vgl. u. a. Lasch 2016: 44f.). Frames als die Organisationseinheiten des Wissens gehen aus wiederholter Erfahrung hervor, und indem sprachliche Ausdrücke im Verstehensprozess diese Frames evozieren, machen sie über ihren denotativen Gehalt hinaus auch komplexere pragmatisch konturierte Wissensbestände einer Sprachgemeinschaft verfügbar (vgl. Fillmore 1982: 119). Wenn nun also frame-semantische Analysen auch pragmatisch orientierte Fragen etwa nach dem Handlungswert von Verbkonstruktionen anleiten können (vgl. Proske 2016 und in diesem Band), gehört sicher auch die Frame-Semantik zu den vielversprechenden theoretischen Ingredienzen einer kognitiven Pragmatik.

Schon dieser kursorische und unvollständige Überblick zeigt, dass es in der jüngeren Forschung eine Reihe von Untersuchungsgenständen gibt, die einen sowohl pragmalinguistischen wie kognitionslinguistischen Zugang erforderlich machen und zu deren Beschreibung Theorien und Methoden entwickelt wurden, die eben diese beiden Traditionen zusammenführen. Oder um es etwas anders zu formulieren: Die Linguistik wendet sich in jüngerer Zeit offenbar gerade solchen Gegenständen zu, die eine Zusammenführung der ehemals (und aus heutiger Sicht nur scheinbar) einander ausschließenden pragmatischen und kognitiven Perspektive auf Sprache erlauben.

Der vorliegende Band versammelt Studien, die sich in eben diese Tendenz einfügen, die von der wechselseitigen Ergänzungsbedürftigkeit pragmatischer und kognitiver Perspektiven auf Sprache und Sprachgebrauch ausgehen und die theoretischen Grundlagen und empirischen Implikationen für einen solchen Brückenschlag veranschaulichen. Es soll also weder *eine* kognitive Linguistik entworfen werden, die pragmatische Aspekte mitumfasst (vgl. den eingangs zitierten Aufsatz von Schmid 2016), noch *eine* Pragmalinguistik, welche die kognitive Basis sprachlichen Handelns fokussiert. Vielmehr sollen anhand von Einzelfallstudien und somit von den Gegenständen verschiedener sprachlicher Ebenen her die Möglichkeiten wie auch die Herausforderungen herausgearbeitet werden, die mit der Verbindung pragmatischer und kognitionslinguistischer Ansätze verbunden sind. Denn der zunehmenden Verbreitung entsprechender Forschungen zum Trotz bedarf es der fortgesetzten Diskussion, wie z. B. die kognitiven Grundlagen sprachlichen Handelns als Gegenstände pragmalinguistischer Untersuchungen methodisch valide offen gelegt werden können und welche Datentypen hierfür besonders geeignet sind. Es gilt zu klären, welche Rolle das Postulat der kognitiven Realität linguistischer Theorien und Modelle (vgl. etwa Schwarz-Friesel 2012) in kognitiv-pragmatischen Ansätzen spielen sollte. Schließlich ist zu fragen, wie sich soziokulturelle und historische Faktoren sinnvoll in kognitive Erklärungsansätze sprachlichen Handelns integrieren lassen.

Zu den Beiträgen

Den Auftakt unseres Bandes macht **Frank Liedtke** (Leipzig) mit seinem Beitrag „Kognitive Pragmatik – was sie ist, will und kann", in dem er die Entwicklung der Kognitiven Pragmatik als Teilparadigma nachvollzieht, das vornehmlich die „Prozesshaftigkeit von Äußerungen" fokussiert und damit die Beschreibung nicht-bewusster, innerer Vorgänge integriert. Als elaboriertesten Ansatz und damit Ausgangspunkt für die Kognitive Pragmatik hebt Liedtke die Relevanztheorie von Dan Sperber und Deirdre Wilson hervor, in deren Rahmen Verstehensstrategien an Fodor anknüpfend innerhalb eines sogenannten Mind-Reading-Moduls verortet werden. Solche Prozesse bestünden aus der Anwendung möglicher Interpretationen einer Äußerung und zwar solange bis ein hinreichender Grad an Relevanz erreicht ist. Tendenziell zu kurz kommen in dieser Theorie jedoch Prozesse interaktiver Bedeutungsaushandlung. Die kognitive Pragmatik, so folgert Liedtke, wird sich insbesondere mit dem Faktum der Bedeutungsentstehung oder -emergenz im diskursiven Austausch auseinandersetzen müssen – ein Anspruch, dem die hier zusammengestellten Studien gerecht werden.

Auch **Daniel Schmidt-Brücken** (Bremen) greift in seinem Beitrag „Generizität als Gegenstand der Pragmatik und Kognitionslinguistik" auf die Relevanztheorie zurück. Neben der relevanztheoretisch konturierten Blühdornschen kognitiven Suchroutine (Blühdorn 2001) werden auch der psychologische Ansatz des frühkindlichen Essentialismus und sprachphilosophisch-kognitionswissenschaftlichen Überlegungen auf ihre Anwendbarkeit zur Erklärung von Generizität – der sprachlichen Bezugnahme auf eine Klasse, Art oder Sorte von Objekten mittels einer Nominalphrase – geprüft. Schmidt-Brücken schlägt vor, die Blühdornsche Suchroutine um das Konzept der Indirektheit zu erweitern und plädiert für eine Wendung von der formalen, auf Quantitätskriterien beruhenden Wahrheitswertbeurteilung generischer Propositionen hin zu einer an formal-semantische Fragestellungen anschließbaren funktionalen Orientierung. Die genuin pragmatische Frage, was generische Strukturen kommunikativ leisten, wird abschließend am Beispiel politischer und massenmedialer Kommunikation im Kolonialdiskurs expliziert.

Monika Schwarz-Friesel (Berlin) betrachtet in ihrem Beitrag „Spannung in Texten erklären: eine kognitions- und korpuslinguistische Analyse im Rahmen der Textweltmodelltheorie" Formalisierungen oder auf Introspektion beruhende Erklärungsversuche sogar als inadäquate „Simplifizierung" von Bedeutungen. Als Aufgabe der Kognitiven Pragmatik benennt sie die Analyse kognitiver und emotionaler Prozesse im Zusammenhang mit kommunikativen Handlungen und von Produzent/inn/en intendierten sowie von Rezipient/inn/en konstruierten Äußerungsbedeutungen. Schwarz-Friesel unternimmt in ihrem Beitrag den Versuch, präzise Voraussagen darüber zu machen, wie und durch welche Textstrukturen Spannung in Kriminalromanen entsteht. Als rekurrentes Textprinzip arbeitet sie eine Form der referentiellen Unterspezifikation heraus, die von Rezipient/inn/en nicht problemlos aufgelöst werden kann. Autor/inn/en lassen also gezielt Informationen aus, die für die Generierung von Textweltmodellen relevant sind, präzisieren diese nicht oder versuchen, Inferenzprozesse zu konterkarieren.

Auf die Theorie des Textweltmodells greifen auch die nächsten beiden Beiträge zurück. **Simon Meier** (Berlin) sieht in seinem Beitrag „Personalreferenz in Sportpressekonferenzen und Politikinterviews in kognitiv-pragmatischer Sicht" in dieser Theorie einen geeigneten Beschreibungsrahmen, um variierende kollektive Selbstreferenzialisierungen in Interviews bzw. Pressekonferenzen mit Sportler/inne/n oder Politiker/inne/n zu beschreiben. In seiner quantitativ und qualitativ angelegten Analyse zeigt er, wie durch den wechselnden Gebrauch personalreferenzieller Ausdrücke, wie z. B. *wir* oder *meine Mannschaft/Partei*, Perspektivierungen vorgenommen werden. Für deren Erklärung muss indes eine kognitive Mittlerebene zwischen Text und Welt angenommen werden, vor deren Hintergrund Referenz schrittweise entfaltet wird. Sowohl pragmatische als auch kognitive Faktoren müssen also in die Analyse einbezogen werden, um die Perspektivierungsleistungen empirisch und theoretisch adäquat beschreiben zu können.

Exemplarische Schritte bei der Generierung eines Textweltmodells beim Verstehensprozess werden von **Konstanze Marx** (Mannheim) in ihrem Beitrag „‚Gefällt mir' – Eine Facebookformel goes kognitiv" aufgezeigt, denn die Bedeutungsrekonstruktion der Social-Media-Funktion ist alles andere als trivial. An vier Problemfällen wird deutlich, dass die jeweilige Interpretation vom Eintrag des Verbs *gefallen* im mentalen Lexikon abweicht und flexibel an die konkrete Verwendungsweise angepasst wird. Bei der Etablierung von Kohärenz, die im

Beitrag über die Referenzialisierung der (komplexen) Nullanapher *das* erklärt wird, spielt auch das Wissen über den spezifischen kommunikativen Raum eine wichtige Rolle. Zu den kognitiven Voraussetzungen, die für die Produktion und Rezeption von Sprache angesetzt werden müssen, gehört mithin ganz wesentlich auch pragmatisches Wissen über je situations- und auch gattungsspezifische Regularitäten des Sprachgebrauchs.

Eine auf bestimme Kommunikationsbereiche und Gattungen bezogene Verortung kognitiver Prinzipien des Sprachgebrauchs nimmt auch **Ulrike Schröder** (Belo Horizonte) in ihrem Beitrag „Die kognitiv-pragmatische Dimension der kommunikativen Gattung Rap als *battle*" vor. Schröder skizziert die Bedeutungserweiterung des Lexems *rap* von einer Tätigkeit (klopfen) über die Beschreibung eines sprachlichen Vorgangs (schwätzen) hin zu einer Bezeichnung für eine musikalische Gattung. Dabei nimmt sie auch die multimodale Dimension der kognitiven Metapher RAP IST BATTLE in den Blick, die sich in semantisch kongruenten Gesten ebenso spiegelt wie in militanter Kleidung und Siegerposen. Anliegen des Beitrags ist es aufzuzeigen, wie Defizite der deduktiven Perspektive bei Lakoff/ Johnson (u. a. 1980) durch die Integration eines pragmatischen Ansatzes, insbesondere durch das Konzept der Cultural Models, überwunden werden können.

Stand bei Schröder eine weit über die sprachliche Ebene hinausreichende kommunikative Praxis im Fokus, rücken in den drei folgenden Beiträgen wieder konkrete Einzellexeme in den Vordergrund, deren Bedeutung jedoch nicht ausschließlich aus ihrem Lexikoneintrag abgeleitet werden kann. **Nadine Proske** (Mannheim) prüft in ihrem Beitrag „Zum Nutzen der Frame-Semantik für die Analyse der Bedeutungskonstitution in der Interaktion" die Eignung eines genuin kognitiven Ansatzes – der Frame-Semantik – für gesprächslinguistische Bedeutungsanalysen und konzentriert sich hierbei auf die Bedeutungskonstitution bei der Verwendung des Verbs *kommen* einerseits und beim Gebrauch der Partikel *komm* andererseits. Dabei stellt sie sich die Frage, wie Sprachproduzent/ inn/en und Rezipient/inn/en Lesarten von Verben auseinanderhalten, die vergleichbare Anschlusskonstruktionen (Komplementierungsmuster) zulassen und zeigt, dass bei der Rekonstruktion von Bedeutung interaktionaler Daten sequenzielle Analyse, das Konzept des *common ground* und introspektive Erwägungen ineinandergreifen müssen.

Auch **Silke Reineke** (Mannheim) thematisiert die Möglichkeiten der Integration kognitions- und interaktionslinguistischer Fragestellungen. In ihrem Aufsatz „Interaktionale Analysen kognitiver Phänomene: Wissenszuschreibungen mit der Modalpartikel *ja*" zeigt sie, dass Annahmen, die an Interaktionen Beteiligte über das geteilte Wissen treffen, anhand der Verwendung der Modalpartikel *ja* nachvollzogen werden können. Mit *ja* kann auf den *communal common ground* einer Gruppe, auf vorangegangene Interaktionen derselben Sprecher (*personal common ground*) oder auf Sequenzen der aktuellen Interaktionssituation verwiesen werden. Dies wird an einer Reihe von Beispielen aus unterschiedlichen Gesprächstypen, wie Alltags-, Prüfungs- und Schlichtungsgesprächen belegt. Der Beitrag macht deutlich, dass im Rahmen eines interaktionalen Zugangs durchaus „vorsichtige" (wie es die Autorin selbst formuliert) Aussagen über Wissensbestände (also kognitiv repräsentierte Einheiten) möglich sind.

Sven Staffeldt (Würzburg) untersucht in seinem Beitrag „Bemerkungen zu *insofern*. Beschreibungsrealitäten in Grammatiken und Verwendungsrealitäten im Sprachgebrauch" anhand von elizitierten und korpusbasierten Daten schriftliche und mündliche Verwendungsweisen des Konnektors *insofern*. Er weist nach, dass *insofern* häufig nicht (und anders als in Grammatiken gemeinhin behauptet) einschränkend, sondern affirmativ gebraucht wird. Eine weitere Bedeutungskomponente stellt die resümierende Schlussfolgerung dar. Staffeldt zeigt somit einerseits, wie auch traditionelle grammatische Zugänge zu diesem Konnektor immer schon kognitiv orientierte Beschreibungskategorien ansetzen. Andererseits macht er deutlich, dass auch kommunikativ-pragmatische Faktoren einbezogen werden müssen, um das Verwendungsspektrum von *insofern* angemessen abbilden zu können.

Den Abschluss des Bandes bildet **Jörg Bücker** (Münster) mit seinem Aufsatz „Volksetymologien: Wortgeschichtliche Spurwechsel zwischen analogischem Wandel und sprachlicher Motivierung", in dem er der Frage nachgeht, in welcher Hinsicht Volksetymologien zwischen analogischem Wandel und sprachlicher Motivierung zu sehen sind. Dabei werden volksetymologische Wandelprozesse als abrupte Folgen graduell-analogischer Wandelprozesse beschrieben, die als Evidenz für die kognitiv basierte Fähigkeit zur genese, Schemamanipulation und kreativen Verwechslung gewertet werden.

Ein Teil der Beiträge geht auf die Jahrestagung 2014 der Arbeitsgemeinschaft Linguistische Pragmatik e. V. zum Thema „Pragmalinguistik und kognitive Ansätze" zurück, die am 4. März 2014 an der Universität Marburg unter der Organisation von Jörg Bücker, Elke Diedrichsen und Constanze Spieß stattfand.

Literatur

Bara, Bruno (2010): *Cognitive pragmatics. The mental processes of communication*. Cambridge, London: MIT Press.
Barlow, Michael/Kemmer, Susanne (Hg.): *Usage-based models of language*. Stanford: CSLI.
Bergmann, Jörg/Quasthoff, Uta (2012): „Interaktive Verfahren der Wissensgenerierung. Methodische Problemfelder". In: Domke, Christine/Dausendschön-Gay, Ulrich/

Ohlhus, Sören (Hg.): *Wissen in (Inter-)Aktion. Verfahren der Wissensgenerierung in unterschiedlichen Praxisfeldern.* Berlin/Boston: de Gruyter, 21–36.

Blühdorn, Hardarik (2001): „Generische Referenz. Ein semantisches oder ein pragmatisches Phänomen?" In: *Deutsche Sprache* 29, 1–19.

Bücker, Jörg (2012): *Sprachhandeln und Sprachwissen. Grammatische Konstruk- tionen im Spannungsfeld von Interaktion und Kognition.* Berlin/Boston: de Gruyter.

Bücker, Jörg/Günthner, Susanne/Imo, Wolfgang (Hg.) (2015): *Konstruktionsgrammatik V. Konstruktionen im Spannungsfeld von sequenziellen Mustern, kommunikativen Gattungen und Textsorten.* Tübingen: Stauffenburg.

Buss, Mareike/Habscheid, Stephan/Jautz, Sabine/Liedtke, Frank/Schneider, Jan Georg (Hg.) (2009): *Theatralität des sprachlichen Handelns. Eine Metaphorik zwischen Linguistik und Kulturwissenschaften.* München: Fink.

Bybee, Joan/Fleischman, Suzanne (Hg.) (1995): *Modality in grammar and discourse.* Amsterdam, Philadelphia: Benjamins.

Cameron, Lynne (2007): „Confrontation or complementarity? Metaphor in language use and cognitive metaphor theory". In: *Annual Review of Cognitive Linguistics* 5. 107–135.

Carston, Robyn (2002): *Thoughts and utterances. The pragmatics of explicit communication.* Malden: Blackwell.

Clark, Herbert H. (1996): *Using language.* Cambridge: Cambridge University Press.

Croft, William (2001): *Radical construction grammar.* Oxford: Oxford University Press.

Croft, William/Cruse, D. Alan (2004): *Cognitive Linguistics.* Cambridge: Cambridge University Press.

Deppermann, Arnulf (2006): „Construction Grammar – Eine Grammatik für die Interaktion". In: Deppermann, Arnulf/Fiehler, Reinhard/Spranz-Fogasy, Thomas (Hg.): *Grammatik und Interaktion.* Radolfzell: Verlag für Gesprächsforschung. S. 43–65.

Deppermann, Arnulf (2012): „How does ‚cognition' matter to the analysis of talk-in-interaction". In: *Language Sciences* 34, 746–767.

Egorova, Natalia/Shtyrov, Yury/Pulvermüller, Friedemann (2013): „Early and parallel processing of pragmatic and semantic information in speech acts. Neurophysiological evidence". In: *Frontiers in Human Neuroscience* 7(86), 1–13.

Ehmer, Oliver (2011): *Imagination und Animation. Die Herstellung mentaler Räume durch animierte Rede.* Berlin/New York: de Gruyter.

Feilke, Helmuth (1994): *Common-Sense-Kompetenz. Überlegungen zu einer Theorie des „sympathischen" und „natürlichen" Meinens und Verstehens.* Frankfurt a.M.: Suhrkamp.

Fiehler, Reinhard (1990): *Kommunikation und Emotion. Theoretische und empirische Untersu- chungen zur Rolle von Emotionen in der verbalen Interaktion.* Berlin/New York: de Gruyter.

Fillmore, Charles J. (1982): „Frame semantics". In: The Linguistic Society of Korea (Hg.): *Linguistics in the moring calm.* Seoul: Hanshin, 111–137.

Finkbeiner, Rita (2015): *Einführung in die Pragmatik.* Darmstadt: Wissenschaftliche Buchge- sellschaft.

Graumann, Carl-Friedrich/Kallmeyer, Werner (Hg.) (2002): *Perspective and perspectivation in discourse.* Amsterdam/Philadelphia: Benjamins.

Gumperz, John J. (1982): *Discourse strategies.* Cambridge: Cambridge University Press.

Gumperz, John J. (2002): „Sharing common ground". In: Keim, Inken/Schütte, Wilfried (Hg.): *Soziale Welten und kommunikative Stile.* Tübingen: Narr, 47–56.

Günthner, Susanne/Luckmann, Thomas (2002): „Wissensasymmetrien in interkultureller Kommunikation". In: Kotthoff, Helga (Hg.): *Kultur(en) im Gespräch*. Tübingen: Narr, 13–244.

Helmer, Henrike (2016): *Analepsen in der Interaktion. Semantische und sequenzielle Eigenschaften von Topik-Drop im gesprochenen Deutsch*. Heidelberg: Winter.

Heritage, John (1984): „A change-of-state token and aspects of its sequential placement". In: Atkinson, J. Maxwell/Heritage, John (Hg.): *Structures of social action. Studies in conversation analysis*. Cambridge: Cambridge University Press, 299–345.

Herrmanns, Fritz (2012): *Der Sitz der Sprache im Leben. Beiträge zu einer kulturanalytischen Linguistik*. Berlin/Boston: de Gruyter.

Hopper, Robert (2006): „A cognitive agnostic in conversation analysis: when do strategies affect spoken interaction?" In: te Molder, Hedwig/Potter, Jonathan (Hg.): *Conversation and cognition*. Cambridge: Cambridge University Press, 134–158.

Hutchby, Ian/Wooffitt, Robin (2008): *Conversation Analysis*. Cambridge/Malden: Polity.

Imo, Wolfgang (2007): *Construction Grammar und Gesprochene-Sprache-Forschung. Konstruktionen mit zehn matrixsatzfähigen Verben im gesprochenen Deutsch*. Tübingen: Niemeyer.

Keim, Inken (2008): *Die „türkischen Powergirls". Lebenswelt und kommunikativer Stil einer Migrantinnengruppe in Mannheim*. Tübingen: Narr.

Köller, Wilhelm (2004): *Perspektivität und Sprache. Zur Struktur von Objektivierungsformen in Bildern, im Denken und in der Sprache*. Berlin/New York: de Gruyter.

Konerding, Klaus-Peter (2015): „Sprache und Wissen". In: Felder, Ekkehard/Gardt, Andreas (Hg.): *Sprache und Wissen*. Berlin/Boston: de Gruyter, 57–80.

Lakoff, John/Johnson, Mark (1980): *Metaphors we live by*. Chicago: Chicago University Press.

Langacker, Ronald W. (2002): *Concept, image and symbol. The coginitive basis of grammar*. Berlin: de Gruyter.

Langacker, Ronald W. (2008): *Cognitive grammar. A basic introduction*. Oxford/New York: Oxford University Press.

Lasch, Alexander (2016): *Non-agentive Konstruktionen des Deutschen*. Berlin/Boston: de Gruyter.

Lasch, Alexander/Ziem, Alexander (2013): *Konstruktionsgrammatik. Konzepte und Grundlagen gebrauchsbasierter Ansätze*. Berlin/Boston: de Gruyter.

Levinson, Stephen C. (2000): *Pragmatik*. Tübingen: Niemeyer.

Levinson, Stephen C. (2006): „Cognition at the heart of human interaction". In: *Discourse Studies* 8(1), 85–93.

Liebert, Wolf-Andreas/Redeker, Gisela/Waugh, Linda (Hg.) (1997): *Discourse and perspective in Cognitive Linguistics*. Amsterdam/Philadelphia: Benjamins.

Linell, Per/Luckmann, Thomas (1991): „Asymmetries in dialogue. Some conceptual preliminaries". In: Marková, Ivana/Foppa, Klaus (Hg.): *Asymmetries in dialogue*. Hemel Hempstead: Harvester Wheatsheaf, 1–20.

Linke, Angelika/Feilke, Helmuth (Hg.) (2009): *Oberfläche und Performanz. Untersuchungen zur Sprache als dynamischer Gestalt*. Tübingen: Niemeyer.

Padilla Cruz, Manuel (Hg.) (2016): *Relevance theory. Recent developments, current challenges and future directions*. Amsterdam/Philadelphia: Benjamins.

Panther, Klaus-Uwe/Thornburg, Linda L. (Hg.) (2003): *Metonymy and pragmatic inferencing*. Amsterdam/Philadelphia: Benjamins.

Proske, Nadine (2016): „Zur Perspektivierung von verbalen Handlungen und kognitiven prozessen durch die Verwendung von Bewegungsverben im gesprochenen Deutsch". In: Kreuz, Christian/Mroczynski, Robert (Hg.): *Sprache, Kultur, Mentalität*. Berlin: Lit, 231–273.

Radden, Günter/Köpcke, Klaus-Michael/Berg, Thomas/Siemund, Peter (Hg.) (2007): *Aspects of meaning construction*. Amsterdam: Benjamins.

Reineke, Silke (2016): *Wissenszuschreibungen in der Interaktion. Eine gesprächsanalytische Untersuchung impliziter und expliziter Formen der Zuschreibung von Wissen*. Heidelberg: Winter.

Schegloff, Emanuel A. (1991): „Reflections on talk and social structure". In: Boden, Deirdre/Zimmerman, Don H. (Hg.): *Talk and social structure. Studies in ethnomethodology and conversation analysis*. Berkeley: University of California Press, 44–70.

Schmid, Hans-Jörg (Hg.) (2012a): *Cognitive pragmatics*. Berlin/Boston: de Gruyter Mouton.

Schmid, Hans-Jörg (2012b): „Generalizing the apparently ungeneralizable. Basic ingredients of a cognitive-pragmatic approach to the construal of meaning-in-context". In: Schmid, Hans-Jörg (Hg.): *Cognitive pragmatics*. Berlin, Boston: de Gruyter Mouton, 3–22.

Schmid, Hans-Jörg (2015): „A blueprint of the Entrenchment-and-Conventionalization Model". In: *Yearbook of the German Cognitive Linguistics Association* 3, 1–27.

Schmid, Hans-Jörg (2016): „Why Cognitive Linguistics must embrace the social and pragmatic dimensions of language and how it could do so more seriously". In: *Cognitive Linguistics* 27(4), 543–557.

Schwarz-Friesel, Monika (2004): „Kognitive Linguistik heute – Metaphernverstehen als Fallbeispiel". In: *Deutsch als Fremdsprache* 41(2), 83–89.

Schwarz-Friesel, Monika (2012): „On the status of external evidence in the theories of cognitive linguistics. Compatibility problems or signs of stagnation in the field? Or: Why do some linguists behave like Fodor's input systems?" In: *Language Sciences* 34, 656–664.

Schwarz-Friesel, Monika (²2013): *Sprache und Emotion*. Tübingen, Basel: Francke.

Schwarz-Friesel, Monika (2015): „Language and emotion. The cognitive linguistic perspective". In: Lüdtke, Ulrike M. (Hg.): *Emotion in language. Theory – research – application*. Amsterdam/Philadelphia: Benjamins, 157–174

Sperber, Dan/Wilson, Deirdre (1986): *Relevance. Communication and cognition*. Oxford: Basil Blackwell.

Spieß, Constanze/Köpcke, Klaus-Michael (Hg.) (2015): *Metapher und Metonymie. Theoretische, methodische und empirische Zugänge*. Berlin/Boston: de Gruyter.

Wittgenstein, Ludwig (1984): *Tractatus logico-philosophicus. Tagebücher 1914–1916. Philosophische Untersuchungen*. Frankfurt a.M.: Suhrkamp.

Zeman, Sonja (2016): „Perspectivization as a link between narrative micro- and macro-structure". In: Zeman, Sonja/Igl, Natalia (Hg.): *Perspectives on narrativity and narrative perspectivization*. Amsterdam/Philadelphia: Benjamins, 17–42.

Ziem, Alexander (2015): „Desiderata und Perspektiven einer Social Construction Grammar". In: Bücker, Jörg/Günthner, Susanne/Imo, Wolfgang (Hg.): *Konstruktionsgrammatik V. Konstruktionen im Spannungsfeld von sequenziellen Mustern, kommunikativen Gattungen und Textsorten*. Tübingen: Stauffenburg. S. 1–25.

Frank Liedtke
Kognitive Pragmatik – was sie ist, will und kann

1 Ein entstehendes Teilparadigma und seine Abgrenzung

Kognitive Pragmatik beschäftigt sich mit den mentalen Voraussetzungen, die erfüllt sein müssen, damit Äußerungen Bedeutung zugeschrieben werden kann, unter Berücksichtigung des Kontextes, in dem sie vollzogen werden (vgl. beispielsweise Schmid 2012). Sie interessiert sich also für den Teil des menschlichen Geistes, der uns als Adressat_innen solcher Äußerungen in die Lage versetzt, diese Interpretationsleistungen zu erbringen, und als Sprecher_innen oder Schreiber_innen, die adressatenseitigen Leistungen zu antizipieren und darauf zugeschnittene Äußerungen zu produzieren. Es geht dabei vorwiegend um sprachliche Äußerungen, aber auch um Gesten, Mimik und weitere kommunikative Zeichentypen. Gegenüber der kognitiven Linguistik grenzt sie sich dadurch ab, dass es ihr um Bedeutungszuschreibungen unter Berücksichtigung des sprachlichen und nichtsprachlichen Kontextes geht; von der nicht-kognitiven Pragmatik dadurch, dass sie primär die mentalen Voraussetzungen für den Vollzug sprachlicher Äußerungen berücksichtigt, nicht aber den Vollzug selbst mit seinen kommunikativen bzw. sozialen Folgen, wie er beispielsweise von der Sprechakttheorie fokussiert wird.

In einem frühen Aufsatz grenzt Robin Carston die kognitive Pragmatik ab von der mehr philosophisch orientierten Pragmatik, die lediglich zur Behebung von Problemen konzipiert sei, die innerhalb der Semantik nicht zu lösen waren. Im Gegensatz zu dieser Tradition sieht sie den Gegenstand der kognitiven Pragmatik darin, die während des Kommunizierens ablaufenden kognitiven Prozesse zu untersuchen, die Repräsentationen des sprachlichen oder nichtsprachlichen Inputs und Outputs zu beschreiben, sowie Fragen des kognitiven Verarbeitungsaufwandes und der erzielten kognitiven Effekte zu klären (vgl. Carston 2002: 129). Darüber hinaus spielen für sie bei der Analyse nicht nur diejenigen Prozesse eine Rolle, die wir als Kommunizierende bewusst und rational steuern können, sondern auch unbewusste (‚subpersonale‘) Prozesse, die nicht intentional gesteuert, sondern kausal verursacht sind. So wird der Untersuchungsbereich gegenüber der von ihr sogenannten philosophischen Pragmatik stark erweitert.

https://doi.org/10.1515/9783110575484-021

In einer jüngeren Publikation sieht Bruno Bara es als Aufgabe der kognitiven Pragmatik an, nicht wie die auch von ihm titulierten Sprachphilosophen von einer äußeren Perspektive aus auf das fertige Produkt der Äußerung zu schauen (vgl. Bara 2011). Vielmehr sei sie von einem Standpunkt aus zu beschreiben, der innerhalb des Geistes der einzelnen Sprachbenutzer liegt, sodass klar wird, auf welche Weise eine sprachliche Äußerung vor ihrer physischen Realisierung mental erzeugt und – nach ihrer Realisierung – von den anderen Gesprächsteilnehmern mental verarbeitet wird.

Schon aus diesen beiden kurzen Einblicken in die Theoriebildung wird deutlich, wo der Ansatzpunkt der kognitiven Pragmatik liegt – sofern man von einem einheitlichen Ansatz sprechen kann: Es wird die Prozesshaftigkeit von Äußerungen hervorgehoben, anstatt sie als statisches Produkt zu behandeln; es geht darum, die mentalen Repräsentationen des Inputs und Outputs zu beschreiben, also das ‚Innere' gegenüber dem ‚Äußeren' des sprachlichen Austauschs zu fokussieren; es werden Fragen der Verarbeitung und ihres jeweiligen Aufwandes behandelt, was vor allem eine Zugangsmöglichkeit für experimentelle Verfahren eröffnet; schließlich werden auch ‚subpersonale', also nicht bewusste Prozesse, die unterhalb der Intentionalitätsschwelle liegen, berücksichtigt. Dieses Bündel an Festlegungen bildet einen Kernbestandteil des Teilparadigmas der kognitiven Pragmatik.

Zunächst soll jedoch ein Blick auf die Geschichte der Pragmatik geworfen werden, die zum Teil eine Vorläufergeschichte avant la lettre ist. Sodann sollen die genannten Kernauffassungen genauer diskutiert werden, um im Anschluss daran einige kritische Fragen zu stellen. Sie beziehen sich vor allem auf die Erklärungskraft kognitiv pragmatischer Vorgehensweisen und ihren ‚Mehrwert' gegenüber nicht-kognitiv pragmatischen Ansätzen. Dabei geht es um die Frage, um welchen Preis ein Absehen von ‚äußeren' Aspekten der Kommunikation, von ihrem genuin interaktiven Charakter auch in Bezug auf Bedeutungshaftigkeit von Äußerungen, möglich ist.

2 Die Tradition des Intentionalismus

Mit Intentionalismus oder intentionalistischen Theorien sollen diejenigen Sprachtheorien gekennzeichnet werden, die zur Erklärung der Bedeutungshaftigkeit sprachlicher Äußerungen auf den Begriff der Intention zurückgreifen. Dieser fungierte innerhalb der philosophischen Strömung der Phänomenologie geradezu als Leitbegriff, so in ihrem Gründungstext, der *Psychologie vom empirischen Standpunkt* Franz Brentanos. Im zweiten Band nahm Brentano eine Klassifikation der von ihm so genannten psychischen Phänomene vor, die bis auf die Scholastik zurückgeht (Brentano 1971/1874). Ihr Kennzeichen war das Vorliegen einer intentionalen Beziehung des Geistes auf einen Gegenstand. „Die psychischen Phänomene, so schreibt er, unterscheiden sich von allen physischen durch nichts so sehr als dadurch, daß ihnen etwas gegenständlich inwohnt." (Brentano 1971/1874: 32). Die in seiner Klassifikation unterschiedenen Typen psychischer Phänomene, die Vorstellungen, Urteile und Gemütsbewegungen, waren von ihm als Seelentätigkeiten konzipiert, ohne dass diese jedoch mit einer sprachlichen Realisierung in einen engeren Zusammenhang gebracht worden wären.

Eine Reformulierung der erwähnten Unterscheidung in drei Klassen psychischer Phänomene wurde in der Folge durch den Brentano-Schüler Anton Marty in seinem Hauptwerk, den *Untersuchungen zur Grundlegung der allgemeinen Grammatik und Sprachphilosophie* (Halle 1908) vorgenommen. Marty unterschied ebenso wie Brentano zwischen den drei erwähnten „elementaren Gattungen psychischer Beziehungsweisen: dem Vorstellen, Urteilen und Interessenehmen" (Marty 1908: 242) – wobei Letzteres als eine Entsprechung zu den Brentanoschen Gemütsbewegungen gelten kann. Als sprachliche Entsprechung dieser psychischen Beziehungsweisen führte Marty den Begriff des autosemantischen Sprachmittels ein, das „für sich allein genommen der vollständige Ausdruck eines mitteilbaren psychischen Erlebnisses ist" (Marty 1908: 226). Er unterschied analog zu den von ihm so genannten psychischen Phänomenen drei Klassen der Autosemantika: Namen (als Entsprechungen für Vorstellungen), Aussagen (als Entsprechungen der Urteile) und Emotive (als Entsprechungen für Interessephänomene). Ohne auf Fragen der Klassifikation der autosemantischen Sprachmittel näher eingehen zu können, soll doch auf ihre Definition in den Untersuchungen hingewiesen werden, die in ihrem Kern bemerkenswert modern erscheint. Autosemantische Sprachmittel werden als mit Absicht gesprochene Sprachzeichen vorgestellt, wobei sogleich zwei verschiedene Arten von Absicht unterschieden werden, eine sprecherseitige Kundgabeabsicht und eine adressatenorientierte Beeinflussungsabsicht. Letztere ist gegenüber der reinen Kundgabe vorrangig, sie determiniert die Bedeutung des autosemantischen Sprachmittels. Marty schreibt:

> Das primär Beabsichtigte ist [...] eine gewisse Beeinflussung oder Beherrschung des fremden Seelenlebens im Hörenden. Absichtliches Sprechen ist eine besondere Art des Handelns, dessen eigentliches Endziel ist, in anderen Wesen gewisse psychische Phänomene hervorzurufen. Dieser Intention gegenüber erscheint die Kundgebung oder Anzeige der Vorgänge im eigenen Innern nur als ein Mittel oder πάρεργον ... (Marty 1908: 284).

Die Verbindung des absichtlichen Sprechens als einer besonderen Art des Handelns mit der Bedeutung des verwendeten Sprachzeichens ist ein sehr früher Schritt hin zu einer intentionalistischen Semantik, der erst fünfzig Jahre später, bei H. P. Grice eine Wiederaufnahme gefunden hat. Diese Beobachtung bezieht sich freilich auf die inhaltliche Verwandtschaft der verwendeten Konzepte, nicht auf eine direkte Rezeption von Marty durch Grice, die sich nicht nachweisen lässt. Sieht man sich die Explikationen der verschiedenen Bedeutungsebenen (Sprecherbedeutung oder Ausdrucksbedeutung) näher an, dann ist die Ähnlichkeit zu dem frühen Ansatz jedoch augenfällig. So expliziert Grice die von ihm so genannte Sprecher-Situationsbedeutung, also die Tatsache, dass S etwas mit seiner Äußerung meint, in adressatenorientierter Perspektive: S (Sprecher) äußerte den Ausdruck x mit der dreifachen Absicht, dass A (Adressat) eine bestimmte Reaktion zeigt, dass A diese erstere Absicht erkennt und schließlich, dass diese Erkenntnis für A einen Grund darstellt, in beabsichtigter Weise zu reagieren (vgl. Grice 1993a: 20). Die Situationsbedeutung ist also systematisch mit der adressatenorientierten Sprecherabsicht verknüpft, und alle weiteren Schritte der Griceschen Bedeutungsexplikationen bis hin zur zeitunabhängigen Bedeutung von Äußerungstypen (Wörtern und Sätzen) enthalten diesen wesentlichen Bezug.

Diejenige Komponente der Explikation, die einen entscheidenden Einfluss auf die nachfolgenden Ansätze der kognitiven Pragmatik hatte, liegt in der Erkenntnis der Sprecherabsicht durch A, denn diese stellt einen Grund für die nachfolgende Reaktion dar – wenn es ein Fall von nicht-natürlicher Sprecherbedeutung sein soll. Nicht-natürliche Bedeutung wird bei Grice von natürlicher Bedeutung dadurch abgegrenzt, dass bei Ersterer aus einem Zeichen nicht unmittelbar auf das Denotat geschlossen werden kann; hierzu bedarf es eben der Erkenntnis der Sprecherabsicht (vgl. Grice 1993a). Dieser Schritt der adressatenseitigen Absichtserkenntnis setzt voraus, dass A aktuell zu dieser in der Lage ist. Es geht also um die grundlegende Fähigkeit, einen umschriebenen mentalen Prozess von S zu erkennen, nämlich die kommunikative Absicht, die sich auf A richtet. Diese Fähigkeit wird in kognitiv pragmatischen Ansätzen als *mind reading* bezeichnet, als Fähigkeit also, die mentalen Zustände und Prozesse eines Gegenübers zu erkennen und einzuordnen. Es ist allerdings wichtig zu sehen, dass der Schritt von einer sprachphilosophischen Explikation zu einem kognitiven Erkenntnisinteresse auch eine Veränderung im Status der theoretischen Aussagen beinhaltet. Die Erkenntnis der Sprecherintention ist im Griceschen Paradigma eine regulative Annahme von A, aufgrund derer der Äußerung eine Bedeutung zugeschrieben wird. Sie bildet die Grundlage für das nachfolgende Kommunikationsgeschehen, in dem diese Annahme von S und A als gültig angesehen wird. Wir werden auf den Unterschied zwischen mentalen Zuständen einerseits und als gültig behandelten kommunikativen Sprecherintentionen andererseits in einem späteren Abschnitt noch zurückkommen, in dem es um eine kritische Einschätzung der kognitiv pragmatischen Ansätze geht. Im Folgenden sollen zunächst diejenigen Ansätze thematisiert werden, die sich selbst in unterschiedlichem Maße in der

Tradition der Griceschen Sprachtheorie verorten und gleichzeitig über sie hinausgehen wollen. Hierzu zählt als einer der einflussreichsten Ansätze derjenige der Relevanztheorie von Dan Sperber und Deirdre Wilson.

3 Die Begründung der kognitiven Pragmatik

In ihrem Buch *Relevance* mit dem programmatischen Untertitel *Communication and Cognition* (2004) knüpfen Sperber und Wilson gleich in zweifacher Weise an die Griceschen Bedeutungsexplikationen an. In Bezug auf das Modell der Sprecherbedeutung nehmen sie eine folgenreiche Differenzierung von Intentionstypen vor, die in einer Unterscheidung einer Informationsintention und einer Kommunikationsintention resultiert. Der ersten der drei unterschiedenen Sprecherintentionen im Griceschen Modell, die sich darauf richtet, dass A eine bestimmte Reaktion zeigt, sprechen sie den Charakter des Kommunikativen ab und klassifizieren sie daher als Intention, zu informieren. Lediglich der zweiten Intention, die darin besteht, dass A die Informationsintention erkennt, sprechen sie kommunikative Funktion zu. Die dritte Intention, nämlich dass das Erkennen der Sprecherintention einen Grund zu ihrer Erfüllung darstellen soll, wird von Sperber/Wilson ersatzlos gestrichen, weil sie nicht für gelingende Kommunikation notwendig sei (vgl. Sperber/Wilson 2004: 28 f.).

Neben dieser Reformulierung oder eher Remodellierung des Griceschen Bedeutungsmodells üben sie jedoch auch eine Grundsatzkritik an diesem. Der Tenor ihrer Kritik lautet, dass die Explikation zu viel zulässt, dass also die Ermittlung der Sprecherintention und damit des Gemeinten aufgrund der präsentierten sprachlichen Äußerung nicht eindeutig möglich sei. Sie ist grundsätzlich offen gegenüber unterschiedlichen Bedeutungszuschreibungen, und es bedarf weiterer Informationen unter Zuhilfenahme des Äußerungskontextes, damit A auf der Grundlage des Geäußerten das Gemeinte erschließen kann. Kurz gesagt: Sprecherbedeutung ist durch das Gricesche Modell unterdeterminiert.

Neben dem Rekurs auf das intentionalistische Bedeutungsmodell gibt es aber noch einen zweiten Anknüpfungspunkt an Grices Theoriengerüst – es ist die Theorie der konversationellen Implikaturen. In seinem Aufsatz Logik und Konversation entwirft Grice ein schlussbasiertes Modell des Verstehens, das auf einem Katalog von vier Maximen (der Qualität, Quantität, Relation und Modalität) aufbaut, die jeweils spezifische Erwartungen an das sprecherseitige Sprachverhalten beinhalten. Sie sind an ein allgemeines Kooperationsprinzip rückgebunden. Ein Bruch einer dieser Maximen oder, wie Grice es nennt, ihre Ausbeutung, führt über die grundsätzliche Annahme, S kooperiere im Gespräch, zu einer nicht-wörtlichen Lesart des Gesagten, einer konversationellen Implikatur (vgl. Grice 1993b: 248).

Auch an diesem Modell üben Sperber/Wilson Kritik, die in einer ähnlichen Richtung verläuft wie diejenige am Griceschen Bedeutungsmodell: Der Schlussprozess einer konversationellen Implikatur liefert keine hinreichenden Gründe dafür, dass die Ausbeutung einer der Maximen zu einer bestimmten Lesart des Gesagten führt, und zwar zu derjenigen, die von S intendiert war. Es gibt eine ganze Reihe alternativer Lesarten, die ebenso gut als nicht-wörtliche Interpretationen in Übereinstimmung mit dem Kooperationsprinzip gelten können, sodass von der Zuweisung einer pragmatischen Bedeutung nicht die Rede sein kann (vgl. Sperber/Wilson 2004: 37). Dies ist zweifellos richtig, jedoch lässt sich einwenden, dass es zu den Eigenschaften einer konversationellen Implikatur gehört, unbestimmt zu sein – diese Unbestimmtheit kann sogar zu den Motiven gehören, die die Wahl eines schlussbasierten Verfahrens der Kommunikation nahelegen; man möchte sich nicht immer festlegen müssen auf eine eingeengte Lesart. Wie auch immer man diese Frage entscheiden mag, so erscheint der Gricesche Ansatz jedenfalls in der Sicht von Sperber/Wilson in mehrfacher Hinsicht unterdeterminiert.

Die Reaktion auf diese Diagnose des Griceschen Ansatzes besteht in der Hinwendung zu den kognitiven Grundlagen der sprachlichen Kommunikation. In einem programmatischen Satz zusammengefasst: „In studying communication, we are interested in conceptual cognitive abilities." (Sperber/Wilson 2004: 39) Kernpunkt ihres Untersuchungsinteresses ist die sogenannte kognitive Umgebung eines Individuums, die aus den Tatsachen besteht, die für dieses Individuum manifest sind. Manifest ist eine Tatsche für ein Individuum dann, wenn es eine mentale Repräsentation von ihr ausbilden kann, die es für zutreffend oder wahrscheinlich zutreffend hält (vgl. Sperber/Wilson 2004: 39).

Es werden allerdings nicht nur manifeste Annahmen von Individuen berücksichtigt, sondern auch der Fall, dass mehrere Personen bestimmte manifeste Annahmen teilen. Auf diese Weise entsteht eine gemeinsame kognitive Umgebung, die eine Schnittmenge der kognitiven Umgebungen der beteiligten Individuen bildet. Für gelungene Kommunikation ist es allerdings erforderlich, dass die Kommunizierenden voneinander wissen, dass ihre kognitiven Umgebungen eine gemeinsame Schnittmenge haben. Es sollte eine wechselseitige kognitive Umgebung vorhanden sein. In einer solchen wechselseitigen kognitiven Umgebung gilt für jede manifeste Annahme, dass sie für mehrere Teilnehmer manifest ist, und es gilt weiterhin, dass die Tatsache manifest ist, dass genau dies der Fall ist (vgl. Sperber/Wilson 2004: 42).

Nicht immer jedoch sind Tatsachen für alle Beteiligten an einer Kommunikationssituation wechselseitig manifest. In einem Akt ostensiven Verhaltens oder kurz einem Akt der Ostension kann ein Individuum eine bestimmte Tatsache manifest machen. Wenn dies der Fall ist und darüber hinaus die Absicht manifest gemacht wird, dass die erwähnte Tatsache manifest sein soll, dann sind die Bedingungen für ostensives Verhalten erfüllt (vgl. Sperber/Wilson 2004: 49). Das Ergebnis eines ostensiv-inferenziellen Kommunikationsakts ist eine Explikatur. In diese gehen zwei Arten von Information ein: Zum einen die kodierte Information der getätigten Äußerung, zum anderen die Kenntnis des Äußerungskontextes, über die der Adressat verfügt, und die in Form von Kontextpropositionen repräsentiert ist.

Sperber/Wilson kritisieren den Griceschen Mechanismus der Implikaturenerzeugung nicht nur aufgrund der theoretischen Unterdeterminierung des Gegenstandes, sondern sie reduzieren den erwähnten Katalog von Maximen mit dem zugrundeliegenden Kooperationsprinzip auf eine einzige Maxime – diejenige der Relevanz. Das Prinzip der Relevanz erfüllt also einerseits die Aufgabe einer Griceschen Konversationsmaxime, andererseits die Aufgabe des übergeordneten Kooperationsprinzips. Relevanz ist für eine Äußerung dann gegeben, wenn aus der mit der Äußerung kodierten Information einerseits und einer oder mehreren Kontextpropositionen andererseits ein Schluss gezogen werden kann, der zu einer bestimmten Lesart dieser Äußerung führt. Sperber/Wilson nennen diesen Schluss eine kontextuelle Implikation (Sperber/Wilson 2004: 107). Weiterhin gilt das Prinzip der kognitiven Ökonomie: Eine Äußerung ist umso relevanter, je weniger Kontextpropositionen für den Schlussprozess der kontextuellen Implikation benötigt werden und je mehr mögliche Explikaturen aus ihm entstehen. Der bedeutungstheoretische Stellenwert dieses Prinzips ergibt sich dadurch, dass maximale Relevanz für Adressaten das Kriterium für eine Bedeutungszuweisung ist: Diejenige Lesart einer Äußerung, die maximale Relevanz sichert, ist diejenige, die als sprecherseitig gemeint unterstellt werden kann.

Sperber/Wilson legen ihrem gesamten Verfahren das erwähnte kognitive Ökonomie-Prinzip zugrunde; sie kondensieren ihre Auffassung in dem Satz: „Our claim is that all human beings automatically aim at the most efficient information processing possible." (Sperber/Wilson 2004: 49). Die Unterstellung der maximalen Relevanz einer Äußerung ergibt sich also aus der allgemeinen kognitiven Effizienzannahme; andererseits ist die Relevanzunterstellung auch verantwortlich für die adressatenseitige Bedeutungszuschreibung. Hieraus ergibt sich die kognitive, auf der Effizienzannahme basierende, bedeutungstheoretische Position der Relevanztheorie.

4 Modularität der pragmatischen Kompetenz

Die Relevanztheorie von Sperber/Wilson stellt innerhalb der kognitiven Pragmatik den elaboriertesten Ansatz dar. Neben dem Modell der inferenziellen Bedeutungszuweisung auf der Grundlage der Relevanzannahme macht sie allerdings auch einige weitreichende methodologische Annahmen, von denen die wichtigste die Vorstellung von der Modularität des Geistes ist. Das gleichnamige Buch von Jerry Fodor ist der Ausgangspunkt für Theorien des Geistes, aber auch für mentalistische Sprachtheorien und, wie wir sehen werden, auch für die kognitive Pragmatik (vgl. Fodor 1983, 1986). Was kann man sich unter Modularität vorstellen? Monika Schwarz schreibt zur Modularitätskonzeption in der linguistischen Forschung: „Dieser Konzeption liegt die Annahme zugrunde, dass die menschliche Kognition ein komplexes System verschiedener Subsysteme darstellt [...]. Die Subsysteme fungieren als Module, d. h. jedes Modul weist als kognitives Wissenssystem eine ihm inhärente Struktur auf, die sich nicht durch die Struktureigenschaften eines anderen Moduls erklären lässt." (Schwarz 2008: 27)

Folgt man J. Fodor, so ist der menschliche Geist einerseits durch zentrale Prozesse geprägt, die auf allgemeinen Denk- und Problemlösefähigkeiten beruhen und nicht-modular sind. Andererseits finden wir sogenannte Inputsysteme (beispielsweise die Wahrnehmung oder das Sprachverstehen) und Outputsysteme vor (motorische Kontrolle oder die Sprachproduktion), die ihrerseits modular organisiert sind. Module sind, Meibauer (1997) folgend, durch einige allgemeine Eigenschaften charakterisiert, die sich auf die oben genannte inhärente Struktur zurückführen lassen: Sie sind domänenspezifisch, das heißt das sprachliche Subsystem bezieht sich nur auf sprachliche Reize. Sie sind darüber hinaus obligatorisch, sodass man keinen willentlichen Einfluss auf sie nehmen kann. Vor allem sind Module informationell eingekapselt, sie nehmen während der ablaufenden Verarbeitungsprozesse keine Informationen aus benachbarten Modulen auf. Dadurch können sie sehr schnell arbeiten, was dazu führt, dass man Gehörtes oder Gelesenes in Bruchteilen einer Sekunde verarbeiten kann (vgl. Meibauer 1997: 227 f.).

Innerhalb der Pragmatik werden die Ansätze von Harnish/Farmer (1984) und Kasher (1991) von Meibauer als modularistisch eingestuft. Im Gegensatz zu ihren frühen Arbeiten schließen sich Sperber/Wilson in ihrer späteren Sicht diesem Lager an: „Verbal communication ... exhibits certain regularities, not found in other domains. It therefore lends itself to the development of a dedicated comprehension module with its own particular principles and mechanisms" (Sperber/Wilson 2002: 5). Grundsätzlich wird aus der Perspektive Sperber/Wilsons wie auch des gesamten relevanztheoretischen Teilparadigmas (u. a. bei Carston 2002) Kommunikation als eine metapsychologische Aktivität aufgefasst; dies bedeutet, dass das Erkennen der informativen Sprecher-Intention darauf zurückgeführt wird, dass A einen Schlussprozess durchführt von einem durch S gegebenen Zeichen (z. B. einer Äußerung) auf die dahinter stehende S-Intention. Da A's Schlussprozess selbst psychologisch ist, ist der Schluss auf die S-Intention sodann metapsychologisch. Alternativ wird das hierfür zuständige Modul auch metakommunikatives Modul genannt. Dieses ist ein Untermodul des allgemeineren mind-reading-Moduls, welches generell das Verstehen geistiger Aktivitäten bei anderen zum Gegenstand hat.

Dass kognitive Ansätze und somit auch die kognitive Pragmatik mit einer starken Tendenz zur Hypothese der Angeborenheit einhergehen, wird auch bei Sperber/Wilson deutlich, die die Auffassung vertreten, „… that many modular structures have a strong genetic component" (Sperber/Wilson 2002: 10) Darüber hinaus ist ein erheblicher Grad an Spezialisierung anzunehmen; dies ergibt sich daraus, dass sprachliches Verstehen nicht im Rückgriff auf die allgemeine Fähigkeit erklärt werden kann, vollzogenen Handlungen entsprechende Intentionen zuzuschreiben, etwa indem man allgemeine Rationalitätsannahmen zugrundelegt (vgl. hierzu Kasher 1976). Vielmehr ist die spezielle Fähigkeit erforderlich, sprachlichen Äußerungen in ihrer ganzen Vielfalt und Kreativität jeweils eine Sprecher-Bedeutung zuzuschreiben, und dies gelingt nur, wenn ein für diese Aufgabe spezialisiertes Verstehensmodul ausgebildet worden ist. Der Rekurs auf Chomskys Sprachtheorie ist hier explizit (Sperber/Wilson 2002: 11).

Das für Sperber/Wilson einschlägige Submodul des allgemeinen mind-reading-Moduls besteht in einer automatisierten Anwendung einer relevanzbasierten Prozedur. Sie dient der Interpretation ostensiver Stimuli, welche neben Gesten und anderen Zeichen auch sprachliche Äußerungen sein können. Dieses Modul steuert, vereinfacht gesagt, die Verstehensstrategie von A angesichts eines von S vollzogenen ostensiven Stimulus, indem es zwei Prozeduren zur Verfügung stellt. Sie lauten: „(a) Follow a path of least effort in computing cognitive effects. … (b) Stop when your expectations of relevance are satisfied." (Sperber/Wilson 2002: 18). Bekommt A einen ostensiven Stimulus seitens S präsentiert, beispielsweise einer Äußerung wie

(1) Ich habe Caspar das Geld gegeben.

dann dekliniert A die möglichen Interpretationen dieser Äußerung durch bis zu dem Punkt, an dem für ihn ein hinreichender Grad an Relevanz entsteht, der es lohnend erscheinen lässt, diese Äußerung überhaupt zu interpretieren. Diese fragliche Interpretation könnte eine solche sein, die zusammen mit dem als gemeinsam unterstellten Hintergrundwissen von A und S eine Reihe von Inferenzen ermöglicht, etwa die, dass S nun fällige Spielschulden gegenüber einem ungeduldigen Gläubiger beglichen hat, dass die Gefahr einer unerfreulichen Folgesituation nun gebannt ist usw. Die so entstehenden Inferenzen sind geeignet, die allgemeine Relevanzerwartung zu erfüllen, und sie führen somit zum Abschluss der interpretativen Bemühungen.

Der Bezug auf J. Fodors Schriften bei der Konzeption einer kognitiven Pragmatik hat noch einen weiteren Aspekt. Mentale Repräsentationen nehmen die Form von Gedanken an, die ihrerseits in einer spezifischen Sprache formuliert sind: der Gedankensprache, manchmal auch als Mentalesisch bezeichnet. Diese Auffassung einer mentalesischen Gedankensprache macht sich R. Carston zu eigen. Sie schreibt: „I follow Jerry Fodor's view that having a thought with a particular content P involves the occurrence ... of a sentence of the language of thought (Mentalese) which means that P." (Carston 2002: 74) Mentalesisch besteht also aus Sätzen mit einer syntaktischen Struktur; überdies haben die Sätze auch eine kompositionale Semantik, die allerdings völlig kontextunabhängig ist. Mentalesisch ist somit das Medium, in dem sich Gedanken manifestieren, mit einer Syntax und einer Semantik.

Es ist eine der Grundannahmen der modernen Pragmatik, dass eine sprachliche Äußerung Bedeutung trägt, die nur unvollständig erfasst ist, wenn man lediglich die (kompositionale) Bedeutung des geäußerten Satzes betrachtet. Es sind vielmehr pragmatische Anreicherungen anzunehmen, die von der Satzbedeutung zur Sprecherbedeutung führen, also zu dem, was ein Sprecher mit einem Satz meint. Um den Prozess der pragmatischen Anreicherung nachzuvollziehen, kann man sich eines der Standardbeispiele ansehen, die häufig zur Illustration herangezogen werden.

(2)   Einige Gäste sind eingetroffen.

Die pragmatische Anreicherung, die in diesem Fall in einer skalaren Implikatur besteht, lautet:

(2a) Nicht alle Gäste sind eingetroffen.

Was für natürlichsprachliche Äußerungen gilt, kann für Sätze der Gedankensprache nicht angenommen werden. Sie sind grundsätzlich explizit, sodass man sie als Resultat einer pragmatischen Anreicherung auffassen kann. Der zur Äußerung (2) analoge Gedanke ist also (2a). Den Weg von der unterdeterminierten Äußerung (2) zur angereicherten Form (2a) beschreibt Carston so:

> What bridges the gap between the underdetermining encoding of a natural-language utterance and the thought(s) expressed is a powerful pragmatic inferential mechanism, whose

job is to figure out the informative intention behind a linguistic utterance [...]." (Carston 2002: 76)

In den Termini der Fodorschen Gedankensprache führen pragmatische Schlussverfahren (Explikaturen) von der unterdeterminierten, nicht im vollen Sinne expliziten Äußerung zur angereicherten, voll determinierten und expliziten Gestalt, die für ,mentalesische' Gedanken charakteristisch ist.

Die Architektur der kognitiven Pragmatik ist allerdings nicht nur eine Frage der Modellbildung und theoretischen Begründung, sondern sie hat auch eine empirische Basis, die sich in den letzten Jahren vor allem in der experimentellen Pragmatik manifestiert. Im Folgenden soll kurz auf einige Studien eingegangen werden, die zeigen, dass es durchaus unterschiedliche Ergebnisse gibt, wenn man an einer experimentellen Evidenz für relevanzgesteuerte Schlussverfahren interessiert ist.

5 Experimentelle Studien

Das Plädoyer, dass Äußerungsverstehen nicht auf die allgemeine Fähigkeit von Adressat_innen zurückgeführt werden kann, auf der Grundlage allgemeiner Rationalitätsunterstellungen Sinnzuschreibungen vorzunehmen, erfährt Unterstützung durch einige experimentelle Studien. Sie bestätigen die Annahme, dass es eines spezielleren kognitiven Mechanismus' bedarf, der uns in die Lage versetzt, gerichtete Hypothesen über die hinter einer Äußerung stehende Sprecherintention auszubilden. Das oben erwähnte Submodul des allgemeinen mind-reading-Moduls enthält als wesentlichen Bestandteil einen Theory-of-Mind-Mechanismus (ToMM). Dieser befähigt uns, anderen Personen mentale Zustände zuzuschreiben, was ein Teil unserer Fähigkeit ist, das von ihnen Gesagte zu verstehen. Für Kleinkinder erweist sich die Ausbildung eines solchen ToMM als ein wichtiger Schritt in der Herausbildung eines sozialen Selbst.

Ob dieser Schritt in einem bestimmten Alter gelingt oder nicht, kann mit einem einfachen Test ermittelt werden, der die Fähigkeit prüft, ob ein Kind – in der Regel im Alter von vier Jahren – in der Lage ist, anderen Personen nicht nur zutreffende Überzeugungen zuzuschreiben, sondern solche, die es selbst für falsch hält. Es geht um den sogenannten false-belief-Test, der schematisch so wiedergegeben werden kann: In einem Puppenspiel kommt eine Puppe auf die Bühne (die ,gute' Sally) und legt einen Ball in einen geschlossenen Korb. Daraufhin verlässt sie die Bühne, und eine weitere Puppe (die ,trickreiche' Ann) betritt die Bühne. Sie nimmt den Ball heraus, versteckt ihn in einer Kiste und verlässt ebenfalls die Bühne. Wenn nun Sally die Bühne wieder betritt, stellt sich die Frage, wo sie den Ball suchen wird. Kinder mit ausgebildeter theory-of-mind können Sally die falsche Überzeugung zuschreiben, der Ball sei im Korb; Kinder, die diese Fähigkeit noch nicht ausgebildet haben oder sie nur unzureichend ausbilden, werden ihr diejenige Überzeugung zuschreiben, die mit der eigenen beobachteten Situation übereinstimmt, nämlich der Lokalisierung des Balls in der Kiste. (vgl. Baron-Cohen et al. 1985)

In einem spezielleren experimentellen Design haben die Psychologinnen Francesca Happé und Eva Loth diesen Test um eine Worterwerbsaufgabe erweitert: Es ging darum, zusätzlich zur Identifizierung des Gegenstandes auch noch eine neue Bezeichnung für diesen zu erlernen (vgl. Happé/Loth 2002). In diesem Setting nahm Ann den Gegenstand in Abwesentheit von Sally auch aus dem Korb, ersetzte ihn aber durch einen anderen. Nach der Rückkehr von Sally wandte sie sich an die Zuschauer und referierte mit einem neuen Wort (beispielsweise ‚Modi') auf den Gegenstand. Sie fragte die Kinder, ob sie das Modi anschauen wollten etc. Bei der Frage, auf welchen Gegenstand sie mit dem neuen Wort wohl referierte, schnitten die befragten Kinder signifikant besser ab als bei dem ursprünglichen false-belief-Test. Sie waren sehr viel besser in der Lage, Sallys falschen Wissensstand zu antizipieren, als bei dem ursprünglichen Test. Dies ist ein Ergebnis, das man bei der höheren Komplexität der Aufgabe nicht erwartet hätte. Die Erklärung für diesen erstaunlichen Befund sehen Happé/Loth darin, dass die Verbindung der Testaufgabe mit einer Worterwerbsaufgabe keine Erschwernis, sondern eine Erleichterung für die Kinder darstellt. Dies ist für sie eine Bestätigung der Annahme, dass es verschiedene Teilfähigkeiten im Rahmen des allgemeinen mind-reading-Moduls gibt, die in unterschiedlichen Ausprägungen der theory-of-mind resultieren. Offensichtlich sind Kinder viel eher imstande, eine spezifische ToM im Rahmen kommunikativer Anforderungen auszubilden, als sie es in Bezug auf eine allgemeine, unspezifische ToMM sind. Dies wiederum ist für die Autorinnen ein starker Hinweis darauf, dass es offenbar in der menschlichen Kognition einen erheblichen Grad von Spezialisierung gibt, der kommunikatives Verhalten – und seine Interpretation – von anderen Arten rationalen Verhaltens abzugrenzen erlaubt.

Eine andere Gruppe von experimentellen Studien versuchte, Gründe für eine Entscheidung herbeizuführen zugunsten der einen oder anderen Strategie bei der Explikation von Sprecherbedeutung. Die neo-gricesche Strategie, die vor allem von L. Horn und S. Levinson vertreten wird, besteht darin, den Katalog von konversationellen Maximen zu reduzieren auf zwei (Horn) oder drei grundlgende Prinzipien (Levinson). So postuliert Horn ein adressatenseitiges Q-Prinzip und ein sprecherseitiges R-Prinzip (Horn 1984); Levinson nimmt drei Prinzipien an, das Quantitätsprinzip, das Informativitätsprinzip sowie das Modalitätsprinzip (vgl. Levinson 2000). Während Horn von einem Wettbewerb des Q- und des R-Prinzips ausgeht bezüglich der Frage, welches der beiden Prinzipien verstehensleitend im Zuge der Äußerungsinterpretation ist, operiert der Ansatz von Levinson auf der Basis des Begriffs der generalisierten konversationellen Implikatur (GKI). Seiner Annahme gemäß vollziehen wir GKIs, die durch entsprechende Ausdrücke ausgelöst werden, routinemäßig oder als default-Fall; GKIs sind aber auch – wie bei Grice – vorläufig und bei gegenteiliger Evidenz tilgbar. In dem Beispiel

(3)   Sie nahm den Schlüssel aus der Tasche und öffnete die Tür.

ergibt sich folgende, durch den Ausdruck und ausgelöste pragmatische Anreicherung: Beide Konjunkte (sie nahm den Schlüssel …/öffnete die Tür) stehen in einer Reihenfolgebeziehung, und es ist außerdem nahegelegt, dass sie die Tür mit dem Schlüssel aufschloss, den sie aus der Tasche genommen hatte. Sollte es wider Erwarten so sein, dass sie die Tür nicht mit dem besagten Schlüssel öffnete (vielleicht weil sie nicht abgeschlossen war, sie aber eine weitere Tür aufschließen wollte), wird die vollzogene GKI getilgt.

Nimmt man hingegen an, es wird adressatenseitig eine allgemeine Relevanzunterstellung ausgebildet, wie sie im vorigen Abschnitt beschrieben wurde, dann erübrigt sich die Annahme einer GKI zur Zuschreibung einer Sprecherbedeutung. Sollte diese zur Interpretation einer Äußerung notwendig werden, so wird sie ad hoc ausgebildet, nicht jedoch als default-Fall. Die letztere Auffassung wird von Noveck und Sperber vertreten, die in einer Reihe experimenteller Studien nachzuweisen beabsichtigten, dass eine solche Interpretationstrategie vorherrscht (vgl. Noveck/Sperber 2007). Das Design ihrer Studien bestand darin, die Lesezeit von Texten zu messen, die Implikaturen enthalten, gegenüber Texten, die keine solche Implikaturen aufweisen. Wenn es so wäre, dass GKIs als default-Fall ausgebildet werden, die dann bei Gegenevidenz getilgt würden, dann sollte die Lesezeit für diejenigen Äußerungen länger sein, die keine Implikaturen-Lesart aufweisen. Es wäre nämlich erst die Implikatur zu ziehen und sodann in einem zweiten Schritt wieder rückgängig zu machen. Äußerungen mit GKIs hingegen würden schneller gelesen, denn der zweite Schritt ihrer Rücknahme würde ja entfallen.

In der Tat stellte sich in den Studien, die sowohl mit Kindern als auch mit Erwachsenen durchgeführt wurden, heraus, dass die Lesezeit und damit auch die Verarbeitungszeit für solche Äußerungen, die keine GKIs enthielten, durchgängig kürzer war als die Verarbeitungszeit für Äußerungen mit GKIs. Die Hypothese, dass adressatenseitig auf generalisierte konversationelle Implikaturen nicht als default-Fall, sondern nur dann zurückgegriffen wird, wenn es vom verwendeten Sprachmaterial oder von der Situation her ad hoc nahegelegt wird, schien also bestätigt.

In einer anderen Versuchsreihe gelangten M. F. Garrett und R. M. Harnish jedoch zu dem Ergebnis, dass es sehr wohl standardisierte Schlussverfahren gebe, die als default-Fall die Äußerungsinterpretation steuern (vgl. Garrett/ Harnish 2007: 2009). Sie bezogen sich auf Fälle, die als Anwendungen der oben genannten Prinzipien Q und I von Levinson gelten konnten. Sie kamen in ihren Lesezeitstudien zu dem Ergebnis, dass der Vollzug von routinemäßig vollzogenen konversationellen Schlüssen – sie nennen sie in Anlehnung an K. Bach Standard-Implizituren – in einer kürzeren Lesezeit resultiert als die Ausbildung von Inferenzen, die ad hoc immer wieder neu vollzogen werden müssen. Es kann vermutet werden, dass beide Forschergruppen letztlich zu unterschiedlichen Gegenständen geforscht haben, so dass die Ergebnisse nicht kommensurabel sind. Noveck/Sperber untersuchten den Vollzug skalarer Implikaturen, Garrett/ Harnish bezogen sich auf die allgemeine Wirkung des Levinsonschen Quantitäts- und Informativitätsprinzips.

6 Sind Bedeutungen im Kopf?

Nach der Diskussion von theoretisch geprägten Grundsatzfragen und einigen experimentellen Studien, die jedoch kein sehr einheitliches Bild ergeben, sollen abschließend einige kritische Einwände gegen das, was man kognitivistische Strategie nennen kann, thematisiert werden. Vor allem soll dabei auch auf die modularistische Vorstellung des Geistes und resultierend daraus auch der Sprache eingegangen werden. Zunächst soll ein gewichtiger Kritiker von ‚Fodors Programm‘, wie er es nennt, zu Wort kommen, nämlich Hilary Putnam, hauptsächlich unter Berücksichtigung seines Kapitels *Bedeutung und Mentalismus* in seinem Buch *Repräsentation und Realität* (Putnam 1991a).

Putnam führt die Fodorsche Idee einer Gedankensprache zurück auf Chomskys Programm einer Universalgrammatik und zugrundeliegender angeborener Ideen, die menschliche Individuen dazu befähigen, eine der Universalgrammatik entsprechende Einzelsprache im Laufe ihrer intellektuellen Reifung auszubilden. Dieses Programm wurde dann auf die semantische Ebene übertragen, und das Resultat dieser Übertragung beschreibt Putnam folgendermaßen: „Eine chomskyanische Theorie der semantischen Ebene wird behaupten, daß es im Geist/ Gehirn ‚semantische Repräsentationen‘ gibt, daß diese angeboren und universal sind, und daß sich alle unsere Begriffe in solche semantischen Repräsentationen zerlegen lassen." (Putnam 1991a, 29)

Die Vorstellung einer Gedankensprache skizziert Putnam folgendermaßen: „Der Geist denkt seine Gedanken auf mentalesisch, verschlüsselt sie sodann ...

und übermittelt sie anschließend dem Hörer ... Der Hörer hat natürlich ebenfalls einen Kryptographen im Kopf, der daraufhin die ‚Botschaft' dechiffriert. In diesem Bild ist die natürliche Sprache alles andere als wesentlich für das Denken...‟ (Putnam 1991a, 31) Dieser leicht ironischen Schilderung des Vorgangs der Kommunikation kann man schon entnehmen, dass die Annahme des Mentalesischen sehr skeptisch aufgenommen wird.

Grundsätzlich zieht Putnam die wesentliche Unterscheidung des menschlichen Geistes in zentrale Prozesse einerseits, die die allgemeine Intelligenz betreffen, und Module des Input- und Outputsystems andererseits, die die besagte Spezialisierung aufweisen, in Zweifel. An einem Beispiel aus der Quantenphysik macht er deutlich, dass die Entscheidung darüber, ob ein Ausdruck die gleiche Bedeutung wie ein anderer habe oder seine Bedeutung im Laufe der Zeit verändert habe, mindestens ebenso komplex ist wie die Frage, ob eine Theorie zu einem bestimmten Zeitpunkt eine Fortentwicklung eines früheren Stadiums ist oder ob es sich um eine völlig neue Theorie mit gleichzeitigem Verwerfen der ‚alten' Theorie handelt. So ist die Entscheidung, ob der Begriff des Elektrons, den Niels Bohr um 1900 verwendete (und der die Vorstellung einer Flugbahn um einen Atomkern beinhaltete), und der Elektronbegriff, den er um 1934 verwendete (und die Annahme einer Flugbahn nicht mehr enthielt), der gleiche ist, nicht nur eine Frage der allgemeinen Intelligenz und des Weltwissens. Es ist ebenso gut eine Frage danach, ob beide Verwendungen des Wortes ‚Elektron' als synonym aufzufassen sind oder nicht. Die ‚semantische' Frage ist hier erkennbar ebenso komplex wie die allgemeine Frage der Quantenphysik, und somit entfällt ein wesentliches Unterscheidungskriterium für die semantische Frage und die Frage des Weltwissens, letztlich also für die Unterscheidung in modulare und nichtmodulare Fähigkeiten des menschlichen Geistes.

Die Frage, ob die Begriffe einer Gedankensprache zum angeborenen Bestand eines kompetenten Sprechers gehören, bescheidet er ebenfalls negativ. In Form einer Kapitelüberschrift stellt er fest: „Unsere Begriffe hängen von unserer physischen und sozialen Umwelt in einer Weise ab, die nicht vorhersehbar war für die Evolution (die im Hinblick auf unser Gehirn vor etwa 30 000 Jahren abgeschlossen war).‟ (Putnam 1991a, 46) – woraufhin er als Beispiel nennt, dass es wohl kaum möglich sei, dass Begriffe wie ‚Vergaser' angeboren seien. Hieraus folgt für ihn, dass Bedeutung interaktiv ist, das heißt, dass sie „nicht nur von dem abhängt, was in unseren Köpfen vor sich geht, sondern auch von dem, was sich in unserer Umwelt befindet, und auch davon, wie wir mit dieser Umwelt interagieren.‟ (Putnam 1991a, 51)

In einem weiteren Aufsatz (*Bedeutung, andere Personen und die Welt*) im gleichen Buch bringt er seine bedeutungstheoretische Auffassung auf den Punkt: „Die Sprache ist keine wesentlich individualistische Tätigkeit, sondern eine Art kooperativer Tätigkeit" (Putnam 1991b, 63). Bezogen auf Fragen der Referenz stellt er dann fest: „Kurzum, der Bezug wird nicht durch Bedingungen oder Gegenstände in individuellen Gehirnen/Geistern bestimmt, sondern er wird sozial festgelegt. Schaut man auf der Suche nach dem Bezug unserer Wörter im Innern des Gehirns nach, dann sucht man ... am falschen Platz" (Putnam 1991b, 63).

Neben dem Gegenargument in Bezug auf die historische Semantik von wissenschaftlichen Begriffen sowie der Betonung einer zeitlichen Referenzierung technischer Begriffe, was für Hilary Putnam jeweils im Vordergrund steht, werden im Zuge der Kognitivismus-Kritik auch Gegenargumente vorgebracht, die sich auf die Architektur der Konzeption einer kognitiven Semantik beziehen. So macht Rudi Keller diesem Paradigma, für das er die Ansätze von Ronald Langacker, aber auch Mark Johnson und George Lakoff exemplarisch diskutiert, unter anderem den Vorwurf, es sei argumentativ zirkulär: „Aus Beobachtungen sprachlicher Sachverhalte wird geschlossen auf das Vorhandensein korrespondierender kognitiver Strukturen, mit denen dann die beobachteten sprachlichen Sachverhalte ‚erklärt' werden." (Keller 1995: 84) Wenn also die semantische Struktur der Sprache die Quelle ist, aus der Kenntnisse über die Struktur der menschlichen Kognition gewonnen werden, dann ist es nicht möglich, „... sie zur Begründung oder Erklärung der semantischen Struktur der Sprache zurückzubiegen. Kognitive Semantik ‚erklärt' Bekanntes mit Unbekanntem." (Keller 1995: 86)

Beide Kritikpositionen, die hier exemplarisch wiedergegeben wurden, speisen sich aus einer interaktionalen (Putnam) oder instrumentalistischen (Keller) Grundauffassung der Bedeutung sprachlicher Zeichen. Putnams Diktum, dass Bedeutung zumindest auch von dem abhängt, was sich in unserer Umwelt befindet und wie wir damit umgehen, woraus weiterhin folgt, dass beispielsweise die Fixierung der Referenz von Ausdrücken sozial festgelegt wird, verlagert das Phänomen der Bedeutungshaftigkeit – kurz gesagt – vom Kopf in die Sprachgemeinschaft; sein viel zitierter Ausspruch „Bedeutungen sind nicht im Kopf" exemplifiziert diese Auffassung (vgl. Putnam 1978). Keller leitet kognitive Kategorien aus dem Sprachgebrauch und damit aus sprachlichen Kategorien ab und nicht Letztere aus Ersteren: „Kategorien bzw. Begriffe sind Einheiten unseres Denkens. Sie werden erzeugt durch die Gebrauchsregeln der Wörter, mit denen wir sie bezeichnen." (Keller 1995: 82) Es stellt sich die Frage, welche Konsequenzen aus dieser Grundsatzkritik für die Einschätzung der kognitiven Pragmatik folgen – ist sie davon zentral betroffen oder müssen an sie andere Maßstäbe angelegt werden als an die kognitive Semantik?

Da es auch in den Fragestellungen der kognitiven Pragmatik um die Bedeutungshaftigkeit sprachlicher Äußerungen geht, wenn auch primär um die Sprecherbedeutung bzw. weitere Ebenen wie Explikaturen, ist sie grundsätzlich den gleichen Einwänden ausgesetzt, zumal sich sowohl Sperber/Wilson als auch

Carston explizit auf die Theorie der mentalen Repräsentation von Jerry Fodor beziehen. Zweifellos haben die genannten Ansätze der kognitiven Pragmatik große Verdienste, was die Weiterentwicklung der oft umrisshaft formulierten Griceschen Sprach- und Kommunikationstheorie betrifft. Allerdings müssen sie sich mit mindestens den folgenden Fragen auseinandersetzen, die die Beziehung der vertretenen Bedeutungsauffassung zur kommunikativen Realität von Sprecher_in und Adressat_in betreffen:

Wenn es um die Untersuchung sprachlicher Kommunikation und ihrer Grundlagen geht, dann stellt sich die Frage, welche Prozesse und Faktoren innerhalb des Kommunikationsvorgangs den Beteiligten wirklich präsent sind und für sie eine Rolle spielen. Untersucht man statt des Produkts des Kommunikationsakts vielmehr den Prozess dieses Aktes, wie Robin Carston und Bruno Bara es fordern, dann unterstellt man, dass der Prozess auch für die Kommunizierenden relevanter ist als das Produkt – dies dürfte allerdings nur in Ausnahmefällen, etwa bei kommunikativen Problemen, der Fall sein. Ähnliches kann man sich beim Übergang von bewussten zu unbewussten Prozessen der Kommunikation (Carston) fragen. Schließlich ist auch die Entscheidung, nicht das Äußere der Kommunikation – also die Äußerung – sondern das Innere der Kommunikation – ihre mentale Repräsentation – in den Fokus zu nehmen (Bara), durchaus begründungsbedürftig. In vielen Fällen der Kommunikation spielt das ‚Äußere‘, also der faktische Vollzug eines Sprechakts, viel stärker als das ‚Innere‘ die entscheidende Rolle. So ist beispielsweise der Gehalt der Aufrichtigkeitsbedingung, die für die Austin/Searlesche Sprechakttheorie einen zentralen Stellenwert hat, lediglich etwas, was im Vollzug des Sprechakts zum Ausdruck gebracht werden muss – ob die dahinter stehende propositionale Einstellung auch wirklich ausgebildet wurde, ist für das Zustandekommen des Sprechakts unerheblich.

Ein weiterer Punkt ist – im Sinne der interaktionalen Sicht Putnams – die Lokalisierung der Bedeutungszuschreibung einzelner Sprachvollzüge. Die kognitive Repräsentation einer Sprecherbedeutung ‚im Kopf‘ der Sprecher_innen oder der Adressat_innen und ihre Übereinstimmung im Erfolgsfalle ist nur ein relevanter Aspekt sprachlicher Kommunikation. Ein anderer und folgenreicher Aspekt ist derjenige des interaktionalen Stellenwerts, den der Sprechakt hat, also das, als was der vollzogene Sprechakt in einer bestimmten Situation gilt – etwa infolge inferenzieller Prozesse (vgl. hierzu Brandom 2000). Dieser Stellenwert kann von vornherein klar sein, aber es kann auch etwas sein, das sich im Laufe der Interaktionsgeschichte erst ergibt (zu interaktionalen Ansätzen und interaktionaler Bedeutungskonstitution vgl. auch Proske und Reinike in diesem Band). Entweder ist sprecherseitig noch nicht ganz klar, welche Bedeutung der Äußerung genau zukommt, sodass sich dies erst durch die präzisierende adressatenseitige Reaktion klärt; oder es gibt unterschiedliche Lesarten der vollzogenen

Äußerung, die erst im Laufe eines Aushandlungsprozesses in Übereinstimmung gebracht werden müssen. So ist die Frage, zu welchen Schlussfolgerungen die Kommunizierenden im Anschluss an einen Sprechakt berechtigt und zu welchen Begründungen sie im Einzelnen verpflichtet sind, innerhalb der Dynamik des kommunikativen Austauschs zu klären. Dies sind jedoch Bedeutungsaspekte, die von S nicht repräsentiert werden können, bevor sich der kommunikative Austausch entfaltet.

Neben den grundsätzlichen Einwänden gegen eine kognitive Perspektive auf Sprache und Sprachgebrauch, wie sie von Putnam und Keller vorgebracht wurden, wird sich die kognitive Pragmatik insbesondere mit dem Faktum der Bedeutungsentstehung oder -emergenz im diskursiven Austausch auseinandersetzen müssen. Es ist nicht ohne weiteres erkennbar, wie der emergente Charakter pragmatischer Bedeutung im Rahmen einer Erklärungsstrategie berücksichtigt werden kann, die von einer Vorformulierung des zu kommunizierenden Gedankens in ‚Mentalesisch' ausgeht und sodann zur Annahme seiner Artikulation in der resultierenden Äußerung gelangt. Dieser Erklärungsbedarf scheint bisher nicht abgedeckt zu sein.

7 Literatur

Bara, Bruno (2011): „Cognitive pragmatics: The mental processes of communication". In: *Intercultural Pragmatics* 8(3), 443–485.

Baron-Cohen, Simon/Leslie, Alan M./Frith, Uta (1985): „Does the autistic child have a ‚theory of mind'?" In: *Cognition* 21, 37–46.

Brandom, Robert B. (2000): *Expressive Vernunft*. Frankfurt/M.: Suhrkamp.

Brentano, Franz (1971/1874): *Psychologie vom empirischen Standpunkt. Zweiter Band.* Hamburg: Meiner.

Carston, Robyn (2002): *Thoughts and Utterances. The Pragmatics of Explicit Communication.* Oxford: Blackwell.

Fodor, Jerry (1983): *The Modularity of Mind.* Cambridge: MIT Press.

Fodor, Jerry (1986): „The Modularity of Mind". In: Pylyshyn, Zenon/Demopoulos William (Hg.): *Meaning and Cognitive Structure*. Norwood: Ablex, 3–18.

Garrett, Merrill/Harnish, Robert M. (2007): „Experimental pragmatics. Testing for Implicatures". In: *Pragmatics and Cognition* 15, 65–90.

Garrett, Merrill/Harnish, Robert M. (2009): „Q-Phenomena, I-Phenomena an Implicitures: some experimental pragmatics". In: *International Review of Pragmatics* 1, 84–117.

Grice, H. Paul (1993a): „Intendieren, Meinen, Bedeuten". In: G. Meggle (Hg.): *Handlung, Kommunikation, Bedeutung*, Frankfurt/M.: Suhrkamp, 2–15. (engl.: „Meaning". In: *The Philosophical Review* 66, 1957, 377–388.)

Grice, H. Paul (1993b): „Logik und Konversation". In: Georg Meggle (Hg.): *Handlung, Kommunikation, Bedeutung*, Frankfurt/M.: Suhrkamp, 243–265. (engl.: Logic and

Conversation, In: Cole, Peter/Morgan, Jerry L. (Hg.) (1975): *Syntax and Semantics, Volume 3: Speech acts*. New York: Academic Press, 41–58.)

Happé, Francesca/Loth, Eva (2002): „‚Theory of Mind' and Tracking Speakers' Intentions". In: *Mind & Language* 17(1–2), 24–36.

Harnish, Robert M./Farmer, Ann K. (1984): „Pragmatics and the modularity of the pragmatic system". In: *Lingua* 63, 255–277.

Horn, Laurence R. (1984): „Towards a new taxonomy for pragmatic inference: Q-based and R-based implicature". In: D. Schiffrin (Hg.), *Meaning, form and use in context*. Washington: Georgetown UP, 11–42.

Kasher, Asa (1991): „Pragmatics and the modularity of mind". In: Davis, Steven (Hg.): *Pragmatics. A Reader*. Oxford: Oxford University Press, 567–582.

Kasher, Asa (1976): „Conversational Maxims and Rationality". In: Kasher, Asa (Hg.): *Language in Focus*. Dordrecht: Reidel, 197–216.

Levinson, Steven (2000): *Presumptive Meanings. The Theory of Generalized Conversational Implicatures*. Cambridge/Mass.: MIT Press.

Marty, Anton (1908): *Untersuchungen zur Grundlegung der allgemeinen Grammatik und Sprachphilosophie*. Niemeyer: Halle.

Meibauer, Jörg (1997): „Modulare Pragmatik und die Maximen der Modalität". In: Rolf, E. (Hg.), *Pragmatik. Implikaturen und Sprechakte*. Opladen: Westdeutscher Verlag (= Linguistische Berichte, Sonderheft 8/1997), 226–256.

Noveck, Ira/Sperber, Dan (2007): „The why and how of experimental pragmatics: The case of scalar inferences". In: Burton-Roberts, Noel (Hg.): *Pragmatics*. Basingstoke: Palgrave, 184–212.

Putnam, Hilary (1978): „Meaning, Reference, and Stereotypes". In: Guenthner, F./Guenthner-Reutter, M. (Hg.): *Meaning and Translation*. London: Duckworth, 61–81.

Putnam, Hilary (1991a): „Bedeutung und Mentalismus". In: Putnam, Hilary: *Repräsentation und Realität*. Frankfurt/M.: Suhrkamp, 21–51.

Putnam, Hilary (1991b): „Bedeutung, andere Personen und die Welt". In: Putnam, Hilary: *Repräsentation und Realität*. Frankfurt/M.: Suhrkamp, 52–90.

Schmid, Hans-Jörg (2012): „Generalizing the apparently ungeneralizable. Basic ingredients of a cognitive-pragmatic approach to the construal of meaning-in-context". In: Schmid, Hans-Jörg: *Cognitive Pragmatics*. Berlin: de Gruyter Mouton, 3–21.

Schwarz, Monika (³2008): *Einführung in die Kognitive Linguistik*. Tübingen: Francke.

Sperber, Dan/Wilson, Deirdre (2002): „Pragmatics, Modularity and Mind-reading". In: *Mind and Language* 17(1), 3–23.

Sperber, Dan/Wilson, Deidre (2004): *Relevance. Communication and cognition*. London: Blackwell.

Daniel Schmidt-Brücken

Generizität als Gegenstand der Pragmatik und Kognitionslinguistik

Forschungsgeschichtliche und theoretische Aspekte

1 Semantische Perspektiven

Das Ziel dieses Beitrags[1] ist es, den Zusammenhang des linguistischen Phäno-
menbereichs der Generizität mit Kategorien der Pragmatik und Kognitionswissenschaften aufzuzeigen. Um den Versuch zu plausibilisieren, diesen Zusammenhang überhaupt herzustellen, soll zunächst die formal-semantisch orientierte
Generizitätsforschung in groben Zügen skizziert werden.

Unter Generizität wird im semantischen Verständnis üblicherweise die
Referenz einer Nominalphrase auf eine Klasse, Art oder Sorte von Objekten ver-
standen (zu lat. *genus*, vgl. instruktiv Krifka et al. 1995: 2, die in Anlehnung an
Carlson 1978 von *„reference to kinds"* sprechen, Hervorhebung im Original; zur
Referenztheorie vgl. auch Meier in diesem Band). Darüber hinaus werden zur
Generizität sogenannte habituative Sätze gezählt, die Gewohnheiten oder Regel-
mäßigkeiten ausdrücken (vgl. Krifka et al. 1995: 17). Die Belege (1) und (2) exem-
plifizieren diese „Two Basic Varieties of Genericity" (Krifka et al. 1995: 2) jeweils.[2]

(1)   Mit der Arbeit, welche der deutsche Pflanzer in Usambara für sich oder seine
      Gesellschaft leistet, schafft er neben wirtschaftlichen Werten aber zugleich

1 Der Beitrag greift auf Erörterungen zurück, die in Schmidt-Brücken (2015: Kap. 2 und 3) veröffentlicht sind. Der Beitrag ist entstanden im Kontext des Projekts „Koloniallinguistik – Language
in Colonial Contexts", finanziert aus Mitteln des Zukunftskonzeptes der Universität Bremen im
Rahmen der Exzellenzinitiative des Bundes und der Länder. Ich danke den Herausgebern des
Sammelbandes für hilfreiche Hinweise.
2 Die Beispiele in diesem Beitrag sind teilweise Texten kolonialer Diskurse des beginnenden
20. Jahrhunderts entnommen (zum Bremischen Basiskorpus Deutscher Kolonialismus, das den
Ausführungen zu Grunde liegt, vgl. Warnke/Schmidt-Brücken 2013; ausführlich zu Verallgemeinerung in deutschsprachigen kolonialen Diskursen vgl. Schmidt-Brücken 2015; die *Postcolonial
Language Studies* werden in Stolz/Warnke/Schmidt-Brücken 2016 einführend behandelt).

https://doi.org/10.1515/9783110575484-041

noch etwas anderes, das für die koloniale Sache von großem Werte ist; er wirkt als Erzieher. (Deutsche Kolonialzeitung, 17.10.1908: 740)

(2) Wir wissen ja, um wie viel die Etats überschritten zu werden pflegen. (Zentrum, 21.3.1903: 8800)

Die generisch referierende NP in (1), *der deutsche Pflanzer*, verweist in dem angeführten Kontext nicht auf eine spezifische, individuelle Person – d. h. auf einen partikularen Referenten (vgl. Krifka et al. 1995: 2) –, sondern auf eine ganze Personengruppe. Die in (1) gemachten Prädikationen über *de[n] deutsche[n] Pflanzer* sind somit Verallgemeinerungen über die so bezeichnete Personengruppe. Die Frage, ob und was solche generischen NPs eigentlich im ontologischen Sinne denotieren, wurde und wird in der formal-semantischen Forschung umfänglich diskutiert (vgl. für eine skeptische Position zur Frage der Denotation generischer NPs Bacon (1973; 1974), forschungsgeschichtlich einflussreich für generisches Denotieren von *kinds* als ontologisch eigenständige Kategorien argumentiert Carlson (1978; 1982)).

In (2) wird im Gegensatz zum ersten Belegbeispiel keine Charakterisierung eines generischen Referenten geäußert, sondern eine Aussage über die Habituativität eines Ereignisses bzw. Ereignistyps gemacht, nämlich die Überschreitung (kolonialer) Etats. Angezeigt wird die ausgedrückte Regelmäßigkeit durch die Partikel *ja* im Matrixsatz *Wir wissen ja* (vgl. Diewald 2009: 130; Reineke in diesem Band), der als Evidentialitätsmarker fungiert, sowie durch das Verb *pflegen*, das – analog etwa zum englischen *used to* – einen verbalen Habituativitätsmarker darstellt. Zu solchen Indikatoren gehören außerdem Adverbiale wie *im Allgemeinen, typischer-/normalerweise* (gesprochensprachlich auch adverbial verwendetes *normal*) oder das eingangs verwendete *üblicherweise*.

Das Kernproblem, das Generizität für die semantische Forschung mit sich bringt, nämlich zu erkennen, ob generische oder partikulare Referenz vorliegt, und was die jeweilige Referenzart jeweils für die Sachverhaltsdarstellung impliziert, scheint nun vor allem akademischer Natur zu sein, denn es ist dem Rezipienten[3] einer Äußerung wie (1) intuitiv klar, dass eine generische Referenz vorliegt. Jedoch sind damit logisch-semantische Schwierigkeiten verbunden, die die Wahrheitsfunktionalität solcher Sätze betreffen. Verdeutlicht werden kann dies anhand der Quantifizierung generischer Äußerungen, vgl. (3):

---

3 Es wird nachfolgend das generische Maskulinum verwendet, inbegriffen sind darin Sprecherinnen und Sprecher.

(3) a. Der deutsche Pflanzer wirkt als Erzieher.

    b. Alle deutschen Pflanzer wirken als Erzieher.

Während die Proposition in (3a), verstanden als generische Aussage, auch dann als wahr beurteilt werden kann, falls ein spezifischer Pflanzer nicht als Erzieher wirken sollte,[4] gilt dasselbe nicht für (3b), da aus der Allquantifizierung folgt, dass die Proposition bei Anführung eines Gegenbeispiels falsch ist. Aus dieser empirischen Feststellung ergibt sich für die semantische Forschung ein Problem in dem Bestreben, die Wahrheitsbedingungen für generische Sätze zu ermitteln und eine auf diesen beruhende logische Formalisierung zu erarbeiten. Eine Vielzahl von Ansätzen ist entwickelt worden, die unter anderem mit Prototypizität, angenommenen Wahrscheinlichkeiten oder Modallogik argumentieren (vgl. etwa jünger Cohen 2002 und Leslie 2007b, einen Überblick geben Mari/Beyssade/del Prete 2013: 66–92). Es ist nun nicht das Anliegen dieses Beitrags, den formal-semantischen Ansätzen der Generizitätsforschung einen weiteren hinzuzufügen. Stattdessen soll ein anderer Weg eingeschlagen und gefragt werden, wie generische Phänomene in kontextgebundenem Sprachgebrauch und kognitiver Sprachverarbeitung beschrieben und erklärt werden können.

2 Pragma-kognitive Perspektiven

Zunächst soll erörtert werden, wie der Gegenstandsbereich sprachlicher Verallgemeinerung mit pragmatischen und kognitionslinguistischen Kategorien systematisch in Verbindung gebracht werden kann. Dazu muss eine Frage beantwortet werden, die pragmatische und kognitive Zugänge gleichermaßen zur Stellungnahme auffordert: Wie kann eine Äußerung generisch gemeint und verstanden werden?[5] Es soll nachfolgend gezeigt werden, dass Generizität ein Gegenstandsbereich ist, der sowohl hinsichtlich seiner auf das Fällen von Urteilen bezogenen Eigenschaften wie auch hinsichtlich des Problems kontextueller Disambiguierung spezifisch kognitiv gekennzeichnet ist, worunter hier die Bezugnahme von Erklärungsansätzen auf kognitive Größen verstanden wird.

---

4 Aus der formal-logischen Betrachtung bewusst ausgeklammert ist dabei die Frage, ob und inwiefern kolonialen Agenten eine erzieherische Tätigkeit zugeschrieben werden kann bzw. was *Erziehung* in (post)kolonialen Kontexten bedeuten kann.

5 Diese Formulierung knüpft an Hörmanns Titel *Meinen und Verstehen* (1978) an.

2.1 Kognitionswissenschaftliche Ansätze zur Generizität

Im Anschluss an formal-semantische Ansätze der Generizitätsforschung wird der Phänomenbereich der Generizität in jüngerer Zeit im Kontext der Untersuchung kognitiver Mechanismen und deren Implikationen für sprachliches Handeln im weiteren Sinne betrachtet. Zwei zentrale Ansätze in diesem Feld sind die Forschungen zum sogenannten psychologischen Essentialismus im frühkindlichen Spracherwerb von Susan Gelman und Kollegen (Gelman 2003, 2004a,b, Hollander/Gelman/Raman 2008) sowie die sprachphilosophisch-kognitionswissenschaftlichen Forschungen zur Generizität als Ausdruck basaler kognitiver Urteilsmechanismen von Sarah-Jane Leslie (2007a,b, 2008, 2012, Leslie et al. 2010). Diese Ansätze sollen mit Bezug auf die Fragestellung referiert werden, wie sich soziokulturelle und/oder historische Faktoren in kognitive Erklärungsansätze sprachlichen Handelns integrieren lassen.

Gelmans entwicklungspsychologische Arbeiten zielen auf die Erforschung der Bildung kognitiver Strukturen und Kategoriensysteme bei Kindern ab. Dabei wird die kognitionspsychologische Kategorie des Essentialismus fokussiert. Diesen „Psychological essentialism" (Gelman 2004a: 404) bestimmt Gelman als „the idea that certain categories, such as ‚lion' or ‚female', have an underlying reality that cannot be observed directly." Basierend auf der Unterscheidung von akzidentiellen, typischen und essentiellen Eigenschaften, die Objekten zugeschrieben werden können, beschreibt Gelman, die sich auf eine lange philosophische Tradition des Nachdenkens über Essentialismus beruft, essentielle Eigenschaften als wesenhafte Merkmale von Kategorien bzw. von deren mentalen Repräsentationen. Das Essentialisieren von Kategorien wird als „early cognitive bias" beschrieben, als „reasoning heuristic that is readily available to both children and adults" (Gelman 2004a: 404). Diese Heuristik dient dazu, kognitive Ordnungen über Bekanntes und Neues zu etablieren.

> In the domain of biology, an essence would be whatever quality remains unchanging as an organism grows, reproduces, and undergoes morphological transformations (baby to man; caterpillar to butterfly). In the domain of chemistry, an essence would be whatever quality remains unchanging as a substance changes shape, size, or state (from solid to liquid to gas). (Gelman 2004a: 404)

Am deutlichsten scheint die Essentialisierung von Kategorien im Bereich sogenannter „natural kinds (including animal and plant species, and natural substances such as water or gold)" und „social kinds (including race and gender)" zu sein (Gelman 2003: 6). Was diese kognitive Heuristik in Bezug auf soziales (und damit auch sprachliches) Handeln interessant macht, ist die stereotypisierende Funktion des Essentialismus hinsichtlich sozialer Kategorien (Gelman

2003: 13–14), denn wie verschiedene Studien belegen, variieren *social kinds* in ihrer Essentialität sowohl hinsichtlich der jeweils in Frage stehenden Kategorie und ihrer Elemente als auch diachron, über historische Zeiträume hinweg (vgl. Mahalingan (1998) zur variierenden Essentialität von Kastenzugehörigkeit für Befragte in höheren bzw. niedrigeren Kasten in Indien; vgl. Hirschfeld (1996) zur variierenden Essentialitätszuschreibung von Berufszugehörigkeit für eine Person im 19. Jahrhundert gegenüber Befragten in den 1990er Jahren). Sprache ist dabei für Gelman ein Ausdrucksmittel kultur- und zeitabhängiger Überzeugungen:

> Obviously, cultural variation in essentialism cannot be innately determined. We must therefore look toward other means of expressing and conveying cultural differences in belief systems. Language is one potential means of conveying cultural beliefs. (Gelman 2003: 180)

Allerdings schreibt Gelman der Sprache dabei keine wissenskonstitutive Funktion zu, wie dies etwa in der Diskurslinguistik mit Bezug auf sozial-diskursive Prozesse der Konstruktion und Distribution von Wissen durch Sprache angenommen wird (vgl. Spitzmüller/Warnke 2011: 46–47), sondern sieht sprachliches Handeln in einem gewissermaßen heuristischen Verhältnis von kindlichen Äußerungen im Spracherwerb zu damit referierten und attribuierten mentalen Repräsentationen:

> I suggest that essentialism does not require language, but language is one important cue children use when trying to figure out when and what to essentialize. (Gelman 2003: 6)

Die Verwendung generischer Ausdrucksformen spielt im Kontext des Spracherwerbs die Rolle eines Indikators für den Grad an Essentialität einer Eigenschaft für ein referiertes Objekt. Gelman (2003: 185–190) verweist auf experimentelle Studien zum Zusammenhang von grammatischen Ausdrucksvarianten und Essentialität. In einem von Cunningham (1999) durchgeführten Experiment etwa sollten Probanden entscheiden, welche der folgenden Alternativen einer Person die attribuierte Eigenschaft als essentiell oder nur vorübergehend zuschreibt:

(4) a. He is a schizophrenic. (Zuschreibung durch Substantivgebrauch)

  b. He is schizophrenic. (Zuschreibung durch Adjektivgebrauch)

  c. He has schizophrenia. (Zuschreibung durch Gebrauch einer Possessivkonstruktion)

Die Beurteilung von Essentialität korrelierte dabei positiv mit den generischeren Ausdrucksvarianten, die Klassenzuschreibung durch Substantiv wurde also als am ehesten essentielle Eigenschaftszuschreibung beurteilt.

Insbesondere in Bezug auf die problematischen, mit der Quantifikation von generischen Sätzen zusammenhängenden Wahrheitsbedingungen ist der Befund aus der Spracherwerbsforschung interessant, dass generische Aussagen, die von Kindern relativ früh produziert werden (ab zweieinhalb bis drei Jahren, vgl. Gelman 2003: 203) kaum jemals auf quantifikationeller Basis gemacht werden, also nicht auf statistischer Grundlage, sondern häufig aus sinnlicher Anschauung entstehen:

> We also do not systematically sample the evidence before making a generic statement. Generic propositions can be constructed on the basis of objectively insufficient evidence. (Gelman 2003: 214)

Das Fazit Gelmans für die Rolle von Generizität im Aufbau frühkindlicher kognitiver Strukturen ist:

> 1. Generics may teach children particular category-wide generalizations. [...]
> 2. Generics may [...] imply that members of a category are alike in important ways, even beyond the particular properties mentioned in the generic statements.
> 3. [...] overall amount of generic talk may foster or inhibit essentialist reasoning. That is, variation in frequency of generic expression (whether it be individual variation, or variation that correlates with some other factor such as language or culture) could conceivably influence essentializing more broadly. (Gelman 2003: 174–175)

An die Befunde der Spracherwerbsforschung anschließend beschäftigt sich auch Leslie (2007b) mit den kognitiven Funktionen von Generizität. Sie weist darauf hin, dass Kindern die Verarbeitung von generischen Aussagen leichter fällt als die Verarbeitung explizit quantifizierter Aussagen und bezieht dies auch auf den typologischen Befund, dass keine Sprache der Welt eine ausschließlich für den Ausdruck von Generizität vorgesehene (grammatische oder lexikalische) Form aufzuweisen scheint (Leslie 2007b: 381, vgl. dazu auch die cross-linguistische Studie von Behrens 2005).

> It is not, I think, an accident that natural language's least marked generalizations are also its most complex and unlearnable. Children do not ever learn truth conditions for generic claims. Rather, the generalizations that generic sentences express correspond to the cognitive system's most primitive, default generalizations. The ability to generalize pre-dates the acquisition of language; infants as young as 12 months readily form category-wide generalizations on the basis of experience with a few instances of the category (Graham, Kilbreath,

and Welder 2001). There must, then, be an early-developing cognitive mechanism responsible for these most basic generalizations. (Leslie 2007b: 381)

Auf der Grundlage dieser Schlussfolgerung betrachtet Leslie (2007b: 375–380 und Leslie 2008) den formal-semantischen Ansätzen, die dafür argumentieren, den Wahrheitswert generischer Propositionen an bestimmte Quantitätskriterien zu knüpfen (etwa dass eine Aussage über eine Klasse dann wahr ist, wenn die Aussage für einen bestimmten Mindestprozentsatz von Angehörigen der Klasse wahr ist, vgl. z. B. Cohen 1996). Demgegenüber postuliert sie: „generics are in no sense quantificational" (Leslie 2007b: 379). Empirische Evidenz für diese Hypothese wird in der Studie von Hollander/Gelman/Star (2002) gesehen, in der Dreijährige sowohl quantifizierte als auch generische Testsätze hochfrequent generisch interpretierten, also offenbar auf eine kognitiv festgelegte Standardinterpretation zurückgriffen (vgl. Leslie 2007b: 382).

Es muss nun aber gezeigt werden, wie der von Leslie behauptete kognitive Mechanismus beschaffen ist, als dessen Ausdrucksmittel Generizität angesehen wird. Die mit Generizität korrespondierenden kognitiv primitiven Generalisierungen haben laut Leslie nichts mit Mengenextensionen oder statistischen Informationen zu tun, „but rather depend on factors such as how striking and important the information in question happens to be" (Leslie 2007b: 394). Unter der Prämisse, dass der kognitive Mechanismus dazu dient, Informationen über neue Kategorien effizient zu sammeln, schlägt Leslie (2007b: 383–385) vier Merkmale eines solchen Mechanismus vor:

1. *Charakteristische Dimensionen.* Für die Distinktion von Kategorien, so Leslie (2007b: 383) wird auf Eigenschaften von Objekten zurückgegriffen, die sie selbst bereithalten. Für Tierarten etwa könnte erkannt werden, dass eine charakteristische Dimension von Eigenschaften die Geräusche sind, die sie machen (*eine Katze macht X, ein Hund macht Y* usw.). Eine solche Charakterisierung bedarf auch keiner statistischen Evidenz. Obwohl hier als ein Kritikpunkt angeführt werden muss, dass der Rekurs auf eine Charakteristik zunächst so wenig greifbar ist wie die etwa von Cohen (1996) ins Spiel gebrachte Salienz zur Identifizierung von Kategorien, lässt der Vorschlag Leslies eine experimentelle Überprüfbarkeit zu.

2. *Hervorstechende Eigenschaften.* Kategorisierungen beruhen häufig auf hervorstechenden Eigenschaften, insbesondere solchen, die Leslie als „often horrific or appalling" (Leslie 2007b: 384) bezeichnet. Verallgemeinerungen solcher Art werden getroffen, auch wenn sie nicht für jedes Exemplar einer Kategorie zutreffend sind, vgl. etwa

(5) Haie greifen Badegäste an.

Dazu gehören auch stereotyp-pejorative Eigenschaftszuschreibungen wie etwa

(6) Muslime sind Terroristen.

3. *Häufigkeit.* Wenn keine charakteristischen Dimensionen oder hervorstehenden Eigenschaften für die Kategorienbildung bereitstehen, können auch Kategorisierungen aufgrund von auffälliger Häufigkeit vorgenommen werden. Leslies (2007b: 385) Beispiel ist

(7) Autos haben Radios.

4. *Positivität.* Das Merkmal der Positivität besagt, dass eine generische Aussage – die ja Ausnahmen zulässt, ohne ihren Wahrheitswert zu ändern – mit größerer Wahrscheinlichkeit dann als falsch beurteilt wird, wenn man ihr eine positive anstelle einer negativen Eigenschaftszuschreibung entgegenhält. Leslie bietet folgendes Beispiel an:

> For example, let us say that we determine that reproduction is a characteristic dimension of animal kinds, and understand that birds, being animals, must therefore have reproduction as a characteristic dimension. We observe some egg-laying birds, and fill in *lays eggs* as the appropriate value. The male birds simply fail to lay eggs. They constitute merely negative counterinstances, since they do not possess some equally positive alternative property. Our generalization is easily retained in face of these male birds. Were we to learn of some birds that bear live young, however, the generalization would need to be weakened to ,birds lay eggs or bear live young'. It cannot be maintained as is in the face of such positive counterinstances. (Leslie 2007b: 385, Hervorhebung im Original)

Leslie rekurriert für die Fundierung ihres angenommenen Mechanismus zur Verarbeitung bzw. Bildung generischer Aussagen auf die Two Systems Theory des Psychologen Daniel Kahneman (2003), die besagt, dass Prozesse der kognitiven Aufgabenverarbeitung als Interaktionen zweier Systeme verstanden werden können: eines schnellen, automatischen, mühelosen Systems 1 und eines langsameren, regelgeleiteten, aufwändigeren Systems 2 (vgl. Leslie 2007b: 395). Kahnemans Beispiel für einen Konflikt dieser beiden Systeme, durch den sie überhaupt erst unterscheidbar werden, ist die folgende Rechenaufgabe (vgl. Leslie 2007b: 395, Übersetzung DSB):

> Ein Schläger und ein Ball kosten zusammen 1,10 Dollar. Der Schläger kostet 1 Dollar mehr als der Ball. Wie viel kostet der Ball?

Die intuitive Lösung lautet vermutlich 10 Cent. „It is quite opaque why this response comes to mind; it just seems like the right answer, at least at first." (Leslie 2007b: 395) Diese erste, schnelle Antwort wird laut Kahneman von System 1 bereitgestellt. Zur korrekten Lösung, 5 Cent, gelangt man erst durch Anwendung algebraischer Rechenregeln[6], einer Prozedur, die den Einsatz von System 2 erfordert. Für Leslie erklären sich so die problematischen Wahrheitsbedingungen von Generizität, die sich einer logischen Systematik zu entziehen scheinen (das Zulassen von Ausnahmen, die logische Konjunktion widersprüchlicher Propositionen, vgl. Leslie 2007b: 390): „Generics, I suggest, express System 1 jugdments" (Leslie 2007b: 398).

2.2 Diskussion der kognitiven Ansätze in der Generizitätsforschung

Sowohl Gelmans wie auch Leslies Arbeiten lassen sich über die entwicklungs- bzw. kognitionspsychologischen Befunde hinaus auf Gegenstände der Pragmalinguistik beziehen. Dazu gehört erstens die pragma-kognitive Rahmung von kindlichem Spracherwerb selbst:

> Ausgangspunkt der kindlichen Entwicklung und des Spracherwerbs sind soziale, motivationale und kognitive Voreinstellungen und frühe Kompetenzen, die durch entsprechende Responsetendenzen der Betreuungspersonen beantwortet und im interaktiven Zusammenspiel ausdifferenziert und integriert werden. (Klann-Delius [2]2008: 145)

Darüber hinaus sind vor allem für die gesellschaftliche, diskurslinguistisch relevante Wissenskonstitution durch sprachliche Kommunikation die Befunde interessant, dass Generizität erstens ein präferiertes Mittel der Ausdrucksbildung im Bereich von stereotypisierender Verallgemeinerung ist (und zwar sowohl bei Kindern als auch bei Erwachsenen) und dass Generizität zweitens seine Wirkmächtigkeit auch – oder gerade – aus der Positivität singulärer Erfahrungen erhalten kann. Dieser Effekt der Positivität wird über die kognitionspsychologischen Implikationen für die kategoriale Wissensbildung hinaus daher auch als ein Anknüpfungspunkt für die diskurslinguistische Forschung angesehen, zu deren Gegenständen kommunikativ etablierte generische Wissensbestände gehören (vgl. Schmidt-Brücken 2015 für koloniale Diskurse, die ihre positiv-

---

6 „We know that Bat + Ball = 1.10, and Bat = Ball + 1. Solving for Ball, we obtain 5 cents." (Leslie 2007b: 395)

deklarative Kraft auch durch die Abwesenheit eines negativen Korrektivs gewinnen; vgl. auch Schmidt-Brücken im Druck a und b).

Eine Diskurspragmatik der Generizität, wie man die linguistische Beschäftigung mit sprachlichen Verallgemeinerungshandlungen in historisch gebundenen Aussagenformationen nennen könnte, sollte also zur Plausibilisierung ihrer Befunde auf die kognitionswissenschaftlichen Erklärungsmodelle zurückgreifen, die über die semantische Formalisierung von Generizität hinaus an ihrer kognitiven Funktionalität interessiert sind.

2.3 Blühdorns pragma-kognitiver Erklärungsansatz

Einschlägig für die Behandlung generischer Ausdrucksformen im Deutschen unter pragmatischen Vorzeichen ist eine Arbeit von Blühdorn (2001) mit dem Titel *Generische Referenz – ein semantisches oder ein pragmatisches Phänomen?*[7] Blühdorn geht von einem Pragmatikbegriff aus, der die „kontextuelle Variation sprachlicher Ausdrücke in jedem Verwendungsfall und insbesondere die Schlussfolgerungen, die sich dabei ergeben" (Blühdorn 2001: 2), fokussiert. Semantische Phänomene dagegen seien bezüglich ihrer kontextinvarianten Bedeutung zu beschreiben. Die Opposition kontextvariant/kontextinviariant stellt also die Leitunterscheidung zur Beantwortung seiner im Titel aufgeworfenen Frage dar. Zunächst differenziert Blühdorn den Gegenstandsbereich der Referenz deutscher NPs systematisch:

Tab. 1: Systematik der Referenzarten deutscher NPs (nach Blühdorn 2001: 9)

	Referenzart	NP-Klasse	Beispiel
partikulare Referenz	Kontinuum-Referenz	Masse-NPs	*Das Wasser* im See ist heute kalt.
	Individuen-Referenz	Zähl-NPs	*Der Hund* schüttelt sich ausgiebig.

---

7 Für die semantische Beschäftigung mit Generizität ist es bezeichnend, dass Pragmatik eigentlich nur dann eine Rolle spielt, wenn eine Auffälligkeit im Gebrauch generischer Nominalphrasen nicht oder nur mit vagen Hinweisen auf Äußerungskontexte erklärt werden kann. Der Band von Mari/Beyssade/del Prete herausgegebene Band *Genericity* (2013) weist an mehreren Stellen bestimmte, aus der semantischen Theoriebildung ausscherende Phänomene als „pragmatically odd", „pragmatically deviant" oder „pragmatically unlikely" aus (z. B. Cabredo Hofherr 2013: 194; del Prete 2013: 227, 229).

Tab. 1 (fortgesetzt)

	Referenzart	NP-Klasse	Beispiel
generische Referenz	Unterkategorien-Referenz	quantifizierte Zähl-NPs	*Einige Hunde* haben *kurze Haare.*
	strikte Kategorien-Referenz	nicht-quanti-fizierte NPs	*Der Hund ist des Menschen bester Freund.*

Eine langlebige Vermutung über die semantische Genese von Generizität ist die Annahme, die generische Verwendung einer NP sei entweder allein Beitrag des Substantivs oder allein Beitrag des Artikels (vgl. etwa neben Klassikern wie Jacob Grimms (1837: 394–395) und Hermann Pauls (1919: 163) *Deutscher Grammatik* die Duden-Grammatik (⁸2009: 295–296)).

> Demgegenüber ist festzuhalten, dass ein Substantiv niemals etwas anderes bezeichnen kann als eine Gattung (das, was in der Prädikatenlogik als Prädikat gilt), gleichgültig ob von der Gattung als ganzer oder von ihr zugerechneten Individuen gesprochen wird. Die Referenzinformation ist immer der Beitrag eines Determinans [...]. (Blühdorn 2001: 4)

Es ist also wichtig zu betonen, dass in einer NP das Substantiv das Denotat (das semantische Konzept) beisteuert und das determinierende Element den referentiellen Beitrag (den partikularen oder generischen Verweis auf die Welt) leistet.

Um systematisch nachzuweisen, dass Generizität im Sinne der Kontext(in) varianz von Bedeutung kein semantisches, sondern ein pragmatisches Phänomen ist, überprüft Blühdorn die Grammatik der Referenz deutscher NPs anhand von vier in Oppositionspaaren angeordneten grammatischen Eigenschaften, die NPs aufweisen, hinsichtlich der Frage, ob eine dieser Oppositionen eindeutig – also kontextinvariant – eine generische Interpretation erfordert. Diese werden nachfolgend überblicksartig referiert; es werden Blühdorns (2001: 10–14) eigene Beispiele zitiert.

a. Definitheit vs. Indefinitheit. Diese Opposition, die durch den definiten bzw. indefiniten Artikel geleistet wird, illustriert Blühdorn (2001: 10) an den nachfolgenden Beispielen.

(4a) **Der Löwe** frisst Fleisch. (Fingerzeig auf einen Löwen im Zoo; partikulare Interpretation)

(4b) **Der Löwe** frisst Fleisch. (Aussage einer typischen Eigenschaft der Tierart Löwe; generische Interpretation)

(4c) **Ein Löwe** frisst Fleisch. (Äußerung von Zoowärtern während der Fütterung der Löwen; partikulare Interpretation)

(4d) **Ein Löwe** frisst Fleisch. (Aussage einer typischen Eigenschaft der Tierart Löwe; generische Interpretation)

Die Beispielsätze zeigen, dass die Wahl zwischen definitem und indefinitem Artikel keinen Bedeutungsunterschied hinsichtlich partikularer oder generischer Referenz leistet.

b. Zähl- vs. Massesubstantive. Sowohl Zählsubstantive als auch Massesubstantive können jeweils zur partikularen und generischen Referenz verwendet werden. Bei Zählsubstantiven ist das ohne Weiteres möglich, vgl. das Beispiel *Kartoffel*:

(5) **Die Kartoffel** ist vom Tisch gefallen. (Partikulare Interpretation)

(6) **Die Kartoffel** wurde zuerst in Südamerika kultiviert. (Generische Interpretation)

Massesubstantive wie *Wasser* müssen quantifiziert werden, um eine generische Referenz mit ihnen ausdrücken zu können; damit verbunden ist häufig eine Pluralmarkierung. Es entsteht eine sogenannte taxonomische Lesart, Blühdorn (2001: 6) spricht von „Kategorien- versus Unterkategorien-Referenz", durch die „eine abstrakte taxonomische Gliederung [in das Denotat des Massesubstantivs, DSB] eingeführt" wird (Blühdorn 2001: 8). Durch die so erreichte Unterkategorienreferenz wird eine generische Interpretation erforderlich.

(7) Geh nicht in den See, **das Wasser** ist noch zu kalt. (Partikulare Interpretation)

(8) **Viele gute Wässer** kommen aus dem Schwarzwald. (Generische Interpretation)

Eine eindeutige Unterscheidung zwischen partikularer und generischer Interpretation bringt also auch die Zählbarkeitsopposition nicht mit sich.

c. Quantifizierung vs. Nicht-Quantifizierung. Sowohl quantifizierte wie nicht-quantifizierte NPs können jeweils zur partikularen und generischen Referenz verwendet werden:

(9) **Der Dinosaurier** ist größer als das Mammut. (Fingerzeig auf zwei Exponate im Museum; partikulare Interpretation)

(10) **Zwei Dinosaurier** waren kleiner als die Mammuts. (Taxonomische Aussage in einem Lehrbuch; generische Interpretation)

Quantifizierte NPs mit Zählsubstantiv legen dabei, analog zu Beispiel (8), eine Unterkategorienlesart nahe. Die Quantifizierungsopposition führt also auch bei diesen Substantiven zu keiner eindeutigen Unterscheidung zwischen generischer und partikularer Interpretation.

d. Referentiell versus attributiv. Mit der Unterscheidung von referentieller und attributiver Verwendung von NPs bezieht sich Blühdorn auf Donnellan (1966), der diese spezielle terminologische Verwendung eingeführt hat.[8] Blühdorns, aus Donnellans Darstellung übersetztes Beispiel ist:

(11) **Der Mörder von Schmidt** ist ein Wahnsinniger.

Der Gebrauch der NP *der Mörder von Schmidt* ermöglicht zwei Lesarten: Entweder ist der Mörder von Schmidt im Diskurs bekannt und kann – per indirekter Anaphorik oder Deixis (vgl. Schwarz 2000, Consten 2004 und Schwarz-Friesel in diesem Band) – als Referent der NP identifiziert werden, so dass es sich um die referentielle Lesart der NP handelt. Oder es lässt „der Zustand, in dem man Schmidts Leiche gefunden hat, darauf schließen [...], dass er Opfer eines Mordes geworden ist und dass der Mörder ein Wahnsinniger gewesen sein muss, dass man aber den Mörder, falls es sich wirklich um einen Mord handelt, noch nicht kennt." (Blühdorn 2001: 6) In diesem Fall liegt ein attributiver Gebrauch der NP vor. Unter „attributiv" kann das verstanden werden, was Lyons (1977: 188) wie auch Chur (1993: 12) mit „nicht-spezifischer Referenz" bezeichnet haben (vgl. auch Krifka et al. 1995: 15, die von „nonspecific [reference]" sprechen). Der demonstrierte Lesartenunterschied ergibt sich jedoch nicht nur mit partikular referierenden, sondern auch mit generisch

---

8 Diese Verwendung mag stellenweise irritieren, da jede NP referiert und Attribution, bezogen auf NPs, üblicherweise als phrasenstrukturelle bzw. semantische Relation verstanden wird.

referierenden NPs. Diese Opposition wird ausdrucksseitig nicht sichtbar gemacht, somit ist auch hier kein eindeutiges Unterscheidungskriterium für partikulare oder generische Referenz gegeben.

Nachdem Blühdorn also festgestellt hat, dass es „keine Faktoren gibt, die kontextinvariante generische Interpretationen erzwingen", fragt er sich: „wie kommen generische Interpretationen dann überhaupt zustande?" (2001: 13) An die pragmatische Perspektivierung von Generizität anschließend, bezieht Blühdorn die NP-Interpretation (im Sinne von partikular oder generisch) auf den Kontext und schlägt eine Art kognitiver Suchroutine vor, die Interpretationshypothesen zu möglichen Referenten prüft und dort stoppt, wo eine Lesart der fraglichen NP zu einem plausiblen Verständnis der Gesamtäußerung passt (vgl. Blühdorn 2001: 13). Anstelle einer Paraphrase wird der betreffende Abschnitt bei Blühdorn (2001: 13–14) zitiert, der die Suchabfrage anhand des Beispiels der definiten NP *dieser Papst* erörtert.

Nehmen wir an, die *default*-Interpretation für alle DPs sei partikulär-referentiell (vgl. Ballweg 1995, S. 283). Dies ist die zu testende invariante Eingangshypothese. Je nach Äußerungskontext sind vier Varianten dieser Hypothese zu unterscheiden, etwa bei der Subjekt-DP *dieser Papst* in dem Satz:

([12]) Dieser Papst hat Humor.

Wird in einer physischen Umgebung, in der ([12]) geäußert und rezipiert wird, ein Objekt gefunden, das, beispielsweise durch seine Kleidung, als potentieller Referent für *dieser Papst* qualifiziert ist, so wird die deiktische Variante der partikulär-referentiellen Interpretation getestet. Ist diese Variante nicht möglich oder führt sie zu einem unplausiblen Ergebnis, so kann die phorische Variante der gleichen Lesart getestet werden, falls vorher oder unmittelbar anschließend im Äußerungskontext von einem Papst die Rede war oder ist. Ist auch diese Variante unmöglich oder führt sie zu einem unplausiblen Ergebnis, so kann der Interpret in seinem langfristig gespeicherten Musterwissen nach einem passenden Referenten suchen. Findet er dort die Information, dass eine bestimmte Institution von einem als Papst bezeichneten Oberhaupt angeführt wird und dass zu einem gegebenen Zeitpunkt normalerweise nur ein solches Oberhaupt im Amt ist, so kann er die mustergestützte Variante einer partikulär-referentiellen Interpretation testen. Ist auch sie nicht möglich (etwa weil das letzte Oberhaupt der betreffenden Institution verstorben und noch kein neues gewählt ist) oder führt sie zu einem unplausiblen Ergebnis, so kann er schließlich noch sein langfristig gespeichertes Episodenwissen nach einem passenden Referenten absuchen. Findet er dort etwa einen als Papst verkleideten Spaßvogel, den er gemeinsam mit dem Sprecher beim Karneval getroffen hat, so kann er die intersituationelle oder intertextuelle Variante einer partikulär-referentiellen Interpretation testen. [...] Führt eine partikulär-referentielle Interpretation in keiner ihrer Varianten zum Erfolg, so können zwei alternative Interpretationswege beschritten werden. Der eine stellt die Referentialität der DP zur Disposition, der andere ihre Partikularität. (Blühdorn 2001: 13–14, Hervorhebungen im Original)

Es verhält sich laut Blühdorn (2001: 15), der sich auf Lyons' (1977, o. S.) Standardbeispiel *Der Löwe ist ein friedliches Tier* bezieht, nun keinesfalls so, dass die generische Interpretation die genannten vier Alternativinterpretationen ausschließt, um für den Hörer plausibel zu werden. Wenn etwa im Diskurskontext anstelle eines „Löwen-Individuum[s] X" „eine Kategorie X mit Namen Löwe" identifizierbar ist, kann bspw. auch eine phorische oder intertextuelle Variante zur Herstellung generischer Referenz gewählt werden – „etwa wenn der Autor einer wissenschaftlichen Abhandlung Gattungsbegriffe verwendet". Jedoch „werden Gattungen [im allgemeinen] im langfristig gespeicherten Musterwissen identifiziert" (Blühdorn 2001: 15).

2.4 Diskussion und Vorschlag zur Modifikation der Blühdorn'schen Suchroutine

Blühdorn bezieht sich in seinem Vorschlag einer Suchroutine auf keine spezifische pragmatische (oder kognitionswissenschaftliche) Theorie, jedoch lässt sich eine sinnfällige Brücke insbesondere zur Relevanztheorie von Sperber/Wilson (²1995) schlagen. Mit dieser wäre Blühdorns Vorschlag jedenfalls insofern vereinbar, als dass der Rezipient einer Äußerung laut Relevanztheorie in einer gegebenen Kommunikationssituation so lang nach einer plausiblen Äußerungsinterpretation sucht, bis er eine gefunden hat, die seiner Relevanzerwartung entspricht:

> The task of the addressee, then, is to construct possible interpretive hypotheses about the contents of I [einer Menge an Annahmen, DSB], and to choose the right one. In different circumstances and different cognitive domains, the task of constructing and selecting a hypothesis may be carried out in different ways. In some cases, it is best carried out by listing all the possible hypotheses, comparing them, and choosing the best one. In others, it is better carried out by searching for an initial hypothesis, testing it to see if it meets some criterion, accepting it and stopping there if it does, and otherwise repeating the process by searching for a second hypothesis, and so on. (Sperber/Wilson ²1995: 165)

Ob die Blühdorn'sche Suchroutine dabei zwangsläufig die Abfolge deiktisch > phorisch > Musterwissen > Episodenwissen hat, wäre zu überprüfen. Theoretisch scheint die Festlegung einer Reihenfolge nicht notwendig zu sein. In einem relevanztheoretischen Erklärungsrahmen würde diejenige Annahme oder Interpretationshypothese als die am meisten manifeste (vgl. Sperber/Wilson ²1995: 39) gewählt werden, die in einem gegebenen (pragmatischen und kognitiven) Kontext die größten positiven kognitiven Effekte zeigt (die Frage der Messbarkeit solcher Effekte soll an dieser Stelle ausgeklammert bleiben, vgl. für eine grundsätzliche Kritik Levinson 1989).

In Schmidt-Brücken (2015: 255–258) wird vorgeschlagen, die Blühdorn'sche Suchroutine als eine Markiertheitshierarchie zu verstehen, an der entlang Interpretationshypothesen, gesteuert durch generische Markierung (bspw. adverbiale Marker wie üblicher*weise*, *im Allgemeinen* oder Gradpartikeln wie *sogar, ausgerechnet*) und pragmatische Kommunikationsprinzipien (insbesondere das Neo-Grice'sche System inferentieller Heuristiken nach Levinson 2000), von einem partikularen Default-Verständnis zu einer generischen Lesart verschoben werden. Da das aus der linguistischen Universalienforschung stammende Konzept der Markiertheitshierarchie Inklusionsverhältnisse von linguistischen Merkmalen impliziert[9], das Testen von Interpretationshypothesen aber gerade ein Exkludieren unplausibler Lesarten erfordert, soll dieser Vorschlag zum Verständnis generischer Äußerungsinterpretation hier präzisiert werden. Blühdorn selbst (2001: 14–15, vgl. das genannte Löwen-Beispiel) spricht davon, dass eine generische NP-Interpretation auf dieselben Interpretationsvarianten zugreift wie die partikulare NP-Lesart. Generizität ist also keine Interpretation, zu der man käme, wenn deiktische, phorische, muster- und episodengestützte Lesartvarianten nicht zu einer plausiblen Lesart führen würden. Generische Referenz wird vielmehr dann von einem Hörer angenommen, wenn diese Lesartvarianten nicht sinnvoll mit einer partikularen Referenz assoziiert werden können. Dies kann schematisch folgendermaßen dargestellt werden:

partikulare NP-Interpretation			
deiktisch	phorisch	mustergestützt	intertextuell / intersituationell

generische NP-Interpretation			
~~deiktisch~~	phorisch	mustergestützt	intertextuell / ~~intersituationell~~

Abb. 1: Kognitive Suchroutine der NP-Interpretation (nach Blühdorn 2001)

---

9 Vgl. etwa die sog. Gender Hierarchy: masculine > feminine > other, die voraussagt, dass, wenn eine Sprache eine Kodierungsmöglichkeit für ein weiter rechts stehendes Element – etwa für das feminine Genus – aufweist, dann wird sie auch eine für ein weiter links in der Hierarchie stehendes Element aufweisen – etwa für das maskuline Genus (vgl. Dik 1997: 37).

Da laut Blühdorn (2001: 15) die deiktische und die intersituationelle Variante für eine generische Lesart entfallen, bleiben als Relationen zwischen NP und Referent die phorische, die mustergestützte und die intertextuelle Variante übrig.[10]
    Soweit zur expliziten generischen Referenz. Ein pragmatisches, d. h. kontextbezogenes Erklärungsmodell, wie es von Blühdorn vorgeschlagen wird, sollte aber auch implizite Verallgemeinerung einschließen. Vgl. folgenden kolonialzeitlichen Beleg:

(13) [1] Aber nichts für ungut. [2] Der Kern unseres Beamtentums ist gut. [3] Es sind sogar Leute darunter, die sich aus Lust und Liebe zur Sache dem Kolonialdienst gewidmet haben. (Kolonie und Heimat, 10.10.1909: 5, Satznummerierung hinzugefügt)

Der Autor, der sich in einem Text über deutsche Kolonialbeamte in der namibischen Hauptstadt Windhuk äußert, implikatiert in dem mit [3] indizierten Satz so etwas wie (14):

(14) Kolonialbeamte widmen sich dem Kolonialdienst üblicherweise nicht aus Lust und Liebe zur Sache.

Auch wenn die Implikatur in (14) unter Verwendung einer anderen NP als *Kolonialbeamte* formuliert werden könnte – etwa *Leute, die zu unserem Beamtentum gehören* o. ä. –, wird doch deutlich, dass hier eine Proposition nahegelegt wird, die am plausibelsten als Aussage über einen generischen Referenten verstanden wird, nämlich als Verallgemeinerung. Man gelangt zu dieser Interpretation jedoch nicht auf dem Wege einfacher NP-Interpretation, denn weder *Leute*, noch eine andere NP in (13) können auf phorischem, mustergestütztem oder intertextuellem Wege als generisch referierend interpretiert werden. Vielmehr liegt ein Komplex von Hinweisen vor, die einer eigentlich partikular-expliziten Lesart eine generisch-implizite an die Seite stellen, ohne erstere jedoch zu überschreiben. Die Referenz in der implikatierten Proposition (14) kommt zustande durch die anaphorische Relationierung der Teilreferenzmenge, die von *Leute* in [3] denotiert wird, zu der Gesamtreferenzmenge, die durch das in [2] eingeführte *Beamtentum* denotiert wird. Um allerdings eine generische Referenzinterpretation plausibel nahelegen zu können, muss der Autor dafür sorgen, dass auch die implikatierte

---

10 Für linguistisch weniger etablierte Bezeichnungen wie „intersituationell" und „mustergestützt" gibt Blühdorn eher beispielhafte Explikationen als strikte Definitionen an, vgl. Blühdorn (2001: 15).

Prädikation über den Referenten verallgemeinernd ist. Dies wird durch die Gradpartikel *sogar* geleistet, die einerseits eine skalare partikularisierte konversationale Implikatur auslöst (vgl. Altmann 2009: 372; zur Implikaturtheorie vgl. auch Liedtke in diesem Band), und andererseits eine generalisierte konversationale Implikatur, die etwa besagt, dass das Denotat der durch sie fokussierten NP einer unterstellten Norm unerwarteterweise gerecht wird. Die skalare Implikatur besagt dabei etwa, dass „der Fokusausdruck [*Leute*, DSB] den höchsten gültigen Wert [auf einer Skala, die nach oben gerichtet ist,] darstellt" (Altmann 2009: 372) – wobei dieser Wert nicht als numerisch fixierbar verstanden werden darf. Diese Implikatur nimmt auf die Grice'schen Quantitätsmaximen (vgl. Grice 1989: 26) Bezug. Die „Erwartungsimplikatur" dagegen (vgl. Altmann 1978: 129, der eine solche Art von Implikatur ablehnt; dagegen Schmidt-Brücken 2015: 271–272) kann auf eine der von Levinson (2000: 35–39) vorgeschlagenen inferentiellen Heuristiken bezogen werden, insbesondere auf die Manner-Heuristik (zu einer Diskussion verschiedener Reduktionen der Grice'schen Maximen vgl. Rolf 2013: 54–59). Es wird Huangs Paraphrase der von ihm „M-principle" genannten Heuristik zitiert:

The M-principle:

Speaker: Do not use a marked expression without reason.

Addressee: What is said in a marked way is not unmarked. (Huang 2007: 50)

Eine Verwendung der Gradpartikel *sogar* kennzeichnet den Satz [3] als markiert gegenüber der Möglichkeit, den Satz ohne *sogar* auszudrücken. Die Gradpartikel wird somit zum Index für die Erwartungsimplikatur (14).[11]

Aus dieser Analyse wird gefolgert, dass das Blühdorn'sche Modell um die Möglichkeit ergänzt werden sollte, implizite Verallgemeinerungen zu kommunizieren, die allerdings über die reine Referenzauflösung im Bereich von NPs hinausgeht. Vielmehr muss die Möglichkeit einer zusätzlichen transphrastischen Propositionsinterpretation angenommen werden, die bestimmte generische Bezugnahmen einschließt (bspw. implizite Referenz auf die Klasse der *Kolonialbeamten*, wenn explizit von *Leuten* innerhalb des *Beamtentums* die Rede ist). Die Modifikation der Suchroutine wird an das Konzept der Indirektheit bei Rolf (2013: 36–44) angeschlossen:

---

11 Mit ähnlicher theoretischer Plausibilität ließe sich das Zustandekommen dieser Implikatur auch als eine der Annahmen bezeichnen, die die Relevanzerwartung des Rezipienten an die Äußerung des Autors erfüllt.

Der Sprecher sagt etwas und meint etwas darüber Hinausgehendes, etwas Zusätzliches – was nicht ausschließt, daß er, wie gewöhnlich der Fall, auch meint, was er sagt. (Rolf 2013: 36)

Schematisch kann dies so dargestellt werden:

---

partikulare Propositions-Interpretation

gesagt
(inkl. deiktischer/phorischer/mustergestützter/
intertextueller/-situationeller Referenzauflösung)

+

---

generische Propositions-Interpretation

(mit-)gemeint
(Kontextbezug)

Abb. 2: Modell partikularer und generischer Propositions-Interpretation

Das Modell besagt, dass – einen pragmatisch plausiblen Äußerungskontext vorausgesetzt – die Äußerung einer Proposition mit partikular referierender NP (ob deiktisch, phorisch, mustergesetützt oder intertextuell/-situationell mit ihrem Referenten relationiert) gleichzeitig eine generische Propositions-Interpretation implikatieren kann. Es wird jedoch nicht behauptet, dass jede partikulare Proposition mit einer generischen Implikatur verknüpft sein muss.

Im nachfolgenden Abschnitt soll diese Modellierung anhand einer Beispielanalyse eines Textauszugs unter dem Vorzeichen eines funktionalen Generizitätsverständnisses veranschaulicht werden.

3 Die funktionale Perspektive auf Generizität: Eine Beispielanalyse

Es soll versucht werden, die Perspektive auf Generizität umzukehren und eine Wendung von der formalen zu einer funktionalen Orientierung zu vollziehen. Anstatt also von einem strukturellen Formtyp wie dem Satz mit einer generisch referierenden NP auszugehen und dieses Strukturmuster Generizität zu nennen, soll gefragt werden, was solche Strukturen eigentlich kommunikativ leisten. Eine naheliegende Antwort scheint zu sein, dass generische Referenz in Propositionen die Funktion hat, generalisierte Geltungsansprüche sprachlich zu realisieren. Aus der funktionalen Perspektive, die potenziell den gesamten Phänomenbereich der sprachlichen Verallgemeinerung abdecken sollte, ist es demnach plausibel, Generizität als eine formale Kategorie zu fassen, die eine prinzipielle Heterogenität hinsichtlich der unter ihr subsumierten Ausdruckstypen aufweist. Als definitorische Bestimmung soll daher im Folgenden gelten:

> Verallgemeinernder Sprachgebrauch ist die kommunikative Realisierung generalisierter Geltungsansprüche in spezifischen Kontexten mit sprachlichen Mitteln. Alle expliziten und impliziten sprachlichen Mittel, die zur Realisierung dieser kommunikativen Funktion verwendet werden, sollen generisch heißen.

Die prinzipielle Formenheterogenität generischer Ausdruckstypen lässt sich systematisch als Typologie konzipieren (vgl. Schmidt-Brücken 2015: Kap. 3) und empirisch verifizieren (vgl. Schmidt-Brücken 2015: Kap. 5). Als analytisch distinkte, empirisch aber durchaus kookkurrente Typen von Generizität lassen sich – bezogen auf ihren jeweiligen suprapropositionalen, propositionalen oder subpropositionalen Skopus – textuelle, syntaktische und morphologisch-lexikalische Generizität unterscheiden. Durch diese Systematisierung ist es möglich, das im Anschluss an Blühdorns (2001) Modell von explizit-partikularer + implizit-generischer Propositions-Interpretation empirisch zu überprüfen. Dazu wird ein Beispiel aus einem kolonialpolitischen Diskurs diskutiert (vgl. Schmidt-Brücken 2015: 179).

Der Textauszug ist einer Reichstagsrede des SPD-Abgeordneten Arthur Stadthagen von 1904 entnommen. Der Kontext der Einlassung sind Beschwerden deutscher Siedler in der Kolonie Samoa, die über Missstände im Zusammenhang mit der örtlichen Kolonialverwaltung klagen.

(15) [1] Einige Fälle habe ich prüfen können, weil die Urteile, die in dieser Angelegenheit ergangen sind, und eine ganze Reihe von Kundgebungen Deutscher mir zugesendet worden sind, sodaß man sich daraus **ein Bild machen** kann, **welch trauriges Leben ein deutscher Bauer jetzt in Samoa hat.** [2] Lassen Sie mich einiges hiervon anführen. [3] Der, wie es scheint, am schwersten mitgenommene Pflanzer ist **ein deutscher Bauer**, ein Ostpreuße, der vor seiner Ankunft in Samoa gewarnt wurde, **dorthin** zu gehen, weil **dort** nicht Freiheit herrsche, sondern lediglich Bureaukratie und Kapitalismus in Flor seien. [4] Er hat es dennoch getan, ist nach **Samoa** gegangen und hat **dort** in stiller, beschwerlicher Arbeit **als Pionier** für die Kultur gewirkt. [5] Er hat

einen Acker im wilden Urwald auf einer Höhe von etwa 2000 Fuß mit Mühe und Erfolg bearbeitet. [6] Er ist **kein Kapitalist.** [7] Ein kleines Erbteil von einigen Tausend Mark hat ihm den Weg, Eigentümer zu werden, ermöglicht. [8] **Mit rastlosem Fleiß** hat er aus dem angekauften wilden Land eine Plantage herzustellen vermocht, die Kakao, Kaffee, Taro, Bananen, Cava, Gras usw. trägt. [9] **Durch seine Sachkenntnis**, große Umsicht und fleißige Arbeit hat er – zeitweise unter Zuhilfenahme weniger Arbeiter – aus eigener Kraft ein neues Gebiet der Kultur erschlossen und anderen Kolonisten die Wege geebnet. [10] Er ist ein ruhiger, stiller Mann. [11] Selbst in den Urteilen, die gegen ihn ergangen und gegen ihn eingenommen sind, wird ihm das Zeugnis eines ruhigen, verständigen Mannes gegeben. (SPD 23.4.1904: 2355, Satznummerierung hinzugefügt, Hervorhebungen DSB)

Am Beispiel eines partikularen Referenten, des Bauern Matzat (der Name wird im weiteren, hier nicht abgebildeten Verlauf des Textes genannt), entwirft der Sprecher eine generische Deskription, die nicht allein auf expliziter generischer Referenz beruht, sondern vor allem durch eine satzübergreifende Textinterpretation einen Verallgemeinerungsanspruch zum Ausdruck bringt. Den Rahmen hierfür setzt in Satz [1] die indefinite generische NP *ein deutscher Bauer* in Verbindung mit dem Funktionsverbgefüge *sich* [...] *ein Bild machen*, wodurch der Sprecher seine kommunikative Intention teilweise andeutet[12] und eine generische Deskription (im textlinguistischen Sinne des Terminus „Deskription") initiiert. Mit der generischen Referenz auf die Gruppe der Bauern in [1] und mit der partikularen Referenz auf den spezifischen Bauern Matzat in [3] ist eine personelle Situierung des auszuführenden Sachverhaltskomplexes geleistet (vgl. zum Situierungsbegriff Brinker [7]2010: 61, der sich auf Labov/Waletzky 1973 bezieht). Der Sprecher setzt den Sachverhalt *welch trauriges Leben ein deutscher Bauer jetzt in Samoa hat* qua Nebensatzeinbettung in [1] als präsupponierten Fakt und damit als generalisierte Prämisse für die weiteren partikularen Ausführungen. Die lokale Situierung leisten das Toponym *Samoa* in [1] und [4] sowie die lokalen und direktionalen Adverbien *dort* und *dorthin* in [3] und [4], die häufig in generalisierenden Kontexten verwendet werden und dabei Orte in Diskursen als Domänen generalisierter Geltungsansprüche markieren (vgl. Schmidt-Brücken 2015: 268–269). Durch diese textuell-generische Rahmung können die nachfolgenden Propositionen mit ihren partikularen NPs gleichzeitig generische Interpretationen nahe-

---

12 Vordergründig kündigt der Sprecher eine deskriptiv-narrative Themenentfaltung an, der situativ-institutionelle Kontext der parlamentarischen Debatte kennzeichnet das Kommunikat darüber hinaus als argumentativ-persuasiven Redebeitrag.

legen, die der Sprecher mit-meint oder mit-meinen könnte. Da Implikaturen nie wahrheitsfunktional sind, also nicht als strikte logische Implikationen aus dem Gesagten folgen, ist es möglich, Verallgemeinerungen zu suggerieren, die bei kritischer Thematisierung auch vom Sprecher geleugnet werden könnten.[13] Zu solchen implikatierten Generalisierungen gehören im vorliegenden Beispiel die generischen Propositionen:

(16) a. Ein deutscher Bauer in Samoa ist ein Pionier. [4]

   b. Ein deutscher Bauer in Samoa ist kein Kapitalist. [6]

   c. Ein deutscher Bauer in Samoa ist fleißig. [8]

   d. Ein deutscher Bauer in Samoa ist sachkundig. [9]

Es ist klar, dass diese Formulierungen lediglich Paraphrasen möglicher, vom Sprecher intendierter Implikaturen sein können. Die anhand von [1] nachweisbare Intention des Sprechers ist es, einen generellen Missstand beispielhaft auszuführen. Durch generische Formulierungstypen wie der indefiniten generischen NP *ein deutscher Bauer in Samoa* kann ein mögliches generisches Gemeintes über die Sprecherintention an das partikulare Gesagte zurückgebunden werden. Dies muss, wie dargestellt, vor allem durch eine holistische, den Einzelsatz überschreitende Textinterpretation plausibilisiert werden. Aspekte syntaktischer und textueller Generizität greifen dabei ineinander, wodurch sich ein analytischer Mehrwert der funktionalen Rekonstruktion sprachlicher Verallgemeinerungen gegenüber der formalen Generizitätsdefinition ergibt.

4 Zusammenfassung

Das Ziel des Beitrags war es, Generizität als Gegenstand pragmatischer und kognitionswissenschaftlicher Forschung zu kennzeichnen und damit Perspektiven zu fokussieren, die an formal-semantische Fragestellungen anschließbar sind, diese aber um funktionale Aspekte erweitern. Über die Skizzierung der Probleme logikorientierter Erklärungsansätze für den Phänomenbereich Generizität wurden zunächst kognitionslinguistische Weiterungen hinsichtlich der Bedeutung gene-

---

13 Konversationale Implikaturen gehören zu den gängigen sprachstrategischen Mitteln in politischer Kommunikation, vgl. Klein (2002: 388).

rischer Formen im frühkindlichen Sprach- und Kategorienerwerb erörtert, dann die kognitionswissenschaftlich-sprachwissenschaftlich relevante Frage nach der Rolle von Generizität im Ausdruck fundamentaler kognitiver Urteilsmechanismen besprochen, um schließlich das bislang einzige systematische Modell von Generizität aus dem Bereich der linguistischen Pragmatik zu referieren. Es wurde vorgeschlagen, die Blühdorn'sche kognitive Suchroutine, die partikulare und generische NP-Bedeutung als Interpretationsproblem erklärt, um den Aspekt möglicher impliziter Verallgemeinerungen zu ergänzen. Schließlich wurde unter dem Vorzeichen eines diskurslinguistischen und -pragmatischen Forschungsinteresses versucht, eine funktionale Perspektive auf den Gegenstand Generizität zu plausibilisieren und eine Typologie von textueller, syntaktischer und morphologisch-lexikalischer Generizität zu etablieren, die Verallgemeinerung insbesondere im Hinblick auf historisch-diskursive Relationen von Sprachgebrauch und impliziten Gewissheiten detaillierter untersuchbar macht. Eine Beispielanalyse sollte das Ineinandergreifen verschiedener Generizitätstypen demonstrieren.

5 Quellen und Forschungsliteratur

5.1 Quellen

Deutsche Kolonialzeitung. Organ der Deutschen Kolonialgesellschaft. München 1884–1943.
SPD, Zentrum = *Koloniale Reichstagsreden 1902–1907.* 3 Bände. Berlin 1907.
Kolonie und Heimat in Wort und Bild. Unabhängige koloniale Wochenschrift. Organ des Frauenbundes der Deutschen Kolonialgesellschaft. Berlin 1907–1919.

5.2 Forschungsliteratur

Altmann, Hans (1978): *Gradpartikel-Probleme. Zur Beschreibung von „gerade, genau, eben, ausgerechnet, vor allem, insbesondere, zumindest, wenigstens".* Tübingen: Narr.
Altmann, Hans (2009): „Gradpartikel". In: Hoffmann, Ludger (Hg.): *Handbuch der deutschen Wortarten.* Berlin/New York: de Gruyter, 357–386.
Bacon, John (1973): „Do generic descriptions denote?". In: *Mind* 82, 331–347.
Bacon, John (1974): „The untenability of genera". In: *Logique et Analyse* 17, 197–207.
Ballweg, Joachim (1995): „Allgemeingültige Sätze – eine Herausforderung für die Prototypensemantik". In: Harras, Gisela (Hg.): *Die Ordnung der Wörter. Kognitive und lexikalische Strukturen.* Berlin/New York: de Gruyter, 271–288.
Behrens, Leila (2005): „Genericity from a cross-linguistic perspective". In: *Linguistics* 43, 275–344.
Blühdorn, Hardarik (2001): „Generische Referenz. Ein semantisches oder ein pragmatisches Phänomen?" In: *Deutsche Sprache* 29, 1–19.

Brinker, Klaus (⁷2010): *Linguistische Textanalyse. Eine Einführung in Grundbegriffe und Methoden*. Berlin: Schmidt.

Cabredo Hofherr, Patricia (2013): „Bare habituals and singular indefinites". In: Mari, Alda/ Beyssade, Claire/Del Prete, Fabio (Hg.): *Genericity*. Oxford: Oxford University Press, 192–221.

Carlson, Gregory N. (1978): *Reference to kinds in English*. Bloomington: Indiana University Linguistics Club.

Carlson, Gregory N. (1982): „Generic terms and generic sentences". In: *Journal of Philosophical Logic* 11, 145–181.

Chur, Jeannette (1993): *Generische Nominalphrasen im Deutschen. Eine Untersuchung zu Referenz und Semantik*. Tübingen: Niemeyer.

Cohen, Ariel (1996): *Think generic! The meaning and use of generic sentences*. Pittsburg: Carnegie Mellon University.

Cohen, Ariel (2002): „Genericity". In: Hamm, Fritz/Zimmermann, Thomas Ede (Hg.): *Semantics*. Hamburg: Buske, 59–90.

Consten, Manfred (2004): *Anaphorisch oder deiktisch? Zu einem integrativen Modell domänengebundener Referenz*. Berlin/New York: de Gruyter.

Cunningham, C. J. (1999): *Illnesses as labels. The influence of linguistic form class*. Undergraduate honors thesis. University of Michigan.

Del Prete, Fabio (2013): „Imperfectivity and habituality in Italian". In: Mari, Alda/Beyssade, Claire/Del Prete, Fabio (Hg.): *Genericity*. Oxford: Oxford University Press, 222–249.

Diewald, Gabriele (2009). „Abtönungspartikel". In: Hoffmann, Ludger (Hg.): *Handbuch der deutschen Wortarten*. Berlin/New York: de Gruyter, 117–142.

Dik, Simon C. (1997): *The theory of functional grammar. Part 1: The structure of the clause*. Berlin/New York: de Gruyter.

Donnellan, Keith (1966): „Reference and definite Descriptions". In: *Philosophical Review* 75, 281–304.

Duden (⁸2009): *Grammatik*. Hrsg. von der Dudenredaktion. Mannheim: Dudenverlag.

Gelman, Susan A. (2003): *The essential child. Origins of essentialism in everyday thought*. Oxford: Oxford University Press.

Gelman, Susan A. (2004a): „Psychological essentialism in children". In: *Trends in Cognitive Sciences* 8, 404–409.

Gelman, Susan A. (2004b): „Learning words for kinds. Generic noun phrases in acquisition". In: Hall, D. Geoffrey/Waxman, Sandra R. (Hg.): *Weaving a lexicon*. Cambridge: MIT Press, 445–484.

Grice, Paul (1989): „Logic and conversation". In: *Studies in the way of words*. Cambridge/ London: Harvard University Press, 22–40.

Grimm, Jacob (1837): *Deutsche Grammatik. Vierter Teil*. Göttingen: Dieterich'sche Verlagsbuchhandlung.

Hirschfeld, Lawrence A. (1996): *Race in the making. Cognition, culture, and the child's construction of human kinds*. Cambridge Mass: MIT Press.

Hollander, Michelle A./Gelman, Susan A./Raman, Lakshmi (2008): „Generic language and judgements about category membership: Can generics highlight properties as central?". In: *Language and Cognitive Processes* 24, 481–505.

Hollander, Michelle A./Gelman, Susan A./Star, Jon (2002): „Children's interpretation of generic noun phrases". In: *Developmental Psychology* 38, 883–894.

Hörmann, Hans (1978): *Meinen und Verstehen. Grundzüge einer psychologischen Semantik.* Frankfurt am Main: Suhrkamp.

Huang, Yan (2007): *Pragmatics.* Oxford/New York: Oxford University Press.

Kahneman, Daniel (2003): „Maps of bounded rationality. Psychology for behavioral economics". In: *The American Economic Review* 93, 1449–1475.

Klann-Delius, Gisela (²2008): *Spracherwerb.* Stuttgart: Metzler.

Klein, Josef (2002): „Politische Kommunikation als Sprachstrategie". In: Jarren, Otfried/ Sarcinelli, Ulrich/Saxer, Ulrich (Hg.): *Politische Kommunikation in der demokratischen Gesellschaft. Ein Handbuch mit Lexikonteil.* Opladen: Westdeutscher Verlag, 376–395.

Krifka, Manfred et al. (1995): „Genericity. An introduction". In: Carlson, Gregory N./Pelletier, Francis Jeffry (Hg.): *The Generic Book.* Chicago/London: The University of Chicago Press, 1–124.

Labov, William/Waletzky, Joshua (1973): „Narrative analysis. Oral versions of personal experience". In: Ihwe, Jens (Hg.): *Literaturwissenschaft und Linguistik. Eine Auswahl; Texte zur Theorie der Literaturwissenschaft.* Bd. 2. Frankfurt am Main: Athenäum, 78–126.

Leslie, Sarah-Jane (2007b): „Generics and the Structure of the Mind". In: *Philosophical Perspectives* 21, 375–403.

Leslie, Sarah-Jane (2007a): *Generics, Cognition, and Comprehension.* Princeton: Princeton University.

Leslie, Sarah-Jane (2008): „Generics: Cognition and Acquisition". In: *Philosophical Review* 117, 1–47.

Leslie, Sarah-Jane (2012): „Generics articulate default generalizations". In: *Recherches Linguistiques de Vincennes* 41, 25–45.

Leslie, Sarah-Jane et al. (2010): „Conceptual and linguistics distinctions between singular and plural generics". In: *31st Annual Meeting of the Cognitive Science Society 2009. Proceedings of a meeting held 29 July-1 August 2009, Amsterdam, Netherlands*: Curran, 479–484.

Levinson, Stephen C. (1989): „A review of Relevance". In: *Journal of Linguistics* 25, 455–472.

Levinson, Stephen C. (2000): *Presumptive meanings. The theory of generalized conversational implicature.* Cambridge: MIT Press.

Lyons, John (1977): *Semantics.* 2 Bde. Cambridge/New York: Cambridge University Press.

Mahalingam, Ramaswami (1998): *Essentialism, power and theories of caste. A developmental study.* Pittsburgh: University of Pittsburgh.

Mari, Alda/Beyssade, Claire/Del Prete, Fabio (Hg.) (2013): *Genericity.* Oxford: Oxford University Press.

Mari, Alda/Beyssade, Claire/Del Prete, Fabio (2013): „Introduction". In: Mari, Alda/Beyssade, Claire/Del Prete, Fabio (Hg.): *Genericity.* Oxford: Oxford University Press, 1–92.

Paul, Hermann (1919): *Deutsche Grammatik. Band III.* Teil IV: Syntax (Erste Hälfte). Halle an der Saale: Niemeyer.

Rolf, Eckard (2013): *Inferentielle Pragmatik. Zur Theorie der Sprecher-Bedeutung.* Berlin: Schmidt.

Schmidt-Brücken, Daniel (2015): *Verallgemeinerung im Diskurs. Generische Wissensindizierung in kolonialem Sprachgebrauch.* Berlin etc.: de Gruyter.

Schmidt-Brücken, Daniel (im Druck a): „Generizität. Sprachgebrauchsgeschichtliche und diskurslinguistische Aspekte kolonialer Kommunikation". In: Kellermeier-Rehbein, Birte/ Schulz, Matthias/Stolberg, Doris (Hg.): *(Post)Kolonialismus. Linguistische und interdisziplinäre Aspekte.* Berlin etc.: de Gruyter.

Schmidt-Brücken, Daniel (im Druck b): „Diskurslinguistik und die Kodierung von Gewissheiten". In: Warnke, Ingo H. (Hg.): *Handbuch Diskurs*. Berlin etc.: de Gruyter.

Schwarz, Monika (2000): *Indirekte Anaphern in Texten. Studien zur domänengebundenen Referenz und Kohärenz im Deutschen*. Tübingen: Niemeyer.

Sperber, Dan/Wilson, Deirdre (²1995): *Relevance. Communication and cognition*. Oxford: Blackwell.

Spitzmüller, Jürgen/Warnke, Ingo H. (2011): *Diskurslinguistik. Eine Einführung in Theorien und Methoden der transtextuellen Sprachanalyse*. Berlin/Boston: de Gruyter.

Stolz, Thomas/Warnke, Ingo H./Schmidt-Brücken, Daniel (Hg.) (2016): *Sprache und Kolonialismus. Eine interdisziplinäre Einführung zu Sprache und Kommunikation in kolonialen Kontexten*. Berlin etc.: de Gruyter.

Warnke, Ingo H./Schmidt-Brücken, Daniel (2013): „Exemplarische Texte und beispielhafter Sprachgebrauch im deutschen Kolonialdiskurs. Zur Konzeption des Bremischen Basiskorpus Deutscher Kolonialismus (BBDK)". In: Lück, Christian et al. (Hg.): *Archiv des Beispiels. Vorarbeiten und Überlegungen*. Zürich & Berlin: diaphanes, 123–147.

Monika Schwarz-Friesel
Spannung in Texten erklären

Eine kognitions- und korpuslinguistische Analyse im Rahmen
der Textweltmodelltheorie

1 Einleitung

Das sowohl von kognitiven als auch maßgeblich von emotionalen Aktivierungs-
zuständen abhängige Phänomen der textuellen Spannung ist bislang aus linguistischer Perspektive nur sehr spärlich und methodisch unzureichend analysiert
worden. Die wenigen Untersuchungen, die es in der Sprachwissenschaft gibt, sind
entweder zu allgemein, um präzise und operationalisierbare Aussagen machen
zu können oder im Rahmen bestimmter Ansätze zu spezifisch und auch zu daten-
arm, um die wesentlichen Merkmale des textgesteuerten Spannungspotenzials
erfassen zu können. Anhand exemplarischer Beispiele aus einer (qualitativ ausgerichteten) Korpusanalyse zur Textsorte ,Kriminalroman' wird in diesem Artikel
erörtert, inwiefern sich das Phänomen der Spannung im Rahmen des kognitionslinguistischen Textweltmodell-Ansatzes als Wechselspiel von referenzieller
Unterspezifikation, emotionsgesteuerter Antizipation und kognitiver Elaboration
durch Inferenzziehung erklären lässt. Dabei kommt den Prozessen des sukzessiven Aufbaus eines Textweltmodells, das sich aus der Interaktion semantischer
und weltwissensbasierter Informationen bei der Bedeutungskonstitution als
komplexe Konzeptualisierungsstruktur im Leseprozess etabliert, eine besondere
Rolle zu. Durch die Ergebnisse einer Umfrage wird die introspektive Erklärung
der Belegstellen aus dem Korpus zudem durch intersubjektive Daten ergänzt,
die Einschätzung des Spannungspotenzials spannungserzeugender Strukturen
also zusätzlich gestützt. Somit ist die Erklärung sprachlich generierter Spannung
auch ein exemplarisches Fallbeispiel der kognitiven Pragmatik, die theoretisch
wie methodisch integrativ arbeitet, um Schnittstellen sprachlicher Handlungen
und mentaler Operationen transparent zu machen und dabei dem Postulat der
kognitiven Realität gerecht wird. Im folgenden Abschnitt werde ich zunächst den
Rahmen der kritischen Kognitionslinguistik skizzieren, ihre methodischen und
theoretischen Axiome darstellen und insbesondere die Verbindung zwischen
kognitiver Pragmatik und dynamischer Textverstehenstheorie aufzeigen, um
dann vor diesem Hintergrund die Spezifik der Bedeutungskonstitution beim Phänomen der sprachlich erzeugten Spannung in Kriminalromanen zu erklären.

https://doi.org/10.1515/9783110575484-067

2 Kognitive Pragmatik und TWM-Theorie

2.1 Kritische Kognitionslinguistik und Bedeutungskonstitution

In den 80er Jahren erfahren sowohl handlungsorientierte Pragmatik als auch mentalistische Semantik entscheidende Impulse durch die interdisziplinären Kognitions- und Neurowissenschaften: So entwickeln Sperber und Wilson (1986) basierend auf den Grice'schen Maximen den kognitionspragmatischen Ansatz der Relevanztheorie (vgl. hierzu auch Recanati (2002) und Carston (2005)); Langacker (2002), Lakoff (1987), Talmy (2003) u. a. entwickeln parallel im Rahmen der Cognitive Grammar eine kognitive Semantik und Jackendoff (1983 und 1996) (Kognitionstheorie und Generative Sprachtheorie verbindend) die konzeptuelle Semantik, um jeweils die Einbettung sprachlicher Bedeutungen in komplexe Konzeptualisierungsprozesse aufzuzeigen. Alle Ansätze sind letztlich einzuordnen in die Kognitive Linguistik[1], eine Sprachtheorie, die sich vom form-orientierten und positivistischen Strukturalismus löst, um sprachliche Phänomene umfassend, nicht-reduktiv und mentalistisch beschreiben und erklären zu können.

Während die kognitive Semantik sich in kurzer Zeit weiterentwickelt und durch zahlreiche Arbeiten ausgebaut oder differenziert wird und von der Cognitive Grammar losgelöst, eigene Ansätze hervorbringt (vgl. u. a. Schwarz (1992ff. und 2000), Gärdenfors (2014), Riemer (2016)), bleibt der Ansatz der kognitiven Pragmatik, wissenschaftshistorisch betrachtet, stehen und im Wesentlichen auf Sperber/Wilson (1986) und darauf aufbauend Carston (2002) beschränkt, die die Anreicherung von unterspezifizierten Äußerungen durch pragmatische Implika-

---

1 Der Name Kognitive Linguistik weist jedoch eine gewisse Ambiguität auf, denn er bezieht sich auf eine Reihe von Ansätzen, die auf sich teilweise widersprechenden Annahmen beruhen (vgl. im Überblick Schwarz ³2008: 47f.) und je nach Ausrichtung gravierende Unterschiede sowohl in Theorie und Methodik als auch in der Praxis der Sprachanalysen zeigen. Der modulare Ansatz sieht Sprache als ein weitgehend autonomes, d. h. auf eigenen Prinzipien beruhendes Kenntnissystem innerhalb der Kognition, der holistische Ansatz dagegen führt sprachliche Phänomene generell auf allgemeine kognitive Prinzipien zurück, die sich auch in nicht-sprachlichen Systemen finden. Während der modulare, an das Forschungsprogramm der generativen Sprachtheorie angelehnte Ansatz besonders die Grammatik als genuin humanspezifische Dimension des Geistes betrachtet und sich bei seinen Beschreibungen bzw. Umschreibungen einem Formalismus verschrieben hat, betrachtet die holistisch geprägte Kognitionslinguistik (ursprünglich Cognitive bzw. Space-Grammar-Ansatz) vor allem die Semantik und setzt dabei Bedeutungen mit Konzepten gleich. Die Kritische Kognitionslinguistik dagegen ist methodisch interdisziplinär, berücksichtigt also externe Daten, unterscheidet zwischen sprachlicher und konzeptueller Ebene und lehnt Formalisierungen als unnötig ab (s. o.).

turen fokussieren. Der Prozess der Bedeutungskonstitution ist ein maßgeblich von semantischen, situativen und auch kognitionsinhärenten[2] Aspekten geprägter Prozess. In diesem Prozess wird eine aktuelle Konzeptualisierungsstruktur konstruiert, die die Basis für das Handlungspotenzial, den kommunikativen Sinn der Äußerung stellt (vgl. Schwarz 1992: 130ff.). Das wird zwar in pragmatischen, diskursorientierten Ansätzen erwähnt und dessen mentale Dimension wird auch als wichtig erachtet (vgl. Deppermann/Spranz-Fogasy 2002), letztendlich aber kommt es (bis heute) nicht wirklich und nachhaltig zu einer Symbiose kognitions- und pragmalinguistischer Ergebnisse, Modelle und Methoden. Noch immer werden typisch pragmalinguistische Aspekte von sprachlichen Äußerungen wie Handlungs-/Illokutionspotenzial, Referenz und Implikaturen innerhalb der traditionellen Sprechakttheorie oder der Diskursrepräsentationstheorie erörtert (zumeist rein introspektiv, d. h. in der für die traditionelle Linguistik so typischen Allein-am-Schreibtisch-Einzel-Hypothesen-Generierung-Situation und ohne Bezug auf externe Daten[3]), mit höchstens einigen Querverweisen auf relevante Kognitionskonzepte (wie Frames, Skripts und Inferenzen), aber ohne wirkliche Ein- und Verbindung dieser Modelle und Theorien. Dies wäre aber conditio-sine-qua-non für eine ernst zu nehmende Kognitive Pragmatik, in der kommunikative Handlungen im Allgemeinen und die vom Produzenten beabsichtigten (und vom Rezipienten konstruierten) Bedeutungen einer Äußerung im Besonderen, innerhalb der kognitiven (und emotionalen) Prozessualität, in die diese stets eingebettet sind, zu erklären. Damit würde die Kognitionspragmatik auch das Postulat der kognitiven Realität befolgen und ihre Erklärungen kompatibel mit Erkenntnissen zu Gedächtnis- und Aufmerksamkeitsspannen, Aktivierungsausbreitung und Schema-Aktivierung geben (vgl. Schwarz-Friesel 2008 und 2012). Im Folgenden möchte ich kurz die Grundannahmen und Bedingungen einer kognitiven Pragmatik im Rahmen der Kritischen Kognitionslinguistik[4] (KKL, vgl. Schwarz-Friesel 2008, 2012, 2013, Kertesz/Schwarz-Friesel/Consten 2012: 652) skizzieren:

---

2 Der kognitionsinhärente Kontext ist die konzeptuelle Domäne, in der ein Lexem abgespeichert ist (Schwarz 1992: 124f): Jedes Lexem ist im Langzeitgedächtnis (LZG) umgeben von anderen Lexemen sowie Weltwissensinformationen (seinem konzeptuellen Skopus, vgl. Schwarz 2000: 37f). Bei der Aktivierung des Lexems im Verarbeitungsprozess kann dieser kognitionsinhärente Kontext eine entscheidende Rolle spielen (s. Aktivierungsausbreitung).

3 Eine Ausnahme bilden Ansätze, die zur Methode der Introspektion Korpusanalysen hinzuziehen. Auch hier bleibt die methodische Erweiterung jedoch insgesamt im Rahmen des jeweiligen handlungsorientierten Erklärungsansatzes. Zu einer Symbiose von Forschungsergebnissen aus Pragma- und Kognitionslinguistik oder zu einer konsequenten Ausrichtung nach dem Postulat der psychologischen/kognitiven Realität kommt es nicht.

4 Die KKL sieht sich als Teil der Kognitionswissenschaft und verknüpft daher ihr Erkenntnisin-

Die KKL betont die Notwendigkeit, sich vom Eskapismus der Simplifizierung zu lösen, der so typisch für viele Ansätze innerhalb der Sprachwissenschaft ist. Diese Simplifizierung geschieht entweder durch Formalisierungen, die weder heuristischen noch sonst wie erklärungsadäquaten Wert besitzen, sondern lediglich eine Umschreibung von der Alltagssprache in pseudomathematischen Formeln ist, und daher Wissenschaftlichkeit vortäuscht und sich der eigentlichen Erklärung und Hypothesen-Falsifizierung durch empirische Daten entzieht. Oder wir haben es mit einer Simplifizierung durch Übergeneralisierung von Konzeptualisierungsprinzipien und Nivellierung von sprachlichen und mentalen Phänomenen zu tun: Die konzeptuelle Metapherntheorie (à la Lakoff u. a.) ist hierfür exemplarisch: Wenn alles in der Kognition zur Metapher erklärt wird und das „metaphorische Grundprinzip" unsere Kognition bestimmt, entzieht man sich der wirklich relevanten Erklärungsarbeit, was Metaphern für sprachliche Phänomene sind, wie sie von Nicht-Metaphern abzugrenzen sind und wie sie situativ, kulturell und kotextbedingt wirken. Ähnliches lässt sich über den Frame-Ansatz sagen, der durch Ausweitung des Frame-Konzeptes auf quasi alle semantischen und grammatischen Phänomene kaum noch zu operationalisierbaren Aussagen kommt. Die konzeptuelle Geschlossenheit des holistischen Ansatzes verhindert, wie der Formalismus, erklärungsstarke und überprüfbare Hypothesen: Während dies im formalistischen Ansatz durch artifizielle Reduktion des Untersuchungsgegenstandes geschieht, passiert es im holistisch-kognitiven Ansatz durch unzulässige Verallgemeinerung und Ausweitung von Konzeptualisierungsmechanismen auf sprachliche Phänomene. Die rein introspektiv erhobenen Beispiel-Belege spiegeln zudem nicht die kognitive und soziale Realität sprachlicher Äußerungen wider.

KKL betont dagegen die Relevanz externer Daten und damit den Einsatz empirischer Methoden, um die subjektiven Lesarten des/der Forscher/s/in durch nicht-introspektive Evidenz (z. B. durch Korpusstudien, Fragebogenerhebungen und Experimente; vgl. z. B. Skirl (2009), Marx (2011), Schwarz-Friesel (2012) abzusichern, sowie zu gewährleisten, dass die Aussagen kognitive Realität besitzen. Empirische Absicherung durch nicht-introspektive Daten ist folglich ein wichtiges Merkmal, das auch in der Pragmatik zum Tragen kommen soll. Implikaturenanalysen z. B. sollten entsprechend zukünftig nicht mehr nur subjektive

---

teresse, Aufschluss über die menschliche Sprache als einem kognitiven Kenntnis- und Verarbeitungssystem zu erlangen, mit dem allgemeinen Anliegen, den menschlichen Geist zu erforschen und zu verstehen. Sprache wird als Kenntnis- und Verarbeitungssystem mit eigenen Prinzipien gesehen, das jedoch mit allen anderen Kenntnissystemen des Geistes interagiert.

Rekonstruktionen von konstruierten Einzelbeispielen sein, sondern authentische Äußerungen involvieren.

Die prozedurale Kompetenz, also die Fähigkeit, sprachliche Kenntnisse situationsspezifisch und adressenorientiert zu aktivieren, steht in der KKL im Fokus: Die Fähigkeit zur (kontextsensitiven) Verarbeitung (produktiver wie rezeptiver Art) von Informationen wird als ebenso wichtig angesehen wie die Speicherung von Kenntnissen und Regeln. In Hinblick auf eine kognitive Pragmatik ergibt sich somit das Desiderat, Referenz nicht als statische Relation, sondern als Vorgang zu modellieren (vgl. Schwarz-Friesel/Consten 2011; vgl. auch Marx und Meier in diesem Band), wobei das Verhältnis Sprache-zu-Welt dynamisch erklärt wird. Bedeutungskonstituierende Prozesse, wie sie bereits in der kognitiven Semantik erklärt werden, rücken somit in den Mittelpunkt einer kognitiven Pragmatik.

Eine zentrale Frage der Kognitiven Pragmatik ist es folglich, zu erklären, wie Rezipienten in jeweiligen kommunikativen Situationen bestimmte Texte/Diskurse mit ihrem Handlungs- und Sinnpotenzial verstehen, wobei die Rekonstruktion des Verstehensprozesses die Berücksichtigung kognitiver Prozesse voraussetzt. Die KKL löst sich dabei von der traditionellen, strikten Abgrenzung der Disziplinen Semantik und Pragmatik und betont stattdessen deren Interaktion; entsprechend wird nicht strikt zwischen lexikalischer, aktueller Bedeutung und kommunikativem Sinn unterscheiden, sondern vielmehr deren Verzahnung aufgezeigt (vgl. hierzu u. a. Schwarz/Chur, ⁶2014: 32f, Schwarz-Friesel, im Druck). Dabei wird die Rolle von kulturellen, kommunikativen, sozialen und emotionalen Faktoren nicht ausgeklammert (wie dies in der frühen Kognitionswissenschaft noch ausdrücklich getan wurde), sondern deren Schnittstellen fokussiert. Bedeutungskonstitution und kognitive Verstehensprozesse sollten in der Pragmatik als untrennbare Symbiose gesehen werden. Propositionen von Äußerungen werden nicht nur durch ko- und kontextuelle Faktoren elaboriert, sie erfahren auch beim Aufbau der ihnen zugehörigen Konzeptualisierungen Elaborationen, die sich aus dem emotionalen System speisen. So spielen E-Implikaturen oft eine maßgebliche Rolle, auch um handlungsbezogene I(llokutions)-Implikaturen überhaupt erst ziehen zu können (vgl. Schwarz-Friesel 2010 und 2015), werden aber bislang kaum untersucht.

Die KKL ist zudem eine gesellschaftsrelevante Disziplin: Äußerungen werden als verbale Spuren mentaler Aktivität gesehen, die Einblick nicht nur in die Strukturprinzipien des Geistes, sondern auch Aufschluss über Einstellungen/Weltbilder einzelner Sprachbenutzer und auch Einblick in das kollektive Bewusstsein von Gesellschaften geben können. Aus Sprachproduktionsperspektive werden Äußerungen (als spezifische Referenzialisierungen von Sachverhalten) prinzipiell als Spuren von Konzeptualisierungen betrachtet. Aus Sprachrezeptionsperspektive erzeugen Äußerungen dagegen Konzeptualisierungen beim Hörer/Leser, evozieren Meinungen, aktivieren Gefühle, etablieren Einstellungen. Sprache bildet dabei nie nur Realität ab, sie erzeugt auch geistige Realität. Perspektivierte Realitätsvermittlung und -konstruktion durch Sprache stehen somit im Fokus der KKL. Als sprachkritischer Ansatz sieht sie Sprachstrukturen als Manifestationen sozialer, politischer, kultureller Strukturen.

Für die kognitive Pragmatik ergibt sich dadurch der Anspruch, aus dem allzu oft realitätsentfernten Zirkel von Analysen zu treten, die nur für Linguist_inn_en relevant sind, und sich anwendungsorientierten Themen (Sprache in der Politik, Sprache, Macht, Gewalt usw.) zu widmen, die durch präzise pragmalinguistische Untersuchungen neben Erkenntnisgewinn auch gesellschaftliche, im besten Sinne aufklärerische Relevanz besitzen.

Insgesamt lässt sich zusammenfassend konstatieren, dass das Programm einer Kognitionspragmatik methodisch und theoretisch auf Erweiterung und Flexibilisierung setzen muss, und somit auch ganz forschungspraktisch aus der Trägheit festgefahrenen Analysierens treten und über den Zaun des jeweils eigenen kleinen Paradigmas blicken muss. Dann lassen sich handlungsbezogene Aktivität und wahrnehmungsleitende Prozessualität in ihrer Symbiose transparent machen. Nur so besteht (und dies gilt übrigens für die gesamte Sprachwissenschaft) eine Chance, dass Linguistik[5], die in den Geistes-, Kultur- und Sozialwissenschaften eine selbst verursachte marginale Rolle spielt, aus der Ecke der wissenschaftlichen und gesellschaftlichen Bedeutungslosigkeit kommen kann.

2.2 Prozesse des Textweltmodell-Aufbaus: Referenz, Unterspezifikation und konzeptuelle Elaboration

Der aus Sprachrezeptionsperspektive entwickelte Ansatz des Textweltmodells ist für jede kognitive Pragmatik ein Angelpunkt, da sich hier die ganze Bandbreite konzeptueller und sprachlicher Informationsinteraktion bei der Bedeutungskonstitution zeigt und mittels präziser Aussagen überprüfbar machen lässt. Der

---

5 Es ist kein Zufall, dass kaum je ein(e) Linguist_in zu Wort kommt, wenn es um wesentliche Erkenntnisprobleme, existentielle Fragen, politische und soziale Brennpunkte, gesellschaftliche Debatten geht oder auf interdisziplinären Konferenzen mit Erstaunen zur Kenntnis genommen wird, dass linguistische Analysen tatsächlich relevante Ergebnisse liefern können. Die Linguistik hat als Disziplin international einen katastrophalen Ruf in dem Sinne, dass sie nicht zur Kenntnis genommen oder als eine völlig irrelevante, erbsenzählende und sich in Formalisierungsspielchen ergehende „Null-Relevanz-Forschung" gesehen wird. Bedenkt man, welch entscheidende Rolle die Sprache bei allen Prozessen des menschlichen Lebens spielt, ist dies ein wahres Armutszeugnis für die aktuelle Sprach-Wissenschaft.

TWM-Ansatz kann auch wesentlich dazu beitragen, die Rolle sprachlich erzeugter Realität(en) transparent zu machen, sei es in der Politik, den Medien oder im fiktiven Diskurs. Dies soll im Folgenden anhand der Erklärung, wie Spannung in Texten entsteht, gezeigt werden.

Alle für die Pragmatik wesentlichen Phänomene wie Referenz, Informationsanreicherung durch inferenzielle Weltwissensaktivierung, kommunikativer Sinn und Handlungspotenzial kommen hier zum Tragen.

Äußerungen erzeugen immer Konzeptualisierungen beim Hörer/Leser, evozieren Meinungen, aktivieren Gefühle, etablieren Einstellungen. Sprache bildet dabei nie nur Realität ab, sie erzeugt auch geistige Realität. Textweltmodelle (TWM) sind im Prozess des Textverstehens aufgebaute mentale Realitätsstrukturen (zum TWM-Ansatz in der Kognitionslinguistik s. ausführlich Schwarz 2000 und Schwarz-Friesel 2011; vgl. auch Marx in diesem Band). Sie repräsentieren die Text-Referenten[6] in ihren jeweiligen Raum- und Zeitkonstellationen (z. B. Menschen in Chicago im Jahr 2002) innerhalb von Sachverhalten (z. B. Mord-Prozess) mit ihren Handlungen (z. B. Suche nach Mörder) und Geschehnissen (z. B. Niedergeschlagen zu werden bei Ermittlungen). TWM beinhalten zudem komplexe, abstrakte Sachverhaltsrepräsentationen, oft mit Bewertungen (z. B. Unglück, Tragödie, Massaker, Ritualmordserie), die sich auf Propositionskomplexe beziehen (vgl. hierzu auch Marx 2011) und konzeptuelle Informationsknoten auf einer ontologisch anderen Ebene als Einzelreferenzen etablieren.

Der Leser wird konfrontiert mit einer bestimmten Konzeptualisierung, die durch spezifische Auswahl eines Themas (z. B. Mord an einer Millionärin) und dessen Repräsentation in der Informationsstrukturierung (so kann der Leser die Identität des Mörders von Anfang an kennen oder aber erst im Laufe des TWM-Aufbaus oder erst ganz am Ende der Geschichte erfahren) bestimmt wird. In diese mentale Repräsentation, die sich bottom up und top down sukzessive in der Online-Verarbeitung aufbaut, fließen enzyklopädische Kenntnisse (Mörder haben Motive, benutzen u. U. Waffen usw.), individuelle Wissensbestände (z. B. über Leseerfahrungen gesammelte Mord-Szenarien in Romanen), prinzipielle Einstellungen (z. B. moralisch-ethische Bewertungen bezüglich der Tötung

---

6 Zur Unterscheidung von Referenz und Text-Referenz vgl. Schwarz-Friesel/Consten 2014:50f. Die Textreferenten sind nicht mit den außersprachlichen Objekten gleichzusetzen, es handelt sich um mentale Entitäten, die sprachlich evoziert und als Informationsknoten repräsentiert werden. An perspektivierten Referenzialisierungen kann man sich dies deutlich machen: Je nach Einstellung und Bewertung des Sprachproduzenten kann ein Referent wie ‚Mann' als Textreferent *grausamer Schlächter*, *irrer Psychopath*, *bemitleidenswertes Trauma-Opfer* oder *Mörder* perspektiviert werden, wobei der Leser gerade in Kriminalromanen diese Textreferenz oft revidieren und neu etablieren muss (s. 3.2).

von Menschen) und situativ-kommunikative Faktoren (Leseprozess wird durch Bewusstsein, dass Textsorte Kriminalroman gelesen wird, geprägt). Die Textwelt weist je nach Sprachproduzent und seiner Handlungs- bzw. Wirkungsabsicht eine Perspektivierung und Evaluierung auf (zu Perspektivierung vgl. auch Meier in diesem Band). Die enge Verbindung von Kognition und Emotion[7] wird hierbei deutlich: Sprachliche Strukturen bilden nie nur eine bestimmte Realität ab, sie vermitteln über die Lexik (sowie die grammatische Struktur) stets auch bewertende und affektive Informationen als Meinungen, Einschätzungen, Wahrheitsansprüche, Glaubensinhalte. Sie konstruieren mentale Textweltmodelle, in denen ‚Sachverhalte' als SACHVERHALTE repräsentiert und als *Sachverhalte* referenzialisiert werden. Der Sachverhalt ‚intentionale Tötung eines Menschen' z. B. wird mit einer negativen Wertung als VERBRECHEN (und nicht etwa positiv evaluiert als NOTWENDIGE SOZIALE MASSNAHME) konzeptualisiert und entsprechend als *Mord* verbalisiert.

Konzeptualisierungen (in Form von mentalen Modellen darstellbar, siehe Abb. 1) spielen folglich als geistige Repräsentationen im Kopf der Sprachbenutzer, quasi als innere Welt der Gedanken und Gefühle, eine ebenso wichtige Rolle wie die Abbild- und Symbolfunktion der Sprache in Bezug auf die äußere Welt. Eine Referenz-Theorie, die nur das Verhältnis von Sprache-zu-(äußerer)-Welt betrachtet, ist zu eng, denn sie schneidet die Zwischenebene der mentalen Welt heraus: Wenn, wie in vielen Kriminalromanen, die Mörder als bedrohliche, feindselige (und die Protagonisten als sympathische) Personen perspektiviert und mit einem hohen Emotionspotenzial dargestellt werden, das Empathie und Antipathie aktiviert, muss diese Evaluation als entscheidende Information berücksichtigt und in die TWM-Analyse integriert werden. Das folgende Modell zeigt die verschiedenen aufeinander bezogenen Ebenen beim TWM-Aufbau im Überblick: die grammatischen Strukturen, die semantischen Strukturen (Propositionen, die sich aufgrund der Aktivierung einzelner Lexeme und ihrer spezifischen Anordnung ergeben), die mentalen Referenzialisierungen (also Textreferenten in ihren Sachverhaltsrepräsentationen) und ihre außersprachlichen Referenten (wobei es bei fiktiven Werken zumeist gar keine realen Referenten gibt; s. hierzu ausführlicher Schwarz-Friesel/Consten 2014: 58f).

---

7 Emotion wird als ein die Kognition auf verschiedene Weisen beeinflussendes Kenntnis- und Bewertungssystem gesehen, das die Einschätzung von Ereignissen, Menschen und Sachverhalten steuert. Die primäre Funktion des emotionalen Systems liegt also in der beurteilenden Klassifikation (vgl. ausführlich hierzu Schwarz-Friesel ²2013: 72ff.). Für die Analyse sprachlicher Äußerungen spielt der Evaluationsaspekt eine eminente Rolle.

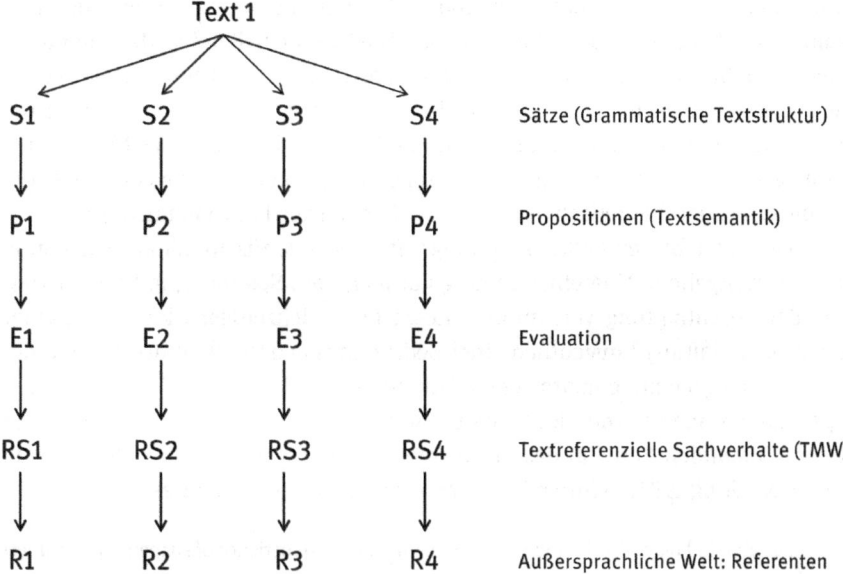

Abb. 1: Ebenen des TWM-Aufbaus

3 Kognitive Bewusstseinslenkung und emotionale Evaluation: Spannung als affektives Informationsdefizit im Textweltmodell

3.1 Spannung und textuelles Spannungspotenzial aus kognitionslinguistischer Perspektive

Spannung[8] (der mentale Zustand einer affektiven Neugier und Erregung in Verbindung mit kognitiver Antizipation) ist ein Phänomen, das in vielen kognitiven

---

[8] Man unterscheidet in der englischsprachigen Literatur z. T. zwischen Tension, Suspense, Thrill, Mystery sowie Surprise. Auf diese Unterscheidung kann ich im Rahmen des Artikels nicht genauer eingehen, da dies eine ausführlichere, kritische Auseinandersetzung mit verschiedenen Graden emotionaler Aktivierung und Anspannung erfordern würde. Was ich als Spannung bezeichne, entspricht aber ungefähr dem englischen Suspense (also dem durch den Text gehaltenen Spannungsbogen, wobei Suspense im Leseprozess Elemente von Surprise (kurze, Online-Überraschung im Rezeptionsvorgang durch unerwartete Informationen) und von Mystery (Rät-

und kommunikativen Situationen eine Schlüsselfunktion innehat. Es gibt daher zahlreiche Abhandlungen, die aber fast alle aus dem Bereich der Literatur-, Medien, Film- und Kunstwissenschaft stammen (vgl. u. a. Öhding 1998, Luelsdorff 1995, Junkerjürgen 2003, Comisky 1982, Gerrig 1989). Obgleich auch die Textsorte Kriminalroman dadurch charakterisiert wird, dass sie das für sie konstitutive Merkmal „erzeugt Spannung beim Leser" aufweist[9], gibt es bislang kaum empirische oder theoretische Analysen im Bereich der Text(-Linguistik)[10].

Wie entsteht textuelle Spannung? In der interdisziplinären Forschung besteht weitgehend Übereinstimmung darüber, dass Spannung mit den Prozessen der Vorenthaltung von Informationen bei gleichzeitiger Aktivierung einer Erwartungshaltung hinsichtlich einer Bedrohungslage für die Protagonisten der fiktiven Welt, die mit empathischem Mitempfinden einhergeht, zu tun hat. Dass Spannung keine interne Eigenschaft von Texten oder Filmen ist, sondern sich aus der mentalen Aktivität des Rezipienten ergibt, betonen dabei viele (wie z. B. Ohler/Niedung 1996, in ihrem filmorientierten Beitrag; s. auch Hesse 2004):

> cognition [...] plays the dominant role in predicting the experience of suspense [...]. (Ohler/ Niedung 1996: 129)

Doch nur über rein kognitive Prozesse lässt sich Spannung (per definitionem ein emotional geprägter Zustand[11]) nicht adäquat erklären. Man trifft hier auf die untrennbare Symbiose von Kognition-und-Emotion, auf mentale Informationsverarbeitung bei gleichzeitiger Bewertung[12].

---

selzustand durch das Vorenthalten von Information) beinhaltet.

9 Eine Umfrage zu „Was ist charakteristisch für einen Kriminalroman in zwei Seminaren der FSU Jena im WS 2009 mit 80 Studierenden ergab seinerzeit, dass ohne Ausnahme die 80 Befragten als Antwort „spannend" schrieben. 60 Studierende gaben zudem als Merkmal „unterhaltsam" an. Leser erwarten von dieser Textsorte, dass sie Nervenkitzel auslöst und über die reine Informationsvermittlung beim Textverarbeiten hinaus affektive Selbstbeteiligung erzeugt.

10 S. Uchida (1998) zum Relevanzprinzip, Fill ([2]2007) zu allgemeinen textstrukturellen Voraussetzungen von Spannung/Suspense aus linguistischer Sicht, den Aufsatz von Schmöe (2011) zu generellen Spannungsfaktoren und die textfunktionale Dissertation von Cheng (2011) zum Roman *Tannöd* und den darin erkennbaren narrativen Strukturen des Spannungsaufbaus. Vgl. erste Überlegungen zu Spannung im TWM-Modell Schwarz-Friesel/Consten (2014: 150f.)

11 Dass die emotionale Dimension von Spannung lange nicht hinreichend berücksichtigt wurde, liegt sicher auch an der generellen Wissenschaftsskepsis gegenüber dem emotionalen System (die erst nach der emotiven Wende überwunden wurde; vgl. Schwarz-Friesel 2013: 12ff.). Schon 1996 beschreibt allerdings der Medienpsychologe Zillmann Suspense als „emotionale Reaktion" (1996:202), die aus Sorge um die Protagonisten entsteht. S. hierzu auch Lehne/Kölsch (2015), die Spannung als „powerful emotional experiences" beschreiben.

12 Emotionen sind Bewertungssysteme, die interne und externe Zustände von Menschen klas-

Spannung kann wie folgt definiert werden: Bezogen auf den Leseprozess ist Spannung als Erwartungshaltung ein mentaler Bewusstseinszustand, der durch spezifische strukturelle Merkmale des jeweiligen Textes evoziert wird und den Rezipienten online im kognitiven Modus der Antizipation und emotional auf dem Aktivitätsniveau der Erregung hält. Diese Erregung beruht auf einer kognitiven Unsicherheit, also eines Informationsdefizites hinsichtlich eines befürchteten (oder erhofften) Ereignisses im TWM.

Texte lassen sich strukturell, funktional, kognitiv und emotiv bewerten: Nach ihrer Kohäsion und Kohärenz, ihrem Stil, ihrer mutmaßlichen Funktion, ihrer Verständlichkeit, ihres Informationsgehaltes und auch danach, ob sie als stimulierend oder öde, als langweilig oder spannend empfunden werden. Man kann Texten und auch Textstellen somit aufgrund bestimmter Merkmale ein hohes oder niedriges Spannungspotenzial zuordnen.

Wie muss ein Text mikro- und makrostrukturell gestaltet sein, damit er einen Spannungsbogen hält, damit er von Lesern als spannend empfunden wird?

(1)   Gegen fünf Uhr nachmittag erreichte Grenouille La Napoule. Er ging in das Gasthaus, aß und bat um ein billiges Nachtlager. (Süskind, *Das Parfum*, 270)

(2)   Zwischen den Nebelschwaden war kein bißchen freie Luft mehr. Er musste, wenn er nicht ersticken wollte, diesen Nebel einatmen. (Süskind, *Das Parfum*, 170)

Während (1) einen referenziellen Sachverhalt darstellt, der die oben genannten Kriterien[13] von textueller Spannung nicht aufweist, also ein niedriges Spannungspotenzial hat, handelt es sich bei (2) um eine Textstelle mit einem ausgeprägten Spannungswert: Der Textreferent befindet sich in der akuten Bedrohungssituation von Lebensgefahr (evtl. Tod durch Ersticken wird explizit angekündigt).

---

sifizieren und zwar nach drei grundlegenden Parametern: Wertigkeit (negativ/positiv). Intensität und Dauer. Diese Parameter spielen auch beim Spannungsempfinden eine wichtige Rolle, denn je nach Textstelle ist die ängstliche (oder freudige) Erwartungshaltung unterschiedlich intensiv ausgeprägt, und der Spannungsbogen ist kurz oder lang. Auf nachweisbare neuronale Erregungszustände im Gehirn beim Spannungsempfinden wird hier nicht eingegangen (vgl. hierzu u. a. Pfabigan et al. 2014).

13 Der Text ist zwar auch (wie üblich) referenziell unterspezifiziert insofern als das Gasthaus nicht näher beschrieben, das Essen nicht instanziiert wird und offen bleibt, ob das billige Nachtlager gewährt wird, jedoch gibt diese Unterspezifikation keinen Anlass, eine Bedrohungssituation zu antizipieren.

Zugleich besteht ein Informationsdefizit in Bezug auf die mögliche Gefahr durch das Einatmen des Nebels.

Da Spannungszustände aber stets individuell erfahren werden (und als solche nur in Rezeptionsstudien überprüft werden können), vermag die Linguistik zunächst nur anhand von textlinguistischen Verfahren das Spannungspotenzial eines Textes zu beschreiben und seine mutmaßlich spannungserzeugenden Mittel und Strukturen zu erfassen.

Das Spannungspotenzial (SP) lässt sich im Rahmen der TWM-Theorie generell als die spezifische Progression von Informationen im sukzessiven Konzeptualisierungsaufbau, also im Wechsel von Aktivierung und De-Aktivierung, von Referenzialisierung mit systematischer Unterspezifikation und inferenzgesteuerter Antizipation einer Bedrohung erklären. Somit haben spannungserzeugende Texte ein hohes Emotionspotenzial[14]. Im Einzelnen lassen sich dann in diesem Rahmen auch ganz spezifische Informationskonstellationen beschreiben (die je nach Text teils intensiver durch Unterspezifikation, teils durch das Emotionspotenzial – mit seinen Parametern Wertigkeit, Dauer und Intensität – geprägt sind; s. 3.2).

Die präzise Beschreibung anhand konkreter (repräsentativer) spannungserzeugender Textstellen aus einem größeren Korpus[15] und deren Erklärung im TWM-Ansatz sowie die Möglichkeit, daraus operationalisierbare (Vor-)Aussagen zu treffen (die dann auch experimentell überprüft werden können), wird nun im Folgenden skizziert.

3.2 Spannungserzeugende Textstrukturen

Das Phänomen der Unterspezifikation (also der Nicht-Kodierung von Informationen, die nach dem Sprache-zu-Welt-Verhältnis eigentlich relevant für den Aufbau des TWM sind) spielt eine entscheidende Rolle bei der Spannungserzeugung.[16]

---

14 Ausführlich zum Emotionspotenzial von Texten vgl. Schwarz-Friesel (²2013 und 2017).

15 Die Belegbeispiele stammen aus einer qualitativ ausgerichteten Korpusanalyse, in der 117 Kriminalromane und -geschichten textlinguistisch untersucht wurden. Die in diesem Artikel zitierten Beispiele sind aus 17 Romanen und Geschichten ausgewählt. Alle untersuchten Texte wiesen dabei die im Artikel erörterten spannungserzeugenden Merkmale auf (je nach Text variierten lediglich die Anzahl und die Anordnung der jeweiligen spannungserzeugenden Mittel/ Strukturen). Somit kann als Tendenz festgestellt werden, dass diese typisch und mutmaßlich auch konstitutiv für das textuelle Spannungspotenzial sind.

16 Die in diesem Artikel erläuterten Typen spannungserzeugender Textstrukturen stellen einen Teil aus der großen Menge möglicher Informationskonstellationen dar. In einer umfangreicheren

Prinzipiell lassen sich drei Typen von referenzieller Unterspezifikation nach der Art ihrer jeweiligen Elaboration in Texten unterscheiden (ausführlich hierzu s. Schwarz 2000 und Schwarz-Friesel/Consten 2014): Null-Referenzen, also Leerstellen (d. h. Textreferenten werden nicht genannt, z. B. gibt es Leichen, aber keine Erwähnung vom Mörder oder jemand wurde ermordet, aber die Tatwaffe wird nicht erwähnt), semantische Vagheiten im Sinne von Instanziierungsmangel (wenn Textreferenten nur über Type-, nicht aber über Tokenkonzepte identifiziert werden, z. B. *Waffe* statt *Pistole*, *Mörder* statt *Polizist Tschanz*) und fehlende Konnexität, wenn also Relationen zwischen Sachverhalten nicht kodiert werden, z. B. zwischen Mord und Mordursache oder zwischen dem Verschwinden einer Person und der Zunahme von Gewalttaten).

Zu den „Unterspezifikationsklassikern" im Genre Kriminalroman[17] gehört *der stumpfe Gegenstand*, d. h. die Vorenthaltung der spezifischen Referenz, mit welchem Instrument/Gegenstand jemand in der Textwelt getötet wurde. Den Lesern ist es nicht möglich, den Knoten im TWM durch referenzielle Werte zu elaborieren, die Instanziierung (etwa ‚der stumpfe Gegenstand ist ein Hammer') wird (zum Teil bis zum Ende des Romans) retardiert (so z. B. in Turows Roman). Jedoch reicht allein das Vorkommen von Unterspezifikation nicht aus, um Spannung zu erzeugen. Die unterspezifizierte Textstelle muss im TWM so platziert sein, dass in Bezug auf die referenzielle Dynamik etwas emotional Aufregendes, den Figuren in der Textwelt Bedrohliches, antizipiert wird. Diese Antizipation erfolgt als Inferenz auf der Basis konzeptuellen Weltwissens (das auch Wissen zu Bedrohungs-Szenarien repräsentiert). An den beiden folgenden Textstellen kann dies exemplarisch gezeigt werden:

(3) Kalt. Taub. Verwirrt. Ich öffnete die Augen. Dunkelheit. Bin ich tot? Mein Gehirn registriert Gerüche. Schimmel. Modrige Erde. War dies die Hölle? Ein Grab? Stille. Undurchdringlich. Leichen atmen nicht. Tote Herzen schlagen nicht. (Kathy Reichs, 2009, *Das Grab ist erst der Anfang*, 7)

Der Roman beginnt mit der in jeder Hinsicht referenziell unterspezifizierten Textstelle (3): Die elliptischen Satzkonstruktionen und die von der Textfigur selbst gestellten, aber nicht beantworteten Fragen ermöglichen es nicht, über die Pro-

---

Studie werden diese genauer erfasst.

17 In zahlreichen Romanen findet sich diese Unterspezifikation, im Korpus weisen über 60 Prozent der untersuchten Krimis diese Form auf (s. z. B. *Aus Mangel an Beweisen* von Scott Turow; s. hierzu auch Georgette Heyer: *Ein Mord mit stumpfer Waffe*, dessen Titel mit dieser Unterspezifikation spielt.

positionen eine plausible Konzeptualisierung zu aktivieren. Die Raum-Zeit-Konstellation kann nicht aufgebaut, die Textfigur nicht instanziiert, die fragmentarischen Referenzialisierungen nicht durch Relationen verbunden werden. Trotz des hohen Informationsdefizites inferiert man als Leser aber, dass der Textreferent sich in einer Art Erdloch befindet, ohne zu wissen, wie er/sie dorthin gekommen ist. Die dissoziative Erfahrung TOT MIT LEBENSSYMPTOMEN wird referenzialisiert; direkt am Anfang des TWM-Aufbaus wird also ein extremes Bedrohungs- und Angstszenario etabliert.

Textstelle (4) befindet sich dagegen mitten im Roman:

(4)   Auf dem Hof war immer noch keiner zu sehen. [...] Die Tür zum Motorhäuschen habe ich deshalb auch ganz weit offen gelassen. [...] Ich war schon fast fertig, wollte nur noch eine Schraubenmutter wieder dranschrauben, rutscht die mir doch glatt durch die Finger. [...] Genau in dem Augenblick, in dem ich mich bücke, [...] war mir, als huscht da ein Schatten vorbei. (Andrea Maria Schenkel, *Tannöd*, 43f., 47)

Wenn der Rezipient diese Stelle liest, sind bereits einige grausame Morde in der Textwelt geschehen: Eine ganze Familie wurde umgebracht. Die Identität des Mörders ist nicht bekannt. Aus der Sicht von Textweltfiguren werden verschiedene Sachverhalte geschildert. Das Spannungspotenzial ergibt sich aus dem Informationsdefizit hinsichtlich der Zuordnungsmöglichkeit des Schattens (Instanziierung offen: Ist es der Mörder?) und der zu erwartenden Gefahr für die erzählende Figur im Fokus (Inferenz: Wenn der Schatten zum Mörder gehört, ist die Figur in Lebensgefahr). Im TWM wird über die Semantik des Lexems *Schatten* in Verbindung mit *Vorbeihuschen* ein konzeptueller Knoten Y-SCHATTEN VON?X aktiviert, eine Instanziierung von Y-zu-R aber retardiert, somit eine referenzielle Zuordnung durch Re-Aktivierung unmöglich gemacht (im Modell durch die Durchstreichung symbolisiert). X bleibt konzeptuell vage, erhält aber auf der Ebene der emotionalen Bewertung einen antizipierten intensiven Negativ-Wert (von X geht eventuell eine Gewalt- und Bedrohungsgefahr aus). Erst einige Seiten später erfolgt dann die instanziierende Re-Aktivierung und damit die Lösung der (textlokalen) Spannung:

(5)   Georg ... Er huscht an der offenen Türe vorbei. (Andrea Maria Schenkel, *Tannöd*, 47)

Georg Hauer ist R und der Verursacher des Schattens Y, so kommt R=X zustande (wie es sich im TWM-üblichen Modell zeigen lässt):

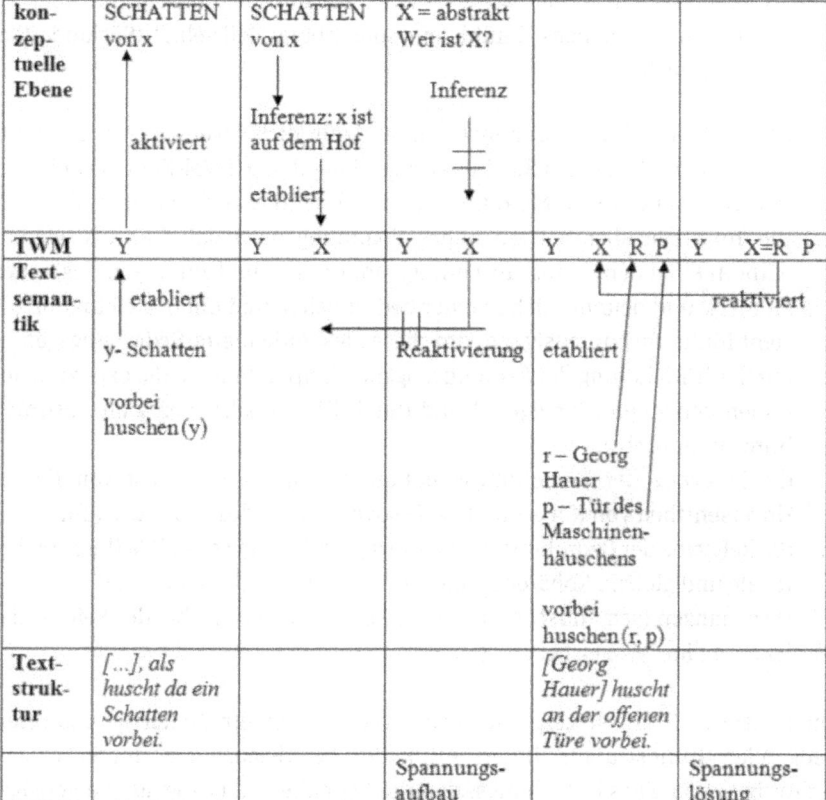

kon-zeptuelle Ebene	SCHATTEN von x ↑ aktiviert	SCHATTEN von x ↓ Inferenz: x ist auf dem Hof etabliert	X = abstrakt Wer ist X? Inferenz		
TWM	Y	Y X	Y X	Y X R P	Y X=R P
Text-semantik	↑ etabliert y- Schatten vorbei huschen(y)		←— Reaktivierung	etabliert r – Georg Hauer p – Tür des Maschinen-häuschens vorbei huschen(r, p)	reaktiviert
Text-struktur	[...], als huscht da ein Schatten vorbei.			[Georg Hauer] huscht an der offenen Türe vorbei.	
			Spannungs-aufbau		Spannungs-lösung

Abb. 2: Textweltmodell zur analysierten Szene in A. M. Schenkels *Tannöd*

Textglobal bleibt der Spannungsbogen jedoch bestehen, da noch immer im TWM die Rolle MÖRDER nicht instanziiert ist.

In den meisten Fällen lässt sich das Spannungspotenzial einer Textstelle aus dem Informationsdefizit und der zu erwartenden Gefahr für eine Figur der Textwelt erklären, also als Interaktion kognitiver Information und emotionaler Erregung. Dabei können die folgenden Faktoren das Spannungspotenzial erhöhen:

1. Die Relevanz der Figur; generell wird dem/der Protagonist_in im TWM mehr kognitive Beachtung geschenkt und auch mehr affektive Empathie entgegengebracht, jedoch kann auch die Bedrohungsreferenzialisierung einer marginalen Figur ein hohes SP erhalten, wenn die Episode signifikant für den kommunikativen Sinn und das Emotionspotenzial besonders hoch ist. Siehe hierzu folgende Beispiele:

(6) Dem Mädchen aber wurde es kühl. Sie sah Grenouille nicht. Aber sie bekam ein banges Gefühl, ein sonderbares Frösteln." (Süskind, *Das Parfum*, 55)

Das Mädchen, über dessen Identität der Leser nichts weiß, hat im TWM nur eine Nebenrolle, sie taucht ein einziges Mal auf, der TWM-Knoten verändert sich von MÄDCHEN zu MORDOPFER, danach wird er nicht mehr re-aktiviert. Die Textstelle aber hat ein hohes Spannungspotenzial: Der Textreferent MÄDCHEN hat den Status ‚unschuldig, ahnungslos und zufällig im Visier des Mörders' und befindet sich in einer bedrohlichen und hilflosen Situation (G. steht hinter ihr). Intensiviert wird dieses leserorientierte Bedrohungsgefühl durch die Kodierung der figurenbezogenen Empfindungen, die explizit Emotionen benennen (Bangigkeit) und durch Körperreaktionen zum Ausdruck bringen (Frösteln).

2. die Relevanz der Bedrohungssituation (gestuft nach Verlust von Besitz, Unversehrtheit von Körper und Seele sowie Verlust des Lebens; s. (2)),
3. die Relevanz der Bedrohung in der Konzeptualisierung des TWM (hier spielen lokale und globale Kohärenz eine entscheidende Rolle, s. (3)), und
4. Dissonanzen (semantischer und/oder konzeptueller Art) bei der Referenzialisierung im TWM (s. (4) und (5)).

Die folgenden Beispiele zeigen diverse Variationen innerhalb der spannungserzeugenden Grundstruktur „Unterspezifikation bei gleichzeitiger inferenzbasierter Antizipation eines Bedrohungsszenarios" vor allem in Bezug auf die Verzögerung der Instanziierung von TR-Knoten im TWM.

Generell spielen Anapher-zu-Antezedent-Zuordnungen bei der Kohärenzetablierung und TWM-Aufbau entscheidende Rollen; bei spannungserzeugenden Textstellen kommt es zu einer systematischen Verzögerung dieser Zuordnungen, die instanziierende Re-Aktivierung wird verschoben. Somit bleibt der TR MÖRDER für eine gewisse Zeit semantisch und konzeptuell ein Knoten ohne konkreten referenziellen Bezug.

Bei (7) sind es drei explizit genannte TR, die in Frage kommen:

(7) Inspektor Neele überlegte einen Augenblick lang. Drei Leute, und nur drei Leute, hatten mit dem Verstorbenen gefrühstückt: seine Frau, seine Tochter und seine Schwiegertochter. Jede hätte die Gelegenheit ergreifen können, ihm Taxin in die Kaffeetasse zu schütten. (Agatha Christie, *Das Geheimnis der Goldmine*, 29)

Spannung durch die Aktivierung und Re-Aktivierung eines nicht instanziierbaren Textreferenten (TR)

(8) Dann stürmte etwas Riesengroßes durchs Wohnzimmer direkt auf sie zu. Es bewegte sich so schnell, dass Sabrina nicht einmal erkennen konnte, was es war. [...] (Michael Buckley, *Die Grimm Akten Band* 1, 19)

Diese kataphorische Referenz etabliert im TWM zu *etwas* den Knoten ENTITÄT $^?$x (?-Status: UNBEKANNT), dieser wird zusätzlich elaboriert durch die den Eindruck des Gefahrenszenarios intensivierenden Informationen (RIESENGROSS, SEHR SCHNELL), es bleibt aber eine Lücke hinsichtlich der Identität und genauen Beschaffenheit des TR.

Spannungsintensivierung durch die Aktivierung und informationsspezifizierende Re-Aktivierung von TR

(9) Andara spürte es, Augenblicke, ehe das Glühen begann und das Wasser sich kräuselte. Etwas kam. Etwas Unbeschreibliches, Großes, ... Etwas Namenloses ...ein Titan......[...] Es kam. Es kam!! (Wolfgang Hohlbein, *Der Hexer 01: Auf der Spur des Hexers*)

Bei (9) liegt ebenfalls kataphorische Referenz vor: Im TWM erhält der konzeptuelle Knoten zur Textsemantik von *etwas* den Informationsstatus ENTITÄT $^?$x (?-Status: UNBEKANNT) mit der zusätzlichen Evaluation UNHEIMLICH, GEFÄHRLICH. Der Postzedent wird nicht identifizierend benannt, sondern mit hyperbelhaften Umschreibungen und Klimax-ausgerichteter Syntax angekündigt. Die Leser antizipieren ein extremes, sehr ungewöhnliches Bedrohungsszenario.

Retardierte Instanziierung bei intensiv evaluativer Re-Aktivierung von TR

(10) Er_1... Doch der $Rasende_1$ unter ihm hört ihn nicht. Blind für alles in $seinem_1$ Rausch, schlägt $dieser_1$ zu, immer und immer wieder. Wie lange er da liegt, Mich weiß es nicht. Einer nach dem anderen läuft derweil unter ihm dem $Schlächter_1$ in die Hände. (Andrea Maria Schenkel, *Tannöd*, 119)

Bei dieser Textstelle ist die Rolle MÖRDER ebenfalls noch nicht spezifisch durch einen individuellen Textreferenten instanziierbar. Dies ist für die globale Kohärenz relevant, da erst am Ende des Romans die Rolle spezifiziert wird. Im TWM besteht der Knoten TR MÖRDER, der jedoch kontinuierlich durch stark negativ evaluierende Informationen re-aktiviert wird (MÄNNLICH, RASEND, BRUTAL, UNKONTROLLIERT). Es bleibt im TWM beim Knoten MÖRDER (TR$_{1, 2, 3, 4, 5, 6, 7}$?) und das Informationsdefizit hinsichtlich dessen Identität, es könnte TR 1, 2... oder 7 sein.

Aktivierung eines TR-Teils: Instanziierungsverzögerung[18] und Emotionsausdruck

(11) Langsam öffnete sie die Tür zum Korridor. Alles lag im Dunklen. Auf leisen Sohlen steuerte sie die Tür zum Treppenhaus an. Plötzlich spürte sie eine Hand auf ihrer Schulter. Erschrocken drehte sie sich um, als sie Susis Stimme hörte: „Du kannst doch Annette nicht allein zurücklassen!" (Elke Schwab, *Großeinsatz*, 23)

Bei dieser unterspezifizierten Textreferenz, die besonders häufig in Krimis zu konstatieren ist, wird nicht der handelnde TR, sondern ein Teil von ihm benannt (sein Atem, seine Stimme, seine Augen usw.). Inferiert wird die Teil-Ganzes-Relation. Die TWM-Adresse ist online zunächst Teil-von-?TR (TR1, TR2, TR3, TR4 ?); eine spezifische Re-Aktivierung und damit Instanziierung ist noch nicht möglich. Durch die Referenzialisierung der körperlichen Reaktionen der Patiens-Figur und die allgemein angespannte Atmosphäre ergibt sich ein hohes Spannungspotenzial (vgl. hierzu auch Schwarz-Friesel/Consten 2014: 150f.).

Null-Referenz und Antizipation von Gefahr

Ähnlich ist es bei Null-Referenzen wie in (12):

(12) Die Tür steht leicht offen. Marie will sie schließen. Da bemerkt sie, wie sich die Tür langsam, knarrend immer mehr öffnet. Ungläubig staunend blickt sie auf den größer werdenden Spalt. (Andrea Maria Schenkel, *Tannöd*, 30)

---

18 S. hierzu auch die Stelle in Dürrenmatts Verdacht, S. 328f.; vgl. Schwarz-Friesel/Consten (2014: 152f.), an der man sehen kann, wie Informationsverzögerung und Antizipation durch den Bruch der Leseerwartungen zur Spannungslösung führen kann.

Die Protagonistin (und die Leserschaft) inferieren, dass sich die Tür nicht durch den Wind öffnet, sondern durch den Mörder. Gewissheit jedoch gibt es beim Online-Prozess des Lesens für diese Hypothese noch nicht, der Spannungsbogen wird also gehalten.

Retardation von Instanziierung und Relationsetablierung

Oft finden sich bei spannungserzeugenden Textstellen Kombinationen von Unterspezifikationen und emotiven Antizipationen:

(13) Ich hörte knirschende Schritte im Schnee. Ich spürte wie jemand an mir zerrte. Schmerzen schossen ... durch mein Bein. Dann war nur noch Dunkelheit. (André Reichert, www.geschichtennetz.de)

Im TWM ist nicht klar, wer *jemand* ist, zugleich bleibt beim komplexen Knoten des referenziellen Sachverhalts RSV die Relation der ?KAUSALITÄT unbestimmt: Warum es dunkel wird und ob diese Dunkelheit mit dem Tod gleichzusetzen ist, wird dem Leser als Information vorenthalten.

Komplex-Katapher ohne Spezifizierung durch Postzedent

Werden Komplex-Kataphern benutzt, wie in (14), können diese den TWM-Aufbau und den Spannungsbogen lange beeinflussen:

(14) Ich fand keinen Schlaf in jener Nacht. Das unbestimmte Vorgefühl eines drohenden Unheils lastete auf mir. [...] (Arthur Conan Doyle, *Sherlock Holmes Geschichten: Das gefleckte Band*, 15f.)

Der noch nicht instanziierbare referenzielle Sachverhalt im TWM erhält den propositionsäquivalenten (da einen kompletten referenziellen Sachverhalt betreffenden) Knoten ?DROHENDES UNHEIL. Das konzeptuelle Wissen über UNHEIL determiniert entsprechend die Antizipationsinferenzen.

Die Verzögerung der Anapher-zu-Antezedent-Zuordnungen ergibt sich dabei keineswegs nur in Bezug auf die TR MÖRDER; häufig finden sich Textreferenten, die den Status OPFER haben (15), ihre Identität jedoch wird nicht durch eine Koreferenzrelation spezifiziert, da die Leser in der affektiven Sorge um ihre jeweiligen Protagonisten gehalten werden sollen (die unter den Opfern sein könnten):

(15) lag/saß/fand man eine Leiche. (so ähnlich z. B. in Janet Evanovich, *Einmal ist keinmal*, Dan Brown, *Das verlorene Symbol*, Daniel da Silva, Tess Gerritsen, *Totengrund*)

Solche Textstellen geben lediglich so viel Information, dass ein TR-Knoten LEICHE etabliert werden kann; eine Re-Aktivierung, die über einen anaphorischen Ausdruck semantisch diesen Knoten instanziieren könnte, bleibt zunächst aus.

Zum Teil determinieren solche Retardationen die gesamte Geschichte, sind also nicht nur lokal, sondern auch global für das TWM relevant, wie in (16):

(16) „[...] als ich mich über sie beugte, schrie sie plötzlich laut mit einer Stimme, die ich nie vergessen werde: ‚O Gott, Helen! Das Band! Das gefleckte Band!'"... „Das Band! Das gefleckte Band!" flüsterte Holmes. „Es ist eine Sumpfnatter!" schrie Holmes. (Arthur Conan Doyle, *Sherlock Holmes Geschichten: Das gefleckte Band*, 15 und 34f.)

Im TWM hat der unheimliche und mörderische TR dauerhaft immer nur den ontologischen Status UNBELEBT und wird als *geflecktes Band* referenzialisiert, die Leser werden dadurch irre geführt. Erst ganz am Ende der Geschichte erhält der TR seine korrekte konzeptuelle Klassifikation als SUMPFNATTER.

Generell erweist sich die Dynamik von Textreferenten im beständigen Informationsmoduswechsel von Aktivierung, Re-Aktivierung und De-Aktivierung als relevant für die Etablierung und Kontinuität des Spannungspotenzials, oft in Kombination mit konzeptuellen Dissonanzen (einem wichtigen Faktor bei der Spannungserzeugung):

Es kommt in Kriminalromanen besonders oft nicht nur zur Elaboration von Textreferenten (FRAU$_1$ wird elaboriert 27-JÄHRIG, BRÜNETT, KLEIN, DETEKTIVIN$_1$, GEWALTTÄTIG, HAT GEHEIMNIS usw.), sondern auch zu drastischen Modifikation durch (z. T. ontologische) Re-Klassifikationen von TR-Repräsentationen (BAND$_1$ wird zu SCHLANGE$_1$; TR GETRÄNK$_1$ wird zu GIFT$_1$, MANN$_1$ wird zu LEICHE$_1$).

Solche Re-Evaluierungen betreffen v. a. TR, die für Leser schon im TWM einen affektiven Status haben: z. B. kann ein TR$_1$ zunächst als ZEUGE$_1$ oder sogar OPFER$_1$ perspektiviert, später dann re-evaluiert als MÖRDER$_1$ werden (u. a. in *Einmal ist keinmal* von Janet Evanovich und in *Inferno* von Dan Brown): Ein TR NACHBAR$_1$ wird zu EISKALTER PSYCHOPATH und MASSENMÖRDER$_1$ usw.

Wenn dabei die Rolle und affektive Bewertung einer Figur in der Textwelt radikal re-evaluiert werden muss, kommt es für die Leser zu einem kognitiven

Perspektivierungsbruch und einer emotionalen Dissoziation[19] (z. B. bei der Figur *Sienna* in *Inferno* von Dan Brown). Semantische und konzeptuelle Dissonanzen prägen oft den Aufbau der TWM in Kriminalgeschichten: Es kommt zu Konzeptualisierungen bei RSV, die inkompatibel sind:

(17) „Ich bin gestorben", sagte der Jude. „Die Nazis haben mich erschossen."
     (Friedrich Dürrenmatt, *Der Verdacht*, 188)

Bei (17) liegt eine semantische Dissonanz TR_1 (Tot, Erschossen); TR_1 (Sagt ≠ Tot) vor, die es verhindert im TWM eine kohärente Referenzialisierungsstruktur aufzubauen.

Konzeptuelle Schema-Brüche oder Inkompatibilitäten erzeugen ebenfalls Spannung und Neugier, vor allem, wenn sie explizit als ungewöhnlich referenzialisiert werden:

(18) Aber etwas ist seltsam. Der Anzug, den er trug. Ich habe mir den Taschen-
     inhalt angesehen. Das gewöhnliche Zeug, Taschentuch, Schlüssel, Klein-
     geld, Brieftasche. Aber etwas war dabei, das ... ist ungewöhnlich. Die rechte
     Jackentasche. Da war Getreide drin. (Agatha Christie, *Das Geheimnis der
     Goldmine*, 15)

Während sich Taschentuch usw. kompatibel zum Schema Tascheninhalt im TWM integrieren lassen, ist eine sinnvolle und plausible Zuordnung von Getreide nicht möglich. Die Erklärungslücke bleibt geraume Zeit im TWM bestehen.

3.3 Spannung intersubjektiv: Ergebnisse einer Fragebogenstudie

In einer Fragebogenstudie (mit zwei Variationen bei der Struktur der Bögen) mit einer Ratingskala 1 bis 6 (von wenig spannend bis zu sehr spannend) wurde untersucht, ob Textstellen, die aus textlinguistischer Sicht ein hohes Spannungspotenzial haben, auch tatsächlich von vielen Lesern ebenfalls als spannend bewertet

---

19 In *Einmal ist keinmal* entpuppt sich der besorgte, höfliche Manager als Mörder, in *Inferno* die engagierte Mitstreiterin von Langdon als Gegenspielerin und die Geliebte des besessenen Wissenschaftlers, in *Aus Mangel an Beweisen* von Scott Turow die harmlos anmutende Ehefrau als Mörderin.

werden. Die Probanden sollten sechs Textbeispiele (ohne Quellenangaben) aus Patrick Süskinds Roman „Das Parfum" auf der Skala zum Ankreuzen bewerten.

(1) Da erwachte das Kind. Es erwachte zuerst mit der Nase. Die winzige Nase bewegte sich, sie zog sich nach oben und schnupperte.

(2) Er lag auf dem Kanapee im purpurnen Salon und schlief. Um ihn standen die leeren Flaschen. Er hatte enorm getrunken.

(3) Gegen fünf Uhr nachmittag erreichte Grenouille La Napoule. Er ging in das Gasthaus, aß und bat um ein billiges Nachtlager.

(4) Dem Mädchen aber wurde es kühl. Sie sah Grenouille nicht. Aber sie bekam ein banges Gefühl, ein sonderbares Frösteln.

(5) Zwischen den Nebelschwaden war kein bißchen freie Luft mehr. Er musste, wenn er nicht ersticken wollte, diesen Nebel einatmen.

(6) Der Wind kam von Westen. Doch schon mit dem ersten Atemzug merkte er, dass etwas nicht stimmte. Die Atmosphäre war nicht in Ordnung.

Ingesamt wurden 68 Fragebögen ausgefüllt.[20]

Tab. 1: Ergebnisse einer Fragebogenstudie zum textinhärenten Spannungspotenzial

	A (N = 32)		B (N = 36)	
	Mittelwert	Standardabw.	Mittelwert	Standardabw.
Textbeispiel 1	3,12	1,31	2,83	1,40
Textbeispiel 2	2,72	1,35	2,86	1,17
Textbeispiel 3	2,00	0,95	1,88	0,93
Textbeispiel 4	4,34	1,18	3,88	1,28
Textbeispiel 5	4,25	1,16	4,14	1,02
Textbeispiel 6	4,31	1,09	3,78	1,22
Textbeispiel 1–6	3,46	1,17	3,23	1,17

---

20 Die Bögen wurden in zwei Varianten A und B ausgegeben: Auf den A-Bögen wurden die Textstellen nach spannend und nicht spannend sortiert präsentiert, auf den B-Bögen gemischt.

Die Mittelwerte der Bewertungen im Einzelnen zu den spannenden Beispielen bewegen sich bei den Textbeispielen vier bis sechs von 3,88 bis 4,31. Die der nicht-spannenden Beispiele liegen zwischen 1,88 und 3,12. Das Spannungspotenzial konnte also intersubjektiv nachgewiesen werden.

Für zukünftige Forschungen wäre es interessant, den Einfluss des gesamten TWM auf die Bewertung zu überprüfen, ob also die Kenntnis des Romans und damit die globale Konzeptualisierungsstruktur Einfluss auf die Bewertung der Textstellen[21] nimmt. Es könnte sein, dass intensiv spannende Textstellen mit hohem Emotionspotenzial trotz Aktivierung der bereits im LZG gespeicherten Konzeptualisierungsstruktur und damit Kenntnis des Ausgangs der Bedrohungslage nicht ihr textinhärentes Spannungspotenzial verlieren und das Leser bei der Re-Aktivierung spannender Stellen womöglich die globale affektive Spannung des gesamten TWM auf die einzelnen Textstelle übertragen. Weitere Analysen und empirische Erhebungen müssen jedoch diese Hypothesen noch validieren.

4 Fazit

Der hier vorgestellte Beschreibungs- und Erklärungsansatz zum textuellen Spannungspotenzial kann als erster Versuch innerhalb der kognitiven Textpragmatik gesehen werden, präzise Voraussagen machen zu können, wie durch welche Textstrukturen Spannung im TWM entsteht. Spannung entsteht, wenn saliente Informationen, die für die Konstruktion des TWM grundlegend sind, vorenthalten werden und zugleich ein Bedrohungsszenario (mit Sorge um Textreferenten) aktiviert wird. Informationsgesteuerte Erwartung und affektive Unsicherheit sind salient. Informationslücken, Vagheiten und Dissonanzen bei den konzeptuellen Knoten des TWM bleiben dabei im Fokus, bis der Spannungsbogen durch spezifische Re-Aktivierungsprozesse mit Instanziierungen, TR-Besetzungen und relationalen Verbindungen gelöst wird. Zur Spannungsgenerierung ist es nicht notwendig, dass die Integration eines Referenten im TWM gänzlich misslingt. Bereits die Nichtbestimmbarkeit einer Relation zwischen zwei Referenten oder Sachverhal-

---

21 Dies könnte Hinweise auf ein bislang nicht erklärtes Phänomen geben, nämlich dass Spannung auch ohne Neuigkeitsfaktor zustande kommen kann. Wir alle kennen den Zustand: wir lesen/sehen unseren Lieblingskrimi zum Xten Male, und obgleich wir genau wissen, also voraussagen können, was in der Text-/Filmwelt passiert, empfinden wir doch immer wieder Grusel und Anspannung. Dies hat sicher mit der Nicht-Kontrollierbarkeit von emotionalen Zuständen/Prozessen zu tun (vgl. Schwarz-Friesel [2]2013: 100f.). Kognitives Wissen kann emotive Aktivität nicht (vollständig) determinieren.

ten oder die Nicht-Instanziierbarkeit von TR ist ausreichend. Entscheidend ist, dass die Unterspezifikationen nicht im Rahmen der für alle Leseprozesse üblichen Elaborationsprozesse und Inferenzziehungen aufzulösen sind. Das TWM bewahrt bei spannungserzeugenden Textstellen einen Schwebezustand von kognitivem Informationsdefizit und emotionaler Anspannung. Dieser Schwebezustand lässt sich je nach Strukturtyp präzise im TWM-Ansatz in seinen Variationen beschreiben und erklären. Die jeweiligen spannungserzeugenden Strukturen können in empirischen Untersuchungen hinsichtlich ihrer Wirkung untersucht werden.

5 Literatur

Carroll, Noël (1996): „The paradox of suspense". In: Vorderer, Peter/Wulff, Hans Jürgen/ Friedrichsen, Mike (Hg.), *Suspense: Conceptualizations, Theoretical Analyses, and Empirical Explorations*. London: Routledge, 71–91.

Carston, Robyn (²2005): *Thoughts and Utterances. The Pragmatics of Explicit Communication*. Malden: Blackwell.

Cheng, Hsin-Yi (2011): *Sprachliche Verfahren des Wissensmanagements im Kriminalroman: Ein Beitrag zur dynamischen Texttheorie*. Dissertation: Justus Liebig Universität Gießen.

Comisky, Paul/Bryant, Jennings (1982): „Factors involved in generating suspense". In: *Human Communication Research* 9, 49–58.

Cooper, Joel (2007): *Cognitive Dissonance: 50 Years of a Classic Theory*. Los Angeles: Sage.

Cupchik, Gerald C. (1996): „Suspense and Disorientation: Two Poles of Emotionally Charged Lietery Uncertainty". In: Vorderer, Peter/Wulff, Hans Jürgen/Friedrichsen, Mike (Hg.): *Suspense. Conceptualizations, Theoretical Analyses, and Empirical Explorations*. New York: Erlbaum, 189–197.

Fill, Alwin (2007): *Das Prinzip Spannung. Sprachwissenschaftliche Betrachtungen zu einem universalen Phänomen*. Tübingen: Narr.

Gärdenfors, Peter (2014): „Comments: The role of attention in lexical semantics". In: *Croatian Journal of Philosophy*, 14(2) 269–276.

Gerrig, Richard J. (1989): „Suspense in the absence of uncertainty". In: *Journal of Memory and Language*. 28, 633–648.

Gerrig, Richard J./Bernardo, Allan B. I. (1994): „Readers as problem-solvers in the experience of suspense". In: *Poetics* 22, 459–472.

Jackendoff, Ray (1983): *Semantics and cognition*. Cambridge, etc.: MIT Press.

Jackendoff, Ray (1996): „How language helps us think". In: Jackendoff, Ray/Chafe, Wallace (Hg.): *On Language and Consciousness. Special issue of Pragmatics & Cognition* 4(1) 1–34.

Junkerjürgen, Ralf (2003): *Die „Spannung verdoppelte, nein, verzehnfachte sich."* „Der Schatz im Silbersee" im Licht psychologischer Rezeptionsästhetik. In: Roxin, Claus/Schmiedt, Helmut/Vollmer, Hartmut/Wolff, Reinhold/Wollschläger, Hans (Hg.): *Jahrbuch der Karl-May-Gesellschaft*, 67–86. Im Internet unter: http://www.karl-may-gesellschaft.de/ kmg/ seklit/JbKMG/2003/67.htm

Kertész, András/Schwarz-Friesel, Monika/Consten, Manfred (2012): „Introduction: converging data sources in cognitive linguistics". In: Kertész, András/ Schwarz-Friesel, Monika/

Consten, Manfred (Hg.): *Converging data sources in cognitive linguistics*. Amsterdam etc.: Elsevier (Special Issue of Language Sciences), 651–655.

Lakoff, George (1987): *Women, Fire and Dangerous Things. What Categories reveal about the Mind*. Chicago/London: University of Chicago Press.

Langacker, Ronald (2003): „Explanation in Cognitive Linguistics and Cognitive Grammar". In: Polinsky, Maria/Moore, John C. (Hg.): *The Nature of Explanation in Linguistic Theory*. Stanford: CSLI Publications, 239–261.

Luelsdorff, Philip (1995): „A Grammar of Suspense". In: *Journal of literary semantics* 24/1, 1–20.

Marx, Konstanze (2011): *Die Verarbeitung von Komplex-Anaphern. Neurolinguistische Untersuchungen zur kognitiven Textverstehenstheorie*. Berlin: TU-Verlag.

Lehne, Moritz/Koelsch, Stefan (2015): „Toward a general psychological model of tension and suspense". In: *Frontiers in psychology* 6, 79. Im Internet unter: http://www.ncbi.nlm.nih.gov/pmc/articles/PMC4324075/ [31.05.2016].

Oatley, Keith/Johnson-Laird, Philip (2014): „Cognitive approaches to emotion". In: *Trends in Cognitive Sciences* 318, 134–140. Im Internet unter: http://www.sciencedirect.com/science/article/pii/S1364661313002866 [31.05.2016]

Ohler, Peter/Nieding, Gerhild (1996): „Cognitive Modeling of Suspense-Inducing Structures in Narrative Films". In: Vorderer, Peter/Wulff, Hans Jürgen/Friedrichsen, Mike (Hg.), *Suspense: Conceptualizations, Theoretical Analyses, and Empirical Explorations*. London: Routledge, 129–147.

Öhding, Britta-Karolin (1998): *Thriller der neunziger Jahre. Über den Zusammenhang von Struktur, Spannung und Bedeutung an ausgewählten Spielfilmen*. Bardowik: Wissenschaftler-Verlag.

Pfabigan, Daniela M.,/Seidel, Eva-Maria/Sladky, Ronald/Hahn, Andreas/Paul, Katharina/Grahl, Arvina/Küblböck, Martin/Kraus, Christoph/Hummer, Allan/Kranz, Georg/Windischberger, Christian/Lanzenberger, Rupert/Lamm, Claus (2014): „P300 amplitude variation is related to ventral striatum BOLD response during gain and loss anticipation: an EEG and fMRI experiment". In: *Neuroimage* 96, 12–21. Im Internet unter: http://www.ncbi.nlm.nih.gov/pmc/articles/PMC4075343/ [31.05.2016]

Recanati, François (2003): „What is said and the semantics/pragmatics distinction". In: Bianchi, Claudia/Penco, Carlo (Hg.): *The Semantics/Pragmatics distinction: Proceedings from WOC*. Stanford: CSLI Publications, 33–50.

Riemer, Nicholas (2016): „Internalist semantics: Meaning, conceptualization and expression". In: Riemer, Nicholas (Hg.): *The Routledge Handbook of Semantics*. London etc.: Routledge, 30–47.

Schwan, Stephan/Hesse, Friedrich W. (2004): „Kognitionspsychologische Grundlagen". In: Mangold, Roland/Vorderer, Peter/Bente, Gary (Hg.): *Lehrbuch der Medienpsychologie*. Göttingen: Hogrefe, 73–100.

Schmöe, Friederike (2011): „Sprache und Spannung – Sprache und Suspense". In: *Germanistische Studien. Jubiläumsausgabe Nr. 10: Sprache und Emotionen*. 116–127.

Schwarz, Monika (1992): *Kognitive Semantiktheorie und neuropsychologische Realität*. Tübingen: Niemeyer.

Schwarz-Friesel, Monika (2000): *Indirekte Anaphern in Texten. Studien zur domänengebundenen Kohärenz und Referenz im Deutschen*. Tübingen: Niemeyer.

Schwarz, Monika (³2008): *Einführung in die Kognitive Linguistik*. Tübingen: Francke.

Schwarz-Friesel, Monika (2010): „Expressive Bedeutung und E-Implikaturen – Zur Relevanz konzeptueller Bewertungen bei indirekten Sprechakten: Das Streichbarkeitskriterium und seine kognitive Realität". In: Rudnitzky, William (Hg.): *Kultura kak tekst*. Moskau: SGT, 12–27.

Schwarz-Friesel, Monika (2011): „Text comprehension as the interface between verbal structures and cognitive memory processes: The case of resolving direct and indirect anaphora". In: Zelinsky-Wibbelt, Cornelia (Hg.): *Relations between Language and Memory. Organization, Representation, and Processing*. Frankfurt a. M.: Lang, 293–330.

Schwarz-Friesel, Monika/Consten, Manfred (2011): „Reference and Anaphora". In: Bublitz, Wolfram/Norrick, Neal R (Hg.): *Foundations of Pragmatics*. Berlin/Boston: De Gruyter, 347–372.

Schwarz-Friesel, Monika (2012): „On the status of external evidence in the theories of cognitive linguistics: compatibility problems or Signs of stagnation in the field? Or: Why do some linguists behave like Fodor's input systems?" In: *Language Sciences* 34, 656–664.

Schwarz-Friesel, Monika (²2013): *Sprache und Emotion*. Tübingen: Francke (UTB).

Schwarz-Friesel, Monika/Consten, Manfred (2014): *Einführung in die Textlinguistik*. Darmstadt: WBG.

Schwarz-Friesel (2015): „Language and emotion. The cognitive linguistic perspective". In: Lüdtke, Ulrike (Hg.): *Emotion in Language. Theory – research – application*. Amsterdam: John Benjamins, 157–173.

Schwarz-Friesel, Monika (2017): „Das Emotionspotenzial literarischer Texte". In: Betten, Anne/ Fix, Ulla/Wanning, Berbeli (Hg.): *Sprache in der Literatur. Handbuch Sprache und Wissen*. Berlin/Boston: De Gruyter, 351–370.

Skirl, Helge (2009): *Emergenz als Phänomen der Semantik am Beispiel des Metaphern-verstehens. Emergente konzeptuelle Merkmale an der Schnittstelle von Semantik und Pragmatik*. Tübingen: Narr (Tübinger Beiträge zur Linguistik 515).

Sperber, Dan/Wilson, Deirdre (1986): *Relevance: Communication and cognition*. Oxford: Blackwell.

Talmy, Leonard (2003): *Towards a cognitive semantics*. Cambridge, Mass.: MIT Press.

Uchida, Seiji (1998): „Text and relevance". In: Carston, Robyn/Uchida, Seiji (Hg.), *Relevance Theory. Applications and Implications*. Amsterdam: Benjamins, 161–178.

Vorderer, Peter/Wulff, Hans Jürgen /Friedrichsen, Mike (1996) (Hg.): *Suspense: Conceptuali-zations, Theoretical Analyses, and Empirical Explorations*. London: Routledge.

Zillmann, Dolf (1980): „Anatomy of suspense". In: Tannenbaum, Percy H. (Hg.): *The Entertainment Functions of Television*. New York/East Sussex: Lawrence Erlbaum,133–163.

Zillmann, Dolf (1996): „The Psychology of Suspense in Dramatic Exposition". In: Vorderer, Peter/Wulff, Hans J./Friedrichsen, Mike (Hg.): *Suspense: Conceptualizations, Theoretical Analyses, and Empirical Explorations*. Hillsdale/NJ: Lawrence Erlbaum Associates, 199–231.

Korpus-Beispiele aus:

Brown, Dan (2014): *Inferno*. Bergisch Gladbach: Bastei Lübbe.

Brown, Dan (2011): *Das verlorene Symbol*. Köln: Bastei Lübbe.

Buckley, Michael (2011): *Die Grimm Akten, Band 1*, Frankfurt am Main: Baumhaus.

Christie, Agatha (1989): *Das Geheimnis der Goldmine*. Bern [u. a.]: Scherz.

Doyle, Arthur Conan (1982): *Sherlock Holmes Geschichten, Das gefleckte Band*. Berlin: Verl. Neues Leben.

Dürrenmatt, Friedrich (1985): *Der Richter und sein Henker*. Zürich: Diogenes.

Dürrenmatt, Friedrich (1985): *Der Verdacht*. Zürich: Diogenes.

Evanovich, Janet (2001): *Einmal ist keinmal*. München: Goldmann.

Gerritsen, Tess (2010/2012): *Totengrund*. Wiesbaden: Limes/München: Manhattan.

Hitchcock, Alfred (1999): *Die drei ??? und die Schattenmänner*. München: Omnibus.

Hohlbein, Wolfgang (2012): *Der Hexer 01: Auf der Spur des Hexers*. Bastei Lübbe.

Ratzer, Mathias: Kalte Luft. Im Internet unter: http://chads-geschichten.de.tl/Kalte-Luft.htm [31.05.2016].

Reichs, Kathy (2009): *Das Grab ist erst der Anfang*. München: Blessing.

Schenkel, Andrea Maria (2008): *Tannöd*. München: btb.

Schwab, Elke (2009): *Großeinsatz*. Meßkirch: Gmeiner.

Silva, Daniel (2013): *The English girl*. London: Harper Collins.

Süskind, Patrick (1985): *Das Parfum*. Zürich: Diogenes.

Turow, Scott (1994): *Aus Mangel an Beweisen*. München: Droemer Knaur.

Simon Meier

Personalreferenz in Sportpressekonferenzen und Politikinterviews in kognitiv-pragmatischer Sicht

1 Einleitung

Im Zuge der Pressekonferenz nach dem Fußballbundesligaspiel des 1. FSV Mainz 05 gegen den VfL Wolfsburg am 23. Februar 2013 beschließt der Trainer der Gastmannschaft Dieter Hecking seine Ausführungen zum Spiel mit den Worten:

(1) n kleinen lernprozess ham wa also vollzogen oder ich

Hintergrund dieser Äußerung, die sich in gesprächsanalytischer Terminologie als Selbstreparatur (vgl. Hutchby/Wooffitt ²2008: 57) beschreiben lässt, ist der Vereinswechsel des Trainers zum VfL Wolfsburg in der Winterpause. Dieser Wechsel bedingt die ungewöhnliche Situation, dass er nun schon zum zweiten Mal in derselben Spielzeit auswärts gegen Mainz antreten musste. Nachdem er das erste Spiel mit dem 1. FC Nürnberg noch verloren hatte, ist das zweite Spiel nun immerhin unentschieden ausgegangen. Den sich hierin zeigenden Lernerfolg rechnet Hecking nun zunächst dem „wir" zu und genügt damit, wie unten noch zu zeigen sein wird, der Standardform sprachlicher Bezugnahme von Trainern auf ihre Mannschaft. In diesem besonderen Fall aber wird die Aussage hierdurch schlicht falsch, sodass er sich zur Reparatur mit dem angefügten „oder ich" veranlasst sieht.

Dieses Beispiel ist in mehrerer Hinsicht und in verschiedenen Abstraktheitsgraden aufschlussreich: Es sagt einiges aus über die Aufgabe von Fußballtrainern, über die Leistungen eines Kollektivs Auskunft zu geben, dem sie einerseits vorgeordnet und für das sie verantwortlich sind, das sie aber gleichwohl nicht vollständig kontrollieren können. Die Verwendung des Pronomens *wir* zur Bezugnahme auf die eigene Mannschaft ist offenbar eine geeignete und routinemäßig verinnerlichte Strategie, mit dieser Schwierigkeit umzugehen. Mit *wir* kann nämlich auf subtile Weise Kollektivität indiziert oder auch konstruiert werden (vgl. Pavlidou 2014: 1) und somit das zum Ausdruck gebracht werden, was man im Jargon „Teamgeist" nennen mag (vgl. hierzu Meier 2015). Mit seiner notorisch unklaren Referenz ist aber gerade das Pronomen *wir* durchaus prob-

https://doi.org/10.1515/9783110575484-095

lematisch, wie das Beispiel (1) vor Augen führt. Das Beispiel kann mithin auch zum Anlass genommen werden, die referenztheoretisch relevante Frage nach der Referenzialisierung personaldeiktischer Ausdrücke im konkreten Verwendungszusammenhang zu stellen. Damit bewegt man sich geradezu im Kerngebiet der linguistischen Pragmatik, die schließlich deiktische Prozeduren zu ihren klassischen Gegenständen rechnet (vgl. etwa Levinson 2004). Aber auch im Bereich der kognitiven Linguistik liegen zahlreiche Studien vor, die sich mit dem Problem der Referenz im Situationskontext befassen (vgl. etwa Schwarz 2008: 211). Gerade ein Fall von Reparatur wie Beispiel (1) ist ein interessanter Gegenstand für die Frage nach der Etablierung und kognitiven Prozessierung von sprachlicher Referenz, wie sie insbesondere in text- und diskursorientierten Ansätzen (vgl. etwa Schwarz 2000 sowie Marx, Schmidt-Brücken und Schwarz-Friesel in diesem Band) gestellt wird. Die im vorliegenden Sammelband thematisierte Verbindung pragmalinguistischer und kognitionslinguistischer Ansätze lässt sich anhand des hier gewählten empirischen Gegenstands, also personalreferentiellen Verfahren in einem konkreten Situationskontext, besonders gut diskutieren.

Im folgenden sollen alle drei Fragerichtungen – die inhaltlich-kommunikationsbereichsbezogene, die referenztheoretische wie auch die forschungsbereichsbezogene – gemeinsam diskutiert werden. Ich interessiere mich also, ganz im Sinne der gesellschafts- und kulturanalytischen Linguistik, zunächst für die spezifischen Gebrauchsweisen personenreferierender Ausdrücke von Fußballtrainern, die Rückschlüsse auf die besonderen Handlungsroutinen im Bereich des Profisports erlauben. Um aber entscheiden zu können, ob es sich tatsächlich um fußballspezifische Phänomene handelt, ziehe ich ein Vergleichskorpus mit Politikinterviews am Bundestagswahlabend heran, in denen sich ähnliche sprachliche Phänomene finden: Die PolitikerInnen müssen in ganz ähnlicher Weise *über* und *für* ein Kollektiv Auskunft geben, dem sie zwar angehören, ihm aber dennoch vorgeordnet sind. Die sich hier empirisch zeigende Variation in der Wahl personenreferierender Ausdrücke gilt es im Rahmen einer pragmatisch orientierten Referenztheorie (vgl. Zifonun et al. 1997: 767ff.) zu erfassen und zu erklären. Dabei wird sich zeigen, dass gerade in diskursorientierter Perspektive eine kognitive Mittlerebene zwischen Text und Welt anzusetzen ist, vor deren Hintergrund Referenz schrittweise etabliert und konzeptuell elaboriert wird. Als einschlägige kognitive Kategorie erscheint dabei die Perspektivität, die in die referierenden Ausdrücke eingelassen ist und deren Gebrauch subtile Perspektivierungen erlaubt (vgl. auch Proske und Schwarz-Friesel in diesem Band). In diesem Sinne erweist sich gerade die Untersuchung personenreferenzieller Verfahren als Beitrag zur Erforschung jener „cognitive aspects of the construal of meaning in context" (Schmid 2012: 3), die als eigentlicher Gegenstand der kognitiven Pragmatik gelten können.

Ich werde im Folgenden zunächst das Korpus vorstellen und anhand von ausgewählten Beispielen einige referenztheoretische Grundlagen legen. Anschließend werden quantitative Ergebnisse vorgestellt. Vor diesem Hintergrund kann schließlich in qualitativen Analysen gezeigt werden, wie mit der jeweils neu zu treffenden Wahl personenreferierender Ausdrücke kognitive Perspektivierungen vorgenommen werden, die auch den kommunikativ-pragmatischen Sinn der jeweiligen Aussagen prägen.

2 Korpus

Das empirische Material umfasst einerseits Transkripte von 13 spielanschließenden Pressekonferenzen der Bundesligarückrunde 2013 (im folgenden „Sportkorpus" genannt),[1] andererseits Transkripte von 14 Interviews mit insgesamt 17 PolitikerInnen aus der Wahlsendung des ZDF zur Bundestagswahl 2013 sowie von der sog. „Berliner Runde", der ebenfalls am Wahlabend ausgetragenen Talkrunde mit SpitzenpolitikerInnen der im neu gewählten Bundestag vertretenen Parteien („Politikkorpus"). Die Pressekonferenzen aus dem Sportkorpus laufen routinemäßig so ab, dass beide Trainer eine kurze Spieleinschätzung vornehmen und dann zumeist noch einige Journalistenfragen beantworten. Die Interviews im Politikkorpus sind zum einen Fernschaltungen zu den Wahlparties der einzelnen Parteien, zum andern Interviews mit Gästen in der Wahlsendung. Ähnlich wie in den Fußballpressekonferenzen haben die Interviewten hier zunächst Gelegenheit zur Stellungnahme zum Wahlergebnis und beantworten anschließend einige Fragen. Die Talkrunde ist dagegen stärker im typischen Frage-Antwort-Modus moderiert. Die folgende Tabelle gibt einen Überblick über das Datenmaterial:

Tab. 1: Korpus

Sportkorpus	Politikkorpus	
Pressekonferenzen	*Interviews*	*Berliner Runde*
91 min, 11.700 Wörter	41 min, 4.500 Wörter	44 min, 4.900 Wörter
	(gesamt: 85 min, 9.400 Wörter)	

---

1 Dieser Teil der Daten wurde unter anderer Fragestellung bereits in Meier (2015) analysiert.

Das Politikkorpus ist also geringfügig kleiner als das Sportkorpus, insgesamt aber vergleichbar. Ich habe eine (in etwa den Standards für ein GAT-Minimaltranskript entsprechende) Grobtranskription der in den Mediatheken der Sender ARD und ZDF verfügbaren Videos in voller Länge vorgenommen, also weitestgehend ohne prosodische Information, dafür aber syntaktisch unbereinigt transkribiert. In die genannten Wörterzahlen und die Auswertungen sind gleichwohl nur die Äußerungen der Trainer bzw. PolitikerInnen eingegangen. Die Fragen der Journalisten wurden lediglich zur Verständnissicherung berücksichtigt. Aus forschungspraktischen Gründen sehe ich also in der Analyse weitgehend davon ab, dass die betreffenden Äußerungen Antworten auf Fragen sind. Der damit einhergehenden Verkürzungen bin ich mir bewusst. Da die Antworten aber für gewöhnlich längere Sequenzen darstellen, die als abgeschlossene Einheiten untersucht werden können, halte ich ein solches Vorgehen für gerechtfertigt, zumal gerade PolitikerInnen und SportlerInnen häufig nur bedingt auf die Interviewfragen Bezug nehmen (vgl. Harris 1991; Schaffrath 2002).

3 Theoretische Grundlagen: Referenztheorie

Als Referenz soll hier ganz allgemein die sprachliche Bezugnahme auf gemeinte Gegenstände bezeichnet werden (vgl. Zifonun et al. 1997: 771). Als Gegenstände kommen dabei freilich nicht nur Gegenstände der sinnlich wahrnehmbaren Welt in Frage, sondern auch abstrakte oder bloß fingierte Gegenstände (vgl. Schwarz 2008: 211f.). In pragmatischer Hinsicht ist zu unterscheiden zwischen referentiellen Ausdrücken, die prinzipiell referenzfähig sind, und referierenden Ausdrücken, die von Sprechern dazu benutzt werden, um tatsächlich auf etwas Bezug zu nehmen und den Adressaten den Gegenstand, über den gesprochen wird, erkennbar zu machen. Referenz kann also etwas präziser gefasst werden als ein stets situativ verankertes Verfahren, das kommunikativen Zwecken dient und sich als solches erst durch bestimmte mentale Operationen von Sprechern und Hörern konstituiert (vgl. ausführlich Consten 2004: 37–58). Man kann daher auch von Referenzetablierung oder Referenzialisierung (vgl. Schwarz 2000: 19; Marx und Schwarz-Friesel in diesem Band) sprechen.

Im Folgenden soll es in erster Linie um eine ganz bestimmte Klasse referierender Ausdrücke gehen: Ausdrücke, mit denen die SprecherInnen in meinen Korpora auf das Personenkollektiv der *eigenen* Mannschaft bzw. der *eigenen*

Partei Bezug nehmen, um den Adressaten diese Kollektive als Redegegenstände erkennbar zu machen. Dazu zwei Beispiele:[2]

(2) **wir** ham große chancen hier stärker in den bundestag einzuziehen (Riexinger, BR)

(3) **wir** ham heute nach m eins null direkt wieder aktiv zielstrebig nach vorne agiert (Lewandowski, PK)

In beiden Äußerungen interessiert hier also das Pronomen *wir*, wobei freilich auch die anderen Teile der Äußerungen berücksichtigt werden müssen, um entscheiden zu können, auf welches Kollektiv sich dieses so verwendungsoffene Pronomen tatsächlich bezieht. So ist bei folgender Äußerung durchaus nicht klar, ob der Sprecher mit *wir* in exkludierender Weise seine Partei oder eher inkludierend sich und die interviewende Journalistin meint, um nur zwei mögliche Deutungen zu nennen:[3]

(4) jetzt warten **wir** tatsächlich erst mal das ergebnis ab (Weil, I)

Zu beachten ist ferner, dass mitnichten nur Ausdrücke in der Subjektposition referierend gebraucht werden können:

(5) erst mal danke an alle die uns gewählt haben (Nahles, I)

Hier kann einerseits die gesamte Quantorenphrase *alle die uns gewählt haben* als referierend beschrieben werden, aber natürlich auch das Pronomen *uns*, mittels dessen hier auf die Partei Bezug genommen wird.

In einer pragmatischen, d. h. prozessualen und kommunikationsorientierten Referenztheorie, wie sie diesem Beitrag zugrunde liegt, stellen sich nun nach Zifonun et al. (1997: 767) u. a. die folgenden Fragen:

---

2 Zur Kennzeichnung der Quellen werden in Klammern die Nachname der SprecherInnen und die mit Kürzeln bezeichneten (Sub-)Korpora angegeben: PK = Pressekonferenz (Sportkorpus); I = Interview, BR = Berliner Runde (beide Politikkorpus).

3 Zur Unterscheidung von inkludierendem und exludierendem Gebrauch von *wir* vgl. etwa Pavlidou (2014: 4).

1. Welche Ausdrucksmittel stehen für Verfahren der Bezugnahme zur Verfügung?
2. Welches sind die Bedingungen erfolgreicher, d. h. vom Hörer verstehbarer Bezugnahme?
3. Welchen kommunikativen Sinn hat der Gebrauch verschiedener referierender Ausdrücke?

Die erste Frage soll im Folgenden (Kap. 4) ausführlich anhand des Korpusmaterials beantwortet werden. Zur zweiten Frage kann angemerkt werden, dass die Identifikation des Redegegenstandes in den hier untersuchten Kontexten vergleichsweise leicht gelingt. Die Pressekonferenzen bzw. Interviews und auch die Talkrunde werden schließlich eigens dazu einberufen, um über die soeben zu Ende gegangenen Fußballspiele bzw. über das Wahlergebnis zu sprechen, so dass etwa definite Bezugnahmen wie *die Mannschaft* auch ohne vorherige Einführung problemlos möglich und verstehbar sind (vgl. Fritz 1982: 160f.; Consten 2004: 46f.). Allerdings kann das in meinen Korpora so häufige Pronomen *wir*, wie am Beispiel (4) gezeigt wurde, aufgrund seiner Unterbestimmtheit durchaus problematisch sein. Zahlreiche Studien haben sich deshalb mit den Besonderheiten der Verwendung dieses Pronomens insbesondere im politischen Diskurs beschäftigt. Wie diese Studien zeigen, machen sich SprecherInnen gerade diese Vagheit, die auch subtile Verschiebungen innerhalb ein und desselben Redebeitrags erlaubt (vgl. Pavlidou 2014: 7), für strategisch-persuasive Zwecke zunutze (vgl. etwa Bull/ Fetzer 2006; Fetzer 2014; zusammenfassend Malkmus 2014: 46–56).[4] Mit Blick auf das Sportkorpus ist zudem zu beachten, dass *wir* häufig nicht einmal sprecherinklusiv ist, sondern vielmehr als Substitut für *sie* (vgl. Wodak et al. 1998: 101) gebraucht wird:

(6)   **wir** sind keinem zweikampf aus dem weg gegangen (Weinzierl, PK)

Der Sprecher beschreibt hier zweifellos Handlungen der Spieler seiner Mannschaft, nimmt auf diese aber mit *wir* Bezug. Ähnliche Fälle finden sich aber auch im Politikkorpus. So sagt etwa der FDP-Politiker Christian Lindner, der die längste Zeit der Legislaturperiode gar nicht als Politiker aktiv war:

---

4 Ein Beispiel für eine solche Verschiebung auf engstem Raum ist etwa die folgende Äußerung: „wir wollen nicht uns aus sudan [...] zurückziehen" (Trittin, Berliner Runde). Während *wir* noch auf die Partei Bezug nimmt (das wird im erweiterte Kontext klar), ist mit *uns* offenbar das durch die Regierung verantwortete, durch den Bundestag legitimierte und im Namen des deutschen Staates insgesamt entsandte Militär gemeint.

(7) **wir** haben äh in den projekten der regierung und auch im stil des auftretens
offensichtlich nicht überzeugt (Lindner, I)

Obwohl Lindner also für die erwähnten Regierungsprojekte und das erwähnte
Auftreten nicht verantwortlich ist, schreibt er sie dem mit *wir* bezeichneten Kollektiv und somit auch sich selbst zu.[5]
Diese Fälle führen deutlich vor Augen, dass kollektive Selbstreferenz mit *wir*
gegenüber der Selbstreferenz mit *ich* nicht einfach „eine Multiplikation identischer Objekte" (Benveniste 1974: 261) bedeutet. Gerade wenn die Rede von *wir*
nur eine Wahl aus mehreren Möglichkeiten darstellt, ist sie immer auch auf eine
bestimmte Weise markiert (vgl. Stivers et al. 2007: 8–10), die, je nach Kontext, als
identitäts- bzw. solidaritätsstiftend, als autoritär usw. beschrieben werden kann.
Damit ist die dritte der genannten Fragen nach dem Sinn des Gebrauchs verschiedener referierender Ausdrücke angesprochen.
Schon auf der Ebene einzelner Äußerungen stehen für die Referenz auf
bestimmte Personen und Kollektive oft verschiedene Ausdrücke zur Verfügung,
so dass mit der konkreten Wahl z. B. die Einstellung gegenüber dem Redegegenstand zum Ausdruck gebracht werden kann (vgl. Zifonun et al. 1997: 780f.). In
diskursorientierter Perspektive ist zudem zu beachten, dass die Variation zwischen verschiedenen referierenden Ausdrücken innerhalb ein und desselben
Redebeitrags subtile kommunikative Wirkungen haben kann. Dass es gerade in
spontan-mündlicher Rede ein hohes Maß an Variation gibt, zeigen etwa die folgenden Beispiele:

(8) des freut **mich** weil **wir** des oder weil **die spieler** dann äh des au mal umgesetzt ham was **ma** des ganze jahr trainiert und der führungstreffer hat **uns**
natürlich gut getan (Weinzierl, PK)

(9) es ist jetzt sowieso erstmal das wahlergebnis abzuwarten [...] dann wird **die
spd** selber sich genügend zeit nehmen um äh dieses wahlergebnis auch zu
analysieren zu beraten **wir** ham morgen früh unsere gremien (Wowereit, I)

In Beispiel (8) bringt Weinzierl zunächst seine persönliche Freude zum Ausdruck.
Die anschließend mit *wir* anhebende Begründung dieser Freude korrigiert er

---

5 In den meisten der vorliegenden Analysen zu Pronomina im politischen Diskurs liegt der
Fokus auf eben dieser (strategisch nutzbaren) Vagheit von *wir*. Sie soll hier nicht ausgeklammert
werden, aber dennoch ist die Fragerichtung eine andere: Es geht nicht so sehr um Fälle, wo bei
gleichbleibender pronominaler Verwendung trotzdem semantische Verschiebungen stattfinden,
sondern eher um Fälle, wo auch an der Sprachoberfläche variiert wird.

sogleich mit der Engführung zu *die spieler*, um dann mit dem generalisierenden Pronomen *ma[n]* und schließlich mit dem Pronomen *uns* abermals zu variieren. In Beispiel (9) referiert Wowereit nach der agenslosen Formulierung *es ist abzuwarten* in der 3. Person auf seine Partei, um danach die Äußerung mit *wir* fortzuführen.

Mit Blick auf derartige Passagen soll hier nun im Anschluss an kognitionslinguistische Arbeiten die These vertreten werden, dass gerade in diskursorientierter Perspektive eine kognitive Mittlerebene zwischen Text und Welt anzusetzen ist, die sich im Zuge der Textproduktion wie auch -rezeption nach und nach entwickelt und vor deren Hintergrund Referenz schrittweise etabliert und dabei auch konzeptuell vermittelt wird (vgl. Schwarz 2000: 41). Gerade bei der (Selbst-)Referenz auf nur vage umrissene Kollektive erlaubt die (sequentielle) Variation der personenreferierenden Ausdrücke wechselnde Zuschreibungen etwa von Zugehörigkeit und Verantwortung und dadurch auch subtile sprachliche Perspektivierungen (vgl. Stutterheim/Carroll 2007: 38) der dargestellten Sachverhalte. Diese Sachverhalte müssen schließlich immer von einem bestimmten Standort (vgl. Köller 2004: 9) aus versprachlicht werden, der gerade bei Handlungsbeschreibungen durch selbstpositionierende referierende Ausdrücke wie *wir, man, meine Partei* usw. eingebracht wird (vgl. Bredel 2002: 168).

Bevor diese auf kognitiven Prozessen beruhenden und zugleich pragmatisch-kommunikativ zu beschreibenden Perspektivierungsleistungen in Einzelfallanalysen aufgezeigt werden, sollen aber zunächst einige quantitative Befunde vorgestellt werden. Sie machen deutlich, welche referierenden Ausdrücke die Standardwerte sind und welche hingegen als markierte Abweichungen beschrieben werden können.

4 Personalreferenz in Pressekonferenzen und Interviews – Paradigma und Distribution

Im Sportkorpus finden sich die folgenden personenreferierenden Ausdrücke, mit denen die Sprecher auf die eigene Mannschaft Bezug nehmen. Zunächst sind deiktische Bezugnahmen mit Pronomina zu nennen:

(10) in der anfangsphase ham **wir** zwei standardsituationen hergegeben (Fink, PK)[6]

---

6 Während in diesem Beispiel eindeutig „ein ‚wir' statt dem ‚sie' verwendet" (Wodak et al.

(11) des war natürlich tödlich für **uns** (Veh, PK)

Es finden sich aber auch verschiedene definite Charakterisierungen:

(12) **die mannschaft** hat dann noch mal sich aufgerafft (Tuchel, PK)

(13) das ist riesenfreude für **das team** (Slomka, PK)

(14) **die truppe** hat wirklich sehr aggressiv gespielt (Kramer, PK)

(15) weil **die spieler** dann äh des au mal umgesetzt ham (Weinzierl, PK)

(16) die leidenschaft mit der **die jungs** zu werke gegangen sind (Kramer, PK)

Zudem finden sich deiktisch markierte Nominalphrasen in Kombination mit einem Possessivpronomen:

(17) ich glaube dass **meine mannschaft** von der ersten sekunde an gezeigt hat dass sie hier gewinnen wollen (Hecking, PK)

(18) **unsre mannschaft** hat das gebracht was sie imstande ist zu leisten

In einem Fall findet sich eine Quantorenphrase, mit der in besonders präziser Weise die unmittelbar für das Spielgeschehen Verantwortlichen herausgegriffen und die ebenfalls zur Mannschaft gehörenden Einwechselspieler ausdrücklich ausgenommen werden:

(19) das betrifft alle **alle die auf m platz warn** (Schaaf, PK)

Überaus unpräzise ist dagegen die Verwendung des Pronomens *man*, das ein beliebig großes Kollektiv bezeichnen kann, in kontextueller Einbettung aber auch einem Personalpronomen vergleichbar interpretiert werden kann (vgl. Zifonun 2000: 240f.):

1998: 101) wird, gibt es natürlich auch Fälle, in denen die Trainer auf ein Kollektiv referieren, das Mannschaft und Trainer und möglicherweise noch weitere Akteure wie etwa die Vereinsführung umfasst: „wir werden alles dransetzen um noch mal eine qualifikation zu erreichen" (Slomka, PK).

(20) das nötige glück was **man** sich dann im verlaufe des spiels erarbeitet hat
(Hecking, PK)

In diesem konkreten Fall ist klar, dass die Mannschaft gemeint ist. *Man* ist hier
eine Verallgemeinerbarkeit suggerierende Alternative zu *wir* bzw. *sie* und dient
hier offenbar dazu, einen „Effekt der Typisierung und Anonymisierung" (Zifonun
2000: 242) zu erzielen.

Im Politikkorpus interessieren die Ausdrücke zur Referenz auf das Kollektiv
der eigenen Partei. Auch hier sind zu allererst die Pronomina zu nennen:

(21) **wir** ham nur knapp drei prozentpunkte zugelegt (Nahles, I)

(22) **uns** gehts darum etwas zu erreichen (Kraft, I)

Bei den definiten Charakterisierungen finden sich hier, anders als im Sportkorpus, auch Nennungen des Parteinamens:

(23) ein klares votum für **die union** (Gröhe, I)

Das Lexem *Partei* in der an dieser Stelle interessierenden kollektivreferierenden
Funktion wird hier nur entweder in Kombination mit einem Possessivpronomen

(24) **meine partei** hat auch die klugheit lernfähig zu sein (Steinbrück, BR)

oder in Kombination mit einem Demonstrativpronomen verwendet:

(25) dann ist **diese partei** aber auch stark genug auch in schwierigen zeiten [...]
für die sache zu stehen (Göring-Eckardt, I)

Auch das Pronomen *man* findet sich in der genannten kollektivreferierenden
Funktion:

(26) und dann wird **man** selbstverständlich gespräche führen (Merkel, BR)

Wie bereits erwähnt, ist das Pronomen *wir* referentiell unterbestimmt und kann
sich auf verschiedenste Kollektive beziehen. Im Sportkorpus finden sich neben
mannschaftsreferierenden Verwendungen etwa auch Bezugnahmen auf den Trainerstab:

(27) der grund warum **wir** den dani eingewechselt haben (Meier, PK)

In einigen wenigen Fällen bezieht sich *wir* auch auf die Anwesenden in der Pressekonferenz, im folgenden Beispiel hörerexkludierend auf die Trainer auf dem Podium:

(28) ja also in der einschätzung des spiels sind **wir** absolut deckungsgleich (Lewandowski, PK)

Ungleich vielschichtiger sind dagegen die möglichen Referenzobjekte von *wir* im Politikkorpus. Es bestätigen sich also die so zahlreich vorliegenden Forschungsergebnisse zur Funktion von Pronomina in der politischen Rede. Neben der bereits in Beispiel (4) angesprochenen Bezugnahme auf die am Interview bzw. an der Talkrunde beteiligten Personen kann mit *wir* auch auf das Kollektiv der PolitikerInnen überhaupt Bezug genommen werden:

(29) dass **wir** dafür sorgen müssen dass dieses geld investiert wird in betreuung und ein besseres betreuungsangebot (Trittin, BR)

Jenseits aller parteilichen Bindungen handelt es sich hier um eine Aufgabe, die sich allen an der politischen Gestaltung des öffentlichen Lebens Beteiligten stellt. In nochmaliger Erweiterung des Kollektivs kann sich *wir* aber auch auf die gesamte deutsche Bevölkerung beziehen:

(30) **wir** ham nen infrastrukturbedarf im gesamten bundesgebiet (Hasselfeldt, BR)

Schließlich finden sich auch formelhafte Wendungen, in denen *wir* nahezu vollständig semantisch entleert ist und sich funktional einem formalen Subjekt annähert:

(31) **wir** haben es mit einer spaltung des arbeitsmarktes zu tun (Steinbrück, BR)

Die Funktionalität und Attraktivität von *wir* liegt im Kontext politischer Rede wohl darin begründet, dass es den Sprechenden ermöglicht, „ihr eigenes Eingebundensein in kollektive Handlungen zu inszenieren" (Malkmus 2014: 52). Gleichwohl finden sich auch hier wie auch im Sportkorpus immer wieder Selbstreferenzen mit Personalpronomen der 1. Person Singular, mit denen die persönliche Perspektive der Sprechenden eingebracht werden kann.

(32) nach einem wahlkampf den **ich** als sehr beflügelnd empfunden habe (Steinbrück, BR)

(33) **ich** bin natürlich total enttäuscht (Fink, PK)

Um nun einen Überblick über die tatsächliche Distribution der genannten referierenden Ausdrücke zu erhalten, habe ich eine quantitative Auswertung vorgenommen. Diese ist freilich kein Selbstzweck, sondern soll den Hintergrund für
die anschließenden kontextsensitiven Analysen darstellen.

Insgesamt finden sich im Sportkorpus (11.700 Wörter) 695 (6 %) personen-
referierende Ausdrücke, im Politikkorpus (9.400 Wörter) sind es 591 (ebenfalls
6 %).[7] Die Korpora sind also tatsächlich vergleichbar.

Zählt man *innerhalb* dieser personenreferierenden Ausdrücke diejenigen
Ausdrücke aus, mit denen auf das Kollektiv der eigenen Mannschaft bzw. der
eigenen Partei referiert wird, erhält man folgende Verteilung:

Tab. 2: Anteile der Mannschafts- bzw. parteireferierenden Ausdrücke

Sportkorpus	Politikkorpus	
Pressekonferenzen	Interviews	Berliner Runde
514 = 74 %	201 = 74 %	127 = 40 %
	(Politikkorpus gesamt 328 = 55 %)	

Während es sich bei den Politikinterviews also ähnlich wie bei den Fußballpressekonferenzen verhält, steht in den Redebeiträgen der Berliner Runde die Bezugnahme auf die eigene Partei weniger im Vordergrund.

Von den verbleibenden personenreferierenden Ausdrücken entfällt ein
großer Teil auf Selbstreferenzen mit Pronomina der 1. Person Singular:

Tab. 3: Anteile der sprecherreferierenden Ausdrücke (1. Pers. Sing.)

Sportkorpus	Politikkorpus	
Pressekonferenzen	Interviews	Berliner Runde
99 = 14 %	34 = 12 %	124 = 39 %
	(Politikkorpus gesamt 158 = 27 %)	

---

7 Nicht mitgezählt wurden dabei formelhafte Ausdrücke wie *ich denke*, die vor allem der Äu-
ßerungskommentierung und Strukturierung der Formulierungsarbeit dienen (vgl. Stein 1995:
239), sowie Namensnennungen von Einzelpersonen. Berücksichtigt wurden also Ausdrücke, die
prinzipiell Alternativen sind, zwischen denen gewählt werden kann.

Auch hier fallen die Ergebnisse bei den Fußballpressekonferenzen und den Politikinterviews ähnlich aus. Ganz anders verhält es sich dagegen bei der Berliner Runde. Die Gründe liegen auf der Hand: In den Interviews kommen vornehmlich Funktionäre wie GeneralsekretärInnen oder Fraktionsvorsitzende zu Wort, die gewissermaßen Sprachrohrfunktion übernehmen. In der Berliner Runde hingegen diskutieren die Spitzen- oder gar KanzlerkandidatInnen, die stärker als Einzelpersonen auftreten und ihre persönlichen Belange und Perspektiven zur Sprache bringen.[8]

Weiterhin habe ich ausgezählt, wie sich die genannten kollektivreferierenden Ausdrücke (Tab. 2) verteilen. Die Unterschiede der Subkorpora des Politikkorpus sind hier vernachlässigbar.

Tab. 4: Verteilung der mannschafts- bzw. parteireferierenden Ausdrücke[9]

	wir/uns	*die Mannschaft/ die Partei* etc.	*man/du* (generisch)	gesamt
Sportkorpus	399 = 78 %	49 = 9 %	65 = 13 %	514 = 100 %
Politikkorpus	232 = 71 %	77 = 23 %	19 = 6 %	328 = 100 %

Bezugnahmen in der 3. Person sind im Politikkorpus also häufiger. Es sei daran erinnert, dass dies hier zumeist mit Nennung des Parteinamens geschieht. Politische Reden im Kontext von Wahlen dienen eben auch dann der politischen Werbung (vgl. Girnth 2002: 38), wenn die Wahl gerade entschieden wurde, und die Nennung von Parteinamen, die oftmals parteiliche Standpunkte kondensiert zum Ausdruck bringen (vgl. Nübling et al. 2012: 288), ist hier ein probates Mittel.

---

8 Insbesondere Angela Merkel, die zu diesem Zeitpunkt amtierende und durch das Wahlergebnis für die kommende Legislaturperiode bestätigte Bundeskanzlerin, spricht erwartungsgemäß viel von sich. Eine Formulierung wie „dann möchte ich in meinen gremien die dinge besprechen" dürfte tatsächlich einer regierungs- bzw. parteivorsitzenden Person vorbehalten sein. Auch der Kanzlerkandidat der SPD, Peer Steinbrück, formuliert beispielsweise auf eigentlich untypische Weise, „dass ich mir ein besseres ergebnis gewünscht hätte". Steinbrück ist übrigens auch der einzige, der die Possessivkonstruktion *meine Partei* verwendet, und zwar häufig in Kontrast zur eigenen Person: „meiner partei würde ich anraten allerdings nicht zur verfügung zu stehen für eine große koalition". Solche Differenzierungen zwischen der eigenen Person und der Partei stehen wohl nur SpitzenpolitikerInnen zu.
9 Mit „generischem du" (vgl. Kluge 2011) sind hier Formulierungen gemeint wie „vor allen dingen noch mal wenn du direkt gegen nen richtig starken gegner letztlich dann antreten musst" (Lewandowski, PK).

Eine derartige Werbefunktion kommt den Fußballpressekonferenzen nur bedingt zu.

Schließlich habe ich ausgezählt, wie sich die Referenzobjekte der Pronomina *wir* bzw. *uns*, die im Sportkorpus 442 mal, im Politikkorpus 306 mal vorkommen, jeweils verteilen. Da die Korpora hinsichtlich der gefundenen Klassen einander nicht vollständig entsprechen (so hat etwa die Referenz auf den Trainerstab unter Ausschluss der Mannschaft im Politikkorpus keine Entsprechung), werden hier nur ausgewählte Klassen abgebildet.

Tab. 5: Verteilung der Referenzobjekte von *wir/uns*

	Mannschaft (und Trainer)/Partei	Anwesende in Sprechsituation	‚wir alle‘
Sportkorpus (442 Tokens)	399 = 90 %	3 = 1 %	0
Politikkorpus (306 Tokens)	250 = 82 %	8 = 3 %	36 = 12 %

Wenn also die Sprechenden *wir* oder *uns* sagen, dann beziehen sie sich in Sport und Politik gleichermaßen zumeist auf die eigene Mannschaft bzw. die eigene Partei. Die hier mit ‚wir alle‘ überschriebene Verwendungsweise (vgl. Beispiel 30), die im Politikkorpus vielfach nachweisbar ist, kommt dagegen im Sportkorpus überhaupt nicht vor. Auch das ist leicht zu erklären: Entsprechende Belange von gesamtgesellschaftlicher Relevanz werden eben in Fußballpressekonferenzen für gewöhnlich nicht behandelt.

Die präsentierten quantitativen Befunde, so kann hier als Zwischenfazit festgehalten werden, zeigen also, dass *wir* bzw. *uns* in beiden Korpora die Standardformen personenreferierender Ausdrücke in den spiel- bzw. wahlergebniskommentierenden Äußerungen sind und sich tatsächlich zumeist auf die Mannschaft bzw. die Partei beziehen. Die präsentierten Beispiele liefern bereits Interpretationsansätze für diese Befunde: Gerade das Pronomen *wir* ermöglicht es den Sprechern, auf subtile Weise die Einheit des Kollektivs, gemeinsame Verantwortung für das Geschehene und darüber hinaus auch Teamgeist bzw. Parteilichkeit zu inszenieren.

5 Perspektivierung durch Variation

Mit Blick auf diese Befunde lässt sich nun fragen, in welchen Kontexten und mit welchen Funktionen die Sprechenden von dieser Standardform abweichen. Zunächst ist zu sagen, dass die Verwendung einer markierten Form als solcher oft emphatische Funktion hat und z. B. dazu dienen kann, die Leistungen der Mannschaft in besonderer Weise zu betonen. Das wird etwa in folgendem Beispiel explizit gemacht, in dem der Trainer das Lob dadurch zu verstärken scheint, dass er es ausschließlich für die Mannschaft reserviert.

(34) was **die mannschaft** dann gemacht hat nach diesem platzverweis das gebührt eigentlich noch mal herausgestellt zu werden (Hecking, PK)

Aufschlussreich ist hier auch der folgende Fall einer Selbstreparatur:

(35) **wir** ham gefightet **die mannschaft** hat gefightet (Weinzierl, PK)

Mit dem zweiten Teil der Äußerung wird ja nicht zusätzlich auf die Mannschaft Bezug genommen, ihr wird weder gleichermaßen noch stattdessen attestiert, gefightet zu haben. Es handelt sich eher um eine Präzisierung, die erst in Abhebung von *wir* ihren kommunikativen Sinn erhält. Es wird weniger eine Sachverhaltsdarstellung inhaltlich korrigiert als vielmehr ein anderer Standpunkt gegenüber dem geschilderten Geschehen markiert.[10] Das Lob wird dadurch im wörtlichen Sinne objektiviert.

Im Politikkorpus lassen sich vergleichbare Fälle finden, wenn der Parteiname im Zuge der emphatischen Präsentation etwa von Erfolgen genannt wird (s. auch Bsp. 23):

(36) **wir** haben auch in dieser legislaturperiode
    schon eine ganze menge eingebracht
    beispielsweise das betreuungsgeld in der familienpolitik
    das ist zum beispiel handschrift **der csu** (Hasselfeldt, Berliner Runde)

---

10 In konnektorensemantischer Terminologie (vgl. Breindl et al. 2014) könnte man formulieren, dass hier weder eine mit *und* zu explizierende additive Relation noch eine mit *vielmehr* oder *nicht – sondern* zu explizierende negationsinduzierende Relation vorliegt. Eher noch könnte man einen metakommunikativen Konnektor wie *genauer gesagt* ergänzen.

Gerade der Wechsel in die dritte Person scheint als Strategie der Emphase, des Nachdrucks und auch der Objektivierung eine Option zu sein. Bestimmte Positionen können gleichsam von einem externen Standpunkt aus dargestellt und der subjektiven Sphäre des Wir enthoben werden. Dazu sei eine längere Passage wiedergegeben:

(37) **wir** ham uns in der vergangenheit in der europapolitik
immer so verhalten
dass **wir** gemäß unserer europapolitischen überzeugungen
abgestimmt haben
wir ham im wahlkampf gesagt
es wird auch nach dieser bundestagswahl darauf hinauslaufen
dass wenn **man** griechenland aus der krise bringen will
dann muss da investiert werden [...]
wenn das so kommen wird werden **die grünen**
nicht gegen ihre eigene überzeugung stimmen (Trittin, Berliner Runde)

Trittin beginnt im Bericht über die in der Vergangenheit maßgeblichen parteilichen Richtlinien der Standardform entsprechend mit *wir* und setzt dies auch im Bericht über die im Wahlkampf vertretene Position fort. Dabei wird diese in indirekter Rede wiedergegebene Position selbst als hypothetisch-generalisierendes Konditionale mit *man* (*wenn man ... will, dann muss ...*) formuliert, das Allgemeingültigkeit für alle politischen Verantwortungsträger beansprucht (vgl. Meier 2016). Für die Ankündigung, an diesen Richtlinien auch in Zukunft – man beachte den Tempuswechsel ins Futur – festhalten zu wollen, wechselt Trittin nun in die dritte Person mit Nennung des Parteinamens, was der Ankündigung den Anstrich von Eigenständigkeit, Nichtbeeinflussbarkeit wie auch Treue zur spezifisch ‚grünen' Programmatik verleiht und diese mithin objektiviert. Auch hier ist es nun mitnichten so, dass die Ankündigung selbst eine andere wird, wenn sie statt dem Wir den Grünen zugeschrieben wird. Sehr wohl aber wird durch den Wechsel des referierenden Ausdrucks ein Wechsel in der Perspektive auf diese Ankündigung vollzogen, die hierdurch pragmatisch anders gewichtet wird.

Allerdings ist auch der umgekehrte Wechsel in die 1. Person zu beobachten, der nicht minder funktional zu sein scheint:

(38) **die union** hat ein äh großen vertrauensvorschuss von wählerinnen und
wählern bekommen und ähm damit werden **wir** sehr verantwortlich
umgehen (Merkel, Berliner Runde)

Nachdem der Vertrauensvorschuss zunächst in der 3. Person der Union zuge-schrieben wurde, die ja sachlich richtig die eigentliche Empfängerin der abge-gebenen Stimmen ist, wechselt Merkel für die anschließende Ankündigung zum *wir*. Damit positioniert sich Merkel ausdrücklich als verantwortlicher Teil des handelnden Kollektivs und kann der mithin aus einer Binnenperspektive for-mulierten Ankündigung, die sich ja ausdrücklich auf ‚verantwortliches' Handeln bezieht, größere Glaubwürdigkeit verleihen.

Gerade die sequentielle Variation der personenreferierenden Ausdrücke ermöglicht also subtile Perspektivierungen mit großem persuasiven Potenzial. Dies soll abschließend anhand einer überaus aufschlussreichen Passage aus dem Sportkorpus verdeutlicht werden. Sie stammt aus der Pressekonferenz nach dem Spiel von Werder Bremen gegen den Tabellenletzten Greuther Fürth, das zur Ent-täuschung der Heimmannschaft nur 2:2 ausgegangen war. Der Trainer Thomas Schaaf antwortet auf eine recht tendenziös gestellte Frage nach der Zufriedenheit mit seiner neuen, aber offenbar wirkungslosen taktischen Variante wie folgt:[11]

```
01   ich glaube dass wir insgesamt in unserem spiel
02   erste wie auch zweite halbzeit
03   zu viele sachen falsch gemacht ham
04   so und das betrifft alle
05   alle die aufm platz warn
06   alle hätten das verhindern können
07   alle hätten sich da besser anstellen können
08   hätten die aufgaben besser erfüllen können
09   wir ham das
10   nochmals gesagt
11   wir ham das letzte woche in gladbach
12   äh gut über die bühne gekriegt
13   wir ham das gut umgesetzt
14   wir ham die woche über gut gearbeitet
15   so dass man eigentlich auch jetzt in der hoffnung war
16   dass man das heute auch so aufzeigen kann
17   und dass man da den nächsten schritt gehen kann
18   das ham wir nicht getan
19   das ärgert mich
```

---

11 Die Zeilenumbrüche dienen der besseren Lesbarkeit und haben keine direkte unmittelbare prosodische Entsprechung (etwa durch Pausen an den Zeilenenden).

Die Passage folgt inhaltlich einer ausgefeilten Dramaturgie: Der ungewöhnlich harschen Kritik wegen des missglückten Spiels (Z01–08) folgt ein Rückblick auf das letzte Spiel und die zwischenzeitliche Trainingsarbeit (Z09–14), die Anlass zu guter, aber letztlich doch enttäuschter Hoffnung gegeben hatte (Z15–19). Was diese Passage aber so bemerkenswert macht, ist das überaus subtile Spiel mit den personenreferierenden Ausdrücken, mit denen der Trainer seine Darstellungen perspektivierend rahmt. Dies gilt umso mehr, als der Wechsel zwischen den Ausdrücken *wir*, *alle*, *man* und wieder *wir* durchgängig auf Wahlmöglichkeiten beruht, also nicht bereits durch bestimmte syntaktische Positionen gefordert und deshalb textsemantisch gehaltvoll ist.

Nach dem eher formelhaften Diskursmarker *ich glaube* führt Schaaf zunächst mit *wir* das Bezugsobjekt seiner Kritik ein, die jedoch gerade durch die Rede von *wir* wieder abgemildert wird (Z01). Anschließend nimmt Schaaf mit *alle* wenigstens scheinbar eine Erweiterung vor (Z04), die er jedoch unmittelbar anschließend durch die Eingrenzung *alle die aufm platz warn* korrigiert und somit neben den Ersatzspielern auch sich selbst von der Kritik ausnimmt (Z05). Die anschließend vorgetragenen Versäumnisse (Z06–08), die hier kontrafaktisch als vergebene Möglichkeiten formuliert werden, werden also ausdrücklich denen angelastet, die tatsächlich gespielt haben. Die Kritik wird hier also schon dadurch zugespitzt, dass klar benannt wird, wer für die monierten Handlungen verantwortlich ist. Die nun folgenden lobenden Aussagen über das vorige Spiel und das Training unter der Woche weitet Schaaf dagegen wieder auf das *wir* aus und bezieht sich selbst wieder mit ein (Z11–14). Dies ist sachlich angemessen, sind doch am Training alle gleichermaßen beteiligt, doch der Wechsel von der 3. zur 1. Person gerade am Übergang von Kritik zu Lob unterstreicht zusätzlich den angesprochenen Kontrast zwischen Vorbereitung und erbrachter Leistung. Die sich aus den positiven Erfahrungen aus der Zeit vor dem Spiel ergebende Hoffnung, die Schaaf dann anspricht, wird in abermaliger Erweiterung einem abstrakten, mit dem generalisierenden Pronomen *man* bezeichneten Subjekt zugeschrieben, dessen Referenz höchst unklar ist (Z15). Wieder eindeutig auf die Mannschaft bezogen sind dagegen die dann vorgetragenen möglichen Handlungen, die Gegenstand der zuvor erwähnten Hoffnung sind, die aber trotzdem in abstrakter und anonymisierender Weise dem *man* zugeschrieben werden (Z16–17). Die nur vage geschilderten Möglichkeiten etwa des nächsten Schrittes bleiben also auch in referentieller Hinsicht im Vagen. Diesen Möglichkeiten stellt Schaaf das Versäumnis ihrer Umsetzung gegenüber, das er konkretisierend wieder dem *wir* zurechnet. Den Abschluss der Sequenz bildet eine abermalige Eingrenzung auf die individuelle Perspektive. Zum Ausdruck seines Ärgers wählt Schaaf das Personalpronomen *mich*, wodurch er sich deutlich von der Mannschaft, über deren

Leistungen er sich ärgert, distanziert und seine autoritative Position als Trainer unterstreicht.

Die sequentielle Variation der personenreferierenden Ausdrücke kann in der analysierten Passage also durchaus mit inhaltlichen Aspekten korreliert werden. Sie ist aber nicht semantisch *bedingt* in der Weise, dass die Redegegenstände die Wahl eines bestimmten referierenden Ausdrucks fordern würden. Vielmehr kann der Wechsel in der pragmatischen Rahmung des Gesagten, etwa der Wechsel von kritischen zu lobenden sowie von paritätischen zu autoritativen Aussagen, aber auch von faktischen hin zu kontrafaktischen Aussagen durch den Wechsel des referierenden Ausdrucks und den damit einhergehenden Perspektivenwechsel unterstützt oder gar überhaupt erst angezeigt werden.

6 Perspektivierende Referenzialisierung – pragmatisch und/oder kognitiv

Die präsentierten Fälle haben also die Perspektivierungsleistung von personenreferierenden Ausdrücken zu Tage gefördert. Mit der Entscheidung, etwa eine rückblickend kritisierte oder auch eine erst angekündigte Handlung in der 1. oder 3. Person zu formulieren, bringen die Sprechenden immer auch ihren Standpunkt ein, der auch die Handlungen selbst in einem bestimmten Licht erscheinen lässt, bestimmte Aspekte beleuchtet und andere dagegen abschattet (vgl. Köller 2004: 7). Dies betrifft einerseits den pragmatischen Gehalt der Aussagen und somit gewissermaßen ihre soziale Wertigkeit, z. B. als Ausdruck und prägendes Moment von Zugehörigkeit und Gruppenidentität in bestimmten gesellschaftlichen Praxisfeldern wie dem Profisport oder der Politik. In eine solche gesellschafts- oder auch kulturanalytische Richtung (vgl. Günthner/Linke 2006) zielen denn auch viele pragmatisch, insbesondere soziopragmatisch orientierte Analysen von entsprechenden Phänomenen (vgl. abermals Malkmus 2014). Andererseits hat der Befund einer sprachlichen Perspektivierung immer auch eine kognitive Seite, da ja Perspektivität immer auch eine spezifische Weise der „kognitiven Gegebenheit" (Müller 2007: 54) von Gegenständen und Sachverhalten ist (vgl. auch Schwarz ³2008: 234). Gerade potenziell variable Referenzialisierungen fungieren also „als kognitive Filter, als adressatenspezifische kognitive Anweisungen, die jeweilige Entität der Referenz unter einer [...] kategorienkonstitutiven Eigenschaftsprofilierung wahrzunehmen und handlungsorientiert zu kontextualisieren" (Konerding 2015: 70).

Die aufgezeigte sequentielle Variation und ihre Perspektivierungsleistungen geben nun auch der Frage nach deren kognitiven Grundlagen eine besondere

Kontur. Die Perspektive ‚sitzt' genauso wenig in einem bestimmten personenreferierenden Ausdruck wie in dem Satz, an dessen Kopf er steht, sondern entsteht erst, zumal als kommunikativ relevante Größe, im Diskurszusammenhang (vgl. Köller 2004: 21 zu „kommunikativer Perspektivität"). Dabei ist, wie oben (Kap. 3) bereits dargelegt, in kognitionslinguistischer Perspektive Referenz überhaupt als prozessuales, d. h. in Text- und Diskurszusammenhängen durch mentale Operationen von Sprechenden und Hörenden konstituiertes Verfahren zu beschreiben. Bei der Sprachrezeption (und vermittels Monitoringeffekten auch bei der Sprachproduktion) werden in Akten der Referenzialisierung sukzessiv mentale, sprachlich-konzeptuell vermittelte Sachverhaltsrepräsentationen (Textweltmodelle) gebildet, in die indes immer auch Kontextinformationen, Vorwissen der Kommunikationsteilnehmer usw. einfließen (vgl. Schwarz-Friesel/Consten 2014: 58). Neue Informationen werden also vor dem Hintergrund dieses Textweltmodells interpretiert, in dieses eingepasst und entsprechend konzeptuell elaboriert (vgl. auch Marx und Schwarz-Friesel in diesem Band).

Eine solche Sichtweise liefert auch für den Befund der Perspektivierung durch sequentielle Variation referierender Ausdrücke einen geeigneten Beschreibungsrahmen. Eine bestimmte Perspektivierung, z. B. eine durch die Wahl der 3. Person indizierte Objektivierung lobender Aussagen, wird als solche überhaupt erst dadurch deutlich, dass ein Perspektivenwechsel stattfindet – so wie die Standortgebundenheit bestimmter Ansichten erst bei einem Standortwechsel augenscheinlich wird. Eine Bezugnahme auf einen Gegenstand steht also nicht (wie etwa in den meist kontextlos präsentierten Beispieläußerungen der Sprechakttheorie) für sich. Sie erhält vielmehr ihren konkreten, perspektivisch gefärbten referentiellen Wert durch das kognitiv repräsentierte Textweltmodell, innerhalb dessen sich Referenz überhaupt erst etabliert und vor dessen Hintergrund neue Informationen interpretiert werden (vgl. Schwarz 2000: 41). Deshalb bestimmt sich auch der referentielle Wert deiktischer Ausdrücke wie *wir* nicht allein durch den indexikalischen Grund (vgl. Stukenbrock 2015: 39f.), also durch Merkmale der Sprechsituation wie Personenkonstellation, sondern ganz maßgeblich auch durch das im Zuge des vorgängigen Textverstehens entwickelte Textweltmodell. Eine solche Sichtweise geht aber auch über allzu eng gefasste Untersuchungen zur diskursgebundenen Referenzialisierung hinaus, die gerade pronominale Ausdrucksmittel als bloß wiederaufnehmende Substitute (Proformen) für die Basiseinheiten engführen (vgl. etwa Sanders/Canestrelli 2012: 202–210). Insbesondere die hier untersuchten Pronomina *wir* und *man*, die sich der Verwendung als Proformen ohnehin versperren, sind über eine bloß verweisende Funktion hinaus stets konzeptuell angereichert. Gerade wenn sie, wie in den untersuchten Diskurszusammenhängen, die standardmäßigen Ausdrücke sind, bildet ihre Verwendung den Hintergrund, vor dem auch vermeintlich koreferente Bezugnahmen kognitiv basierte und pragmatisch wirksame (in Konderdings Worten: handlungsorientierende) Perspektiven etablieren.

Zu Beginn dieses Beitrags wurden anhand des eingangs angeführten Beispiels drei Fragerichtungen unterschieden, die bei der Untersuchung der Verwendung personenreferierender Ausdrücke in bestimmten Kommunikationsbereichen eingeschlagen werden können. Man kann diese Verwendung in gesellschafts- bzw. kulturanalytischer Sicht als Indikatoren für bestimmte Handlungsroutinen in den jeweiligen Praxisfeldern analysieren und so z. B. die Funktionalität von *wir* im Sprechen über Wahl(miss)erfolge beschreiben. Man kann die Daten aber auch zum Anlass nehmen, adqäuate referenztheoretische Beschreibungsgrundlagen zu entwickeln, welche die oftmals deiktische Natur der untersuchten sprachlichen Mittel einerseits und ihre Diskursgebundenheit andererseits zu fassen vermögen. Diese Fragerichtung verfolgend wurde hier der Begriff der Perspektivierung als referenztheoretischer Grundbegriff herausgearbeitet. Schließlich kann man gerade diesen Befund zum Anlass nehmen, die möglichen Verbindungen pragmalinguistischer und kognitionslinguistischer Ansätze zu diskutieren. Die Fragerichtung einschlagend wurde dafür argumentiert, dass die sprachlichen Perspektivierungen, welche den pragmatischen Gehalt der Äußerungen indizieren, auch auf ihre kognitiven Grundlagen hin beschrieben werden müssen. Dies lenkte den Blick auf die kognitive Mittlerebene des Textweltmodells, vor dessen Hintergrund sich perspektivierende Referenz entfaltet und das den durch sprachliche Variation markierten Perspektivenwechsel erst kognitiv für die Interpretation verfügbar macht. Alle drei genannten Fragerichtungen greifen also ineinander. Personalreferenz erweist sich als genuin kognitiv-pragmatischer Untersuchungsgegenstand, der die „cognitive aspects of the construal of meaning in context" (Schmid 2012: 3) besonders klar hervortreten lässt.

Die hier entwickelte Sichtweise, die quantitative und qualitative Methoden gegenstandsbezogen kombiniert, kann somit einerseits (sozio-)pragmatische Beschreibungsansätze theoretisch fundieren und präzisieren. Diese veranschlagen gerade in Bezug auf deiktische Prozeduren im Diskurszusammenhang oftmals einen „emergent space of interaction" (Hanks 2010: 322), der dann als Verweisraum für die jeweiligen Zeigehandlungen fungiert. Dieser Verweisraum findet in den Textweltmodellen der Kommunikationsteilnehmer gewissermaßen sein kognitives Substrat (vgl. etwa Rubba 2011). Andererseits können die bisher vorliegenden kognitionslinguistischen Überlegungen zu sprachlicher Perspektivierung, die vor allem anhand schriftlich fixierter Texte entwickelt wurden, auf Grundlage der hier untersuchten mündlichen Daten, die nochmals eigene Charakteristika aufweisen, weiter vertieft werden. Beide Forschungsrichtungen können mit Gewinn aufeinander bezogen werden.

7 Literatur

Benveniste, Émile (1974): *Probleme der allgemeinen Sprachwissenschaft*. München: List.

Bredel, Ursula (2002): „‚Yor can say you to yourself'. Establishing perspectives with personal pronouns". In: Graumann, Carl-Friedrich/Kallmeyer, Werner (Hg.): *Perspective and perspectivation in discourse*. Amsterdam, Philadelphia: Benjamins, 167–180.

Breindl, Eva/Volodina, Anna/Waßner, Ulrich H. (2014): *Handbuch der deutschen Konnektoren 2. Semantik der deutschen Satzverknüpfer*. Berlin etc.: de Gruyter.

Bull, Peter/Fetzer, Anita (2006): „Who are we and who are you? The strategic use of forms of address in political interviews". In: *Text & Talk* 26(1), 3–37.

Consten, Manfred (2004): *Anaphorisch oder deiktisch? Zu einem integrativen Modell domänengebundener Referenz*. Tübingen: Niemeyer.

Fetzer, Anita (2014): „‚Judge us on what we do'. The strategic use of collective we in British political discourse". In: Pavlidou, Theodossia-Soula (Hg.): *Constructing collectivity. ‚We' across languages and cultures*. Amsterdam, Philadelphia: Benjamins, 331–350.

Fritz, Gerd (1982): *Kohärenz. Grundfragen der linguistischen Kommunikationsanalyse*. Tübingen: Narr.

Girnth, Heiko (2002): *Sprache und Sprachverwendung in der Politik. Eine Einführung in die linguistische Analyse öffentlich-politischer Kommunikation*. Tübingen: Niemeyer.

Günthner, Susanne/Linke, Angelika (2006): „Einleitung: Linguistik und Kulturanalyse". In: *Zeitschrift für Germanistische Linguistik* 34, 1–27.

Hanks, William F. (2010): „Deixis and indexicality". In: Bublitz, Wolfram/Norrick, Neal R. (Hg.): *Foundations of pragmatics*. Berlin/New York: de Gruyter, 315–346.

Harris, Sandra (1991): „Evasive action. How politicians respond to questions in political interviews". In: Paddy Scannell (Hg.): *Broadcast talk*, London: Sage, 76–99.

Hutchby, Ian/Wooffitt, Robin (²2008): *Conversation Analysis*. Cambridge, Malden: Polity.

Kluge, Bettina (2011): „Das verallgemeinernde Du im Französischen, Spanischen und Deutschen". In: Lavric, Eva/Pöckl, Wolfgang/Schallhart, Florian (Hg.): *Comparatio delectat. Akten der VI. Internationalen Arbeitstagung zum romanisch-deutschen und innerromanischen Sprachvergleich*. Frankfurt a.M.: Lang, 713–727.

Köller, Wilhelm (2004): *Perspektivität und Sprache. Zur Struktur von Objektivierungsformen in Bildern, im Denken und in der Sprache*. Berlin, New York: de Gruyter.

Konerding, Klaus-Peter (2015): „Sprache und Wissen". In: Felder, Ekkehard/Gardt, Andreas (Hg.): *Sprache und Wissen*. Berlin, Boston: de Gruyter, 57–80.

Levinson, Stephen C. (2004): „Deixis". In: Horn, Laurence R./Ward, Gregory (Hg.): *The Handbook of Pragmatics*. Malden: Blackwell, 97–121.

Malkmus, Thorsten (2014): *„Der Wahlkampf ist vorbei." Ist der Wahlkampf vorbei? Diskursanalytische Untersuchung und interkultureller Vergleich britischer und deutscher Wahlnachtreden*. Frankfurt a.M. etc.: Lang.

Meier, Simon (2015): „‚Wir', ‚sie' oder ‚meine Mannschaft' – Wie Fußballtrainer vor der Presse auf ihr Team referieren". In: Born, Joachim/Gloning, Thomas (Hg.): *Sport, Sprache, Kommunikation und Medien*, Gießen: Gießener Elektronische Bibliothek, 271–294.

Meier, Simon (2016): „Generische Konditionale und Faktizität". In: Zhu, Jianhua/Zhao, Jin/Szurawitzki, Michael (Hg.) (2016): Germanistik zwischen Tradition und Innovation. Akten des XIII. Kongresses der Internationalen Vereinigung für Germanistik (IVG), Shanghai, 23.-30.8. 2015. Band 3. Frankfurt a.M. etc.: Lang, 297–301.

Müller, Marcus (2007): *Geschichte – Kunst – Nation. Die sprachliche Konstituierung einer ,deutschen' Kunstgeschichte aus diskursanalytischer Sicht.* Berlin, New York: de Gruyter.

Nübling, Damaris/Fahlbusch, Fabian/Heuser, Rita (2012): *Namen. Eine Einführung in die Onomastik.* Tübingen: Narr.

Pavlidou, Theodossia-Soula (2014): „Constructing collectivity with ,we'. An introduction". In: Pavlidou, Theodossia-Soula (Hg.): *Constructing collectivity. ,We' across languages and cultures.* Amsterdam, Philadelphia: Benjamins, 1–19.

Rubba, Jo (2011): „Alternate grounds in the interpretation of deictic expressions". In: Archer, Dawn/Grundy, Peter (Hg.): *The pragmatics reader.* London: Routledge, 187–201.

Sanders, Ted J. M./Canestrelli, Anneloes R. (2012): „The processing of pragmatic information in discourse". In: Schmid, Hans-Jörg (Hg.): *Cognitive pragmatics.* Berlin, Boston: de Gruyter Mouton, 201–231.

Schaffrath, Michael (2002): „,5 Mark ins Phrasenschwein'. Interviews, Gespräche und Talkrunden in der Sportberichterstattung". In: Tenscher, Jens/Schicha, Christian (Hg.): *Talk auf allen Kanälen. Angebote, Akteure und Nutzer von Fernsehgesprächssendungen.* Opladen: Westdeutscher Verlag, 199–211.

Schmid, Hans-Jörg (2012): „Generalizing the apparently ungeneralizable. Basic ingredients of a cognitive-pragmatic approach to the construal of meaning-in-context". In: Schmid, Hans-Jörg (Hg.): *Cognitive pragmatics.* Berlin, Boston: de Gruyter Mouton, 3–22.

Schwarz, Monika (2000): *Indirekte Anaphern in Texten. Studien zur domänengebundenen Referenz und Kohärenz im Deutschen.* Tübingen: Niemeyer.

Schwarz, Monika (³2008): *Einführung in die Kognitive Linguistik.* Tübingen, Basel: Francke.

Schwarz-Friesel, Monika/Consten, Manfred (2014): *Einführung in die Textlinguistik.* Darmstadt: Wissenschaftliche Buchgesellschaft.

Stein, Stephan (1995): *Formelhafte Sprache. Untersuchungen zu ihren pragmatischen und kognitiven Funktionen im gegenwärtigen Deutsch.* Frankfurt a.M. u. a.: Lang.

Stivers, Tanya/Enfield, Nick J./Levinson, Stephen C. (2007): „Person reference in interaction". In: Enfield, Nick J./Stivers, Tanya (Hg.): *Person reference in interaction. Linguistic, cultural and social perspectives.* Cambridge: Cambridge University Press, 1–20.

Stukenbrock, Anja (2015): *Deixis in der Face-to-face-Interaktion.* Berlin, Boston: de Gruyter.

Stutterheim, Christiane von/Carroll, Mary (2007): „Durch die Grammatik fokussiert". In: *LiLi* 145, 35–60.

Wodak, Ruth/de Cillia, Rudolf/Reisigl, Martin/Liebhart, Karin/Hofstätter, Klaus/Kargl, Maria (1998): *Zur diskursiven Konstruktion nationaler Identität.* Frankfurt a.M.: Suhrkamp.

Zifonun, Gisela (2000): „,Man lebt nur einmal.' Morphosyntax und Semantik des Pronomens man". In: *Deutsche Sprache* 28(3), 232–253.

Zifonun, Gisela/Hoffmann, Ludger/Strecker, Bruno (1997): *Grammatik der deutschen Sprache. 3 Bände,* Berlin, New York: de Gruyter.

Konstanze Marx

„Gefällt mir" – Eine Facebookformel goes kognitiv

Hypothesen zur (Null-)Anaphern-Resolution innerhalb eines multimodalen Kommunikats

1 Einleitung

Die Soziale-Netzwerk-Seite Facebook ist strukturell auf die Interaktion ihrer Nutzer/innen ausgerichtet. Wenn also auf der sogenannten Pinnwand Statusmeldungen gepostet werden, werden die Inhalte jeweils einem mehr oder weniger kritischen Publikum zur Rezeption und Evaluierung preisgegeben. Diese kann auf dreierlei Art und Weise erfolgen:

1. als Kommentar, der nicht notwendigerweise ein verbales Kommunikat sein muss, sondern auch aus einer Adressierung oder aus Emoticons respektive Emojis bestehen kann;
2. über die Teilen-Funktion, mittels derer indirekt ein Einverständnis ausgedrückt oder auch ein Sympathiesignal gesendet werden kann und
3. mit dem „Gefällt mir"-Button, der um die Optionen Liebe, Lachen („haha"), Überraschung („wow"), Traurigkeit („traurig") und Wut („wütend) erweitert worden ist, die dann sichtbar und anklickbar werden, wenn man mit dem Cursor über den „Gefällt mir"-Button fährt.

Im vorliegenden Beitrag soll nun der Frage nachgegangen werden, wie sich die Bedeutung der mit „gefällt mir" ausbuchstabierten Reaktion auf Facebook-Statusmeldungen und Facebook-Kommentare ausdifferenzieren lässt. Diese Fragestellung impliziert bereits, dass die Deutung der Phrase von der im mentalen Lexikon gespeicherten Ausdrucksbedeutung abweicht, was in den beiden folgenden Beispielen auch von Nutzer/innen untereinander thematisiert wird.

(1) Statusmeldung von radioeins: +++ Update: Bei einem Anschlag auf die Redaktion der französischen Satirezeitschrift „Charlie Hebdo" sind heute offenbar zwölf Menschen getötet worden. Die Hintergründe sind noch unklar. Mehr Informationen im radioeins-Programm. +++ (privates Profil, fb, 2015-01-07)
A: Wieso drücken da Leute den „Gefällt mir" Daumen?
B: Man bedankt sich für die Berichterstattung...

https://doi.org/10.1515/9783110575484-119

(2)   A: Hast du ein Aua?

   B: yess, ich bin mit 'nem gebrochenen Fuß zu Hause.

   C: Wissensfrage: Klick ich da jetzt auf „gefällt mir" oder versteht man das dann falsch?:) (privates Profil, fb, 2015-01-06)

In (1) hinterfragt A das Betätigen der Gefällt-mir-Funktion als Reaktion auf eine Anschlagsmeldung. Anlass dafür ist, dass sich für A keine plausible Verknüpfung zwischen der an die gefällt-mir-Phrase gekoppelten fokalen Positiv-Evaluation und der im Kontrast dazu stehenden Negativ-Botschaft herstellen lässt. Damit verbunden ist das ausgedrückte Missfallen am Verhalten der Nutzer/innen, die in einer solchen Situation die Gefällt-mir-Option wählen. B ignoriert nun diese kritische Nuance und unterbreitet mit Fokus auf die Fragestellung ein Deutungsangebot, in dem die Expressivität der Floskel von deren semantischen Gehalt losgelöst, an eine andere Intension angebunden und als Sprechakt des Dankens expliziert wird. Zusätzlich spezifiziert B den Anlass (mehr noch: den propositionalen Gehalt, vgl. Searle 1969, Sander 2003) für den expressiven Sprechakt. Dieser ergibt sich jedoch keinesfalls notwendigerweise aus der gefällt-mir-Phrase, sondern wird aufgrund kontextueller Parameter und dem Abgleich mit Erfahrungen aus ähnlichen Situationen erschlossen.

   In Beispiel (2) problematisiert Nutzer C die mit der Verwendung der Gefällt-mir-Funktion verbundene Unsicherheit hinsichtlich der konkreten Referenzialisierung, die wiederum die Präferenz einer spezifischen Bedeutungsvariante lanciert (zu Referenz und Referenzialisierung vgl. auch Meier, Schmidt-Brücken und Schwarz-Friesel in diesem Band). So könnte mit der Phrase auf das saliente Unfall-Ereignis Bezug genommen werden, was B als Schadenfreude und somit als Face-Angriff (dazu Goffman 1955) interpretieren könnte. Mit der Phrase könnte aber auch auf die Tatsache angespielt werden, dass B derzeit nicht arbeiten muss, was Bs Zustimmung im Sinne einer geteilten Freude darüber erwartbar machte. Statt die Interpretation der Gefällt-mir-Funktion dem Zufall zu überlassen, entscheidet sich Nutzer C dafür, das in diesem Fall missverständliche Potenzial der Funktion zu thematisieren.

   Die Unsicherheiten bei der Produktion und Rezeption der Facebook-Floskel verweisen einerseits auf die bereits bei Harras ([2]2004: 259) diskutierten „Fälle [...], in denen die semantische Interpretation einer Äußerung überhaupt erst möglich wird, nachdem pragmatische Räsonnements zu (Re)Konstruktion einer Proposition herangezogen wurden" und motivieren andererseits sowohl kognitiv-semantische als auch pragmatische Überlegungen, weil sich hier eine kontextindizierte Bedeutungsflexibilität zu stabilisieren scheint.

   Gemäß dem Ansatz der aktuellen Kognitionslinguistik sind nun derartige Phänomene von besonderem Interesse, weil sie eine der wesentlichen Forschungsfragen der Disziplin betreffen: „Wie interagieren bestimmte Kenntnissysteme sowie kontextuelle Faktoren bei sprachlichen Verarbeitungsprozessen wie der Bedeutungskonstitution [...]?" (Schwarz ³2008: 76 und Schwarz-Friesel in diesem Band). Unter kontextuelle Faktoren fallen genuin pragmatische Parameter wie Situativität, Sprecherintentionen oder soziale Beziehungen zwischen den Interaktanten (vgl. Schmid 2016: 545), die in Bezug auf Phänomene der computervermittelten Kommunikation um die Kenntnis des Mediums zu erweitern sind (Marx/Weidacher 2014: 153 f.). Es zeigt sich, dass jene Informationen sogenannte „mind reading"-Prozesse motivieren (siehe Liedtke in diesem Band) und damit Rekonstruktionen von Sprecherintentionen die Ausdrucksbedeutung überlagern können. Solche Verarbeitungsprozesse werden hier als Kohärenzetablierungsprozesse präzisiert, die in Bezug auf die Referenzialisierung des nicht realisierten aber automatisch mitgedachten Pronomens *das* in der Phrase *[das] gefällt mir* ausdifferenziert werden soll. Ich gehe erstens davon aus, dass es sich bei diesem Pronomen um eine Anapher handelt, deren Resolution Aufschluss über ein erweitertes Bedeutungsspektrum der Facebook-Floskel gibt. Zweitens setze ich voraus, dass Facebook-Kommunikate (vgl. zum Terminus *Kommunikat* auch Jakobs 2011: 89 f. und Adamzik 2004: 43) gemäß einer weiten Definition (siehe Schwarz-Friesel/Consten 2014: 15 f.) als Texte aufgefasst werden. Beide Annahmen werden elaboriert, nachdem vier Problemfälle der Bedeutungsrekonstruktion aufgezeigt worden sind. In einem nächsten Schritt werde ich Prinzipien formulieren, die während der Kohärenzetablierung greifen und sie als Prozessschritte im Modell einer exemplarischen Textweltgenerierung verankern. Die Datenerhebung aus dem Web 2.0 erfolgte im Rahmen von ausgiebigen regelmäßigen „revisit"- und „roam around"-Facebook-Beobachtungen (dazu Androutsopoulos 2013: 241, vgl. Vannini 2008). Dabei wurde gezielt nach Belegen gesucht, die das Bedeutungsspektrum der Phrase erweitern.

2 Problemfälle bei der Bedeutungsrekonstruktion von *gefällt mir*

Im Folgenden werden zwei Problemfälle spezifiziert. Die unter Punkt 1 subsummierten Fälle zeichnen sich dadurch aus, dass bei Gebrauch der Floskel *gefällt mir* keine geeigneten Kandidaten zur Referenzialisierung zur Verfügung stehen. Dieser Umstand ist darauf zurückzuführen, dass im Vorfeld (dem Raum, in dem nach einem potenziellen Antezedenten gesucht wird) keine Kandidaten vorkommen, deren semantische Information mit der semantischen Information des Verbs *gefallen* identifizierbar wäre.

Im Gegensatz dazu stehen in den unter Punkt 2 subsumierten Fällen mehrere Antezedenskandidaten zur Verfügung. Im Mittelpunkt des Interesses steht hier, wie ein geeigneter Kandidat ausgewählt wird.

Problem 1a: Die Floskel *gefällt mir* soll etablierte expressive Formeln substituieren

Es gibt Situationen, in denen die Verwendung des gefällt-mir-Buttons unangemessen wirkt, weil sie jeweils nicht idiomatisch[1] ist. Das ist z. B. der Fall, wenn Profilidentität A ein persönliches Ereignis schildert (dabei kann es sich um einen Geburtstag oder auch einen Trauerfall handeln) und jeden reaktiven expressiven Sprechakt (Glück- respektive Kondolenzwünsche) mit *gefällt mir* quittiert. Das ist z. B. auch der Fall, wenn Profilidentität A einen Hinweis an Profilidentität B sendet, Profilidentität B sich für den Hinweis bedankt und Profilidentität A *das gefällt*. Auch wenn Profilidentität B eine von Profilidentität A gepostete Frage, die keine rhetorische Frage ist, mit *gefällt mir* markiert und diese zudem beantwortet, erscheint die Verwendung der Funktion situationsinadäquat.

Glückwünsche und Beileidsbekundungen werden in prototypischen Alltagssituationen weder positiv noch negativ evaluiert, vielmehr bedanken sich die Adressat/inn/en. Eine Bewertung der Frage bevor sie beantwortet wird, ist ebenfalls keine usuelle Praxis. Es gibt natürlich Fälle, in denen Personen, eine gestellte Frage zunächst mit *Gute Frage!* kommentieren. Bei dieser Bemerkung steht jedoch weniger die Evaluation im Vordergrund als das Signal dafür, dass es dem Produzenten schwer fällt, eine Antwort zu finden. Folgt jedoch die Antwort unmittelbar, wie es in den Facebook-Belegen der Fall ist, muss die Frage nicht ironisch als schwer zu beantworten markiert werden. Insofern scheint es also so zu sein, dass *gefällt mir* als einzige Option für die Substitution einer zeitlich aufwendigeren Reaktion ausgewählt und eine semantische Umdeutung oder vielmehr ein Prozess der Bedeutungsapproximation toleriert wird.

Problem 1b: Die Semantik der Statusmeldung ist mit der Semantik von gefallen nicht vereinbar.

Die Hürde für die Zuordnung der Facebookformel zu einem vorerwähnten Ausdruck oder Sachverhalt besteht darin, dass der Inhalt eines Beitrags eine Markierung mit *gefällt mir* unwahrscheinlich macht. Ein Beispiel dafür wird in Abbildung 2 gezeigt,[2] vergleichbare Situationen ergeben sich aber auch, wenn

---

1 vgl. Dembeck/Bunia (2013) zur Idiomatik der Floskel *Danke*.
2 Das Beispiel wurde auch in Marx/Weidacher (2014: 121) diskutiert.

Profilidentität A ein Missgeschick schildert oder einen Bildbeitrag mit negativer
Botschaft postet.

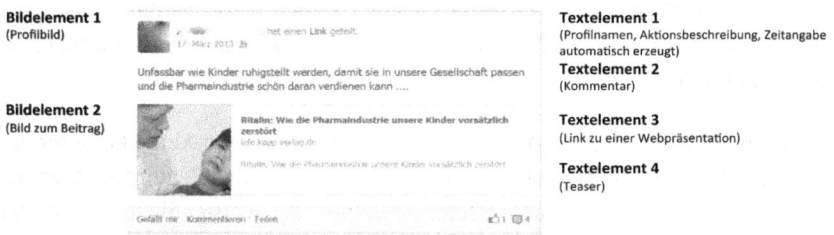

Bildelement 1
(Profilbild)

Bildelement 2
(Bild zum Beitrag)

Textelement 1
(Profilnamen, Aktionsbeschreibung, Zeitangabe
automatisch erzeugt)
Textelement 2
(Kommentar)

Textelement 3
(Link zu einer Webpräsentation)

Textelement 4
(Teaser)

Abb. 1: Das Vorfeld der Facebook-Floskel enthält vorwiegend Negativ-Informationen.

Die Statusmeldung in Abb. 1 besteht darin, dass ein Artikel verlinkt wird, der
auf einer Verlagsseite veröffentlicht wurde (Textelement 3). Zusätzlich wird zum
im Artikel thematisierten Sachverhalt Stellung bezogen (Textelement 2). Der/die
Nutzerin drückt hierbei ihre Erschütterung (*unfassbar*) über die Gabe von Ritalin
an Kinder aus und stellt zwei Vermutungen zur Ursache dafür an: 1. Ritalin wird
gegeben, damit Kinder ruhiggestellt werden können und in die Gesellschaft
passen und 2. Ritalin wird gegeben, damit die Pharmaindustrie daran verdienen
kann. Link und Teaser (Textelemente 3 und 4) kündigen einen Artikel an, in dem
es darum geht, wie „die Pharmaindustrie unsere Kinder [mit Ritalin] vorsätzlich
zerstört". Im Bild zum Beitrag ist ein streng schauender Arzt zu sehen, der sich
einem offensichtlich weinenden Kind zuwendet (Bildelement 2). Obgleich in
diesem Kommunikat ein mehrfach negativ evaluierter Sachverhalt (Bewertung
durch die Profilidentität[3], Bewertung durch die Autor/inn/en des Beitrags, Bildbotschaft) aufgegriffen wird, wird die gefällt-mir-Option genutzt. Unwahrscheinlich ist nun, dass damit positiv bewertet soll, dass Kinder mit einem Aufmerk-
samkeitsdefizit mit Ritalin behandelt werden, um sie ruhigzustellen. Unpassend
erscheint auch, dass sich *gefällt mir* darauf bezieht, dass es ‚unfassbar ist, wie
Kinder ruhiggestellt werden damit sie in unsere Gesellschaft passen und die
Pharmaindustrie schön daran verdienen kann'. Auch die Bildbotschaft legt keine
Positivbewertung nahe. Worauf ist die Phrase nun zu beziehen?

---

3 Eine Profilidentität ist eine aktiv konstruierte Online-Identität, die von der bürgerlichen Identität zu unterscheiden ist.

Problem 2a: Die Textbeiträge sind multipropositional.

Eine weitere Hürde stellt die Multipropositionalität von textuellen Statusmeldungen dar. So werden gerade in längeren Textabschnitten Inhalte transportiert, die nicht notwendigerweise gleichwertig sind, soll heißen, dass keine konsistente Evaluation möglich ist. An Beispiel (3) lässt sich diese Problematik veranschaulichen.

(3) So hier die offizielle Ankündigung und meine weiteren Mitdiskutanten bei Maischberger. Teilweise auch eine Vermischung mit #Sextortion aber das soll für mich ja keine Hürden sein. Denn die Frage warum digitale Straftaten begangen werden, wieso sich auch gegen Kinder und Jugendliche im digitalen Raum immer mehr Strafanzeigen richten, welche Bedeutung die weitestgehend fehlende sichtbare Präsenz des Gewaltmonopols hat und warum unser #Jugendmedienschutz nicht zum Zielt hat Kinder vor digitalen Straftaten zu schützen, sind weitestgehend universell... Bin schon gespannt. (haü, fb, 2016-09-27, 13:28 plus Link zur Sendung)

Grob gefasst enthält die hier zitierte Statusmeldung die Propositionen

P1: ANKÜNDIGUNG (Diskussionsteilnahme$_{implizit}$, Mitdiskutanten, Sendungstitel)

P2: VERMISCHUNG (X$_{infer}$, Sextortion)

P3: SEIN (Hürde$_{neg}$)

P4: FRAGE (Grund für digitale Straftaten)

P5: FRAGE (Grund für Strafanzeigen, Kinder und Jugendliche, digitaler Raum)

P6: FRAGE (Bedeutung, Präsenz des Gewaltmonopols$_{neg}$)

P7: FRAGE (ZIEL HABEN$_{neg}$, Jugendmedienschutz, Kinderschutz, digitale Straftaten)

P8: UNIVERSELL SEIN (Fragen P4 bis P7)

P9: SPANNUNG (Autor)

Der Textproduzent kündigt hier seine Teilnahme an der Fernsehsendung „Maischberger" an, steckt seinen Kompetenzbereich ab, stellt zentrale Fragen und drückt seine Vorfreude auf das Ereignis als Spannung aus. Über die beiden Hashtags #Sextortion und #Jugendmedienschutz werden Makropropositionen für nicht-realisierte, aber evozierte Texte instantiiert. Auf all diese Propositionen kann *gefällt mir* bezogen sein. Die Frage ist nun, wie eine Zuordnung nachvollzogen werden kann?

Problem 2b: Ein Facebook-Kommunikat ist multimodal.
Die Elemente eines Kommunikats stehen als potenzielle Antezedenten für das (komplex)-anaphorische Pronomen *das* in Konkurrenz zueinander. Was meine ich damit? In Abbildung 2 liegt ein sogenanntes mehrgliedriges Facebook-Kommunikat vor. Hier hat eine Profilidentität A den Beitrag einer Profilidentität B geteilt und kommentiert. Es besteht aus den drei Bildelementen Profilbild der Profilidentität A, die Teil der Freundesliste ist oder abonniert wurde (1), Profilbild der Profilidentität B, die nicht notwendigerweise Teil der Freundesliste oder abonniert sein muss (2) und die zum Link gehörige Illustration (im Beispiel ein Standbild des angekündigten Films) (3). Hinzu kommen acht Textelemente, wovon die Textelemente 1, 3, 5 und 8 automatisch generiert werden (vgl. dazu Eisenlauer 2016: 445), die Textelemente 2, 4, 6 und 7 hingegen sind von Profilidentität A (2), Profilidentität B (4) und von vermutlich Fernsehjournalisten verfasst (6 und 7). Die Frage ist, wie Rezipienten entscheiden (können), auf welchen der Modi sich *gefällt mir* bezieht.

Abb. 2: Facebook-Statusmeldungen sind multicodale Kommunikate.[4]

---

4 Die Statusmeldung ist auf https://www.facebook.com/geraldhuether/ (2016-11-06) öffentlich zugänglich und wurde deshalb nicht anonymisiert. Sie wurde 291 mal mit „gefällt mir", 4 mal mit „Liebe" und 1x mit „haha" markiert.

3 Prinzipien zur Kohärenzetablierung

3.1 Vorannahmen

Ich möchte meinen Überlegungen zunächst drei Annahmen voranstellen:
1. Facebook-Kommunikate sind Texte (siehe Punkt 1), die Interaktionskomponenten integrieren;
2. die Referenzialisierung der Facebook-Floskel *gefällt mir* geschieht über die Resolution eines (komplex)-anaphorischen Pronomens und folgt
3. spezifischen semantische Flexibilität ermöglichende Prinzipien (siehe 3.2).

Zu 1.: Wie ich oben gezeigt habe, handelt es sich bei Facebook-Kommunikaten um multimodale Konglomerate, die sowohl sprachliche als auch nicht-sprachliche Konstituenten aufweisen. Als textuelle Minimaleinheit erachte ich eine Statusmeldung X, die nicht notwendigerweise einen ganzen Satz umfassen muss, sondern auch elliptisch oder nicht-sprachlich (in Form von Emojis oder geteilten Bild-Beiträgen) realisiert sein kann und die Replik in Form einer gefällt mir-Funktion Y in der Form X+Y. Wichtig erscheint mir, dass das Betätigen der gefällt-mir-Funktion als unmittelbare Reaktion auf die Statusmeldung als Teil der abgebildeten Interaktion betrachtet wird und für die theoretischen Überlegungen sowohl in seiner Darstellung als nach oben zeigender Daumen, als auch ausbuchstabiert als *gefällt mir* und damit als sprachliche Komponente einfließt. Darüberhinaus handelt es sich hierbei um eine elliptische Konstruktion, die um das Pronomen *das* reduziert wurde, was uns zu 2. führt.

Ich gehe hier davon aus, dass sich die jeweils aktuelle Bedeutung[5] der Phrase *gefällt mir* ermitteln lässt, wenn das Pronomen *das* in der Funktion einer kognitiven Hilfskonstruktion als anaphorisches oder komplex-anaphorisches Pronomen aufgefasst und dessen Resolution über die Theorie von Textweltmodellen erklärt wird (siehe auch Schwarz-Friesel in diesem Band). *Das* wird entsprechend als (komplexe) Nullanapher kategorisiert und es wird unterstellt, dass das Pronomen im Verstehensprozess automatisch ergänzt wird.

Ich lege dabei einen Anaphernbegriff zugrunde, demzufolge direkte Anaphern koreferente satzübergreifende Wiederaufnahmephänomene sind (vgl.

---

5 Ich lege hier die Dreiteilung der Bedeutungsebenen von Bierwisch (1979) zugrunde, nach der zwischen der kontextunabhängigen, grammatisch determinierten Ausdrucksbedeutung, der kontextabhängigen Äußerungsbedeutung und dem spezifischen kommunikativen Sinn unterschieden wird (vgl. auch Schwarz-Friesel/Chur ⁶2014: 32–33).

Schwarz 2000).[6] Während NP-Anaphern auf Referenten Bezug nehmen, die im Text durch Nominalphrasen eingeführt werden, greifen Komplex-Anaphern komplexe Referenzstrukturen wieder auf. Weil ihr Antezedens nicht aus einem konkreten referentiellen Ausdruck besteht, sondern aus einem größeren Textabschnitt, spreche ich in Marx (2011: 10) von Antezedensfeldern und behalte diese Terminologie hier bei.

Bei nominalen Komplex-Anaphern wird die Konstruktion eines komplexen Referenten durch die semantische Information des komplex-anaphorischen Ausdrucks regiert. In (4) wird beispielsweise durch die Nominalphrase *der Katastrophe* das gesamte geschilderte Geschehen zusammengefasst und zusätzlich evaluiert. Die Auflösung dieser Anapher lässt sich über Textweltmodelle erklären, die eine „interne, durch die sprachlichen Informationen vermittelte Sachverhaltsrepräsentation [...] eines Textes" (Schwarz-Friesel/Consten 2014: 58) darstellen und explizit-textuelle Informationen (bottom up) mit Weltwissen aus dem Langzeitgedächtnis (top down) integrieren, siehe dazu van Dijk (1980: 180), Schwarz (2000: 119), Schwarz-Friesel ([3]2008: 197) oder Spooren (2003).

In diese kognitive Zwischenebene der Textrepräsentation Textweltmodell werden also die Ereignisreferenten E_1 [MAGNETSCHWEBEBAHN PRALLT AUF WARTUNGSFAHRZEUG], E_2 [23 MENSCHEN STERBEN], E_3 [11 MENSCHEN WERDEN VERLETZT], E_4 [WRACK- UND TRÜMMERTEILE WERDEN WEIT GESCHLEUDERT] und E_5 [DER TRANSRAPID WURDE ZERSTÖRT] bottom up aufgenommen. Mit Z_1 [DER ZUG STEHT AUF STELZEN] wird darüberhinaus ein Merkmal für Schwebebahnen repräsentiert, das im aktuellen Kontext jedoch über die Prozessbeschreibung P_1 [RETTUNGSKRÄFTE KÖNNEN DEN ZUG KAUM ERREICHEN] eine Brisanzmarkierung erhält. Damit werden sowohl der Zustands- als auch der Prozessreferent als Spezifikatoren in den Ereignisreferenten integriert. Jede Proposition im Antezedensfeld triggert dabei das Schema eines Schreckensszenarios, daran geknüpfte Konzepte werden voraktiviert und der kognitive Zugriff auf passende Verbalisierungen wird angebahnt. Damit wird nicht nur ein Ereignisschema voraktiviert, sondern auch die naheliegende Negativevaluierung dieses Ereignisses. Durch die Nennung des Lexems *Katastrophe* nun wird das latent aktivierte Konzept vollaktiviert und lexikalisch determiniert. Alle anderen für den lexikalischen Zugriff vorbereiteten Konzepte (etwa UNGLÜCK, UNFALL etc.) werden deaktiviert. Der durch *Katastrophe* spezifizierte Ereignisreferent etabliert sich im Textweltmodell und steht für eine pronominale Wiederaufnahme

---

6 Vgl. hingegen indirekte Anaphern, die nicht darüber aufzulösen sind, dass sich Antezendens- und Anaphernausdruck auf denselben Referenten beziehen, sondern über sogenannte „Ankerausdrücke", die in einer spezifischen Verbindung mit der Anapher stehen (Schwarz 2000: 2)

bereit; vgl. hingegen 4a, wo *sie* zwar in Genus- und Numeruskongruenz mit *die Magnetschwebebahn* steht, der Antezedens-Anaphern-Abgleich jedoch durch die Semantik des Verbs *vermeiden* blockiert wird.

(4)   Gegen 9.55 Uhr prallt die Magnetschwebebahn mit 31 Menschen an Bord bei Tempo 170 auf ein Wartungsfahrzeug. 23 Menschen sterben, elf weitere werden zum Teil schwer verletzt. [...] Wrack- und Trümmerteile werden bis zu 300 Meter weit geschleudert. Erste Rettungskräfte, die gegen 10.15 Uhr eintreffen, können den zerstörten Transrapid nur schlecht erreichen: Er steht in seiner Fahrspur auf meterhohen Stelzen. Das ganze Ausmaß <u>der Katastrophe</u> wird erst nach Stunden deutlich. (ndr.de, 2016-09-22) <u>Sie</u> wäre zu vermeiden gewesen. (Unterstreichungen K.M., pronominaler Anschluss konstruiert).

(4a) Gegen 9.55 Uhr prallt die Magnetschwebebahn mit 31 Menschen an Bord bei Tempo 170 auf ein Wartungsfahrzeug. 23 Menschen sterben, elf weitere werden zum Teil schwer verletzt. [...] Wrack- und Trümmerteile werden bis zu 300 Meter weit geschleudert. [...] Erste Rettungskräfte, die gegen 10.15 Uhr eintreffen, können den zerstörten Transrapid nur schlecht erreichen: Er steht in seiner Fahrspur auf meterhohen Stelzen. *Sie wäre zu vermeiden gewesen. Vs. Sie war vollständig zerstört.

Bei pronominalen Anaphern erfolgt also die Antezedenten-Identifikation durch den jeweiligen Anschluss im Satz. Während *wäre zu vermeiden gewesen* keine Zuordnung erlaubt, wenn vorher kein Referent etabliert worden ist, würde ein Anschluss wie *war vollständig zerstört* einen eindeutigen Abgleich mit dem Antezedensausdruck *Magnetschwebebahn* erlauben.

Das verhält sich auch bei komplex-anaphorischen Pronomen nicht anders. Wie bereits Webber (1991: 4) zeigen konnte, kann sich das komplex-anaphorische Demonstrativpronomen *that* auf verschiedene Aspekte des Antezedensfeldes beziehen, wie z. B. den ausgedrückten Sprechakt (5a), die Proposition (5b) oder ein komplexes Ereignis (5c). Dabei muss der Referent entweder lediglich zugeordnet oder re-konstruiert werden, vgl. auch Marx (2011: 53).

(5)   Hey, management has reconsidered its position. They've promoted Fred to second vice president.

(5a) <u>That</u>'s a lie.

(5b) <u>That</u>'s false.

(5c) When did <u>that</u> happen? (Webber 1991: 4; Unterstreichungen K.M.)

Entsprechend lässt sich auch nur von Fall zu Fall entscheiden, ob die Nullanapher *das* NP-anaphorisch (also einen Antezedens-Ausdruck aufgreift, der auf einen NP-Referenten Bezug nimmt) oder komplex-anaphorisch verwendet wird. Als Prämisse wird hier gesetzt, dass sich die Zuordnung des in die gefällt-mir-Phrase integrierten nicht-realisierten (komplex)-anaphorischen Pronomens *das* über die Semantik des unmittelbaren Anschlusses bestimmen lässt. Dieser nun wäre konsequenterweise an den Lexikoneintrag von *gefallen* gebunden, der eine Positivevaluierung beinhaltet.[7] Mit den Angaben zur Verwendung des gefällt-mir-Buttons im Facebook-Hilfebereich stimmt diese Bedeutung überein, da hier angeraten wird, die Funktion ausschließlich für Positiv-Evaluierungen zu gebrauchen.

Wie wir unter Punkt 2 gesehen haben, legt die konkrete Verwendung der Floskel jedoch von reinen Positiv-Evaluierungen abweichende Bedeutungen nahe. Ich nehme daher drittens an, dass der Auswahl von Antezedenskandidaten im Textverarbeitungsprozess Prinzipien zugrunde liegen, die über rein oberflächenstrukturell-syntaktische Restriktionen[8] ebenso hinausgehen (vgl. u. a. Stuckradt 2004), wie über zwar diskursorientierte, aber dennoch auf sprachliche Ausdrücke reduzierte Regeln (siehe z. B. den Centering-Ansatz bei Grosz/Josh/Weinberg 1995). Um die oben erwähnten flexiblen Bedeutungsnuancen in multimodalen Kommunikaten erschließen zu können, sollte m. E. die Integration von potenziellen Antezedenten erwogen werden, die nicht sprachlich realisiert sein müssen. Ich verbinde diese Überlegung mit Eisenlauers (2016: 452) Beobachtung, dass die „komplexen Funktionalitäten des Freundschaftsnetzwerks User [...] darin [unterstützen], bestehende kulturelle Ressourcen abzuwandeln und mit individuellen Handlungszielen und Bedeutungen zu verknüpfen, die der Selbstdarstellung und der Beziehungspflege dienen".

---

7 Im Digitalen Wörterbuch der deutschen Sprache (dwds.de) wird *gefallen* mit „etw., jmd. sagt jmdm. zu, spricht jmdn. An" paraphrasiert, im Duden findet sich die Bedeutungsbeschreibung „jemandes Geschmack, Vorstellung, Erwartung entsprechen."

8 Mit Verweis auf eine Unterscheidung, die Carbonell/Brown (1988) treffen, referiert Stuckradt (2004: 91 f., Kursivierung im Original) Restriktionen, wie „Kongruenz in Person, Numerus und (teilweise) Genus sowie syntaktisch-konfigurationale Zulässigkeit", die „Antezedenskandidaten für eine bestimmte Okkurenze [sic!] *definitiv* ausschließen" und Präferenzstrategien, wie Subjektpräferenz, Rollenträgheitskriterium und Hierarchie der grammatischen Funktion (Subjekt vor direktem Objekt vor indirektem Objekt vor PP-Objekt), die eine Auswahl aus Kandidatenokkurenzen ermöglichen, vgl. auch Lappin/Leass (1994).

3.2 Allgemeine Prinzipien

Aus dieser Beobachtung leitet sich das erste der Bedeutungszuweisung von *gefällt mir* übergeordnete Prinzip, das semantische Flexibilität ermöglicht (vgl. 3. in 3.1) ab, das ich als Kontaktpräferenz bezeichnen möchte. Dieses beinhaltet, dass die Interpretation von Statusmeldungen maßgeblich von dem Wunsch bestimmt wird, die Facebook-Freundschaft aufrecht zu erhalten. Das Prinzip der Kontaktpräferenz knüpft an die Erkenntnis, an, dass Menschen bei Informationsüberfluss von ihrem Wissen abweichende Informationen ausblenden, „um ihre personale Identität zu wahren und den sozialen Zusammenhalt nicht zu gefährden" (Ballstaedt 2004: 5). Ergeben sich also Schwierigkeiten bei der Kohärenzetablierung, orientieren sich Rezipienten zunächst an der Facebook-Hauptfunktion, alle Referenzialisierungsprozesse werden danach ausgerichtet, ein mit den Vorannahmen über die Profilidentität kompatibles und die Beziehung nicht gefährdendes Textweltmodell zu kreieren. Entsprechend kommt es bei der Bedeutungsinterpretation der *gefällt-mir*-Phrase zu Strategien der Bedeutungsapproximation, Selektion und der damit verbundenen Reduktion.

3.2.1 Kohärenzetablierungsprinzipien bei ungeeigneten Antezedenskandidaten

In den oben skizzierten Problemfällen 1a und 1b ist eine Umdeutung in Verbindung mit einer referenziellen Verschiebung notwendig, um einen geeigneten Antezedenskandidaten für das (komplex-)anaphorische Pronomen *das* zu eruieren. Das bedeutet, dass abhängig von der jeweils aktuellen Verwendungsweise von der Semantik des Ausdrucks *gefallen* zugunsten einer situationsadäquateren Lesart abstrahiert werden muss (Bedeutungsapproximation).

Versuchen wir diesen Umdeutungsprozess einmal anhand der Textweltmodellkonstruktion nachzuvollziehen: Als Textkomponenten fließen jeweils Glückwünsche (gleiches gilt auch bei Beleidbekundungen) oder ein expliziter Dank bottom up in das Textweltmodell. Als situationsadäquate Reaktionen auf solche expressiven Sprechakte werden Dankesformeln einerseits und die zum Dank komplementäre Formel *bitte* andererseits top down voraktiviert. Die Reaktion wird nun aber mit *[das] gefällt mir* explizit realisiert und reichert das Textweltmodell bottom up an, top down werden die Lexikoninformationen zu *gefallen* und typische Verwendungsweisen aktiviert. Sowohl für Glückwünsche als auch für Dank kann eine Positiv-Evaluierung zwar als einigermaßen sinnvoll akzeptiert werden, besonders bei Beleidsbekundungen wird jedoch deutlich, wie unangemessen bzw. un-idiomatisch eine solche Reaktion ist. Mit dem erforderlichen Antezedens-Anaphern-Abgleich ergibt sich ein unerwarteter Mehraufwand: Die bereits voraktivierten semantischen Äquivalente müssten de-aktiviert und ein Antezedens(feld) gesucht respektive aktiv generiert werden, das mit dem Lexikoneintrag und typischen Verwendungsweisen des Lexems *gefallen* in Kongruenz gesetzt werden kann. Dabei widerspricht die Semantik der Textinformation gängigen Konventionen, deren Kenntnis Teil des Schemawissens ist, das im ersten Schritt mit den Reaktionsformeln voraktiviert wird. Teil des Schemawissens ist auch, dass es bei Facebook keine expressiven Operatoren für *bitte* und *danke* gibt. Ich gehe hier davon aus, dass deshalb der Aufwand, einen semantisch adäquaten Antezedenskandidaten zu suchen als unbegründet (nicht lohnend) evaluiert und daher unbewältigt bleibt. Der Lexikoneintrag von *gefallen* wird in Komponenten zerlegt, wobei Expressivität als geeignet ausgewählt und mit der Expressivitätskomponente situationsangemessener Formeln abgeglichen und zur Integration in das Textweltmodell bereitgestellt wird. Der Antezedens-Anaphern-Abgleich erfolgt also über die Expressivität, die das Verb *gefallen* und die expressiven Formeln verbindet. Der Vortext triggert dabei den Anschluss und das hierbei voraktivierte Schema ist schlicht zu prominent.

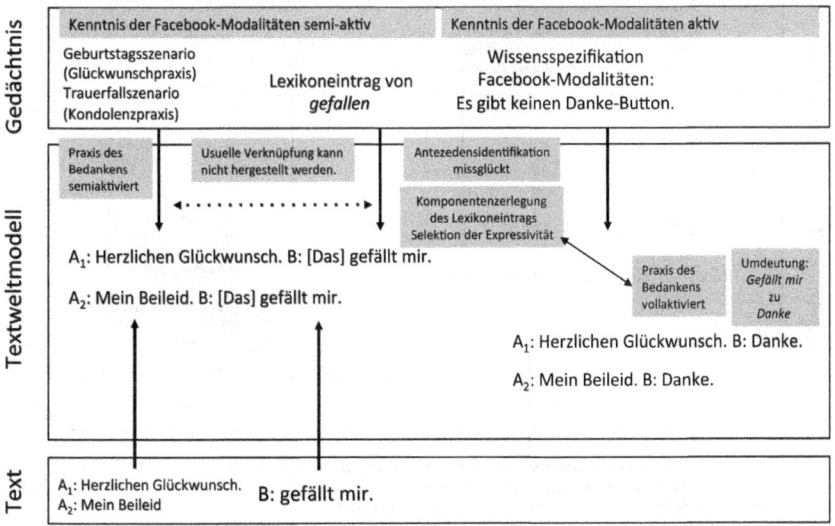

Abb. 3: Prozesse bei der TWM-Generierung, wenn *gefällt mir* in der Bedeutung von *danke* verwendet wird.

Vergleichbar erfolgt die Umdeutung in *Lesebestätigung*, wenn Fragen mit *gefällt mir* quittiert und beantwortet werden. Die Lesart ergibt sich aus der konkreten Verwendungssituation (sie ist eigentlich redundant) und wird dann mit der Information, dass es bei Facebook keine derartige Funktion gibt (Facebook-Schema) abgeglichen.

In Fällen, in denen die Botschaft der Statusmeldung negativ und damit mit der Positivkomponente des Lexikoneintrags von *gefallen* nicht zu identifizieren ist, führen Inferenzprozesse[9] zur referenziellen Verschiebung. So wird die Funktion der Sozialen-Netzwerk-Seite, die sich auf Selbstdarstellung und Beziehungspflege subsummieren lässt (siehe u. a. Eisenlauer 2016: 450 und Davies/Harré 1990), bei der Rezeption von Statusmeldungen als Teil des spezifischen Schemawissens voraktiviert. Bei der Rezeption wird also kognitiver Mehraufwand darauf investiert, die Botschaft der Profilidentität zu disambiguieren, weil die soziale Beziehung besonders prominent gesetzt wird (Kontaktpräferenz). Beinhaltet die Statusmeldung nun die Beschreibung eines negativen Sachverhalts, muss die Stellungnahme der Profilidentität A als Kritik daran gedeutet werden, der über die *gefällt-mir*-Funktion zugestimmt werden kann. Das Bedeutungsspektrum von *gefallen* wird also hinsichtlich eines Solidarisierungssignals erweitert.

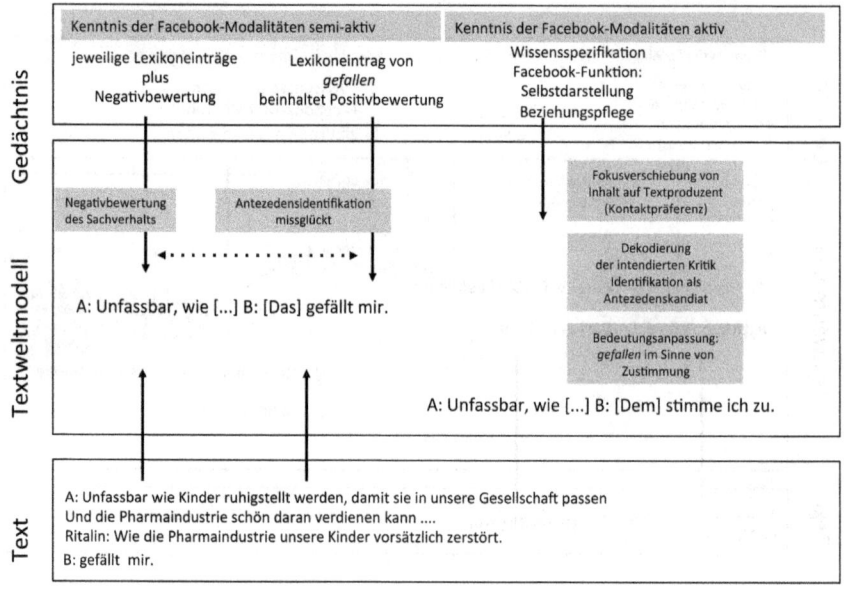

Abb. 4: Prozesse bei der TWM-Generierung, wenn *gefällt mir* als Solidarisierungssignal verwendet wird.

---

9 Es ist seit langem empirisch nachgewiesen, dass Inferenzen wesentliche Prozesse bei der konstruktiven Etablierung von Textweltmodellen sind (siehe u. a. Bransford/Barclay/Franks 1972).

3.2.2 Kohärenzetablierungsprinzipien bei mehreren Antezedenskandidaten

In den Problemfällen 2a und 2b stehen mehrere potenzielle Antezedenten in Konkurrenz zueinander und machen selektive Mechanismen bei der Antezedens-Anaphern-Zuordnung erforderlich.

Text-Bild-Konkurrenz

Als besonders relevant ist hier die Konkurrenz zwischen Bild und Text-Informationen anzusehen. Ausgehend von mehrfach dokumentierten wahrnehmungspsychologischen Befunden ist ein Bilddominanzeffekt wahrscheinlich (Wilhelm/Yom/Beger 2002: 48, vgl. auch den „Picture Superiority Effect" bei Paivio 1986: 77). Dieser zeigt sich in Untersuchungen zu Bild-Text-Anordnungsstrukturen insbesondere dann, wenn die Bilder in der oberen Vorlagenhälfte platziert sind (dazu Schulz 1978 und Blischke 1986: 185).

In Bezug auf die Rezeption von Facebook-Statusmeldungen müssen jedoch zwei Dinge bedacht werden: Erstens ist die Platzierung der Kommunikat-Konstituenten auf der Bildschirmoberfläche beim Lesen eines Online-Textes nicht stabil, sondern kann durch verschiedene Anzeigemodalitäten und Scrollbewegungen modifiziert werden. Zweitens sind die Bilder innerhalb einer Statusmeldung unterschiedlich hinsichtlich ihres informationellen Status. So tragen Profilbilder, die deutlich kleiner ausfallen, zur Kontinuität bei, während in die Statusmeldung integrierte Bildinformationen als thematisch progressiv einzuordnen sind. Ich gehe demzufolge davon aus, dass innerhalb eines Kommunikats mit Text- und Bild-Konstituenten eine Präferenz für das Bild vorliegt, das neue Informationen in das Textweltmodell integriert.

Gilt nun aber generell, dass Bilder, die in die Statusmeldung eingebunden sind, gleichzeitig auch präferierte Antezedenskandidaten für das anaphorische Pronomen *das* in *gefällt mir* sind? Meine Vermutung ist, dass jeweils die Komponente ausgewählt wird, der am ehesten mit einer Positivbewertung begegnet werden kann. Stehen Text- und Bildinformation in semantischer Kongruenz zueinander, muss diese Auswahl nicht dezidiert getroffen werden. Wenn Text- und Bildinformation in semantischer Kontradiktion zueinander stehen, müssen entweder die Text- oder die Bildinformationen als Antezedenskandidaten ausgewählt werden (vgl. zur Auswertung verschiedener Kodes im Fernsehen Ballstaedt 1990). Hierbei greift m. E. das Prinzip der Kontaktpräferenz und der dadurch elizitierten Illokutionshypothese. Eine Profilidentität B rekonstruiert also aktiv die kommunikative Absicht von Profilidentität A, um dieser zustimmen respektive diese positiv bewerten zu können. Je nachdem, ob diese im Text oder im Bild kodiert ist, wird der Text oder das Bild bzw. die aus der Text- oder Bildinformation inferierte Aussage als Antezedens selegiert.

Automatisch generierte Metadaten

Innerhalb eines Facebook-Kommunikats gibt es jedoch weitere konkurrierende Elemente, wie automatisch generierte Metadaten und Links (siehe Abb. 2). Das Ökonomie-Prinzip vorausgesetzt (vgl. auch Ballstaedt 2004 zur limitierten Aufmerksamkeitsspanne bei der Medienrezeption) lege ich hier die Mensch-vor-Maschine-Strategie zugrunde, die in Abhängigkeit der Neu-vor-Bekannt-Prämisse umgesetzt wird. Das heißt, dass maschinell erzeugte Textelemente (wie die Elemente in Abb. 2) nicht in den Fokus der Aufmerksamkeit gelangen, weil es sich um konsistente Kommunikatelemente handelt. Dem Einwand, dass dies bei der Information, über wen ein Link geteilt wurde, nicht der Fall ist, wird hier das Kontaktpräferenzprinzip entgegengesetzt, das jeden weiteren Urheber von Informationen innerhalb der Statusmeldung der postenden Profilidentität unterordnet.

Links

Wanning (2015: 912) zufolge werden Links wie Textelemente wahrgenommen, sie sind daher als potenzielle Antezedensokkurenzen zu konzeptualisieren. Dass sich das anaphorische Pronomen *das* vorrangig auf einen Link bezieht, darf jedoch bezweifelt werden, weil dieser jeweils unvollständige Informationen transportiert, nicht notwendigerweise aufgeklappt wird und damit den Nutzen eines (z. T. durchaus elaborierten) von der Profilidentität verfassten Textes oder einer Bildinformation nicht aufwiegt. Stehen also Text der Statusmeldung und Verlinkung in Konkurrenz, nehme ich an, dass sich der Antezedent für *das* aus dem Text konstituiert.

Mehrere Propositionen

Wie verhält es sich nun in den Fällen, in denen die textuelle Statusmeldung mehr als eine Proposition enthält? Abhängig davon, ob die Wertigkeit der jeweiligen Inhalte korrespondiert oder nicht, greifen unterschiedliche Strategien. Im ersten Fall wird eine Makroproposition gebildet, auf die mit dem Pronomen *das* Bezug genommen werden kann.

$$P1_{pos.} + P2_{pos.} + PN_{pos.} = MP_{pos.} \text{ [geeignetes Antezedenzfeld]}$$

Im zweiten Fall werden die Propositionen, die sich nicht positiv evaluieren lassen mental exkludiert und die Bildung der Makroproposition geschieht auf Basis eines auf diese Weise reduzierten Textes.

$$P1_{pos.} + P2_{neg.} + PN_{pos.} + PN_{neg.} = MP_? \text{ [ungeeignetes Antezedenzfeld]}$$
$$P1_{pos.} + PN_{pos.} - (P2_{neg.} - PN_{neg.}) = MP_{pos.} \text{ [geeignetes Antezedenzfeld]}$$

3.2.3 Bedeutungsnuancen

Die obigen Ausführungen zeigen, dass der Antezedens-Anaphern-Abgleich durchaus von der Evaluierungskomponente des Lexikoneintrags von *gefallen* bestimmt wird. Eine Flexibilität wird dabei durch Vorannahmen über die den Text produzierende Profilidentität motiviert. Neben ‚bitte', ‚danke' oder ‚Lesebestätigung' haben sich ‚Zustimmungs- und Solidarisierungssignale' als Bedeutungsnuancen herauskristallisiert. Zustimmungs- und Solidarisierungssignale zu kritischen Äußerungen und Schilderungen negativer Sachverhalte können gleichfalls als Übernahme der jeweiligen Einstellung gelesen werden, so dass auch ‚Kritik' (und damit letztlich eine ‚Negativbewertung') als Bedeutungsnuance plausibel erscheint. Oben (Punkt 2) habe ich Fälle erwähnt, in denen die Profilidentität über ein Missgeschick berichtet. Ein gefällt mir muss hier nicht notwendigerweise als ‚Mitleidssignal' gemeint sein, sondern kann auch ‚Schadenfreude' bedeuten. Wird die Verwendung des Buttons nicht weiter ausdifferenziert (wie in Beispiel 2), bleibt die Bedeutung in der konkreten Verwendungssituation ungeklärt. Interessant erscheint mir, dass Nutzer diese Vagheit akzeptieren, wenn der Kontakt gesichert bleibt.

4 Zusammenfassung

Die Facebook-Floskel *gefällt mir* ist eine für die Interaktion auf der Sozialen-Netzwerk-Seite bedeutsame Funktion. Die Beobachtung, dass sie auch dann angewendet wird, wenn eine Positivevaluierung situationsinadäquat erscheint, motivierte Überlegungen dazu, wie Rezipienten dennoch ein kohärentes Textweltmodell generieren. Dieser Prozess wurde im vorliegenden Aufsatz mit einer Bedeutungszuweisung assoziiert, die in der konkreten Situation über einen gelungenen Antezedens-Anaphern-Abgleich erfolgt.

Als für die Anaphernresolution problematisch wurden zwei Verwendungssituationen betrachtet. Zum einen der Fall, in dem keine geeigneten Antezedenten für eine anaphorische Aufnahme zur Verfügung stehen, weil sowohl semantische als auch pragmatische Identifikationsindikatoren fehlen; zum anderen der Fall, in dem mehrere Antezedenten für eine anaphorische Aufnahme in Frage kommen, was sowohl auf die Multimodalität als auch auf die Multipropositionalität von Statusmeldungen zurückzuführen ist.

Als wichtige Faktoren bei der Textweltmodellgenerierung wurden hier das Schemawissen über die Soziale-Netzwerk-Seite und das daraus resultierende Kontaktpräferenzprinzip sowie die im Lexikoneintrag von *gefallen* inkludierte Expressivitätskomponente beschrieben. Dabei tritt die genuine Positivbewertung bei der Interpretation zugunsten einer erweiterten situationsangemessenen Bedeutung in den Hintergrund, wenn dem Ziel, die Vernetzung lebendig zu gestalten und sich gegenseitig zu bestärken, Rechnung getragen werden kann. Ein präziser Antezedens-Anaphern-Ausgleich ist also nicht notwendigerweise angestrebt. Daran ist erkennbar, dass der Floskel eine Bedeutungsflexibilität inhärent zu sein scheint, die vor ihrer Verwendung als Facebook-Funktion nicht belegt war.

5 Literatur

Adamzik, Kirsten (2004): *Textlinguistik. Eine einführende Darstellung*. Tübingen: Niemeyer.

Androutsopoulos, Jannis (2013): „Online data collection". In: Mallinson, Christine/Childs, Becky/Herk, Gerard Van (Hg.): *Data Collection in Sociolinguistics: Methods and Applications*. London/New York: Routledge, 236–250.

Ballstaedt, Steffen-Peter (1990): „Wenn Hören und Sehen vergeht: Grenzen der audiovisuellen Integration". In: Meutsch, Dietrich/Freund, Bärbel (Hg.): *Fernsehjournalismus und die Wissenschaften*. Opladen: Westdeutscher Verlag, 29–46.

Ballstaedt, Steffen (2004): „Kognition und Wahrnehmung in der Informations- und Wissensgesellschaft. Konsequenzen gesellschaftlicher Veränderungen für die Psyche". In: Kübler, Hans-Dieter/Elling, Elmar (Hg.): *Wissensgesellschaft. Neue Medien und ihre Konsequenzen*. Online-Ausgabe der Reihe Medienpädagogik. Im Internet unter: http://www.ballstaedt-kommunikation.de/wp-content/uploads/Wissensgesellschaft.pdf.

Bierwisch, Manfred (1979): „Wörtliche Bedeutung – eine pragmatische Gretchenfrage". In: Grewendorf, Günther (Hg.): *Sprechakttheorie und Semantik*. Frankfurt am Main: Suhrkamp, 119–148.

Blischke, Klaus (1986): „Ergebnisse der Blickbewegungsregistrierung bei der Untersuchung sportmotorischer Lernprozesse unter Verwendung bildhafter und verbaler Information bei statischen Präsentationen." In: Issing, Ludwig/Mikasch, Heidemarie/Haack, Johannes (Hg.): *Blickbewegung und Bildverarbeitung. Kognitionspsychologische Aspekte visueller Informationsverarbeitung*. Frankfurt am Main: Peter Lang, 173–200.

Bransford, John/Barclay, Richard/Franks Jefferey (1972): „Sentence memory: A constructive vs. interpretive approach". In: *Cognitive Psychology* 3, 193–209.

Carbonell, Jaime/Brown, Ralf (1988): Anaphora Resolution: A Multi-Strategy Approach. In: *Proceedings of the 12th International Conference on Computational Linguistics (COLING)*, 96–101.

Davies, Bronwyn/Harré, Rom (1990): „Positioning. The discursive production of selves". In: *Journal for the Theory of Social Behaviour* 20, 1, 43–63.

Dembeck, Till/Bunia, Remigius (2013): „Dank sagen, rhetorisch und idiomatisch. Zur Entstehung der Floskel Danke". In: Binczek, Natalie/Bunia, Remigius/Zons, Alexander (Hg.): *Dank sagen. Politik, Semantik und Poetik der Verbindlichkeit.* Paderborn: Fink 2013, 39–65.

Dijk, Teun A. van (1980): *Textwissenschaft. Eine interdisziplinäre Einführung.* Tübingen: Niemeyer.

Eisenlauer, Volker (2016): „Facebook als multimodaler digitaler Gesamttext". In: Klug, Nina-Maria/Stöckl, Hartmut (Hg.): *Handbuch Sprache im multimodalen Kontext.* Berlin/ New York: de Gruyter, 437–454.

Goffman, Erving (1955): „On face-work: an analysis of ritual elements of social interaction". In: *Psychiatry: Journal for the Study of Interpersonal Processes* 18(3), 213–231.

Grice, H. Paul (³1975): „Logik und Konversation". In: Hoffmann, Ludger (Hg.): *Sprachwissenschaft. Ein Reader.* Berlin: de Gruyter, 194–213.

Grosz, Barbara/Joshi, Aravind K./Weinstein, Scott (1995): „Centering: A Framework for Modeling the Local Coherence of Discourse". In: *Computational Linguistics* 21(2), 203–225.

Harras, Gisela (²2004): *Handlungssprache und Sprechhandlung. Eine Einführung in die theoretischen Grundlagen.* Berlin: de Gruyter.

Henning, Mathilde (2010): „Grammatik multicodal: Ein Vorschlag am Beispiel ortsgebundener Schriftlichkeit". In: *Kodikas/Code*, 3(1–2), 73–88.

Jakobs, Eva-Maria (2011): „Dynamische Textwelten. Forschungsfelder angewandter Textwissenschaft". In: Bonner, Withold/Reuter, Ewald (Hg.): *Umbrüche in der Germanistik. Ausgewählte Beiträge der finnischen Germanistentagung 2009.* Frankfurt/M. u. a.: Lang, 77–94.

Lappin, Shalom/Leass, Herbert (1994): „An Algorithm for Pronominal Anaphora Resolution". In: *Computational Linguistics* 20(4), 535–561.

Marx, Konstanze, (2011): *Die Verarbeitung von Komplex-Anaphern. Neurolinguistische Untersuchungen zur kognitiven Textverstehenstheorie.* Berlin: TU-Verlag.

Marx, Konstanze/Weidacher, Georg (2014): *Internetlinguistik – Ein Lehr- und Arbeitsbuch.* Tübingen: Narr.

Paivio, A. (1986): *Mental representations. A dual-coding approach.* New York: Oxford University Press.

Rouet, Jean-Françoir/Britt, Anne (2010): „Relevance processes in multiple document comprehension". In: McCrudden, Matthew/Magliano, Joseph/Schraw, Gregory (Hg.): *Text Relevance and Learning from Text.* Greenwich, CT: Information Age Publishing, 19–52.

Sander, Thorsten (2003): „Expressive (Rede-)Handlungen". In: *Divinatio. Studia culturologica series* 18, 7–34.

Schmid, Hans-Jörg (2016): „Why Cognitive Linguistics must embrace the social and pragmatic dimensions of language and how it could do so more seriously". In: *Cognitive Linguistics* 27(4), 543–557.

Schulz, Bernd (1978): „Werbung: Leise zieht's durch mein Gemüt". In: *Psychologie heute* 7, 36–41.

Schwarz, Monika (2000): „Textuelle Progression durch Anaphern – Aspekte eine prozeduralen Thema-Rhema-Analyse". In: Dölling, Johannes/Pechmann, Thomas (Hg.): *Prosodie – Struktur – Interpretation*. Leipzig: Institut für Linguistik, 111–126.

Schwarz, Monika (³2008): *Einführung in die kognitive Linguistik*. Tübingen, Basel: Francke.

Schwarz-Friesel, Monika/Chur, Jeannette (⁶2014): *Semantik. Ein Arbeitsbuch*. Tübingen: Narr.

Searle, John (1969): *Speech acts: An essay in the philosophy of language*. Cambridge: Cambridge University Press.

Spooren, Wilbert (2003): „Texte strukturieren: Textlinguistik". In: Pörings, Ralf/Schmitz, Ulrich (Hg.): *Sprache und Sprachwissenschaft: eine kognitiv orientierte Einführung*. Tübingen: Narr, 191–214.

Stuckradt, Roland (2004): „Robuste Anaphernresolution". In: Lobin, Henning/Mehler, Alexander (Hg.): *Werkzeuge zur automatischen Analyse und Verarbeitung von Texten: Formate, Tools, Software-Systeme*. Wiesbaden: VS Verlag für Sozialwissenschaften, 85–100.

Vannini, Phillip (2008): „Ethics and New Media". In: Given, Lisa M. (Hg.): *The SAGE encyclopedia of qualitative research methods*. Los Angeles: SAGE, 277–279.

Wanning, Berbeli (2015): „Lesestrategien für digitale Medien". In: *Bibliotheksdienst* 49(9), 909–919.

Wilhelm, Thorsten/Yom, Miriam, Beger, Dorit (2002): „Site-Covering-eine innovative Methode zur Erfassung der Informationsaufnahme und des Entscheidungsverhaltens auf Webseiten". In: *Planung und Analyse* 29(2), 46–50.

Ulrike Schröder
Die kognitiv-pragmatische Dimension der kommunikativen Gattung Rap als *battle*

1 Einleitung

Als relativ neues Forschungsfeld macht es sich die Kognitive Pragmatik zur Aufgabe, die wechselseitigen Beziehungen von Kognition und Pragmatik zu untersuchen (Schmid 2012, 2016). Während die Pragmatik aufgrund ihrer traditionell philosophischen Fundierung über lange Zeit ein Defizit an kognitionswissenschaftlich-empirischer Verankerung aufzuweisen hatte (Schmid 2012: 19), gibt es umgekehrt zunehmend Forderungen nach einer Rückbindung pragmatisch-kommunikativer Fragestellungen an die Kognitive Linguistik (vgl. für einen Überblick Schröder 2012a, 2014). Wie die wechselseitige Konstituierung und Abhängigkeit pragmatischer und kognitiver Fragestellungen innerhalb der Linguistik empirisch sichtbar gemacht werden kann, werde ich im Folgenden am Beispiel der kognitiven Metapher[1] RAP IST *BATTLE* und ihrem sprachlich-kulturellen Ausdruck aufzeigen und in dreifacher Hinsicht diskutieren:

1. In Verknüpfung von Kognitiver Semantik und Sprachspieltheorie werde ich zeigen, dass *rap* als metaphorische Handlungspraxis – als *verbal duelling* – aufgefasst werden muss, die den Ursprung von *Rap*[2] als kommunikative Gattung ‚Sprechgesang' begründet.
2. Rap ist zweitens eine über Sprache hinausgehende inkorporierte Kommunikationspraxis, in der die Schlüsselmetapher multimodal nicht nur reproduziert, sondern gleichsam immer wieder kontextuell in integrierten Netzwerken hergestellt und weiterentwickelt wird.

---

1 Der Terminus *kognitive Metapher* wird hier dem Terminus *konzeptuelle Metapher* vorgezogen, da das Konzept von Lakoff und Johnson einige Modifizierungen erfährt, auch wenn die Metapher, mit der wir den Ausgang der Betrachtung beginnen, durchaus der Idee von ‚konzeptueller Metapher' nahe kommt. Ich verwende außerdem den englischsprachigen Ausdruck *battle*, da dieser in der Hip Hop-Kultur sprachübergreifend als jargonspezifischer Terminus etabliert ist.
2 Daher die Unterschiede in der Schreibweise: Während sich *rap* auf den Sprechakt und das Sprachspiel allgemein bezieht, verwende ich *Rap* als Bezeichnung für die kommunikative Gattung des Sprechgesangs innerhalb der Hip Hop-Kultur, die sich aus dem allgemeinen Sprachspiel heraus entwickelt hat.

https://doi.org/10.1515/9783110575484-139

3. Die kognitive Metapher RAP IST BATTLE ist eine generische Metapher, die im kulturspezifischen Kontext in Abhängigkeit von den pragmatischen Kommunikationsabsichten der Teilnehmer variiert und dementsprechend reterritorialisiert wird.

2 Die *BATTLE*-Metapher als *cultural model* für die kommunikative Gattung *Rap*

Entgegen der weitläufig verbreiteten Auffassung, die Entstehung von Hip Hop sei auf einen konkreten sozialen Ursprungskontext rückführbar, zeigen besonders musikwissenschaftliche und soziolinguistische Untersuchungen, dass allen vier Elementen, aus denen sich die sog. Hip Hop-Kultur synthetisiert hat – ‚DJing‘,‚Breakdance‘,‚Graffiti‘ und ‚Rap‘ – als primär gemeinsames Kernstück der *battle*-Gedanke zugrunde liegt:[3] „Competition was at the heart of hip hop" (Toop 1991: 15). Im Hinblick auf den diesen Musikstil kennzeichnenden Sprechgesang, den *Rap*, sollte man daher den Blick auf das richten, was die Kontinuität in der schwarzen Kommunikationspraxis und Musikkultur ausmacht und uns zu unserem Kernpostulat führt:

> *Rap ist eine musikalische kommunikative Gattung eines ritualisierten wie (m. E.) monologisierten Sprechduells und kann damit (1) kognitiv als kultureller Ausdruck der konzeptuellen Metapher* RAP IST BATTLE *und (2) pragmatisch als Sprachhandlungsmodus bzw. Sprachspiel verstanden werden.*

Für die Kontinuität einer schwarz geprägten Musikkultur sprechen Hinweise auf eine metaphorische Bedeutungserweiterung des Lexems *rap*, die sich ab dem 20. Jahrhundert nachweisen lässt, während der Ausdruck zuvor lediglich auf die konkrete Kernbedeutung ‚klopfen‘ beschränkt war (vgl. Schröder 2012b: 108).

---

3 Der ‚Urpsrungsmythos‘ (Klein/Friedrich 2003: 22) sieht im Polit-Rap den Anfang von Hip Hop und damit zusammenhängend wird Hip Hop oft zunächst als „politisch motivierte Emanzipationspraxis" beschrieben, bevor diese Bewegung dann „mit zunehmender Kommerzialisierung eine Entpolitisierung erfährt" (Bock/Meier/Süss 2007: 321), ein Gedanke, der mit der Vorstellung eines Kollektivs einhergeht, das sich gegen gesellschaftliche Missstände erhebt, und dem individualistischen Konkurrenzgedanken, der für die *battle*-Kultur charakteristisch ist, in vielen Punkten entgegen steht. Vgl. zu einer Vertiefung dieses Aspekts und den Problemen bei der Analyse von Hip Hop als soziales Phänomen unter Ausschließung einer adäquaten Berücksichtigung der Differenz von kommunikativer und extrakommunikativer Perspektive Schröder 2012b.

Erst mit der Urbanisierung und der wachsenden Zahl an Schwarzen, oft ehemaligen Sklaven, die auf Arbeitssuche in die US-Städte ziehen, erlangt das Lexem allmählich eine Bedeutungsextension, die nun ins Verbale ausschlägt und insbesondere von den *peer groups* der schwarzen Ghettos geprägt wird (Sokol 2005). *To rap* bedeutet nun auch ‚schwätzen' (Dufresne 1997: 15) sowie ‚to express orally' (Safire 1992) und geht schließlich in das *Dictionary of Afro-American Slang* mit dem Verweis ein: ‚to hold a conversation; a long, impressive monologue' (Major 1970: 96).

Dem Sprachspiel ‚rap' haben sich vor seiner Ausdifferenzierung zu einem eigenen Musikstil in ethnographisch-soziolinguistischer Perspektive ab den sechziger Jahren u. a. Abrahams (1962), Labov (1971), Kochman (1981) und Mitchell-Kernan (1986) zugewandt, die sich um eine Katalogisierung sog. *black folk speech events* bemühten, denen in pragmatischer Hinsicht appellative und emotive Funktionen zukommen und die in konzeptueller Hinsicht mit Wettkampf und Selbstdarstellung verknüpft sind, wie die nachfolgende Liste als Zusammenfassung ihrer Arbeiten veranschaulicht:

rapping/grandstanding	⇨	Effekthascherei, ‚Angraben'
silent rap/pimp eye	⇨	‚Angraben' (nonverbal)
bopping	⇨	überzogene Begrüßung (Handschlag und Körper)
showboating	⇨	inszeniertes Entertainment
bragging	⇨	Prahlerei
showing off	⇨	Aufschneiderei
signifying	⇨	Mitteilungen durch Anspielungen und Vergleiche
sounding	⇨	‚Klang'-Erzeugung als Kommentar (z. B. „God damn!")
woofing	⇨	Austausch von Beleidigungen
marking	⇨	Hervorhebung durch überzogene Prosodie
call and response	⇨	Inszenierung von Interaktion, z. B. durch Interjektionen
styling out	⇨	stilbezogene Selbstdarstellung
self-aggrandisment	⇨	Selbstüberhöhung

Im Anschluss an solche Untersuchungen sind Gegenüberstellungen von sog. *Black* und *White Styles* vorgenommen worden (vgl. u. a. Kochman 1981), wonach der *Black Style* im Vergleich zum *White Style* als ‚direkter', ‚prahlerischer', ‚übertriebener', ‚stilisierter' und ‚offensiver' charakterisiert wird, während sich der *White Style* demgegenüber ‚indirekter', ‚bescheidener', ‚ernster', ‚neutraler' und ‚distanzierter' gebe, eine Dichotomie, an die später auch Wierzbicka (2003) in ihrer kulturvergleichenden, semantisch-pragmatischen Konzeptanalyse von *self-assertion* anknüpft. Bei diesen Sprachspielen und Wettkämpfen richten sich die Verbalattacken prototypischerweise gegen die Familie des Gegenübers und sind mit sexuellen Anspielungen und hartem Slang aufgeladen, wie der Auszug aus einem *dozens*[4] (1) illustriert, der gleichzeitig die Vorwegnahme von Raptexten des Hip Hop (2) bescheinigt:

(1) I don't play the dozens, the dozens ain't my game
But the way I fucked you mama is a god damn shame (Labov 1971: 307)

(2) The sad fact ya mama smokes crack
She got a burning yearning and there's no turning back
Her knuckles drag down to the ground when she walk
Spit comes out that bitch mouth when she talk (*Ya Mama* von Pharcyde 1991)

Während *rap* jedoch noch als kommunikatives Muster oder spezifischer Sprechakt zu sehen ist, vollzieht sich mit dem Beginn von Hip Hop ein Prozess der Sedimentierung, durch den *rap* zu einer eigenen kommunikativen (Musik)gattung gerinnt.[5] *Rap* als kulturell verankerte kommunikative Gattung ist vom Wissen der Kulturteilnehmer um diese ‚Ethnokategorie' abhängig:

> Mitglieder einer Kultur haben bestimmte ethnotheoretische Vorstellungen darüber, in welchen Situationen welche Gattungen verwendet werden können, welche Personen eine bestimmte Gattung produzieren können, welches soziale Ansehen eine Gattung hat. (Günthner/Knoblauch 1994: 704)[6]

Die für diese Sprachspielvariante charakteristische Metapher des Kampfes wird jetzt konstitutiv für die kommunikative Gattung und bestimmt den Habitus des gesamten Musikgenres Hip Hop, wie wir im nächsten Abschnitt sehen werden. Kommunikative Gattungen lassen sich als historisch und kulturell spezifische

---

4 *Playin' the dozens* bezieht sich auf einen verbalen Wettkampf, der in den Straßen der afroamerikanischen Viertel US-amerikanischer Großstädte in den fünfziger und sechziger Jahren aufgekommen ist. Er umfasst ritualisierte Beleidigungen, bei denen auf einen *rap*, d. h. eine Beleidigungsattacke, ein *cap* erfolgt, d. h. eine Gegenbeleidigung, die vom Gegenüber als Antwort erfolgt und die erste Beleidigung übertreffen soll (Abrahams 1962).

5 Vgl. zum Unterschied zwischen kleinen Formen, kommunikativen Mustern und Gattungen Günthner/Knoblauch (1994: 703–704).

6 Hier nehmen auch die Debatten zu Slang, frauenfeindlichen und homophoben Texten bis hin zur Zensur (besonders in den USA) ihren Ausgang. Vgl. dazu etwa den aufschlussreichen Artikel von Dundes/Leach/Özkök (1970/1986), die bereits in den siebziger Jahren Sprachspiele zwischen türkischen Jungs auf ihre vielfachen Bezüge zu einer ‚my-penis-up-your-anus strategy' (Dundes/Leach/Özkök 1970/1986: 153) untersuchen und damit Erhellendes zur Debatte um deutschsprachigen *Gangsta-Rap* (etwa von türkisch- oder arabischstämmigen Rappern) beitragen. Es geht dabei letztlich um das (Miss-)Verständnis einer kommunikativen Gattung.

„sediments of socially relevant communicative processes" (Günthner/Luckmann 1995: 7) auf drei Ebenen beschreiben: hinsichtlich ihrer Binnenstruktur, Zwischenstruktur und Außenstruktur, wobei sich letztere auf das kommunikative Milieu und die soziale Rolle von Rap, d. h. die Einbettung in das *cultural model* bezieht.

Im Hip Hop wird das bereits skizzierte kulturell verankerte Sprachspielduell mit der musikalischen Traditionslinie der *Black Music* zusammengeführt, in der, wie Toop (1991) aufzeigt, das *cultural model*[7] dieses formulaischen Sprachspielmodus der Selbstpreisung bei gleichzeitiger Abwertung des Gegenüber ebenfalls tief eingeschrieben ist:

> Whatever the disagreements over lineage in the rap hall of fame or the history of hip hop, there is one thing on which all are agreed. ,Rap is nothing new', says Paul Winley. Rap's forebears stretch back through disco, street funk, radio DJs, Bo Diddley, the bebop singers, CabCalloway, Pigmeat Markham, the tap dancers and comics, The Last Poets, Gil Scott-Heron, Muhammad Ali, acappella and doo-wop groups, ring games, skip-rope rhymes, prison and army songs, toasts, signifying and the dozens, all the way to the griots of Nigeria and the Gambia. (Toop 1991: 19)

Binnenstrukturell zeichnet sich Rap durch folgende Elemente aus (vgl. Alim 2009; Klein/Friedrich 2003; Rose 1994; Scholz 2004; Schröder 2007, 2015): (a) einen rhythmisch organisierten Rezitiermodus mit Reimen am Versende (*Flow*), (b) einen dialogisch-appellativen Sprachgebrauch mit hoher Frequenz von Vokativen und Imperativen, (c) die Verwendung genrespezifischer Sprechakte wie *boasting, dissing, freestyling, battling, storytelling*, (d) einen expressiven, emotiven Stil, der sich in einer höchst stilisierten Prosodie und Gestik/Mimik niederschlägt, (e) die Verwendung eines informellen Registers von Slang, *African*

---

7 Vgl. hierzu auch die kognitive Grundlegung von Handlungspraktiken in der Theorie zu *cultural models* im Kontext von *formulaic language* in der Darstellung von Kecskes (2012, 2014). Dieser greift in seinem Ansatz die klassische Idee der Kognitiven Linguistik vom kulturellen Modell als *scenario, script, frame* oder *action plan* auf und erweitert diesen Gedanken um einen entscheidenden pragmatischen Aspekt, indem er auf die Rolle formulaischer Ausdrücke wie z. B. „Let me tell you something..." beim Aufbau solcher *frames* hinweist, da eine solche idiomatische Einleitungsformel seitens des Hörers bereits eine negative Erwartungshaltung aktiviert (zum *frame*-Konzept vgl. auch Proske in diesem Band). Kecskes veranschaulicht den gemeinsamen Aufbau und Vollzug solchen Wissens als kulturelles Modell an einem Beispiel besonders nachvollziehbar: „If a policeman stops my car and says *Step out of the car, please*, this expression will create a particular frame in which the roles and expressions to be used are quite predictable. [...] Formulaic units create shared bases for common ground in coordinating joint communicative actions: The use of fomulaic language requires shared experience and conceptual fluency." (Kecskes 2012: 186).

American Vernacular English, formulaischen Ausdrücken wie „X is in the house", Jargon und Genre-Begriffen und (f) eine hohe Intertextualität durch Bezüge zur Hip Hop-Kultur.

Der Sprachspieltyp selbst wird monologisiert und in großen Teilen massenmedial inszeniert,[8] weshalb die Frage nach der strukturellen Zwischenebene als „situative Realisierungsebene" (Günthner/Knoblauch 1994: 704) stärker in den Hintergrund tritt als in anderen kommunikativen Gattungen, obwohl wir auf einen Aspekt der Zwischenebene im dritten Abschnitt zurückkommen werden.[9] Trotz dieser Verkürzung behält die Gattung Rap gerade in Abgrenzung zu anderen Musikgenres Aspekte ihres dialogischen Sprechmodus bei. Inszenierte Dialoge wie in *I got a Man* von Positive K oder nacherzählte Dialoge im Muster des *storytelling* mit Formeln wie *I said – she said* unter Einbeziehung der direkten Rede durch prosodische Merkmale wie stilisierte Intonation und Stimmhöhe wie im Track *Just a Friend* von Biz Markie sind ebenso typisch wie die zahlreichen *Beefs*, die als genretypische Subspielart wechselseitige Angriffe zweier Rapper über mehrere Tracks hinweg bezeichnen.[10]

3 Die Multimodalität der *BATTLE*-Metapher im Kontext ihrer Aktualisierung und Inszenierung

Ein Aspekt, der im Rahmen einer Thematisierung pragmatischer Aspekte der Metapher zunehmend Aufmerksamkeit erfahren hat, ist ihre Einbettung in einen multimodalen Kommunikationszusammenhang.[11] Die Schlüsselmetapher *BATTLE* spiegelt sich visuell u. a. darin wider, dass sich die Rapper als Soldaten

---

8 Eine Ausnahme bilden die *Freestyle Battles*, bei denen Rapper gegeneinander antreten und frei improvisieren müssen.

9 Die strukturelle Zwischenebene lässt sich hinsichtlich des Rezipientenzuschnitts in den Medien selbstverständlich ausführlich beschreiben, was auch in verschiedenen Untersuchungen geschehen ist (vgl. zu einem Überblick u. a. Klein/Friedrich 2003).

10 Ein Beispiel ist die Abfolge der Tracks a) *The Bridge* von MC Shan (1986), b) *South Bronx* von Boogie Down Productions (1986), c) *Kill That Noise* von MC Shan (1987), d) *The Bridge Is Over* von Boogie Down Productions (1987), e) *Have A Nice Day* von Roxanne Shanté (1987) und *I'm Still #1* von Boogie Down Productions (1987). Mit dem Sondertyp *Beef* haben wir eine Spielart dessen vorliegen, was Günthner/Knoblauch (1994: 710) „dauerhafte Beteiligungsformate" nennen.

11 Dies hat u. a. zu einer Reihe von semiotisch ausgerichteten Studien geführt, wie etwa die Untersuchungen zur multimodalen Metapher am Beispiel von Gestik, Werbung, Film, Comics oder Viedeospielen aufzeigen (vgl. u. a. Forceville/Urios-Aparisi 2009; Fahlenbrach 2016).

oder Mafiapaten präsentieren, wie u. a. die zahlreichen intertextuellen und inter-medialen Bezüge – Raptexte, Titel von Alben, Namen von Rappern oder Gruppen – zu dem Film *Scarface* (Schröder 2012b) belegen. Die Pose, in der Rapper sich präsentieren, ist prototypischerweise die des Siegers oder Gewinners, die auf den *primary metaphors* (Grady 1997; Lakoff/Johnson 1999: 51–53) MORE IS UP und CONTROL IS UP aufbauen, die ihrerseits konstitutiv für die Metapher RAP IST BATTLE sind. Ein klassisches Plattencover, das diese Metapher aus der Opferper-spektive rekonstruiert und für seinen Stil bekannt geworden ist, ist das Album *Straight Outta Compton* der Gruppe N.W.A., das den Beginn des US-amerikani-schen *Gangsta-Rap* markiert:

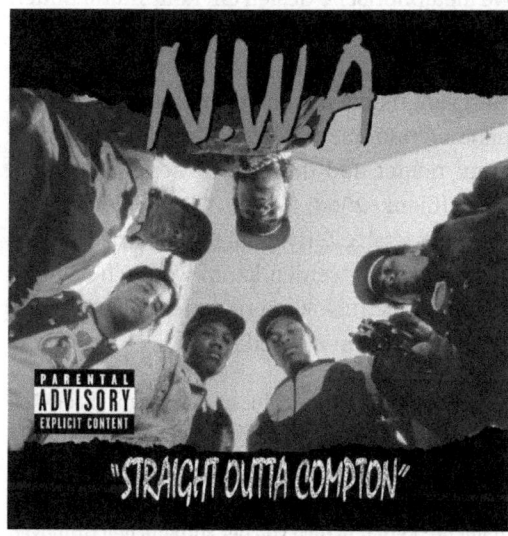

Abb. 1: Plattencover *Straight Outta Comtpon* von N.W.A.

Besonders Studien auf dem Gebiet zur metaphorischen Gestik haben damit begonnen, eine Brücke zwischen kognitiver Semantik und pragmatischer Gesprächsanalyse zu schlagen. Cienki und Müller (2008) unterscheiden zwi-schen (a) Gesten, die simultan mit dem sprachlichen Ausdruck realisiert werden; (b) solchen, die nur gestisch, aber nicht sprachlich ihren Niederschlag finden, z. B. wenn jemand von einer Depression spricht und dabei eine flache Hand nach unten bewegt; (c) Gesten, deren Metaphorik eine andere ist als jene, die gleichzei-tig auf der sprachlichen Ebene vollzogen wird: Jemand sagt: „Either you're right or you're wrong, you're black or white, you know", wobei er mit den Händen eine Bewegung realisiert, bei der er den Raum in zwei Hälften unterteilt, wodurch sich auf der Ebene des Sprechens eine Farbmetapher und parallel dazu auf der Ebene der Gestik eine Raummetapher findet und d) Gesten, für die es keine sprachliche Entsprechung gibt wie die Links-Rechts-Anordnung zeitlicher Ereignisse (Cienki/ Müller 2008). Neben dem empirischen Nachweis für die Plausibilität der These von der *embodied cognition*,[12] der durch das Auffinden solcher metaphorischer Gesten erbracht wird (Cienki 2008), führen die Untersuchungen von Cienki und Müller (2008) in methodischer Hinsicht die Videoaufzeichnung in die kognitive Metaphernforschung ein, die lange Zeit gerade darunter litt, sich empirisch allein auf psycholinguistische Laborexperimente zu stützen (Schröder 2012a).[13] Entlang einer Betrachtung der Prozessualität von Gesten zusammen mit verbalen, prosodischen und paraverbalen Kommunikationsformen kann nachgewiesen werden, dass konventionelle und innovative metaphorische Gesten ein Kontinuum bilden und sich keineswegs so klar voneinander abgrenzen lassen. Gesten etwa rücken die Metaphorizität konventioneller Metaphern, die auf verbaler Ebene nicht mehr transparent sind, wieder ins Bewusstsein, indem der Sprecher eine dem verwendeten verbalen Ausdruck korrespondierende übertriebene Handbewegung ausführt, zusätzlich seinen Blick darauf richtet und den gesprochenen Ausdruck schließlich noch prosodisch markiert (Cienki 2008; Müller 2008). Solche Beobachtungen sind nur möglich, weil der sukzessive Zeitverlauf des metaphorischen Prozesses in der Filmaufnahme nachvollzogen werden kann, wodurch sich die Forscher von der punktuellen, in einem Ausdruck komprimierten Metapher ab- und ihrer Realisierung in der sozialen Interaktion zuwenden:[14]

> This is a shift towards studying metaphor as it is used, and it has important theoretical consequences because it reveals that metaphoricity is dynamic; it indicates that the speaker

---

12 Die Kognitive Semantik wendet sich mit der Kernannahme von der körperlichen Grundverankerung unserer kognitiven Prozesse sowohl gegen den Objektivismus als auch den Subjektivismus und geht davon aus, dass unser Wissen infolge der Universalität menschlicher Körpererfahrung intersubjektiv ausgerichtet sei, womit die Verbindung zu einer äußeren Realität durch die Apriorisierung der leiblichen Gebundenheit des Menschen gewahrt bleibt: „Where objectivism defines meaning independently of the nature and experience of thinking beings, experiential realism characterizes meaning in terms of embodiment, that is, in terms of our collective biological capacities and our physical and social experiences as beings functioning in our environment. [...] Experientialism claims that conceptual structure is meaningful because it is embodied, that is, it arises from, and is tied to, our preconceptual bodily experiences." (Lakoff 1987, 267)
13 Kritik ist in methodologischer Hinsicht in den letzten zehn Jahren auch von korpuslinguistischer Seite geübt worden. Die meisten Beispiele der ersten Generation der konzeptuellen Metapherntheorie seien introspektiv erzeugt und empirische Untersuchungen, die auf den tatsächlichen Sprachgebrauch rekurrieren, kaum zu finden (vgl. u. a. Deignan 2005; Gries/Stefanowitsch 2006).
14 Vgl. hierzu auch McNeills (2008) Konzepte von *catchment* und *growth point*, die sich auf die Prozessualität der metaphorischen Geste beziehen.

establishes or creates metaphoricity online through a general cognitive process, which is in principle modality independent. (Müller 2008: 219)

So wie in der multimodalen Gesprächsanalyse inzwischen verbale, prosodische und mimisch-gestische Ebenen im Hinblick auf kookkurrente Merkmale bei der interaktiven Bedeutungskonstruktion untersucht werden (vgl. u. a. Selting 2013), so gibt es erste Untersuchungen zu kookkurrenten Merkmalen bei der Herstellung des für den Rap typischen *Flow*, die die Fließbewegung, die Rose (1994) neben *layering* (Überlagerung) und *break* (plötzlicher Wechsel) als konstitutives Strukturmerkmal für alle vier Elemente des Hip Hop ausmacht. Pedersen (2009) z. B. untersucht das Zusammenspiel von mikrorhythmischen Gesten und Sprechgesang; Streeck und Henderson (2010: 185–186) illustrieren, wie die Bewegungen des Körpers beim *Beatboxing*[15] als Metronom der Klangerzeugung dienen. Ein Beispiel dafür, wie *Flow* auf metaphorischer Ebene semantisch und prosodisch korreliert wird, zeigt sich etwa in dem Track von Blaque Spurm, in dem in Einklang mit dem gleichlautenden Beat wiederholt die Zeilen *day:z_an_ day:z_ an_day:z_an_day:z* gerappt werden, wodurch die Metapher MONOTONIE IST PHYSISCHE AUSDEHNUNG nicht nur semantisch, sondern auch prosodisch durch die Dehnungen und Verschleifungen erzeugt wird.[16] Es handelt sich um das gleiche Phänomen, auf das Lakoff und Johnson (1980/2003: 127) mit ihren Beispielen „He is bi-i-i-i-ig!" und „He ran and ran and ran and ran" aufmerksam machen, hinter denen sie auf der kognitiven Ebene die konzeptuelle Metapher MORE OF FORM IS MORE OF CONTENT konstatieren. Dennoch darf nicht vergessen werden, dass solchen Metaphern entgegen der Kernthesen der Konzeptuellen Metapherntheorie nach Lakoff und Johnson hier nicht in erster Linie referentielle Funktion zukommt, sondern dass im konkreten Gebrauchskontext kognitive, appellative, expressive sowie intertextuelle Funktionen zusammenspielen, wie in Abschnitt 4 ausführlicher gezeigt wird.[17]

---

15 Beim Beatboxing nutzen die Künstler den gesamten Mundraum, um verschiedene Beats, Melodien und Geräusche zu erzeugen, wobei zur Variation von Lautstärke und Sound eine oder beide Hände um Mund und Mikrofon gehalten werden. Durch Mund, Nase und Kehlkopf werden Drumbeats, Scratches, Schlagzeug- und Percussionrhythmen imitiert.

16 Vgl. http://www.youtube.com/watch?v=XlKWtVtFhTY (1:55–2:15) Im Anschluss an Cameron (2007: 131) ließe sich hier eher von einer situativ erzeugten *systematic metaphor* sprechen als von einer *conceptual metaphor* im Sinne Lakoff und Johnsons, da es sich nicht um „conventionalized, entrenched, fixed" (Lakoff und Johnson 1999: 60) Strukturen handelt.

17 Müller (2013) weist ebenfalls in Anlehnung an Bühlers Organonmodell auf die verschiedenen Funktionen hin, die metaphorische Gesten im tatsächlichen Sprachgebrauch übernehmen und betont, dass ihre Rolle keineswegs auf die referentielle, kognitive Funktion beschränkt sei.

Das kookkurrierende, multimodale Zusammenspiel bei der Konstruktion innovativer Strukturen soll an einem kurzen Beispiel veranschaulicht werden, bei dem die klassische Unidirektionalität von Ausgangs- und Zieldomäne der kognitiven Metapher RAP IST *BATTLE*, genauer der Submetapher BESSER RAPPEN HEISST DEN GEGNER ZU SCHLAGEN gleichsam verwischt und durch ein multimodales *Blending*-Szenario im Sinne von Fauconnier und Turner (Fauconnier 1997; Fauconnier und Turner 2002, 2008)[18] ersetzt wird. Die hier aktivierten *Inputs* Krieg, Sport und Rap ‚verschmelzen' eher im interaktiven Zusammenspiel, wie es u. a. Biese (1893: 15) und Stählin (1913: 324) lange vor der Theorie integrierter Netzwerke (Fauconnier/Turner 2002; 2008) in ihren bidirektionalen Versionen der kognitiven Metapher formuliert haben.[19]

---

18 Fauconnier und Turner entwerfen ein Netzwerk-Modell, welches das Zwei-Domänen-Modell der Konzeptuellen Metapherntheorie in seiner ersten Version (Fauconnier 1997) durch einen vierfachen Konzept-Raum ablöst, der aus zwei *inputs* (Quelle und Ziel), einem *generic space*, der als eine Art *template* den *inputs* gemeinsame Relationen und Einheiten abstrahiert bzw. steuert, und dem Resultat dieses Prozesses, dem *blend*, besteht: „it [blending, US] consists in integrating partial structures from two separate domains into a single structure with emergent properties within a third domain" (Fauconnier 1997, 22). Seit Beginn ihrer gemeinsamen Untersuchungen richtet sich der Blick von Fauconnier und Turner (2002, 2008) zunehmend auf multiple Netzwerke, die oft eine weitaus komplexere Struktur aufweisen als die zuvor untersuchten klassischen *blends* mit ihren lediglich zwei *inputs*.
19 Aus dem Videoclip *Full Clip* von Gang Starr; vgl. http://www.youtube.com/ watch?v=U76Nde6rMTw (1:45–1:52)

(5)   **I'm like that nigga in the ring with you*
      impossible to drop

Abb. 2: Auszug aus *Full Clip* von Gang Starr (Teil 1)

I'm like **two magazines fully loaded to your one*

Abb. 3: Auszug aus *Full Clip* von Gang Starr (Teil 2)

Plus I ain't gonna quit *SPITtin (--)*

Abb. 4: Auszug aus *Full Clip* von Gang Starr (Teil 3)

Til you're done

Abb. 5: Auszug aus *Full Clip* von Gang Starr (Teil 4)

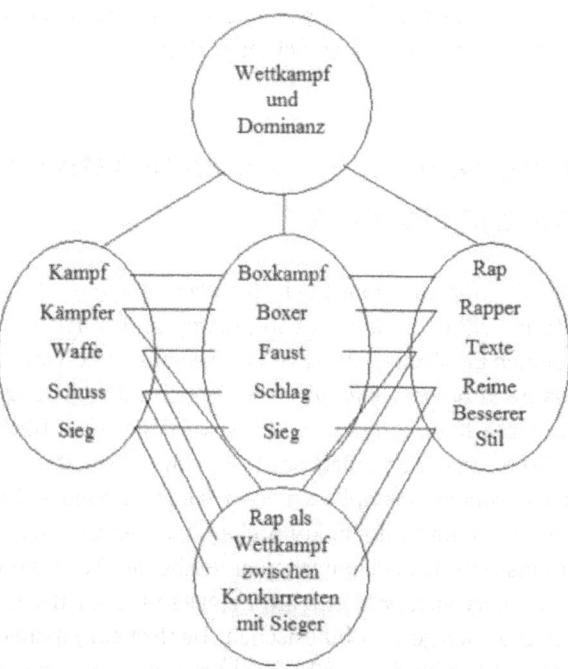

Abb. 6: *Blending*-Szenario aus Krieg, Boxring und Rap

Der Clip spielt mit den verschiedenen Metaphern und verbindet die Inputs im Sinne Fauconniers und Turners (2002, 2008) über einen Generic Space, der die den Inputs gemeinsamen Elemente abstrahiert, zu einem integrierten Netzwerk, wobei auf verbaler Ebene der Input Boxkampf z. B. nur durch das Lexem *ring* aufgerufen wird, visuell jedoch ganz klar durch eine kurze Szene, in der der Rapper Guru boxend dargestellt wird, Präsenz erlangt. Die Vermischung der Inputs Rap und Kampf ist hinsichtlich ihrer Mehrdeutigkeit besonders interessant, da die Hervorhebung des Ausdrucks *spitting* zum einen durch die Akzentuierung, zum anderen durch die nachfolgende Pause, die aber nonverbal durch die fortgesetzte Geste gefüllt ist, im Dunkeln lässt, ob die Geste selbst – ein rasch vor- und zurückschnellender Arm mit sich öffnender und schließender Handfläche und gespreizten Fingern – für den abgefeuerten Schuss oder die ausgespuckten Worte steht. Auf diese Weise erhält der *Blend* selbst emergierende Strukturen (Fauconnier 1997: 22, 150–151, 168–171), d. h. etwas Neues wird kreiert und es findet nicht einfach eine Aktivierung einer konventionalisierten Metapher statt.

Die Hinwendung zur multimodalen Metapher entspricht damit zugleich einer Hinwendung zum interaktionalen, bidirektionalen und emergenten Modell der kognitiven Metapher, das sich durch seine Fokussierung auf *online*-Prozesse für pragmatische Fragestellungen öffnet (Schröder 2012a).[20]

4 Kulturelle Varietät der kommunikativen Funktionen von RAP als *BATTLE*

Zoltán Kövecses überträgt in seinem Buch *Metaphor in Culture* (2005) die von Grady (1997) eingeführte Schlüsseldifferenz von *primary* und *congruent* bzw. *complex metaphor* auf seinen Erklärungsansatz von Universalität und Variation kognitiver Metaphern. Während *primary metaphors* weitgehend unabhängig von kulturellen Einflüssen durch Korrelationen zwischen verschiedenen Dimensionen körperlicher Basiserfahrungen grundlegende universale Schemata darstellen, geben die *congruent* oder *complex metaphors* diesem Skelett eine lebendige Struktur mit konkreten Bildern, die ihrerseits in kulturelle *frames* eingebettet sind. Kövecses (2005: 67–69) illustriert das Zusammenspiel der beiden Metaphern anhand der konzeptuellen *primary metaphor* THE ANGRY PERSON IS A PRESSURIZED CONTAINER, für die es u. a. Belege im Chinesischen, Deutschen, Japanischen, Ungarischen, Polnischen, Wolof und Zulu gibt. Dennoch sagt diese generische Metapher noch nichts darüber aus, auf welche Weise der Container agiert, wie der Druck steigt, ob es sich um einen zu heißen Container handelt, welcher Art die dem Container innewohnende Substanz ist, welche Konsequenzen eine Explosion hat usw., so dass hierfür kulturspezifische komplexe Metaphern konstruiert werden müssen. Während das Japanische Wut etwa konkret im Bauch lokalisiert – ANGER IS (IN THE) HARA[21] –, was mit dem in Japan wichtigen Konzept der Gesichtswahrung in Zusammenhang steht, verfügen die Zulu-Sprachen über Metaphern wie ANGER IST IN THE HEART, ANGER IS HUNGER und ANGER IS A NATURAL FORCE, in denen u. a. zum Ausdruck kommt, dass die offene Darstellung von Wut im Gegensatz zu vielen okzidentalen Gesellschaften nicht tabuisiert ist.

In neueren Arbeiten richtet Kövecses seinen Blick auf den Kontext und spricht im Zusammenhang von verschiedenen Einflüssen wie den Teilnehmern, dem physischen, sozialen und kulturellen *frame* sowie dem situativ-kommunikativen Zusammenhang, in den die Interaktion eingebunden ist, nun von *con-*

---

20 Daran knüpfen in pragmatischer Perspektive auch die Untersuchungen von Brandt und Brandt (2005) mit ihrer Theorie vom *semiotic mental space network* an, denen der Ansatz von Fauconnier und Turner noch zu solipsistisch bleibt.

21 *Hara* bedeutet ‚Bauch' und im weiteren Sinne auch ‚Lebenszentrum'.

text-induced metaphorical creativity (Kövecses 2015). Kövecses zufolge geht es im Grunde nicht um die Frage, ob es in einer bestimmten Kultur eine konzeptuelle Metapher gibt oder nicht, sondern vielmehr um den Grad ihrer Konventionalität und Ausdifferenzierung des entsprechenden Wortschatzes, um unterschiedliche Präferenzen im Hinblick auf die Fokussierung und Rahmung des Konzepts sowie bezüglich der kognitiven Stile (Kövecses 2015: 26–29). Dieser Ansatz lässt sich mit dem Konzept der Reterritorialisierung (Lull 1995) verknüpfen, demzufolge eine global zirkulierende Kultur nicht einfach passiv von einer Zielkultur aufgenommen wird, sondern einen Reterritorialisierungsprozess durchläuft, bei dem drei Wirkungsmechanismen zum Tragen kommen: Als erstes vollzieht sich eine Transkulturation, bei der die kulturelle Ausgangsform durch ihre Überquerung raumzeitlicher Grenzen eine neue Kontur erhält; im Anschluss daran kommt es zu einer Hybridisierung, die sich auf die Verschmelzung verschiedener kultureller Muster bezieht, und schließlich findet eine Indigenisierung statt, indem die eintretende Kulturform lokale Eigenheiten absorbiert, womit der Prozess der Rekontextualisierung abgeschlossen ist. Studien zum Vergleich zwischen US-amerikanischem, französischem, deutschem und brasilianischem Rap (Sokol 2005; Schröder 2007, 2015) haben ergeben, dass *verbal duelling* zwar einen universellen Sprachspieltyp im Rap darstellt, aber dennoch auf unterschiedliche Weise reterritorialisiert wird. Eine deutsch-brasilianische Detailanlayse (siehe Tab. 2 auf der folgenden Seite) hat zutage gefördert, dass der entscheidende Unterschied bei den einzelnen metaphorischen Korrespondenzen sowie den Projektionen der Elemente und Strukturen der Ausgangsdomäne (*battle*) auf die Zieldomäne (*rap*) liegt (vgl. Schröder 2012a, c, 2015):[22]

Prototypische brasilianische Verse wie „Raciocine o suficiente // para que o sistema não *destrua* sua mente // raciocine o máximo pra *atacar* // tanto quanto uma *metralhadora HK*"[23] stehen deutschen *Punchlines*[24] wie „Deine neue Plat-

---

[22] Grundlage für den Vergleich bildete ein Korpus mit 150 Raptexten aus jeder Kultur, wobei die Analyse in zwei Schritte gegliedert wurde: (1) in eine quantitative Erfassung der *Types* und *Tokens* der der entsprechenden Ausgangsdomäne zugehörigen Lexeme nach der *Pragglejaz*-Methode (Steen et al. 2010) und (2) in einen qualitativen Teil, bei dem es um die Ermittlung der Korrespondenzen zwischen Ausgangs- und Zieldomäne ging, d. h. darum, wie die entsprechenden *slots* belegt werden. (vgl. Schröder 2012a, 2012c).

[23] Denk gut nach // damit das System deinen Geist nicht *zerstört* // denk so gut nach, wie du kannst, um *anzugreifen* // so wie ein *Maschinengewehr* der *Marke HK* (*Raciocine* von Consciência Humana, 2003).

[24] Der Ausdruck bezieht sich auf harte Textzeilen, die den Gegner, d. h. den anderen Rapper, treffen.

tenfirma gibt dir eine schwule Note // Rap ohne mich is wie *Krieg* ohne *Tote*"[25] diametral entgegen. Die Verschiebung in der Projektion des Feindes vom anderen MC in der Ursprungsversion hin zu Gesellschaft, Politik, Polizei oder der Mittelschicht, die in brasilianischen Raptexten die prototypische Spezifizierung der generischen Metapher darstellt, führt zu einer Modifizierung der Zieldomäne, die den Fokus vom MC selbst auf das Szenario (ÜBER)LEBENSKAMPF EINER AUSGESCHLOSSENEN MEHRHEIT AN DER PERIPHERIE BRASILIANISCHER GROSSSTÄDTE verlagert. Demgegenüber bleibt das Gros der deutschen Raptexte der Tradition des US-Originals und dem Sprachspiel *rap* mit seinen konzeptuellen Metaphern von KRIEG und SPIEL/WETTKAMPF treu, bei denen der Feind auf den konkurrierenden Rapper projiziert wird. Dieser Aspekt der kulturellen Variation verdeutlicht, inwieweit die Einbeziehung einer pragmatischen Perspektive notwendig ist, um adäquat erfassen zu können, welche divergierenden kommunikativen Funktionen mit den präferierten Konzeptualisierungen verbunden sind.

Tab. 2: Projektionen der *battle*-Metapher im deutsch-brasilianischen Vergleich

Ausgangsdomäne *BATTLE*		Zieldomäne (DEUTSCHER) RAP	Zieldomäne (BRASILIANISCHER) RAP
Soldat, Krieger, Kämpfer, Sieger	⇨	MC	MC
Truppe, Einheit	⇨	Gruppe	Gruppe
Gegner, Feind, Besiegter	⇨	**Anderer MC**	**Gesellschaft, Polizei, Politik**
Bomben, Schüsse, Granaten	⇨	Reime, Wörter, Stil	Reime, Wörter, Stil
kämpfen, schießen, attackieren	⇨	rappen, reimen	rappen, reimen

Mit dem eindeutigen Vorzug, der dem kompetitiv-duellisierenden Rap als ritualisierter Konfrontationsform im deutschen Rap eingeräumt wird, korreliert die hohe Frequenz zweier Sprechakttypen: dem *boasting* als Anpreisung der eigenen Fähigkeiten sowie dem *dissing* als Abwertung des Gegenübers – Sprachhandlungen, die im brasilianischen Korpus kaum auftauchen. Gleichermaßen stehen in den deutschen Raptexten der sog. ersten Generation, zu denen u. a. Gruppen wie

---

25 Aus *Hurensohnologie/Pornofilmkäse*; Diss gegen Curse von Rapper Retrogott der Gruppe Huss und Hodn, 2007.

die Fantastischen Vier, Massive Töne, Der Tobi und das Bo oder Advanced Chemistry gehören, anspruchsvolle und provozierende Reime im Vordergrund, die besonders darauf abzielen, die Beherrschung eines ausgefeilten Registers zum Ausdruck zu bringen, womit poetische, expressive und intertextuelle Funktionen in den Vordergrund rücken. Letztere zeigen sich zum einen im permanenten Rekurs auf die Hip Hop-Kultur als solche – Bezüge zu anderen Rappern, Produktnamen, Filmen, Idolen etc. –; zum anderen im hohen Gebrauch von hip hopspezifischem Fachjargon in englischer Sprache, so dass hier eine ausgeprägte genrespezifische Selbstbezüglichkeit verzeichnet werden kann. Diese Tendenz verweist zugleich auf eine starke Nähe zur US-Ausgangskultur, die u. a. im Zusammenhang mit der Stationierung der US-Soldaten in Deutschland gesehen werden muss.[26] Dennoch umfasst die deutsche Rapszene im Gegensatz zu ihrem US-Vorbild von Beginn an verschiedenste soziale Schichten und Ethnien, deren Lebenswirklichkeit kaum von Polarisierung und Exklusion im US-amerikanischen oder brasilianischen Sinn geprägt ist. Der ‚Klassenkampf' wird vielmehr intrakulturell ausgetragen, indem sich die zweite Generation des zum Teil stark von Einwanderern mit islamischem Hintergrund getragenen Deutschrap von der ersten, nun als ‚Studenten'- oder ‚Oberstufen'-Rap verpönten intellektualisierten Variante, durch *Street Credibility*,[27] Slang und Soziolekt absetzt und von den Medien ihrerseits entweder als „Unterschichten-Rap" (Hawkeye 2005: 162) diqualifiziert oder als „real" (Klein/Friedrich 2003: 77–80) glorifiziert wird. Trotz ihrer Hinwendung zu einem teilweise Gewalt verherrlichenden und sexistischen *Pimp-*, *Showbiz-* und *Gangsta-Rap* hat sich interessanterweise im Hinblick auf die einzelnen Projektionen der kognitiven Grundmetapher selbst keine Verschiebung ergeben, was u. a. damit zu tun haben könnte, dass sich, wie Landsberg (2005: 7) anmerkt, „Politik und Sozialkritik in Deutschland nicht verkaufen lassen".[28]

---

26 Durch diesen unmittelbaren Kontakt seitens der USA ist der Kontakt zu Hip Hop schon früh vorhanden: So ist die US-Version von *Yo! MTV Raps!* bereits 1988 auf dem Fernsehkanal MTV in Deutschland zu sehen; 1993 strahlt VIVA für zwei Jahre die Sendung *Freestyle* aus, wo erstmals deutscher Hip Hop thematisiert wird. Demgegenüber kommt *Yo! Raps!* im brasilianischen MTV erst Ende der neunziger Jahre ins Programm. In Brasilien wird 1992 das erste Hip Hop-Magazin *Pode Crê!* publiziert, zwei Jahre später allerdings schon wieder eingestellt. Die heute einzige überregionale Hip Hop-Zeitschrift ist *Rap Brasil*. Im Gegensatz dazu werden in Deutschland bis Anfang der neunziger Jahre ausschließlich das US-Magazin *Source* und die britische Zeitschrift *Hip Hop Connection* rezipiert; erst später erscheint das erste deutschsprachige Magazin *Mzee*, später treten *MK Zwo* (später dann: *MIK'x news*) und *Juice* hinzu.

27 Der Authentizitätsdiskurs ist ein Schlüsseltopos im deutschen Hip Hop; vgl. zu dieser Debatte u. a. Klein/Friedrich (2003: 70–83).

28 Es sind allerdings weitere Stilvarianten hinzu gekommen, etwa *blending*-Szenarien aus KRIEG und VERGEWALTIGUNG (Schröder 2012a: 269–270, 2012c).

Konträr zur deutschen Lebenswirklichkeit verstehen sich brasilianische Rapper tendenziell als Repräsentanten einer bestimmten sozialen und ethnischen Klasse, weshalb der externe Hörerbezug – d. h. die direkte Ansprache der *community* unter Verwendung des Imperativs etc. – in ihren Texten einen höheren Stellenwert einnimmt. Was die strukturelle Zwischenebene der kommunikativen Gattung *rap* betrifft, ist der Rezipientenzuschnitt im brasilianischen Kontext demnach breiter und richtet sich nicht exklusiv nur an andere Teilnehmer der Hip Hop-Kultur, sondern an Angehörige der gesamten *community* bzw. der farbigen brasilianischen Unterschicht an der Peripherie, während deutsche Raptexte einerseits auf den unmittelbaren Gegner – den anderen MC – abzielen, andererseits ebenso an die *ingroup* gerichtet sind und schon alleine aufgrund ihrer hohen Intertextualität und ihres Jargons für Außenstehende oft unverständlich sind und bleiben sollen.

Der in São Paulo seinen Ausgang nehmende politische Rap stellt die erfolgreichste brasilianische Stilvariante dar.[29] In oft bewusster und expliziter Abgrenzung zum fatalistischen US-*Gangsta-Rap* stehen realistische Beschreibungen des Ghettolebens im Vordergrund, in denen der Rapper als *porta-voz*, als Lautsprecher einer breiten Masse vornehmlich schwarzer Ghettobewohner nicht nur zum Kronzeugen sozialer Ausgrenzung und verpasster Lebenschancen wird, sondern zugleich zum politischen Aktionismus aufruft. Dementsprechend verschieben sich die kommunikativen Zielsetzungen zugunsten einer Betonung der

---

29 Sorgten in der deutschen Kultur die Stationierung US-amerikanischer Soldaten, das hohe Bildungsniveau, die damit verbundenen Grundkenntnisse der englischen Sprache sowie die mediale Dichte englischsprachiger Importprodukte für einen unmittelbaren Zugang zur US-amerikanischen Hip Hop-Kultur, hatte die Verbreitung von Hip Hop in Brasilien einige Hürden zu überwinden: fehlende materielle bzw. technische Voraussetzungen, Sprachbarrieren, die bis in die achtziger Jahre andauernde Militärdiktatur und die schlichte Tatsache, dass das potentielle Publikum, das innerhalb der zweigeteilten brasilianischen Gesellschaft die marginalisierte Seite repräsentiert, auch massenmedial ausgegrenzt ist. Dieses Defizit führt zu einer äußerst lokal geprägten Rekontextualisierung der Hip Hop-Kultur, die bereits auf musikalischer Ebene autochthone Elemente wie Sambarhythmen, Soundelemente der afrikanischen *candomblé*-Religion und schließlich den *Ilê Aiê* absorbiert. Musikalisch gesehen nimmt die Hip Hop-Kultur in Brasilien ihren Ausgang in Rio de Janeiro, wo sich Mitte der siebziger Jahre unter dem Einfluss der US-amerikanischen *Funk & Soul* Musik die ersten nationalen *Funk*-Künstler wie Banda Black Rio, Tim Maia oder Toni Tornardo formieren, woraus sich dann zusammen mit dem später populär werdenden Sprechgesang die Variante *funk balanço* bzw. *funk pesado* entwickelt. Nachdem sich diese musikalischen Innovationen auch auf São Paulo ausdehnen, kommt es zu zwei gegenläufigen Entwicklungen: Die an Tanzbarkeit orientierte Variante aus Rio mündet in den *Rio Funk*, einen dem US-amerikanischen *Miami Bass* verwandten Musikstil, während sich São Paulo zur eigentlichen Geburtsstätte der brasilianischen Hip Hop-Bewegung formiert, die nun einen textlastigen politisch engagierten Rap hervorbringt (Herschmann 2005: 27–28).

referentiellen, direktiven und phatischen Funktionen mit einer hohen Frequenz von Sprechakten wie ‚kommentieren', ‚berichten', ‚anklagen', ‚appellieren' oder ‚warnen'. Rap wird zum Bildungsmedium, zu einer „segunda escola" („zweiten Schule"; Brown 1993: 13), zum Medium einer mentalen Revolution, bei der „o ‚alvo' é a *consciência* e a ‚arma', a *palvra*" („das ‚Ziel' das *Bewusstsein* und die ‚Waffe' das *Wort* ist"; Diógenes 1998: 142; Hervorh. i. O.).[30]

5 Fazit

Anhand von drei unterschiedlichen pragmatischen Rahmungen der kognitiven Schlüsselmetapher RAP IST *BATTLE* wurde dargelegt, inwieweit die Perspektive einer Kognitiven Pragmatik zu einer Überwindung der vielfach aufgezeigten Defizite der deduktiven Sicht der Kognitiven Semantik nach Lakoff und Johnson beitragen kann, ohne dabei zugleich wichtige Errungenschaften aufgeben zu müssen, die ihrerseits in Zukunft stärker in pragmatische Untersuchungen einfließen könnten. Eine Analyse der kommunikativen Funktionen im Rap, die ihrerseits auf die Einsicht, dass Rap konstitutiv auf der kognitiv verankerten BATTLE-Metapher gründet, verzichtet, würde ihres methodologisch wichtigsten Dreh- und Angelpunktes entbehren. Eine Neubetrachtung der Metapher von der Warte der Kognitiven Pragmatik aus impliziert somit eine Verschiebung von der in der kognitiven Metaphernforschung so lange vorherrschenden Aufmerksamkeit, die den symbolischen Beschreibungs- und Darstellungsmöglichkeiten der Metapher eingeräumt wurde, hin zu dem zuallerst von Bühler (1934/1982) veranschaulichten Zusammenspiel von Ausdruck, Darstellung und Appell im Verständnis von Sprechen als Handlungsmodus. Dieser Handlungsaspekt, so wurde gezeigt, ist für die kognitive Metapher RAP IST *BATTLE per se* konstitutiv. Es handelt sich hierbei im Gegensatz zu vielen von kognitiven Linguisten untersuch-

---

30 In diesem Zusammenhang lässt sich das kulturspezifische *Blending*-Szenario eines Subgenres sehen, dem *Rap Gospel Nacional*, bei dem die Inputs Rap, Krieg und Heilige Mission im Blend selbst den Rapper zum Sprachrohr Gottes machen, der durch religiöse Erfahrung eine Transformation vom Kriminellen zum Gläubigen durchlaufen hat und diese Botschaft nun weiterreicht (vgl. Schröder 2012a, c). Selbstverständlich gibt es in Deutschland ebenso *Polit-* und *Conscious-Rap* wie es in Brasilien auch *Gangsta-* und *Battle-Rap* gibt. Allerdings spielen diese beiden Tendenzen in der jeweiligen Kultur eine untergeordnete Rolle, was gerade dann sichtbar wird, wenn man einen Blick auf die Verkaufszahlen wirft. Während politischer Rap in Deutschland nur marginal vertreten ist (Klein und Friedrich 2003: 53–63), stellt in Brasilien der in São Paulo seinen Ausgang nehmende *Polit-Rap* die erfolgreichste Stilvariante dar (Herschmann 2005: 27–28); vgl. dazu vertiefend Schröder (2012a: 261–279; 2012b).

ten Metaphern um keine konzeptuelle Metapher, deren Funktion in der epistemologischen Erschließung neuer oder Explikation komplexer Wissensbereiche liegt, sondern um die phatische Ausübung einer kulturell verankerten, inkorporierten Sprachspielpraxis. Diese Sprachspielpraxis ist mitnichten nur konventionalisiert und fest eingeschrieben, sondern kann in Prozessen der multimodalen Inszenierung und Aktualisierung immer wieder neue integrative Netzwerke hervorbringen, welche die Ursprungsmetapher variieren. Metaphorische Projektionen verändern sich außerdem im Zusammenspiel mit den kommunikativen Situationen, in denen sie zu bestimmten Zwecken verwendet werden, sowie in Abhängigkeit vom historisch-kulturellen Rahmen und als Resultat sozialer Aushandlungprozesse. Hier zeigte sich, dass der Ansatz von Kövecses (2005) zur Unterscheidung von generischen (universellen) und komplexen (kulturabhängigen) Metaphern ein hilfreiches Instrumentarium zur Erfassung der konkreten Ausformung kulturspezifischer *mappings* bei der Reterritorialisierung global zirkulierender Kulturformen darstellt und gleichwohl um eine pragmatische Dimension ergänzt werden muss.[31]

6 Literatur

Abrahams, Roger D. (1962): „Playing the dozens". In: *Journal of American Folklore* 75, 209–220.
Alim, H. Samy (2009): „Translocal Style Communities: Hip Hop Youth as Cultural Theorists of Style, Language, and Globalization". In: *Pragmatics* (International Pragmatics Association) 19(1), 103–127.
Biese, Alfred (1893): *Die Philosophie des Metaphorischen. In Grundlinien dargestellt.* Hamburg/Leipzig: Verlag von Leopold Voss.
Bock, Karin/Meier, Stefan/Süss, Gunter (2007): „HipHop als Phänomen kulturellen Wandels". In: Bock, Karin/Meier, Stefan/Süss, Gunter (Hg.): *HipHop meets Academia. Globale Spuren eines lokalen Kulturphänomens.* Bielefeld: transcript Verlag, 313–323.

---

31 Ich danke an dieser Stelle dem *Conselho Nacional de Desenvolvimento Científico e Tecnológico* – CNPq für das Stipendium *Bolsa de Produtividade* – PQ (2015–2018) und der *Fundação de Amparo à Pesquisa do Estado de Minas Gerais* – FAPEMIG für das Stipendium *Pesquisador Mineiro* – PPM (2015–2017; 2017–2019) sowie der *Coordenação de Aperfeiçoamento de Pessoal de Nível Superior* – CAPES und der Humboldt-Stiftung für die einjährige finanzielle Unterstützung im Rahmen des Programms *Capes-Humboldt Research Fellowship for experienced researchers* zur Realisierung meines Postdoc-Aufenthalts an der Westfälischen Wilhelms-Universität Münster (2013–2014). In diesem Rahmen bedanke ich mich außerdem bei Prof. Dr. Susanne Günthner dafür, dass sie mich als Gastforscherin an das Germanistische Institut der WWU eingeladen hat, und schließlich möchte ich mich noch bei den Herausgebern dieses Bandes für ihre sorgfältige Durchsicht meines Manuskripts bedanken.

Brandt, Line/Brandt, Per Aage (2005): „Making sense of a blend. A cognitive-semiotic approach to metaphor". In: *Annual Review of Cognitive Linguistics* 3, 216–249.

Brown, Mano (1993): „Em entrevista". In: *Pode Crê* fev./março, 13.

Bühler, Karl (1934/1982): *Sprachtheorie: die Darstellungsfunktion der Sprache.* Stuttgart: Fischer.

Cameron, Lynne (2007): „Confrontation or complementarity? Metaphor in language use and cognitive metaphor theory". In: *Annual Review of Cognitive Linguistics* 5, 107–135.

Cienki, Alan (2008): „Why study metaphor and gesture?". In: Cienki, Alan/Müller, Cornelia (Hg.): *Metaphor and Gesture.* Amsterdam, Philadelphia: John Benjamins, 5–25.

Cienki, Alan/Müller, Cornelia (2008): „Metaphor, Gesture, and Thought". In: Gibbs, Raymond W. Jr. (Hg.): *The Cambridge Handbook of Metaphor and Thought.* Cambridge: Cambridge University Press, 483–501.

Deignan, Alice (2005): *Metaphor and Corpus Linguistics.* Amsterdam: John Benjamins.

Diógenes, Glória (1998): *Cartografias da cultura e da violência: gangues, galeras e o movimento hip-hop.* São Paulo: Annablume.

Dufresne, David (1997): *Rap Revolution. Geschichte, Gruppen, Bewegung.* Zürich/Mainz: Atlantis Musikbuch-Verlag.

Dundes, Alan/Leach, Jerry W./Özkök, Bora (1986): „The Strategy of Turkish Boys' Verbal Dueling Rhymes". In: Gumperz, John L./Hymes, Dell (Hg.): *Directions in Sociolinguistics. The Ethnography of Communication.* Oxford/New York: Basil Blackwell Ltd., 130–160.

Fahlenbrach, Kathrin (Hg.) (2016). *Embodied metaphors in film, television, and video games: Cognitive approaches.* London & New York: Routledge.

Fauconnier, Gilles (1997): *Mappings in Thought and Language.* Cambridge: Cambridge University Press.

Fauconnier, Gilles/Turner, Mark (2002): *The Way We Think.* New York: Basic Books.

Fauconnier, Gilles/Turner, Mark (2008): „Rethinking Metaphor". In: Gibbs, Raymond W. Jr. (Hg.): *The Cambridge Handbook of Metaphor and Thought.* Cambridge: Cambridge University Press, 53–66.

Forceville, Charles J./Urios-Aparisi, Eduardo (Hg.) (2009). *Multimodal Metaphor.* Berlin & New York: Mouton de Gruyter.

Grady, Joseph E. (1997): *Foundations of meaning: Primary metaphors and primary scenes.* Berkeley: Doctoral dissertation – Department of Linguistics, University of California at Berkeley.

Gries, Stefan T./Stefanowitsch, Anatol (2006). *Corpora in Cognitive Linguistics. Corpus-Based Approaches to Syntax and Lexis.* Berlin, Boston: Mouton de Gruyter.

Günthner, Susanne/Knoblauch, Hubert (1994): „,Forms are the food of faith'. Gattungen als Muster kommunikativen Handelns". In: *Kölner Zeitschrift für Soziologie und Sozialpsychologie* 46(4), 693–723.

Günthner, Susanne/Luckmann, Thomas (1995): *Asymmetries of Knowledge in Intercultural Communication. The Relevance of Cultural Repertoires of Communicative Genres.* Konstanz: Universität Konstanz, Fachgruppe Sprachwissenschaft, Arbeitspapier Nr. 72. Im Internet unter: http://ling.uni-konstanz.de/pages/publ/PDF/ap072.pdf [21.12.2014].

Hawkeye (2005): „Das letzte Wort: Unterschichten-Rap". In: *Juice* 8, 162.

Herschmann, Micael (2005): *O Funk e o Hip-Hop invadem a cena.* Rio de Janeiro: Editora UFRJ.

Kecskes, Istvan (2012): „Encyclopaedic knowledge and cultural models". In: Schmid, Hans-Jörg (Hg.): *Cognitive Pragmatics.* Berlin/Boston: De Gruyter Mouton, 175–197.

Klein, Gabriele/Friedrich, Malte (2003): *Is this real? Die Kultur des Hip Hop*. Frankfurt am Main: Suhrkamp.

Kochman, Thomas (1981): *Black and White. Styles in Conflict*, Chicago/London: University of Chicago.

Kövecses, Zoltán (2005): *Metaphor in Culture. Universality and Variation*. Cambridge: Cambridge University Press.

Kövecses, Zoltán. (2015). *Where metaphors come from. Reconsidering context in metaphor*. New York: Oxford University Press.

Labov, William (1971): *Language in the Inner City. Studies in the Black English Vernacular*. Philadelphia: University of Pennsylvania Press.

Lakoff, George (1987): *Women, Fire and Dangerous Things: What Categories Reveal about the Mind*. Chicago: University of Chicago Press.

Lakoff George/Johnson, Mark (1980/2003): *Metaphors We Live By*. Chicago: The University of Chicago Press.

Lakoff, George/Johnson, Mark (1999): *Philosophy in the Flesh. The Embodied Mind and its Challenge to Western Thought*. New York: Basic Books.

Landsberg, Torsten (2005): „Slow Down. Der langsame Abstieg des relevanten Hip Hop". In: *MIK'x news. Das deutschsprachige Magazin für Vibrationen* 35(1), 6–9.

Lull, James (1995): *Media, communication, culture. A global approach*. Cambridge: Polity Press.

Major, Clarence (Hg.) (1970): *Juba to jive: a dictionary of African-American slang*. New York: Penguin Books.

McNeill, David (2008): „Unexpected metaphors". In: Cienki, Alan/Müller, Cornelia (Hg.): *Metaphor and Gesture*. Amsterdam, Philadelphia: John Benjamins, 155–170.

Müller, Cornelia (2008): „What gestures reveal about the nature of metaphor." In: Cienki, Alan/ Müller, Cornelia (Hg.): *Metaphor and Gesture*. Amsterdam, Philadelphia: John Benjamins, 219–245.

Müller, Cornelia (2013): „Gestures as a medium of expression: The linguistic potential of gestures". In: Müller, Cornelia/Cienki, Alan/Fricke, Ellen/Ladewig, Silva H./McNeill, David/ Teßendorf, Sedinha (Hg.): *Body – Language – Communication. An International Handbook of Multimodality in Human Interaction. Volume 1*. Berlin, Boston: De Gruyter Mouton, 202–217.

Pedersen, Brigitte Stougaard (2009): „Anticipation and Delay as Micro-Rhythm and Gesture in Hip Hop Aesthetics". In: *JMM* 8(3). Im Internet unter: http://www.musicandmeaning.net/ issues/pdf/JMMart_8_3.pdf [21.12.2014].

Rose, Tricia (1994): *Black Noise. Rap Music and Black Culture in Contemporary America*, Middletown: Wesleyan University Press.

Safire, William (1992): „ON LANGUAGE; The Rap on Hip-Hop". In: *New York Times* (08.11.1992). Im Internet unter http://www.nytimes.com/1992/11/08/magazine/on-language-the-rap-on-hip-hop.html [21.12.2014].

Schmid, Hans-Jörg (2012): „Generalizing the apparently ungeneralizable. Basic ingredients of a cognitive-pragmatic approach to the construal of meaning-in-context". In: Schmid, Hans-Jörg (Hg.): *Cognitive Pragmatics*. Berlin, Boston: De Gruyter Mouton, 3–22.

Schmid, Hans-Jörg (2016): „Why Cognitive Linguists must embrace the social and pragmatic dimensions of language and how it could do so more seriously". In: *Cognitive Linguistics* 27(4), 543–557.

Scholz, Arno (2004): „Kulturelle Hybridität und Strategien der Appropriation an Beispielen des romanischen Rap". In: Kimminich, Eva (Hg.): *Rap: More Than Words*. Frankfurt am Main: Peter Lang, 45–65.

Schröder, Ulrike (2007): „Tendenzen gegenläufiger Reterritorialisierungen in brasilianischen und deutschen Rap-Texten". In: *Lusorama* 71–72, 93–119.

Schröder, Ulrike (2012a): *Kommunikationstheoretische Fragestellungen in der kognitiven Metaphernforschung. Eine Betrachtung von ihren Anfängen bis zur Gegenwart*. Tübingen: Gunter Narr Verlag.

Schröder, Ulrike (2012b): „Rap zwischen Wunsch und Wirklichkeit: Konsequenzen einer Ausblendung der Differenz von kommunikativer und extrakommunikativer Perspektive in der wissenschaftlichen Betrachtung von Rapmusik". In: *Kodikas/Code: Ars Semeiotica – An International Journal of Semiotics* 35, 103–124.

Schröder, Ulrike (2012c): „Applying conceptual metaphor and blending theory to culture-specific speech functions in rap lyrics". In: *Text & Talk* 32, 211–234.

Schröder, Ulrike (2014): „Rediscovering the cognitive-semiotic and cognitive-pragmatic approaches to metaphor in the work of Johann Heinrich Lambert and Philipp Wegener". In: *metaphorik.de* 25, 79–102. Im Internet unter: http://www.metaphorik.de/sites/ www. metaphorik.de/files/journal-pdf/25_2014_schroeder_0.pdf [21.12.2014].

Schröder, Ulrike (2015): „Conceptual metaphors: a culture-specific construction of meaning using the LIFE IS WAR metaphor in Brazilian and German rap lyrics". In: Finger, Anke/ Kathöfer, Gabi/Larkosh, Christopher (Hg.): *KulturConfusão – On German-Brazilian Interculturalities*. Berlin, Boston: De Grutyer, 159–177.

Selting, Margret (2013): „Verbal, vocal and visual practices in conversational interaction". In: Müller, Cornelia/Cienki, Alan/Fricke, Ellen/Ladewig, Silva H./McNeill, David/Teßendorf, Sedinha (Hg.): *Body – Language – Communication. An International Handbook of Multimodality in Human Interaction. Volume 1*. Berlin, Boston: De Gruyter Mouton, 589–609.

Sokol, Monika (2004): „*Verbal Duelling*: Ein universeller Sprachspieltypus und seine Metamorphosen im US-amerikanischen, französischen und deutschen Rap". In: Kimminich, Eva (Hg.): *Rap: More Than Words*. Frankfurt am Main: Peter Lang, 113–160.

Stählin, Wilhelm (1913): „Zur Psychologie und Statistik der Metaphern. Eine methodologische Untersuchung". In: *Archiv für die gesamte Psychologie* XXXI, 297–425.

Steen, Gerard. J./Dorst, Aletta A./Herrman/J. Berenike Kaal, Anna A./Krennmayr, Tina/Pasma, Trijntje (Hg.) (2010). *A method for linguistic metaphor identification. From MIP to MIPVU*. Amsterdam: John Benjamins.

Streeck, Jürgen/Henderson, Douglas (2010): „Das Handwerk des Hip-Hop: Freestyle als körperliche Praxis". In: Wulf, Christoph/Fischer-Lichte, Erika (Hg.): *Gesten. Inszenierung, Aufführung, Praxis*. München: Wilhelm Fink, 181–206.

Toop, David (1991): *Rap Attack 2. African Rap To Global Hip Hop*. New York/London: Serpent's Tail.

Wierzbicka, Anna (2003): *Cross-Cultural Pragmatics. The Semantics of Human Interaction*. Berlin: Mouton de Gruyter.

Nadine Proske

Zum Nutzen der Frame-Semantik für die Analyse der Bedeutungskonstitution in der Interaktion

1 Einleitung

Dieser Beitrag nimmt die Eignung eines kognitiven Ansatzes, der Frame-Semantik, für interaktionslinguistische Bedeutungsanalysen in den Blick. Frames gelten als mit Lexemen assoziierte konzeptuelle Strukturen, die Interpretationen von Äußerungen zugrundeliegen (vgl. Fillmore 1985). Sie werden von Linguisten für gewöhnlich introspektiv ermittelt und anhand von Korpusdaten allenfalls auf Plausibilität geprüft (vgl. z. B. Ruppenhofer et al. 2010). Es soll anhand zweier Phänomenbereiche diskutiert werden, inwiefern sich die Relevanz der vom Analytiker angenommenen Frames auch für die Interaktionsteilnehmer zeigen lässt. Als erstes Beispiel wird der Standardfall der von Verben evozierten Frames betrachtet. Es wird analysiert, inwiefern sich anhand des sequenziellen Kontexts eines Einzelfalls oder anhand rekurrenter Muster zeigen lässt, dass einzelne (nicht immer overt als Verbergänzungen realisierte) Frame-Elemente mit konstitutiv für die Bedeutung sind. Als zweites Beispiel dient die Verwendung von Diskurspartikeln. Da diesen trotz ihrer Kontextabhängigkeit in der Regel eine Grundbedeutung zugeschrieben wird, insbesondere wenn es sich um aus autosemantischem Material stammende Vertreter (z. B. *komm*, *schau*) handelt, stellt sich die Frage, ob eine framesemantische Beschreibung dieser Grundbedeutung (z. B. ein Bezug auf den für *kommen* relevanten MOTION-Frame bei *komm*) gegenüber anderen (kognitiven und nicht-kognitiven) semantischen Ansätzen einen Mehrwert bietet und sich empirisch rechtfertigen lässt. Dabei zeigt sich auch, wo (kognitiv-)linguistische Semantiktheorien an ihre methodischen Grenzen stoßen: bedeutungskonstitutiv relevante Inferenzen können nicht immer durch (mentale) Zuschreibungen des Analytikers ermittelt werden, sondern müssen oft dem sequenziellen Kontext oder ethnographischem Wissen entnommen werden. Dies zeigt, dass nicht nur die Frame-Semantik interaktionslinguistische Ansätze bereichern kann, indem sie z. T. nur introspektiv zugängliche Bedeutungsanteile kognitiv angemessen beschreibbar macht, sondern umgekehrt auch interaktionale Analysen kognitiven Theorien neue Impulse geben können, da sie darauf

https://doi.org/10.1515/9783110575484-163

verweisen, dass Bedeutungskonstitution immer mehr als die propositionale Ebene und rein enzyklopädische Wissensbestände umfasst.

2 Theoretische Grundlagen

2.1 Interaktionslinguistische Ansätze und Kognition

Pragmalinguistische Ansätze, die sich mit gesprochener Sprache beschäftigen, sehen sich selbst häufig als nicht kompatibel mit kognitiven Ansätzen, seien sie psychologisch oder linguistisch orientiert. Insbesondere viele Gesprächsanalytiker betonen die ‚antimentalistische' Ausrichtung ihrer Methode (vgl. im Überblick Potter/Edwards 2013): Bei Sequenzanalysen von Transkripten wird nur einbezogen, was ‚beobachtbar' ist, d. h. die für alle Teilnehmer der untersuchten Interaktion zugänglichen Redebeiträge, mit denen sie nur teilweise ihre Absichten offen ‚anzeigen' (zum *display*-Begriff vgl. z. B. Sacks/Schegloff/Jefferson 1974: 728). Auch die Interaktionale Linguistik, die neben ihrem Bezug auf die klassische Konversationsanalyse auch von linguistischen Ansätzen (vor allem grammatischen und phonologischen) beeinflusst ist, geht von dem Grundsatz aus, dass den Interagierenden vom Analytiker keine Intentionen und sonstigen mentalen Zustände zugeschrieben werden sollen, die sich nicht aus den Daten ablesen lassen (vgl. z. B. Imo 2014). Dabei bleibt es allerdings immer Interpretationssache, was genau wodurch angezeigt wird und somit ablesbar ist.[1] Dennoch – oder gerade deshalb – werden auch in vielen interaktionslinguistischen[2] Analysen Intentionszuschreibungen gemacht und dabei nicht immer (gut) begründet. Dieser Widerspruch zwischen Anspruch und Praxis ist vor allem deshalb problematisch, weil er durch in ihrer Absolutheit unhaltbare Grundannahmen konstruiert wird: Zum einen ist es nicht notwendig, kognitive Ansätze für reine Spekulation zu halten, nur weil man selbst im eigenen Ansatz keine Annahmen zu mentalen Zuständen macht. Es ist unbestritten, *dass* Menschen solche haben;

---

1 Es gibt z. B. eindeutige und weniger eindeutige Fälle der „Verstehensdokumentation" (vgl. Deppermann 2008a): Das Beantworten einer Frage zeigt en passant an, dass sie verstanden worden ist. Ein Rückmeldesignal dagegen zeigt oft zunächst nur an, dass ein Beitrag rezipiert worden ist. Nicht immer ist für den Analytiker erschließbar, was der Produzent eines solchen zu einem gegebenen Zeitpunkt bereits verstanden hat, wenn der Beitrag auf das Rückmeldesignal beschränkt bleibt.
2 Gesprächsanalyse und Interaktionale Linguistik werden hier als ‚interaktionslinguistische/ interaktionsanalytische Ansätze' zusammengefasst.

man kann sie wissenschaftlich zu erfassen suchen oder nicht. Wenn man also keine Aussage dazu machen will, *welche* konkreten mentalen Zustände bei einem Interaktionsteilnehmer vorliegen, negiert man damit nicht auch gleich ihre Existenz. Zum zweiten sind es gerade Intentionszuschreibungen, die menschliche Interaktion und Kommunikation überhaupt erst möglich machen (vgl. z. B. Tomasello 2008), d. h. sowohl die analysierten Interagierenden als auch der Analytiker müssen notwendigerweise Annahmen über mentale Zustände machen, um Interaktionen verstehen zu können. Insofern ist es notwendig, die Grundlagen für die ohnehin gemachten Zuschreibungen genauer zu explizieren und zu reflektieren, anstatt sie als vollkommen unzugänglich darzustellen und zu behandeln. Da Plädoyers für die Offenheit für verschiedene Ansätze und gezielte methodologische Reflexion inzwischen aus der Gesprächsanalyse selbst kommen (vgl. Deppermann 2012; Reineke in diesem Band), soll hier von vornherein von der Möglichkeit einer gegenseitigen Bereicherung ausgegangen werden und, statt eine generelle Kompatibilitätsdiskussion zu führen, ein Bereich herausgegriffen werden, in dem eine Integration kognitiver und nicht kognitiver Ansätze nicht nur wünschenswert, sondern methodologisch notwendig ist.

2.2 Bedeutungskonstitution in der Interaktion

Die Semantik ist bisher, anders als z. B. Prosodie und Syntax, sehr selten Gegenstand interaktionslinguistischer Untersuchungen gewesen. Ein Grund dafür ist, dass sie noch weniger ohne introspektive Urteile bzw. durch rein gesprächsanalytische Methoden erfasst werden kann als Syntax und Prosodie, die deutlichere Spuren der Online-Planung hinterlassen. Dadurch lassen sich einige Phänomene auf diesen Ebenen als Teilnehmerkategorien modellieren. Darüber hinaus haben sich trotz des notwendigen Rückgriffs auf traditionelle grammatische und phonologische Konzepte auch genuin interaktionslinguistische Ansätze zum Verständnis dieser Ebenen und vor allem ihrer für die Mündlichkeit spezifischen Phänomene etabliert. Diese betonen, dass ein solches Verständnis allein durch Introspektion nicht erreicht werden kann (z. B. Auers (2000) Ansatz der Online-Syntax). Bisherige Arbeiten zur Bedeutungskonstitution in der Interaktion beschränken sich weitgehend auf gesprächsanalytische und ethnomethodologische Ansätze, nur vereinzelt werden (kognitiv)linguistische Konzepte diskutiert oder explizit integriert (vgl. Deppermann/Spranz-Fogasy 2002; Deppermann 2007).

Trotz der fehlenden semantiktheoretischen Tradition innerhalb interaktionslinguistischer Ansätze und der dem ‚Antimentalismus‘ auf den ersten Blick entgegenstehenden kognitiven Ausrichtung vieler Semantiktheorien gibt es hinsichtlich der Auffassung der Rolle von Kontext bei der Bedeutungskonstitution Gemeinsamkeiten zwischen Gesprächsanalyse und gerade kognitiven – mehr als strukturalistischen – Semantiktheorien (vgl. 2.3). Mit der Verwendung des noch nicht allgemein in der Linguistik terminologisierten Begriffs der Bedeutungskonstitution geht eine Perspektive auf die – notwendigerweise mentale – Verarbeitung von Bedeutung einher, die sie als kontextgesteuerten, interaktiven und/ oder kognitiven Prozess der Herstellung – statt des Abrufens aus einem Lexikon – betrachtet (vgl. Deppermann 2002: 12). Diese umfasst nicht nur propositionsrelevante Anteile:

> ‚Bedeutungskonstitution' betrifft Phänomene, die von der Referenz einzelner Ausdrücke, über Sprechakte und die Herstellung von Textkohärenz bis hin zu den Implikationen von Äußerungen für die Sozialbeziehungen der Kommunikationsteilnehmer reichen. (Deppermann 2002: 11)

Während gesprächsanalytische Studien den interaktiven Teil der Herstellung von Bedeutung untersuchen und nichts zum kognitiven Teil des Prozesses sagen, nehmen psychologische Ansätze ebendiesen in den Fokus (vgl. Deppermann 2002). Ein Ansatz, der sich aufgrund der beiden Richtungen gemeinsamen Betonung der Prozesshaftigkeit und der Kontextrelevanz jedoch auch für die interaktionale Analyse der Bedeutungskonstitution anbietet, ist die Frame-Semantik.

2.3 Frame-Semantik

Es gibt eine Reihe verschiedener framesemantischer Ansätze bzw. verschiedene Weiterentwicklungen der Idee, die in der Linguistik vor allem auf Charles Fillmore zurückgeht.[3] Eine Gemeinsamkeit von dessen Theorie mit ethnomethodologischen Ansätzen ist der Einbezug sonst als pragmatisch angesehener Aspekte in die Semantik bzw. das Ablehnen einer klaren Trennung der Semantik von Pragmatik und ‚Weltwissen'.[4] Verstehensrelevantes Wissen umfasst für ihn mehr

---

3 Parallel zu Fillmore haben u. a. auch die Kognitionswissenschaftler Minsky und – etwas später – Barsalou Frame-Ansätze entwickelt (vgl. im Überblick Busse 2012).
4 Fillmore selbst verweist am Rande auf diese Gemeinsamkeit – er spricht dabei zwar nicht die Ethnomethodologie, aber ethnographische Perspektiven an: „Frame semantics comes out of empirical semantics rather than formal semantics. It is most akin to ethnographic semantics, the work of the anthropologist who moves into an alien culture and asks such questions as ‚What categories of experience are encoded by the members of this speech community through the linguistic choices that they make when they talk?'" (Fillmore 1982: 111). Deppermann (2002:

als lexikalische Semantik, wie sie traditionell durch Merkmalslisten erfasst wird, weshalb er auch von der Notwendigkeit einer „Verstehens-Semantik" spricht (vgl. Fillmore 1985).[5] Dieses Wissen ist strukturiert durch Frames.

> By the term ‚frame' I have in mind any system of concepts related in such a way that to understand any one of them you have to understand the whole structure in which it fits; when one of the things in such a structure is introduced into a text, or into a conversation, all of the others are automatically made available. (Fillmore 1982: 111)

Wörter verweisen nicht nur auf semantische und kognitive Kategorien, sondern sie ‚evozieren' Frames, die komplexe Wissensbestände und Praktiken einer (Sprach-)Gemeinschaft umfassen (vgl. Fillmore 1982: 119). Die Kenntnis der Frames ist damit Voraussetzung für die Bedeutungskonstitution.

Während die Semantik von Verben in interaktionalen Ansätzen bisher äußerst wenig untersucht ist, bildet sie den Ausgangspunkt der Frame-Semantik Fillmorescher Prägung[6]: Verben sind die am besten beschriebenen frame-evozierenden Elemente, weil sie durch ihre Argumentstellen am klarsten bestimmte Partizipanten in Sachverhalten (‚Frame-Elemente') obligatorisch verlangen. Systematisch auf empirische Daten angewandt worden ist vor allem die durch das lexikographische Projekt FrameNet repräsentierte Version der Frame-Semantik (vgl. z. B. Fillmore/Johnson/Petruck 2003).

Für eine semantische Klassifikation von Korpusbelegen im Rahmen empirischer Untersuchungen (vgl. z. B. Zeschel/Proske 2015; Zeschel 2017)[7] haben

---

19) weist aus gesprächsanalytischer Perspektive auf die Verwandtschaft ethnomethodologischer und kognitionswissenschaftlicher Konzepte der Rolle von Wissen bei der Bedeutungskonstitution hin: Aus wiederholter Erfahrung gewonnene, abstrahierende Muster bzw. verschiedene Wissensbestände (z. B. als Frames konzeptualisiert) können Interpretationen von Aktivitäten (einschließlich der Äußerung bestimmter sprachlicher Ausdrücke) leiten und diese wiederum „bestätigen" zugleich die Gültigkeit der abstrakten Muster.

5 Die Betonung verstehenstheoretischer Aspekte findet sich vor allem in Fillmores Arbeiten der 80er Jahre. Später, vor allem im Rahmen von FrameNet, stehen eher praktische Aspekte der lexikographischen Erfassung der argumentstrukturellen Rahmen von Verben im Vordergrund (vgl. auch Busse 2012: 25).

6 Der kognitionswissenschaftliche Ansatz von Barsalou und auch viele linguistische Arbeiten widmen sich dagegen vor allem Frames, die von den Vertretern nominaler Wortarten ausgehen (vgl. a. Busse 2012: 21).

7 Für diese Studie zu *kommen* und *gehen* wurden Belege aus dem mündlichen Korpus FOLK und aus Schriftkorpora sowohl syntaktisch als auch semantisch klassifiziert, um quantifizierbare Aussagen über Form-Funktions-Korrelationen sowie präferierte Argumentrealisierungsmuster für eine Medialität, Gattung oder sequenzielle Handlung machen zu können. Da die semantische Klassifikation dabei nicht der eigentliche Fokus war, war keine möglichst detaillierte, sondern framebasierte Bedeutungsdefinitionen gegenüber Bedeutungsparaphrasen, wie sie sich in Wörterbüchern finden, den Vorteil, dass sie durch die Frame-Elemente weniger ambig sind als Formulierungen, die für die Partizipanten Pronomen wie *jemand* einsetzen. Durch die framespezifische semantische Spezifikation der Leerstellen wird eine zuverlässigere Klassifikation ermöglicht, auch wenn es natürlich weiterhin Überlappungen zwischen verschiedenen Lesarten bzw. Frames polysemer Verben gibt. Ein weiterer Vorteil ist außerdem die vertikale und horizontale konzeptuelle Vernetzung der Frames untereinander: Dadurch ist zum einen das Granularitätsniveau für eine Untersuchung wählbar – man kann, wie in diesem Artikel, auf einer abstrakten Ebene bleiben und nur die jeweils hierarchiehöchsten Frames verwenden oder aber beliebig feine Subframes ansetzen – und zum anderen werden häufige Metaphorisierungsprozesse abgebildet, die für Untersuchungen zur Lexikalisierung neuer Bedeutungen wichtig sind (vgl. z. B. Sullivan 2013; zu Metaphern vgl. auch Schröder in diesem Band).

Auch wenn eine semantische Klassifikation von Korpusbelegen weitgehend introspektiv ist, kommen hier im Gegensatz zu Analysen von isolierten Einzelsätzen potenziell disambiguierende Kontextfaktoren ins Spiel; nicht realisierte Frame-Elemente können durch den sprachlichen oder außersprachlichen Kontext erschließbar sein. Insofern kann man hierbei prinzipiell zumindest teilweise der gesprächsanalytischen Orientierung an der Teilnehmerperspektive gerecht werden – die introspektiv entstandenen Frames können anhand von (Aufzeige-) Handlungen der Interaktionsteilnehmer plausibilisiert werden. Diese umfassen z. B. die Folgebehandlung eines zweiten Interaktionsteilnehmers allgemein, kollaborative Turnergänzungen und fremdinitiierte Reparaturen. Durch sie kann implizit oder explizit eine übereinstimmende Interpretation angezeigt werden.

Fälle der Plausibilisierung durch die Aufzeigehandlungen eines zweiten Sprechers sollen hier aber nicht an Beispielen diskutiert werden, denn zum einen gehören sie zu den allgemeinen Mechanismen der Bedeutungskonstitution, unabhängig von einer spezifischen Semantiktheorie, und zum anderen ist für bestimmte Untersuchungsgegenstände (wie die genannte exhaustive semantische Klassifikation von Belegen im Rahmen von Korpusuntersuchungen) eine semantische Analyse auch von Fällen, in denen keine Partnerhandlung die Interpretation stützt, notwendig. Jede systematische semantische Analyse stützt sich notwendigerweise auch auf reine Analytikerkategorien. Zudem kann auch die Analyse von Aufzeigehandlungen letztendlich keine Evidenz für die kognitive Realität eines Frames bieten, da eine solche Analyse verschiedene semantische

---

eine grobe, praktikable Frameanalyse angebracht. Schon diese jedoch warf einige grundsätzliche Fragen auf, die zu den hier dargelegten Überlegungen geführt haben.

Ansätze – seien es kognitive Ansätze oder nicht – bestätigen kann; was auch immer man theoretisch vor der Analyse festlegt, lässt sich meist durch einzelne Beispiele bestätigen. Dennoch oder gerade deswegen ist eine linguistisch bzw. lexikologisch fundierte Systematisierung von Bedeutungen eines polysemen Lexems für bestimmte Fragestellungen eine Voraussetzung für interaktionale Analysen, weil eine solche Systematisierung allein durch interaktionale Analysen niemals erreicht werden kann.

Somit sind eine framesemantische Systematisierung von Bedeutungen und die Diskussion der einhergehenden Probleme natürlich auch nicht spezifisch für mündliche Daten. Vor allem Ambiguitäten zwischen Frames betreffen Schriftdaten gleichermaßen. Der vorliegende Beitrag will aber gerade überprüfen, inwiefern das Heranziehen von Gesprächsdaten und eine nur anhand dieser mögliche interaktionale Analyse, die die Introspektion ergänzt, einen Mehrwert bei der semantischen Analyse bringen kann und wo sie dabei an ihre Grenzen stößt. Die Spezifika der Spontansprache (Linearität, Inkrementalität, Sequenzialität, Dialogizität) erfordern zudem in jedem Fall zumindest die Reflexion dieser und der daraus resultierenden gesprächsanalytischen Methoden. Das heißt: Man kann mündliche Daten auch bei einer rein framesemantischen Analyse nicht einfach wie einen Text behandeln,[8] da ein solcher anderen Produktions- und Rezeptionsbedingungen unterliegt.

Im folgenden Abschnitt (3) wird exemplarisch anhand des Verbs *kommen* diskutiert, ob und inwiefern a) die Frame-Semantik geeignet ist, dessen Bedeu-

---

8 Dies tut Ziem (2015) über weite Strecken in seiner framesemantischen Analyse der Interpretation von Nullinstanziierungen in Talk-Show-Daten; er bezieht sequenzielle Aspekte nur sporadisch ein. Er geht davon aus, dass frameevozierende Elemente auch Konstitutenten vorausgehender Sätze (die teilweise viele Intonationsphrasen zurückliegen) rückwirkend Frame-Element-Status zuschreiben können. Sicherlich lassen sich so nachträgliche Interpretationsprozesse (Kohärenzherstellung, Auflösen indirekter Anaphern) erklären, aber die Frage, welcher Frame durch eine solche Konstituente zum Zeitpunkt ihrer Produktion – bevor sie überhaupt zu dem folgenden Element in Bezug gesetzt werden kann, aufgerufen wird oder als Frame-Element welches anderen Frames sie bis dahin konzeptualisiert werden kann, wird nicht systematisch beantwortet. Bis auf ein Beispiel (vgl. Ziem 2015: 71) werden außerdem nur von Substantiven evozierte Frames – vollkommen unabhängig von den durch sie umgebende Verben evozierten Frames – betrachtet. Zwar beschränkt sich der vorliegende Beitrag umgekehrt auf verbale Frames, doch sind diese auch grundlegender, da sie in jedem Satz relevant sind, auch wenn er nur pronominal realisierte Argumente enthält. Substantive sind als Argumente immer auch von Verben abhängig, so dass es nicht ausreicht, die von ihnen evozierten Frames isoliert zu analysieren, zumindest nicht dann, wenn man die gesamte Bedeutung eines Turn(abschnitt)s erfassen und sich nicht auf die semantischen Relationen nominaler Elemente untereinander beschränken will.

tungsspektrum zu erfassen, und b) sequenzanalytische Methoden introspektive semantische Urteile stützen können. Anschließend wird unter 4 erörtert, ob und inwiefern auch das Bedeutungs- und Funktionsspektrum der aus dem Imperativ *komm* entstandenen Partikel framesemantisch erfasst werden kann, ob sich also bei der Analyse von Synsemantika ein ähnliches oder anderes Verhältnis von gesprächsanalytischer und semantischer Methodologie zeigt.

3 Framesemantische Analyse der Bedeutungen von *kommen*

In framesemantischer Sichtweise sind nicht nur die Vernetzungen der verschiedenen Frames, die ein Wort evoziert, zu modellieren, sondern es gilt auch zu erfassen, wie ein mit einem Wort assoziierter Frame durch die Vernetzung mit anderen Wörtern mit ähnlicher, perspektivisch verschiedener oder komplementärer Bedeutung konstituiert wird (zu Perspektive und Perspektivierung vgl. auch Meier in diesem Band).[9] Aus diesem Grund werden die Verben *kommen* und *gehen* häufig gemeinsam betrachtet (vgl. zu ihrem Gebrauch im gesprochenen Deutsch Proske 2016, 2017a, b; Zeschel 2017): Sie sind die unspezifischsten Bewegungsverben des Deutschen und beide hinsichtlich der Fortbewegungsart unterspezifiziert (sie können für Bewegungen zu Fuß oder mit einem Fahrzeug verwendet werden), unterscheiden sich aber zum einen durch die komplementäre Beobachterperspektive (*kommen* denotiert eine Bewegung auf den Beobachter zu, *gehen* eine von ihm weg) und zum anderen durch einige die Bewegungsart betreffende semantische Merkmale (vgl. Di Meola 1994): Die durch *gehen* bezeichnete Bewegung ist in der Regel eine intentionale, ungehinderte Eigenbewegung; *kommen* kann ebenfalls eine solche bezeichnen, im Gegensatz zu *gehen* aber auch Bewegungen, denen mindestens eins der drei Merkmale fehlt – vgl. z. B. *Er ging (*versehentlich) an den Tisch.* vs. *Er kam (versehentlich) an den Tisch.*). Der *kommen*-Satz hat eine Lesart, bei der zwei der Merkmale fehlen: Eine Bewegung, die zum

---

9 So instanziieren z. B. sowohl *kaufen* als auch *verkaufen* (neben anderen Verben) den Frame COMMERCIAL_TRANSACTION, evozieren aber jeweils einen diesen näher perspektivierenden Frame (COMMERCE_BUY und COMMERCE_SELL), da einmal der Käufer und einmal der Verkäufer Agens ist. COMMERCIAL_TRANSACTION besteht außerdem aus zwei Teilereignissen bzw. Subframes, COMMERCE_GOODS-TRANSFER und COMMERCE_MONEY-TRANSFER, die im Deutschen und Englischen nicht in unterschiedlichen Verben lexikalisiert sind, sondern z. B. in *(ver)kaufen* zusammenfallen, d. h. deren Bedeutungen umfassen beide Teilereignisse. Zu ähnlichen Relationen der Frames für *kommen* und *gehen* untereinander vgl. Fußnote 12.

versehentlichen Berühren eines Gegenstandes führt, ist eine Eigenbewegung, aber sie ist nicht intentional und nicht ungehindert.

Darüber hinaus sind *kommen* und *gehen* auch in zahlreichen anderen, keine Bewegung denotierenden Lesarten lexikalisiert. In diesen haben sie in einigen Fällen auch eine andere Argumentstruktur – so kann z. B. nur ein einstelliges *gehen*, ohne das in Bewegungsbedeutung auftretende Direktionaladverbial, Bedeutungen wie ,etwas funktioniert' (*Mein Handy geht wieder.*) oder ,etwas ist akzeptabel' (*Die Preise gehen eigentlich.*) haben, und nur ein *gehen* mit expletivem Subjekt und einem zusätzlichen Dativargument und einem Modaladverbial kann die Bedeutung ,jemand befindet sich irgendwie' (*Es geht mir gut.*) haben. In anderen Fällen dagegen hat die Lesart eine Argumentstruktur, die auch mit Bewegungssemantik vorkommt. So tritt *kommen* in der Lesart ,etwas hat seinen Ursprung irgendwo' immer mit einem Quell-Direktional auf (*Diese Geschichte kommt aus dem Mittelalter.*), wie es auch bei Bewegungslesart des Verbs möglich ist (*Maria kommt aus dem Garten.*).

Wenn man sich authentische Verwendungsbeispiele ansieht, stellt sich im Hinblick auf die Zusammenhänge von Argumentstruktur und Lesart folgende Frage: Wie können Sprecher und Rezipienten verschiedene Lesarten mit derselben Argumentstruktur identifizieren bzw. auseinanderhalten? Dies ist nicht nur für die genannten Fälle mit formal gleichen obligatorischen Argumenten (vgl. *kommen aus*) relevant, sondern auch für Fälle, bei denen ein eigentlich obligatorisches, konzeptuell notwendiges Argument weggelassen wird und so formal ein für eine andere Lesart typisches Argumentrealisierungsmuster entsteht. An Beispielen soll gezeigt werden, dass die nicht realisierten Frame-Elemente meist kontextuell erschließbar sind und außerdem die deiktischen Merkmale von *kommen* und *gehen* Hinweise auf das zu rekonstruierende Frame-Element geben, dass es aber in Fällen einander überlappender, hierarchisch voneinander abhängiger Frames häufig vorkommt, dass man den Frame bzw. das Granularitätsniveau[10] nur introspektiv bestimmen kann, da weder kontextuelle Faktoren noch die deiktischen Merkmale disambiguierend wirken. Zunächst sollen jedoch die für die Analysen relevantesten Frames – zitiert nach FrameNet[11] – eingeführt werden (weniger zentrale werden im Fließtext in Klammern angegeben):

– MOTION: Some entity (Theme) starts out in one place (Source) and ends up in some other place (Goal), having covered some space between the two (Path).

---

10 So kann man z. B. alle Belege von *kommen* und *gehen* mit Bewegungsbedeutung unter dem abstrakten MOTION-Frame erfassen oder aber feinkörniger vorgehen und sie verschiedenen, die Bewegungsart, -richtung usw. spezifizierenden Subframes zuordnen (vgl. Fußnote 12).

11 Vgl. http://framenet.icsi.berkeley.edu/ [15.11.2017]

Alternatively, the Area or Direction in which the Theme moves or the Distance of the movement may be mentioned.[12]

- TEMPORARY_STAY: A Guest stays for a time at a Location, which is not his or her permanent residence, for some Duration. The Location is often the permanent residence of a Host.
- CAUSE_MOTION: An Agent causes a Theme to undergo translational motion. Although different members of the frame have different degrees of profiling of the trajectory, the motion may always be described with respect to a Source, Path and/or Goal.[13]

In Beispiel (1) finden sich in Z. 8 und 9 Verwendungen, bei denen das fehlende Frame-Element (das Ziel *auf meinen Geburtstag*), direkt vorerwähnt ist (Z. 6), so dass es plausibel ist, für diese dieselbe Lesart wie für die Verwendung in Z. 6 anzunehmen (und nicht etwa eine nur mit einstelligem *kommen* mögliche[14]).

---

12 In FrameNet werden zahlreiche Subframes für MOTION angeführt, unter anderem ARRIVING (‚An object (Theme) moves in the direction of a Goal. The Goal may be expressed or it may be understood from context, but it is always implied by the verb itself.‘), DEPARTING (‚An object (the Theme) moves away from a Source. The Source may be expressed or it may be understood from context, but its existence is always implied by the departing word itself.‘) und SELF_MOTION (‚The Self_mover, a living being, moves under its own direction along a Path.‘. Diese stellen verbspezifische Perspektivierungen des verbübergreifenden Frames dar, sie werden hier als semantische Merkmale von *kommen* (Bewegung vom Beobachter weg) und *gehen* (Bewegung auf den Beobachter zu; in der Regel intentionale, ungehinderte Eigenbewegung) betrachtet (vgl. Di Meola 1994), was nicht dagegen spricht, sie ebenfalls als Frames zu modellieren. Da die genannten Merkmale jedoch zusätzlich zum Frame – zumindest bei vielen Frames, die die Verben evozieren können, – evoziert werden, müsste man eine Frame-Kombination annehmen, und zu diesem Zweck müssten die Merkmale von ARRIVING und DEPARTING abstrakter gehalten werden, um auch für Kombinationen mit metaphorischen Lesarten offen zu sein. Für die hier geführte Argumentation sind solche Details hinsichtlich der Granularität jedoch nicht unmittelbar relevant.
13 Auch CAUSE_MOTION hat einige Subframes (wie PLACING und REMOVING), die den jeweils bezeichneten Sachverhalt genauer perspektivieren, die in ihrer hohen Granularität hier aber nicht relevant sind.
14 Z. B. ‚sich ereignen‘ (*Die schwerste Prüfung kommt noch.*) oder ‚einen Orgasmus haben‘ (*Sie ist noch nicht gekommen.*).

(1) Tischgespräch, FOLK_E_00047_SE_01_T_02, c222, 00:37:23.22[15]

```
01   AM   gina
02        (0.2) °h [un die hat nich] so viele FREUNdinnen-
03   PB            [hm_hm       ]
04   AM   und so viele konTAKte-
05        un desWEgen wir ham halt auch die äh-
06        °h sabrina und die marie gefragt ob die auf meinen
          geburtstag AUCH kommen kann;
07        da hab ich ja gemEInt na JA,
08        (0.2) kann se KOMmen,
09        aber die_s dann halt DO_nich gekommen;
10        °h und dann hat halt die (.) sabrina gesAgt dass es halt
          im moment total STRESS gibt wegen der gina
```

Eine nicht über den Kontext, sondern nur introspektiv-analytisch lösbare Frage ist dagegen, welcher Frame – von allen, die ein (konkretes oder abstraktes) Ziel enthalten – hier überhaupt angesetzt werden soll. Man kann sowohl den MOTION-Frame als auch den Frame PARTICIPATION („An Event with multiple Participants takes place. [...]') ansetzen, bei dem das abstrakte Ziel als Ereignis (*Geburtstag(sfeier)*) und das abstrakte Thema als Teilnehmer (*Gina*) an diesem konstruiert wird. Die beiden Frames können zudem entweder als metaphorisch oder metonymisch miteinander verbunden angesehen werden (Teilnahme als Bewegung konzeptualisiert oder Bewegung zum Ereignisort als Teilhandlung eines Ereignisses, das auch (mindestens) eine Handlung am Ereignisort umfasst bzw. impliziert). Die Entscheidung hängt nicht zuletzt davon ab, auf welchem Granularitätsniveau man die Analyse aus theoretischen Gründen überhaupt durchführen möchte, d. h. welche Auswahl an Frames man einbezieht. Die vorliegende Analyse kann nur versuchen, die Sicht der Sprecherin zu rekonstruieren – es ist wahrscheinlich, dass sie ihre selbst gebrauchte Lesart wieder verwendet; das Verstehen des Rezipienten ist in diesem Beispiel nicht anhand von Displays ablesbar. Das Fehlen einer Reaktion legt zumindest nah, dass er den Turn der Sprecherin verstanden hat bzw. interpretieren konnte. Die mentale Evokation eines Frames, der schon in Bezug auf die Sprecherin selbst den Annahmen des Analytikers entspringt, lässt sich damit aber natürlich nicht belegen.

---

15 Alle Beispiele stammen aus dem Forschungs- und Lehrkorpus gesprochenes Deutsch (FOLK) (http://agd.ids-mannheim.de/folk.shtml [15.11.2017]) und sind nach GAT 2 (vgl. Selting et al. 2009) transkribiert.

In Beispiel (2) ist das nicht realisierte Ziel von *kommen* in Z. 16 nicht vorerwähnt, kann aber aus dem Kontext inferiert werden: AM berichtet davon,
dass eine Bekannte ihren Freund nur selten sehe, unter anderem weil er häufig
lieber etwas mit seinen Freunden unternehme, und dass die beiden nicht in der
Wohnung des jeweils anderen übernachteten, obwohl sie mittlerweile in derselben Stadt wohnten. Und wenn er einmal komme, sei er blöd zu ihr. In diesem
Zusammenhang kann das nicht realisierte Ziel von *kommen* nur die Wohnung
der Bekannten sein. Auch hier stellt sich allerdings wieder die Frage, welcher
Frame überhaupt vorliegt, da neben dem MOTION-Frame auch andere, z. B. TEM-
PORARY_STAY oder VISITING, ansetzbar sind.[16]

(2) Tischgespräch, FOLK_E_00047_SE_01_T_02, c259, 00:38:19.62

```
01   AM    un jetzt is sie halt nach stadt_b geZOgen,
02         und jetzt,
03         °h sehen se: m ihn AUCH immer nur am wochenende.
04   PB    ja.
05   AM    aber er SCHLÄFT nich bei ihr,
06         und sie schläft nich bei IHM.
           ((Auslassung))
07         (0.91) °hh u:nd (    ) hat gemeint na JA-
08         dass er dann HALT-
09         °h IMme:r-
10         dass sie sich JETZT-
11         ähm halt m mEIstens vielleicht nur noch so ein ZWEImal,
12         °h ähm SEHen-
13         also nur noch alle ein zwei WOchen,
14         weil er halt dann lieber was mit den KUMpels macht und so;
15         un
16         °h un die die der ä total (.) BLÖD is zu ihr auch
           wenn der kommt;
17         also weißte dass ich AUCH gedacht;
18         ey warum macht die so was MIT,
19         [°hhh total SCHLIMM?        ]
20   PB    [((atmet ein, 1,15 sek.))]
```

---

16 Zur Definition von TEMPORARY_STAY siehe oben, zu einem weiteren Beispiel (4) weiter unten.
VISITING wird in FrameNet folgendermaßen definiert: ‚An Agent matches location with an Entity
in order to fulfill some Purpose. Quite often, the Purpose is social- or entertainment-oriented.'.

Beispiel (3) zeigt, dass es nicht nur vom sprachlichen Kontext, sondern auch von verschiedensten anderen Teilen des *common ground* (vgl. z. B. Clark 1996)[17] abhängen kann, welcher Frame evoziert wird. Dem Satz *Dann kommt ihr ins Museum.* (Z. 15) kann, isoliert präsentiert oder für nicht über genug Kontextwissen verfügende Zuhörer, sowohl MOTION als auch CAUSE_MOTION zugeschrieben werden; es ist nur über Inferenzen erschließbar, dass im vorliegenden Kontext letzterer Frame evoziert wird.

(3) Tischgespräch, FOLK_E_00053_SE_01_T_01, c633, 00:16:49.83

```
01   AM    was gab_s da in floRENZ?
02         (0.67)
03   SK    ä:hm ich war da nich DRIN-
04         mich hat dis nich interesSIERT;
05         da waren die ganzen JUNGS drin,
06         (0.38) einfach so_n museum übe:r Alle (.)
           berühmten SErienmörder.
07         (0.23)
08   AM    w[a:s.        ]
09   LP     [oh mein GO]TT-=
10         =da würd ich nich [REINgehn.     ]
11   AM                      [a dis is doch] SCHLIMM.
12         d d die die FÖRdern doch dann noch sozusagen
           die ju JUgend-=
13         =wenn die dis dann SEHN.
14         von wEgen oh dis is TOLL,
15         dann komm[t <<all> ihr ins muSEum.>]
16   LP             [ich    find    dis    auch] nich in Ordnung
           wenn man zum beispiel so Amokläufe immer so-
17         (.) so lAng und brEIt thematiSIERT im;
18         in den [MEdien.]
19   AM           [ja:-   ]
20         (0.4)
21   AM    ds WOLlen die ja grade.
```

---

17 Frames sind größtenteils Teil des *communal common ground* im Sinne Clarks (1996), also von ganzen sozialen Gruppen geteilten Wissensbeständen, im Unterschied zu nur mit bestimmten anderen geteilten, die Interaktionsgeschichte betreffenden Teilen (*personal common ground*).

AM begründet ihre Meinung, dass ein Museum über Serienmörder schlimm sei (Z. 11), damit, dass die Sichtbarkeit von Mördern bzw. ihren Geschichten bestimmte Ansichten der Jugend fördere (Z. 12–13), und illustriert ihre Vorstellung der Wirkung auf Jugendliche mit einer durch *von wegen* (Z. 14; vgl. Bücker 2008) eingeleiteten, an diese gerichteten, fiktiven wörtlichen Rede, die den interessierenden Satz enthält. Dessen Frame wird weder allein von der realisierten Argumentstruktur evoziert – da diese mit verschiedenen Frames auftritt –, noch trägt die Referenz der Argumente dazu bei, da diese eindeutig und für beide Frames dieselbe ist. Für die Interpretation entscheidend ist das *dann* (vgl. Deppermann/Helmer 2013), das auf die Bedingung (= ‚wenn ihr Serienmörder seid') für den Sachverhalt ‚ins Museum kommen' Bezug nimmt, und diese ist nicht dem Kontext zu entnehmen, sondern muss über eine längere Schlussfolgerungskette, die auf *communal common ground* (vgl. Clark 1996: 100–112) angewiesen ist, inferiert werden. Die Schlussfolgerungskette lässt sich folgendermaßen zusammenfassen: Taten, für die man in die Geschichte eingeht, sind interessant (bzw. *toll*). Darüber hinaus ist es erstrebenswert, sich nicht nur über für geschichtsträchtige Taten bekannte Personen zu informieren, indem man ins Museum geht – das wäre die andere, auf Eigenbewegung hinauslaufende Lesart von *Dann kommt ihr ins Museum (und guckt euch die Akteure dieser Geschichten an)*[18] –, sondern selbst durch entsprechende Taten den Status zu erreichen, einen Platz im Museum zu bekommen, also metonymisch dorthin bewegt zu werden (nicht die Person selbst, sondern mit ihr verbundene Gegenstände und Beschreibungen ihrer Geschichte werden ausgestellt). Auch der verbreitete Topos, dass die (mediale) Thematisierung von Verbrechen zum Verüben solcher anstifte, wird vor dem *kommen*-Satz an keiner Stelle expliziert.[19] Ohne das entsprechende Hintergrundwissen ist die hier intendierte Bedeutung des Verbs nicht erschließbar.

---

18 Selbst wenn diese unwahrscheinlich ist, weil eine Perspektivierung vom Zielort aus, die mit *kommen* in Bewegungsbedeutung einhergeht, hier weniger plausibel erschiene als eine Verwendung des quellperspektivierenden *gehen* mit Bewegungsbedeutung, und so keine echte Disambiguierung nötig ist, ist das Verstehen der Verwendung von CAUSE_MOTION auf nicht explizierten *communal common ground* angewiesen.

19 Erst Z. 16 bis 21 lassen sich als zumindest einen Teil dessen, was diesen Topos ausmacht, andeutend interpretieren: Als Zweitbewertung zu AMs Ansicht äußert LP, dass Medienberichte über Amokläufe ebenso abzulehnen seien wie das thematisierte Museum. AM bestätigt dies und begründet ihre Bestätigung damit, dass Amokläufer sich Medienpräsenz wünschen. Sie sagt zwar nicht, dass sie oder andere Beobachter diese Medienpräsenz als potenziell zur Nachahmung anstiftend betrachten, die Möglichkeit einer entsprechenden Inferenz ergibt sich jedoch aus der vorausgehenden Gleichsetzung von Museums- und Medienpräsenz und dem von AM zuvor vermuteten Nachahmungswunsch durch Museumspräsenz.

Die folgenden beiden Beispiele zeigen, wie derselbe Frame einmal kontextfrei identifizierbar ist, weil ein konzeptuell obligatorisches Frame-Element, das in keinem anderen Frame mit *kommen* möglich ist, realisiert ist, und einmal nicht kontextfrei identifiziert werden kann, sondern über den Kontext mit evoziert werden muss, weil es nicht realisiert ist. Der Satz in (4), Z. 5 ist auch isoliert dem Frame TEMPORARY_STAY (vgl. oben) zuordenbar, weil das durative Temporaladverbial bzw. das Frame-Element Duration durch *für ein oder zwei Stunden* realisiert ist. Das Frame-Element Location ist zwar nicht realisiert, ist aber nicht konstitutiv für die Bedeutung, weil der Ort immer zumindest kontextuell gegeben ist; zudem ist Location kein für diesen Frame spezifisches Element, d. h., andere Frames mit *kommen* enthalten ebenfalls eines im Kern- oder Peripheriebereich.[20]

(4) Tischgespräch, FOLK_E_00055_SE_01_T_02, c1, 00:00:00.00

```
01   NH   eltern kommen am wOchenende vorBEI-=
02        =nUr (.) für die die DA sind-=
03        =dann wisst ihr scho_ma beSCHEID,
          ((Auslassung))
04   NH   ja also NEE die kOmmen-=
05        =meine eltern kOmmen auch nur fü:r (.) ein oder
          zwei STUNden,
06        (.) un dann fahren se WEIter.
07        (0.44)
08   AM   °hh ((schnalzt)) die wollen dir SAchen
          vorbeibringen;=[gell?]
09   NH                 [  hm]_HM,
10        genau.=
11        =die fahren nämich in die ALpen?
12        (0.42)
13   AM   o:h.
14        (1.19)
15   NH   und kommen dann auf_m weg vorBEI.
```

---

20 Der Frame HAVING_OR_LACKING_ACCESS enthält z. B. ein solches Element: ‚A Theme has access to a Useful_location or is blocked from it by a Barrier'. (*Mit diesem Schlüssel kommt man in die Abstellkammer*).

Das durative Temporaladverbial unterscheidet den in Z. 5 evozierten Frame deutlich von dem in Z. 1 und 15 (durch *vorbeikommen*) evozierten: In Z. 1 informiert NH ihre WG-Mitbewohnerinnen zunächst darüber, dass ihre Eltern sie besuchen werden, das Temporaladverbial *am Wochenende* ist nicht durativ; man kann hier den MOTION-Frame ansetzen.[21] Mit der Verwendung von *kommen* im Frame TEMPORARY_STAY in Z. 5 dagegen spezifiziert sie die Dauer des Aufenthalts. In Z. 15 wird der Zeitpunkt des Besuchs noch einmal spezifiziert, es liegt derselbe Frame vor wie in Z. 1.

Der von dem Satz in (5), Z. 16 evozierte Frame ist dagegen nicht kontextfrei identifizierbar. Man würde ihn isoliert dem MOTION-Frame zuordnen, weil er ein Zieladverbial, aber kein duratives Temporaladverbial enthält. Auch der mit ihm koordinierte Folgesatz (Z. 17) bietet keine hinreichenden Hinweise auf eine andere Semantik. Dennoch ist durch den gesamten vorausgehenden Kontext klar, dass *kommen* hier nicht einfach auf Bewegung, sondern auf einen Aufenthalt verweist:

(5) Meeting, FOLK_E_00026_SE_01_T_03, c2172, 02:49:58.95

```
01   AW    und dann muss die mUtter sich drum bemÜhen
           dass das kInd auch mal am WOchenende-
02         °hh sich beSUchen kann;[=ja,]
03   SZ                     [HM:_][m.  ]
04   AW                             [also] dass
05         (.) °h sich GEgenseitig besuchen,
06         dass se dis Andre mädchen ma EINladen,
07         dass SIE eingeladen wird,
08         °h im notfall muss die frau bach nämlich ihren
           ARSCH bewegen,
09         °h und im namen von der hannah mal ne freundin
           nach hause EINladen;
10         und dann kann se halt samstags leider NET in die firma_a
           Arbeiten gehen-=
11         =um sonntags zu entSPA[Nnen,]
12   SZ                         [  HM_]m;
13         °h <<:-)> sondern dann muss se halt> in KAUF nehmen,
14         °hh (0.54) ein kInd kommt mal zu IHnen-=
```

---

21 Je nach Granularitätsniveau kann auch der Frame VISITING (vgl. Fußnote 16) angesetzt werden.

```
17        =und es gibt NOCH mehr radau;
18        aber anders kann die hannah keine freundschaft AUFbauen.
```

AW, Mitarbeiterin einer sozialen Einrichtung, äußert bei einem Meeting die Meinung, dass die Mutter eines Mädchens sich um die Möglichkeit von Besuchen (Z. 2 und 5) und Einladungen (Z. 6, 7 und 9) von Freundinnen der Tochter kümmern müsse. Dabei müsse sie mit einer Einschränkung ihrer eigenen Pläne und Vorlieben rechnen (Z. 10–11). Der hier semantisch zu diskutierende Satz ist in einen Matrixsatz (Z. 13) eingebettet, der den Sachverhalt *Ein Kind kommt mal zu Ihnen und es gibt noch mehr Radau.* als etwas, das man in Kauf nehmen muss, beschreibt.[22] Das im zweiten Teilsatz genannte Ereignis (*Radau*) bezieht sich nicht auf eine Bewegung oder den Moment einer Ankunft, sondern auf eine längere Zeitspanne, einen Aufenthalt.

Als Fazit zu diesem Abschnitt lässt sich zunächst festhalten, dass eine frame-semantische Beschreibung authentischer Gesprächsdaten sowohl kognitiv als auch sequenzanalytisch plausible Ergebnisse liefert und dabei den Vorteil hat, eine Vernetzung möglicher Lesarten und Ambiguitäten zur Verfügung zu stellen sowie durch die Annahme über die traditionellen Satzglieder hinausgehender Frame-Elemente eine differenziertere Lesartenidentifikation und -klassifikation zu ermöglichen. Die Analysen zeigen außerdem, dass oft Kontext für eine Disambiguierung notwendig ist und dass die Frame-Evokation bzw. Bedeutungskonstitution damit über den Satzrahmen hinausgeht.

Während die Frame-Semantik also bei der Analyse von Autosemantika in interaktionalen Daten eine methodisch nicht von der Gesprächsanalyse leistbare Rolle einnehmen kann, soll Abschnitt 4 zeigen, dass sie bei der Analyse der Bedeutung und Funktion von Synsemantika einen geringeren Mehrwert hat. Deshalb wird sie bei der Bedeutungs- und Funktionsanalyse dort zunächst nicht vorausgesetzt. Der als Partikel grammatikalisierte Imperativ *komm* lässt sich anhand sequenzanalytischer Methoden – unter Hinzunahme allgemeinen, relativ theorieneutralen linguistischen Wissens zum Herkunftsverb *kommen* – hinreichend beschreiben. Es wird gezeigt, dass eine kognitive, framesemantische Sicht

---

22 Statt TEMPORARY_STAY könnte auch hier der allgemeinere, diesem übergeordnete Frame VISITING angesetzt werden (vgl. Fußnote 16), u. a. weil dieser Frame das hier nicht realisierte Frame-Element Duration im Gegensatz zu TEMPORARY_STAY nicht braucht, so dass auch eine kontextfreie Identifikation denkbar wäre. Allerdings ist das argumentstrukturelle Muster *jemand kommt zu jemandem* konventionell nicht nur mit VISITING, sondern auch mit MOTION assoziiert, so dass es eine weitere potenzielle Ambiguität gibt. Die obige Argumentation schließt MOTION als in (5) relevanten Frame aus, weil die Interpretation als Aufenthaltslesart (VISITING oder TEMPORARY_STAY) plausibler erscheint.

auf den semantischen Teil des linguistischen Wissens keinen Vorteil bringt, weil entscheidende Bedeutungsbestandteile durch eine solche gerade nicht erklärt werden können und die Evokation eines Frames durch Partikeln an sich wenig plausibel ist. Zwar ließe sich aus framesemantischer Sicht davon ausgehen, dass im Verlauf der Grammatikalisierung der Partikel mindestens einer der vom Verb *kommen* evozierten Frames eine Rolle für deren Bedeutungsentwicklung gespielt hat, doch ein für die synchrone Verwendung adäquater Frame müsste sehr abstrakt sein. Es stellt sich z. B. die Frage, ob trotz des bei der Partikel nie realisierten Ziel-Adverbials ein Frame-Element Goal (oder etwas entsprechendes Abstraktes) angesetzt werden kann.

4 Bedeutungskonstitution beim Partikelgebrauch – am Beispiel von *komm*

Bei der Bestimmung der Bedeutung von Partikeln wird in der linguistischen Literatur häufig ebenso introspektiv vorgegangen wie bei der Bestimmung von in einen Satz eingebetteten Wörtern. So werden z. B. oft Bedeutungen für Interjektionen ohne Kontext aufgelistet oder mögliche (Satz-)Kontexte erfunden (vgl. Nübling 2004: 15). In der Gesprächsanalyse dagegen werden die Funktionen einzelner Partikeln aus detaillierten Sequenzanalysen abgeleitet (vgl. z. B. Heritage 1984); auf semantische Ansätze wird dabei in der Regel aber nicht rekurriert. Dies mag in vielen Fällen auch nicht unmittelbar nötig sein, kann aber in Fällen, in denen die Partikel auf Autosemantika zurückgeht, die Analyse bereichern. Im Folgenden soll am Beispiel der Diskurspartikel *komm* gezeigt werden, dass eine Kombination interaktionslinguistischer und semantischer Analysen am geeignetsten ist, um sowohl die kontextabhängigen als auch die einzelfallübergreifenden Aspekte der Bedeutungskonstitution zu erfassen. Die semantische Analyse muss dabei aber nicht kognitiver bzw. framesemantischer Art sein.

Die deimperativische Partikel *komm* wird in der Literatur den sekundären Interjektionen oder den Diskursmarkern zugeordnet, die Angaben zu ihrer Semantik und Funktion reichen dabei von ‚Aufforderung zu einem bestimmten Verhalten‘ (Wahrig-Burfeind 2012: 1923) über den Ausdruck von ‚Kritik‘, ‚Beschwichtigung‘ (Schumacher et al. 2004: 498), ‚Abwehr‘, ‚Ungläubigkeit‘ und ‚Zweifel‘ (Reisigl 1999: 225) bis hin zu ‚Konzessivität‘ (vgl. Auer/Günthner 2005: 346). Zu diesen Zuschreibungen gelangen die Autoren in der Regel über introspektiv analysierte, ausgedachte Einzelsätze, denen *komm* vorangestellt ist; bei

Auer/Günthner wird ein einzelnes authentisches Gesprächsbeispiel analysiert.[23] Die Analyse einer Kollektion von 165 Beispielen aus FOLK (vgl. hierzu ausführlich Proske 2014) hat gezeigt, dass sich eine unterspezifizierte Bedeutung bzw. Funktion („Aufforderung zum Aktivitätswechsel mit Appell an den *common ground*') für alle Fälle ansetzen lässt; die in der bisherigen Literatur angegebenen, spezifischeren Bedeutungen dagegen treffen nie auf alle Fälle und auch nicht auf ein formal eingrenzbares Subset der Fälle zu, sondern ergeben sich aus kontextuellen Faktoren – der vorausgehenden Interaktion oder anderem als geteilt unterstelltem Wissen oder aber der Folgeäußerung. Dies lässt sich zunächst sequenzanalytisch feststellen, also ohne bestimmte semantiktheoretische Annahmen, ebenso wie das funktionale Spektrum, das sich aus der unterspezifizierten Bedeutung ergibt.

Der Aktivitätswechsel, zu dem durch *komm* aufgefordert wird, umfasst immer das Beenden einer vorausgehenden und den Beginn einer erwarteten folgenden Aktivität; oft ist dabei aber nur eines von beidem kontextuell salient. Im folgenden Beispiel (6), Z. 09 ist es der Beginn einer neuen Aktivität; zudem macht hier der vorangehende und folgende Imperativ (*nimm ihn*) explizit, zu welcher Handlung aufgefordert wird – im Rahmen eines Fußballmanagerspiels fordert PL CH dazu auf, den von ihm vorgeschlagenen Spieler gleich mit dem zugehörigen Einstiegsgebot zu kaufen.

(6) Spielinteraktion, FOLK_E_00021_SE_01_T_01, c783, 00:09:56.14

```
01   CH    ja oKAY-=
02         =dann schlag ich den CAio vor;
03         von FRANKfurt.
04   XM1   <<p> och>
05   CH    zwEI millionen MITtelf
06   XM1   <<p> och>
07         (0.26)
08   PL    NIMM ihn.
09         komm NIMM ihn.
10   DK    hm.
```

---

23 Dies ist untypisch für das Vorgehen der Interaktionalen Linguistik und der Tatsache geschuldet, dass *komm* nur in einem Überblicksartikel zu Diskursmarkern behandelt wird. Üblicherweise liegen den Analysen der Funktionen von Diskursmarkern – wie z. B. *weil* und *obwohl* – Kollektionen von authentischen Beispielen zugrunde (vgl. z. B. Gohl/Günthner 1999; Günthner 1999).

```
11   CH    echt?
12         (0.31)
13   SK    nö moME:NT.
```

Komm fungiert hier nicht nur als ,Illokutionsverstärker' bzw. impliziert Ermunterung, sondern verweist zugleich darauf, dass es als *common ground* gelten kann, dass niemand mehr für den unbekannten Spieler (die Unbekanntheit lässt sich dem größeren, hier nicht enthaltenen Transkriptkontext entnehmen) bieten wird (obwohl dies in der Folge doch noch geschieht), so dass eventuelle gedankliche Abwägungen von Handlungsalternativen beendet werden können.

In Beispiel (7) dagegen ist nicht aus den unmittelbar vorangehenden oder folgenden Turn-Bestandteilen klar, zu was aufgefordert wird, es lässt sich aber aus dem sequenziellen Kontext (also dem *personal common ground* (Clark 1996: 100–112) und zu ziehenden Inferenzen) erschließen:

(7) Berufsschule, FOLK_E_00008_SE_01_T_01, c995, 00:25:34.03

```
01   LB    welch
02         (.) was wird dort ge
03         °h männer was SCHALte ma dann;
04         (.) hey jetz. B.Tte.
05         (0.28)
06   LB    <<t, p> jEtzt jEtzt KOMM.>
07   FG    °hh PRImärstrom.
08   LB    den PRImärstrom.
09         so.
10         kann ich_en prImärstrom hier (AUF)-
11         (0.77) was meinen SIE zu seinem vOrschlag.
```

Der Lehrer (LB) hat eine Frage schon mehrfach gestellt, aber bisher nur Antworten bekommen, die diese nicht direkt beantworten, so dass er noch einmal fragt (Z. 01–03), gefolgt von Dringlichkeit signalisierenden Partikeln und Adverbien (Z. 04). Nachdem eine Antwort ausbleibt (Z. 05), reaktualisiert er die konditionelle Relevanz noch einmal durch ein leises, tiefer gesprochenes *jEtzt jEtzt KOMM.* (Z. 06) Durch *komm* fordert er die Schüler dazu auf, die nächste relevante Handlung auszuführen; diese muss nicht expliziert werden, da sie inferiert werden kann – der sequenzielle Kontext projiziert eine Antwort, und der größere interaktionsgeschichtliche Kontext enthält die dafür nötige Information. Auch die dann doch folgende Antwort (Z. 07) zeigt, dass die auf eine Wissensexplikation oder

Transferleistung abzielende Frage es als dispräferiert erscheinen lässt, statt einer Antwort auf Nicht-Wissen zu verweisen.

In Beispiel (8) wird der erste Teil des Aktivitätswechsels fokussiert, es wird zum Beenden bzw. Ablassen von einer Handlung aufgefordert: SK fragt beim Monopolyspielen, ob sie bei ihrem nächsten Spielzug einen Hunderter wechseln könne (Z. 03), worauf ihr Vater (VK) mit *ach KOMM; is doch eGAL.* (Z. 04–05) reagiert.

(8) Spielinteraktion, FOLK_E_00011_SE_01_T_06, c109, 00:33:12.82

```
01    VK    (un sabine is) gleich DRAN.
02          (0.2)
03    SK    kann ich dann den HUNderter einwechseln,
04    VK    ach KOMM;
05          is doch eGAL.
```

Da dem *komm* hier keine Aufforderung folgt und es auch keine nächste relevante Handlung gibt, die SK umsetzen müsste, sind weitreichendere Inferenzen nötig, um VKs Turn zu verstehen; diese beziehen sich nicht auf den sequenziellen oder interaktionsgeschichtlichen Kontext, sondern zum einen auf Wissen um Spielregeln und angemessenes Spielverhalten und zum anderen auf sprachliches Wissen um die Bedeutung von *komm*. Die der Partikel folgende Bewertung macht zwar ebenso wie das vorausgehende *ach* klar, dass hier eine Annahme abgelehnt wird, doch um darauf schließen zu können, zu welcher Handlung bzw. zum Ablassen von welcher Handlung damit implizit aufgefordert wird, muss man zum einen wissen, dass es zwar möglich, aber nicht nötig, sondern unter Umständen zeitraubend ist, große Spielgeldscheine gegen kleinere einzutauschen, wenn man keinen Zahlungsbedarf hat. Zum anderen muss man die neben der unterspezifizierten Bedeutung von *komm* lexikalisierte bewertende Bedeutung der Partikel kennen. Diese lässt sich paraphrasieren als ‚ach Quatsch' oder ‚sei vernünftig' (vgl. zur Annahme dieser Bedeutung im Detail Proske 2014). Zwar kann argumentiert werden, dass sich die bewertende Komponente aus dem Folgesatz ergibt und für die Partikel die o. g. unterspezifizierte Bedeutung vorliegt, doch könnte im vorliegenden Beispiel *ach komm* auch allein stehen; auch in diesem Fall wäre keine nicht-bewertende Lesart möglich.

Bezieht man bei der induktiven, sequenziellen Erschließung einer einzelfallübergreifenden Bedeutung nun die deiktischen Bedeutungsanteile des Herkunftsverbs *kommen* ein, kann man als weitere konstante Komponente Folgendes hinzufügen: Es liegt immer ein gegebenes, vom Beobachterstandpunkt aus identifizierbares (abstraktes) Ziel vor; es ist also kein Zufall, dass *komm* auf eine nächste relevante, sich aus dem *common ground* ergebende Handlung verweist. Dieses wird allerdings nie syntaktisch (als Direktionaladverbial) realisiert, es handelt sich also um eine rein semantische Komponente. Die Verbindung zum Autosemantikum sorgt für eine diachron plausible und außerdem systematische Bedeutungszuschreibung. Sie ist aber für das Feststellen weiterer hinzukommender Bedeutungsaspekte, wie sie sich in der bewertenden Lesart (vgl. Beispiel 8) zeigen, nicht ausreichend.

Die Identifikation der unterspezifizierten Bedeutung ergibt sich also sowohl aus sequenziellen, die Teilnehmerperspektive berücksichtigenden Analysen als auch aus nur introspektiv bzw. anhand linguistischer Kenntnisse möglichen Überlegungen. Da die Bedeutungsbestandteile von *kommen* (und *gehen*) in der Literatur auch ohne Bezug zur Frame-Semantik beschrieben werden, stellt sich die Frage, welchen Mehrwert eine framesemantische Beschreibung der von *kommen* stammenden Bedeutungsanteile ergibt. M. E. ist dieser vor allem deskriptiver Art: Ein Bezug auf das Frame-Element Goal macht eine konsistente Beschreibung der Partikel- und Verbvorkommen von *komm(en)* möglich, die bei anders paraphrasierenden Bedeutungsbeschreibungen nicht notwendigerweise gegeben wäre. Es ergeben sich aber folgende Probleme: 1) Die Annahme einer Evokation des MOTION-Frames auch durch die Partikel, wie sie eine kognitive Sicht nahelegt, erscheint unplausibel, da die metaphorische, abstrakte Konzeptualisierung des Ziels und der Wegfall der Bewegungsbedeutung lexikalisiert sind und nicht bei jeder Verwendung kontextuell konstruiert werden müssen. 2) Auch die Annahme eines anderen Frames ist schwierig: Wie sollte dieser definiert sein? Sollte er ein Frame-Element ‚abstract Goal' oder ‚(kontextuell relevante) Handlung' enthalten, das aber grundsätzlich nicht formal realisierbar ist? 3) Auch wenn man annimmt, dass eine Partikel einen Frame evozieren kann, ist die Annahme eines propositionalen Frames hier nicht plausibel, es ist nur ein funktionaler, handlungsbezogener Frame denkbar, wie ihn auch schon die Paraphrase der angenommenen unterspezifizierten Bedeutung formuliert (etwa: ‚Aufforderung an ein Agens, eine Handlung umzusetzen', wobei Agens und Handlung Frame-Elemente wären); so etwas sieht die Frame-Semantik bisher aber nicht vor. Ob diese von deskriptivem oder explanativem Nutzen bei der Analyse von mündlichen Daten ist, hängt also nicht nur von der Methode (Sequenzanalyse vs. (korpusbasierte) Introspektion) ab, sondern auch vom Untersuchungsgegenstand (Verben vs. Partikeln).

5 Fazit

Es ist aus interaktionsanalytischer Sicht unbestritten, dass *common ground* zur Bedeutungskonstitution beiträgt, und wenn man den Bezug zu diesem (bzw. dem nicht rein interaktionsgeschichtlichen Teil) als Frame-Evokation konzeptualisiert, geht man davon aus, dass dies eine kognitive Komponente hat, da sie ‚im Kopf' der Sprecher und Rezipienten stattfindet und nicht immer ‚angezeigt' wird. Aus semantiktheoretischer Sicht ist klar, dass die Zuordnung und Identifikation von Frames in der Analyse nie rein datengesteuert sein kann, da introspektive Erwägungen für eine systematische Erfassung unabdingbar sind und interaktionslinguistische Ansätze mit ihren Methoden keine vollständige Semantiktheorie erstellen können; die angesetzten Frames müssen ebenso wie ‚klassische' Wörterbuchparaphrasen vom Analytiker und der Theorie (inkl. ihrem Erklärungszweck) vorgegeben werden, und dies ist auch in den wenigen vorhandenen interaktionsanalytischen Arbeiten zur Verbsemantik Praxis (vgl. z. B. Deppermann 2008b; Imo 2007). Eine dennoch so stark wie möglich datengestützte Systematisierung kann dafür sorgen, dass ein geeignetes Granularitätsniveau gefunden wird, d. h. die Möglichkeit der Trennung zwischen Lesarten empirisch validiert wird (vgl. dazu Zeschel 2017). Der Vorteil der Frame-Semantik ist es, eine kohärente, kognitiv plausible Theorie bereitzustellen, die zudem zu interaktionslinguistischen Ansätzen passt, weil beiden der Einbezug von Pragmatik und Wissensbeständen ein theoretisches Anliegen ist. Die kognitive Plausiblität der Frames und ihrer Zusammenhänge kann allerdings interaktionsanalytisch nicht belegt werden; dies erfordert psycholinguistische Methoden. Es zeigt sich zudem an den obigen Beispielen, dass die Frame-Semantik nicht ausreichend für die Erklärung aller Teile der Bedeutungskonstitution ist; viele Inferenzen beziehen sich auf über Frames hinausgehende, z. B. sequenzielle oder interaktionsgeschichtliche Aspekte des *common ground*. Deshalb ist generell im Falle interaktionaler Daten und insbesondere dann, wenn Partikeln der Untersuchungsgegenstand sind, eine Sequenzanalyse zwingend, eine Untersuchung der Bedeutungskonstitution also nicht ohne diese möglich. Außerdem lässt sich der bei Wandelphänomenen entstehende semantisch-pragmatische Mehrwert (wie im Fall der Partikeln) nicht automatisch aus Framehierarchien erklären, sondern muss in der einzelfallübergreifenden linguistischen Analyse gefunden werden, egal welches Semantikkonzept man voraussetzt.

6 Literatur

Auer, Peter (2000): „Online-Syntax – Oder: was es bedeuten könnte, die Zeitlichkeit der mündlichen Sprache ernst zu nehmen". In: *Sprache und Literatur* 31, 43–56.

Auer, Peter/Günthner, Susanne (2005): „Die Entstehung von Diskursmarkern im Deutschen – ein Fall von Grammatikalisierung?" In: Leuschner, Torsten/Mortelmans, Tanja (Hg.): *Grammatikalisierung im Deutschen.* Berlin/New York: de Gruyter, 335–362.

Bücker, Jörg (2008): *,Elf Freunde sollt ihr sein? Von wegen!' – nicht-präpositionale Spielarten mit von wegen als Projektorkonstruktionen in der deutschen Gegenwartssprache.* Münster: GIDI Arbeitspapier 17. http://noam.uni-muenster.de/gidi/arbeitspapiere/arbeitspapier17.pdf [15.11.2017]

Busse, Dietrich (2012): *Frame-Semantik. Ein Kompendium.* Berlin/Boston: de Gruyter.

Clark, Herbert H. (1996): *Using Language.* Cambridge: Cambridge University Press.

Deppermann, Arnulf (2002): „Von der Kognition zur verbalen Interaktion: Bedeutungskonstitution im Kontext aus Sicht der Kognitionswissenschaften und Gesprächsforschung". In: Deppermann/Spranz-Fogasy (Hg.) (2002): *be-deuten. Wie Bedeutung im Gespräch entsteht.* Tübingen: Stauffenburg, 11–33.

Deppermann, Arnulf (2007): *Grammatik und Semantik aus gesprächsanalytischer Sicht.* Berlin/New York: de Gruyter.

Deppermann, Arnulf (2008a): „Verstehen im Gespräch". In: Kämper, Heidrun/Eichinger, Ludwig M. (Hg.): *Sprache, Kognition, Kultur: Sprache zwischen mentaler Struktur und kultureller Prägung.* Berlin/New York: de Gruyter, 225–261.

Deppermann, Arnulf (2008b): „Lexikalische Bedeutung oder Konstruktionsbedeutungen? Eine Untersuchung am Beispiel von Konstruktionen mit *verstehen*". In: Stefanowitsch, Anatol/Fischer, Kerstin (Hg.): *Konstruktionsgrammatik Bd. 2: Von der Konstruktion zur Grammatik.* Tübingen: Stauffenburg, 103–133.

Deppermann, Arnulf (2012): „How does ‚cognition' matter to the analysis of talk-in-interaction?" In: *Language Sciences* 34(6), 746–767.

Deppermann, Arnulf/Helmer, Henrike (2013): „Zur Grammatik des Verstehens im Gespräch: Inferenzen anzeigen und Handlungskonsequenzen ziehen mit *also* und *dann*". In: *Zeitschrift für Sprachwissenschaft* 32(1), 1–40.

Deppermann, Arnulf/Spranz-Fogasy (Hg.) (2002): *be-deuten. Wie Bedeutung im Gespräch entsteht.* Tübingen: Stauffenburg.

Di Meola, Claudio (1994): *Kommen und gehen. Eine kognitiv-linguistische Untersuchung der Polysemie deiktischer Bewegungsverben.* Tübingen: Niemeyer.

Fillmore, Charles J. (1982): „Frame Semantics". In: *Linguistics in the Morning Calm.* The Linguistic Society of Korea: Seoul, 111–137.

Fillmore, Charles J. (1985): „Frames and the semantics of understanding". In: *Quaderni di Semantica* 6, 222–254.

Fillmore, Charles J./Johnson, Christopher R./Petruck, Miriam R. L. (2003): „Background to FrameNet". In: *International Journal of Lexicography* 16(3), 235–250.

Gohl, Christine/Günthner, Susanne (1999): „Grammatikalisierung von *weil* als Diskursmarker in der gesprochenen Sprache". In: *Zeitschrift für Sprachwissenschaft* 18(1), 39–75.

Günthner, Susanne (1999): „Entwickelt sich der Konzessivkonnektor *obwohl* zum Diskursmarker? Grammatikalisierungstendenzen im gesprochenen Deutsch". In: *Linguistische Berichte* 180, 409–446.

Heritage, John (1984): „A change-of-state token and aspects of its sequential placement". In: Atkinson, J. Maxwell/Heritage, John (Hg.): *Structures of Social Action*. Cambridge: Cambridge University Press, 299–345.

Imo, Wolfgang (2007): *Construction Grammar und Gesprochene-Sprache-Forschung. Konstruktionen mit zehn matrixsatzfähigen Verben im gesprochenen Deutsch*. Tübingen: Niemeyer.

Imo, Wolfgang (2014): „Interaktionale Linguistik". In: Staffeldt, Seven/Hagemann, Jörg (Hg.): *Pragmatiktheorien. Analysen im Vergleich*. Tübingen: Stauffenburg, 49–82.

Nübling, Damaris (2004): „Die prototypische Interjektion: Ein Definitionsvorschlag". In: *Zeitschrift für Semiotik* 26, 11–45.

Potter, Jonathan/Edwards, Derek (2013): „Conversation Analysis and Psychology". In: Sidnell, Jack/Stivers, Tanya (Hg.): *The Handbook of Conversation Analysis*. Malden, Mass.: Wiley-Blackwell, 701–725.

Proske, Nadine (2014): „°h ach KOMM; hör AUF mit dem klEInkram. – die Partikel *komm* zwischen Interjektion und Diskursmarker". In: *Gesprächsforschung – Online-Zeitschrift zur verbalen Interaktion* 15, 121–160.

Proske, Nadine (2016): „Zur Perspektivierung von verbalen Handlungen und kognitiven Prozessen durch die Verwendung von Bewegungsverben im gesprochenen Deutsch". In: Kreuz, Christian/Mroczynski, Robert (Hg.): *Sprache, Kultur, Mentalität. Sprach- und kulturwissenschaftliche Beiträge zur Analyse von Mentalitäten*. Berlin: LIT, 231–273.

Proske, Nadine (2017a): „Perspektivierung von Handlungen und Zuschreibung von Intentionalität durch pseudokoordiniertes *kommen*". In: Deppermann, Arnulf/Proske, Nadine/Zeschel, Arne (Hg.): *Verben im interaktiven Kontext. Bewegungsverben und mentale Verben im gesprochenen Deutsch*. Tübingen: Narr, 177–247.

Proske, Nadine (2017b): „Ankündigungen und Thematisierungen von Themenwechseln mit *kommen* und *gehen* in institutionellen und öffentlichen Interaktionen". In: Deppermann, Arnulf/Proske, Nadine/Zeschel, Arne (Hg.): *Verben im interaktiven Kontext. Bewegungsverben und mentale Verben im gesprochenen Deutsch*. Tübingen: Narr, 117–175.

Reisigl, Martin (1999): *Sekundäre Interjektionen. Eine diskursanalytische Annäherung*. Frankfurt am Main: Lang.

Ruppenhofer, Josef et al. (2010): „FrameNet II. Extended Theory and Practice". https://framenet2.icsi.berkeley.edu/docs/r1.5/book.pdf [15.11.2017]

Sacks, Harvey/Schegloff, Emanuel A./Jefferson, Gail (1974): „A simplest systematics for the organisation of turn taking in conversation". In: *Language* 50(4), 696–735.

Schumacher, Helmut et al. (2004): *VALBU – Valenzwörterbuch deutscher Verben*. Tübingen: Narr.

Selting, Margret et al. (2009): „Gesprächsanalytisches Transkriptionssystem 2 (GAT 2)". In: *Gesprächsforschung – Online-Zeitschrift zur verbalen Interaktion* 10, 353–402.

Sullivan, Karen (2013): *Frames and Constructions in Metaphoric Language*. Amsterdam/Philadelphia: Benjamins.

Tomasello, Michael (2008): *Origins of Human Communication*. Cambridge: Cambridge University Press.

Wahrig-Burfeind, Renate (⁵2012): *Deutsches Wörterbuch*. Gütersloh/München: Bertelsmann.

Zeschel, Arne (2017): „*Kommen* und *gehen* im gesprochenen Deutsch". In: Deppermann, Arnulf/Proske, Nadine/Zeschel, Arne (Hg.): *Verben im interaktiven Kontext. Bewegungsverben und mentale Verben im gesprochenen Deutsch*. Tübingen: Narr, 41–116.

Zeschel, Arne/Proske, Nadine (2015): „Usage-based linguistics and conversational interaction. A case study of German motion verbs". In: *Yearbook of the German Cognitive Linguistics Association*, 123–144.

Ziem, Alexander (2015): „Nullinstanziierungen im gesprochenen Deutsch: Kohärenz durch grammatische Konstruktionen?" In: Bücker, Jörg/Günthner, Susanne/Imo, Wolfgang (Hg.): Konstruktionsgrammatik V. Konstruktionen im Spannungsfeld von sequenziellen Mustern, kommunikativen Gattungen und Textsorten. Tübingen: Stauffenburg, 45–80.

Silke Reineke
Interaktionale Analysen kognitiver Phänomene

Wissenszuschreibungen mit der Modalpartikel *ja*

1 Einleitung

In den vergangenen zehn bis fünfzehn Jahren sind in der Konversationsanalyse und der Interaktionalen Linguistik vermehrt Untersuchungen entstanden, die sich mit mentalen Phänomenen und insbesondere der Anzeige und Aushandlung von Wissen beschäftigen (vgl. u. a. Heritage/Raymond 2005, Heritage 2012a, b, Stivers/Mondada/Steensig 2011).[1] Dabei ist dieser Gegenstand nicht grundsätzlich neu: Die Äußerungsgestaltung mit Blick auf den Partner, eine „orientation to the particular other(s) who are the co-participants", ist schon im Prinzip des „recipient design" (Sacks/Schegloff/Jefferson 1974: 727) angelegt.

Der vorliegende Beitrag nimmt Wissen bzw. die Zuschreibung von Wissen aus konversations- bzw. gesprächsanalytischer Perspektive in den Blick. Anhand von Beispielen aus einer Analyse zu Wissenszuschreibungen mit der Modalpartikel *ja* (Reineke 2016) soll gezeigt werden, inwiefern der Einbezug von Annahmen über Kognitives für eine interaktionale Untersuchung sinnvoll sein kann: Es lassen sich so einerseits bekannte Annahmen zu Bedeutung und Funktion der Modalpartikel *ja* anhand authentischer Daten prüfen und andererseits neue Erkenntnisse über die sequenzgebundene Funktion der Partikel gewinnen. Darüber hinaus möchte ich anhand der Beispiele auch die grundsätzliche Relevanz der Orientierung Interagierender an mit den Mitinteragierenden geteiltem Wissen diskutieren und darlegen, wie Interagierende mit der Modalpartikel *ja* die kommunikative Aufgabe bearbeiten, ihren Gesprächspartnern weder zu viel noch zu wenig Wissen zuzuschreiben (vgl. Grice' (1975: 45f.) zwei Quantitätsmaximen).

Dazu werde ich zunächst Möglichkeiten des Einbezugs von Annahmen über Kognitives in interaktionalen Untersuchungen kurz diskutieren (Abschnitt 2). Daran anschließend (Abschnitt 3) werde ich anhand von Beispielen von interak-

---

1 Van Dijk (2013) fasst dieses Feld unter dem Begriff einer „Epistemic discourse analysis (EDA)" (497) zusammen.

https://doi.org/10.1515/9783110575484-189

tiven Verwendungen der Modalpartikel *ja* zwei zentrale Aspekte beleuchten: Die Möglichkeit der Rekonstruktion von Bezugskontexten, über die geteiltes Wissen plausibel als vorhanden angenommen werden kann (Abschnitt 3.2) sowie die Funktion der Modalpartikel *ja* in der Anzeige und Aushandlung von Wissen in unterschiedlichen Sequenzpositionen (Abschnitt 3.3). Bezugspunkte sind hier insbesondere die Arbeiten zum *common ground* (als Voraussetzung und Produkt von Interaktion) von Clark (1996) sowie konversationsanalytische Arbeiten zu *epistemic status* und *epistemic stance* (vgl. u. a. Heritage 2012a, b, Kärkkäinen 2003, 2006). Die Zuschreibung von Wissen verstehe ich dabei als ein interaktives Phänomen, dessen Relevanz für die Teilnehmer anhand ihres Interaktionshandelns aufgezeigt werden kann.

2 Hintergrund: Interaktionale Untersuchungen und Kognition

Zunächst stellt sich die Frage des Erkenntnisgewinns der konversationsanalytischen Untersuchung eines mentalen Phänomens ganz grundsätzlich mit Blick auf die Passung von Analysegegenstand und Analysemethode, da ein nicht-beobachtbares Phänomen mit einer auf Beobachtbares ausgerichteten Forschungsmethode analysiert werden soll. Ausgangspunkt jeder konversationsanalytischen Untersuchung ist die Arbeit mit Audio- und Videoaufnahmen von natürlicherweise stattfindenden, also nicht von Forschern elizitierten Interaktionen (vgl. Sacks/Schegloff/Jefferson 1974: 697, Bergmann 1985: 300, Deppermann 2007: 26, Hutchby/Wooffitt 2008: 12).[2] Aus diesen Daten können dann induktiv Hypothesen abgeleitet werden, wobei sich die Analyse immer streng an den beobachtbaren Handlungen der Teilnehmer orientiert, d. h. an dem, was die Teilnehmer selbst als relevant anzeigen (*display*-Konzept, vgl. z. B. Sacks/Schegloff/Jefferson 1974: 728, Deppermann 2007: 27–29, Hutchby/Wooffitt 2008: 13). Somit geht es in der Konversationsanalyse nicht um die Rekonstruktion von Intentionen, Strategien

---

2 Damit grenzt sich die Konversationsanalyse einerseits von der experimentellen (Sozial-)Psychologie ab, die auf der Basis von experimentellen Untersuchungen mit nicht-natürlichen Daten arbeitet; die ökologische Validität solcher Daten ist insofern schwer bestimmbar, als Experimente nicht alle konstitutiven Merkmale von Alltagsinteraktionen abbilden können (vgl. Deppermann 2015). Andererseits grenzt sich die Konversationsanalyse von solchen Arbeiten ab, deren Untersuchungen auf introspektiv gewonnenen Beispielen beruhen und damit den natürlichen Verwendungsbedingungen interaktiver bzw. sprachlicher Formen notgedrungen nicht gerecht werden können.

oder eben mentalen Zuständen der Interagierenden aus Analytikersicht. Inwiefern nun Wissen des Analytikers über gesprächsexterne kontextuelle Faktoren (wie z. B. Status der Interagierenden, Beziehung der Interagierenden, Wissenszugänge der Interagierenden) in die Analyse einfließen soll und darf, ist umstritten.[3] Während auf der einen Seite dafür plädiert wird, Kontextfaktoren nur dann zu berücksichtigen, wenn sie erkennbar in der Interaktion als solche aufgerufen werden (vgl. z. B. Schegloff 1997), gibt es ebenso Sichtweisen, aus denen ein reflektierter Kontexteinbezug zuweilen für vertretbar und z. T. unumgänglich gehalten wird (vgl. Deppermann 2000, 2013).[4] Ziel der Analysen ist dabei weiterhin nicht die Rekonstruktion von mentalen Zuständen, Intentionen etc., sondern es geht vielmehr um einen reflektierten und anlassgebundenen Einbezug von ethnographischem Wissen und Annahmen über die Wissensbestände der Teilnehmer. Dem entspricht auch die hier eingenommene gemäßigte agnostische Sicht auf Mentales in Interaktion: Es wird einerseits davon ausgegangen, dass das Wissen Anderer nicht beobachtbar ist (vgl. Wittgenstein ([1953] 2001: § 293).[5] Entsprechend wird hier der Umgang mit Mentalem (hier: die Zuschreibung und Anzeige von Wissen) vor allem als soziale und sprachliche Praxis gefasst, an der sich die Interagierenden erkennbar orientieren und die im Gespräch mehr oder minder explizit wird.[6] Gleichzeitig wird jedoch trotz dieser sozialkonstruktivisti-

---

3 Die Diskussion wird aktuell verstärkt geführt, insbesondere bezogen auf die Arbeiten von und um Heritage (2012a, b) und die Annahme einer ubiquitären Relevanz von „epistemics" für Interaktionsstrukturen (vgl. die Einleitung von Lynch/Wong 2016 sowie weitere Aufsätze in dem entsprechenden Special Issue von *Discourse Studies*.)

4 So führt Deppermann (2000: 103) „drei Typen gesprächsexternen, durch die Daten selbst nicht bereitgestellten Wissens" auf, die in nahezu jeder Analyse eines Gespräches notwendigerweise angewendet werden: „*Alltagswissen*, beispielsweise über grammatische Regeln, Praktiken des Sprechens, oder Sachverhalte der gegenständlichen Welt; *ethnographisches* Wissen über die sozialen, räumlichen, historischen und andere Gegebenheiten im Untersuchungsfeld, dem die Aufnahmen entstammen, über seine sprachlichen Formen und über seine Handlungs- beziehungsweise Interpretationsgepflogenheiten; *theoretisches Wissen*, vor allem über konversationsanalytische Konstrukte und Untersuchungsergebnisse" (Deppermann 2000: 103, Hervorh. i. Orig.).

5 Dies gilt sowohl für Analytiker als auch für Teilnehmer. Die Unbeobachtbarkeit kann aber auch als „unproblematisches Problem" (Ulmer/Bergmann 1993: 82) gesehen werden, da sich zur Lösung des ‚Problems' kommunikative Praktiken wie z. B. Reparaturverfahren etabliert haben (vgl. auch Bergmann/Quasthoff 2010: 26).

6 Relevante Bezugspunkte sind hier zum einen frühe konversationsanalytische Arbeiten zur Orientierung am Wissen von Interaktionspartnern (vgl. z. B. Terasakis ([1976] 2004) Arbeit zu Präsequenzen wie z. B. „have you heard", die dazu dienen, zu verhindern, dass beim Adressaten bestehendes Wissen als Neuigkeit ins Gespräch eingebracht wird). Weiterer, allgemeinerer Bezugspunkt sind Verfahren des *grounding* (vgl. Clark/Schaefer 1989, Clark 1996) bzw. der „Ver-

schen Sicht auf Wissen davon ausgegangen, dass Interagierende dazu fähig sind, Annahmen über das Wissen ihrer Mitinteragierenden zu treffen (vgl. Theory of Mind, Wimmer/Perner 1983) und dies auch tun. Rückbezüge auf als geteilt angenommene Wissensbestände in der Interaktion lassen sich so zumindest als Heuristik rekonstruieren und können die Analyse einer einzelsprachlichen Form wie der Modalpartikel *ja* und ihrer interaktiven Funktionen sinnvoll ergänzen (vgl. hierzu auch Reineke 2016: 27–29; eine ausführlichere epistemologische Diskussion zu kognitiven Phänomenen in interaktionalen Analysen findet sich z. B. in Deppermann 2012 und 2015). Die Rekonstruktion dieser Wissensbestände wird hier mit Bezug auf die Kategorien eines *common ground* (Clark 1996) vorgenommen, die unten noch geschildert werden (Abschnitt 3.2).

Im nun folgenden Abschnitt sollen zunächst bisherige Annahmen zu Bedeutung und Funktion der Modalpartikel *ja* dargestellt werden, auch da sich aus diesen Annahmen die Notwendigkeit ergibt, Bezüge auf geteiltes Wissen zu rekonstruieren.

3 Die Modalpartikel *ja* und geteiltes Wissen

3.1 Funktion und Bedeutung der Modalpartikel *ja*

Modalpartikeln (auch „Abtönungspartikeln") kennzeichnen die „Stellung des Sprechers zum Gesagten" und werden daher auch als Einstellungsausdrücke (vgl. z. B. Thurmair 1989 sowie zusammenfassend Zifonun/Hoffmann/Strecker 1997: 902) eingeordnet. In Hinblick auf die hier interessierenden Fragen zum Zusammenhang von Modalpartikeln und geteiltem Wissen ist insbesondere interessant, dass ihnen zuweilen eine relationale Funktion (vgl. Diewald 1999, Diewald/Fischer 1998) zugeschrieben wird:

---

stehensdokumentation" (vgl. u. a. Deppermann/Schmitt 2008, Schegloff 2007), mit denen *common ground* in der Interaktion angezeigt und ausgehandelt wird. Dazu gehören u. a. verbale und nonverbale Rückmeldeaktivitäten, explizite Thematisierungen von Verstehen (Deppermann/Schmitt 2008), aber auch schon die Produktion relevanter Folgehandlungen: Die Erfüllung einer in erster Position (etwa durch eine Frage) relevant gemachten Folgehandlung (etwa einer Antwort) zeigt implizit das Verstehen dieser ersten Äußerung als Frage an (vgl. Sacks/Schegloff/Jefferson 1974: 728, Schegloff 2007: 21, Deppermann/Schmitt 2008: 226–228). In dritter Position kann dann wiederum vom ersten Sprecher angezeigt werden, ob die Interpretation seiner ersten Äußerung zutreffend war (vgl. auch Schegloff (1992) zur dritten Position als „the last structurally provided defence of intersubjectivity in conversation").

Diese gemeinsame Basis liegt in einer relationalen Struktur, durch die die partikelhaltige Äußerung mit einer anderen, vorgegebenen Einheit verknüpft wird, so daß die partikelhaltige Äußerung als zweiter, d. h. reaktiver Gesprächszug in einer unterstellten dialogischen Sequenz erscheint. (Diewald 1999: 188; vgl. ähnlich auch Diewald/Kresić 2010: 3)

Angenommen wird hier ein „Bezugselement außerhalb der Äußerung", das durch die Partikel mit der aktuellen Äußerung verknüpft wird (Diewald 1999: 189). Abgegrenzt werden Modalpartikeln in dieser Funktion von anderen Konnektoren insofern, als es nicht um syntaktische, semantische oder deiktische Relationen geht (vgl. Diewald 1999: 189), sondern um die Verknüpfung mit einem angenommenen Prätext. Darauf verweist auch Fischer (2007):

The assumption made here is that the general grammatical function of modal particles is to connect the current utterance to a pragmatic pretext, that is, to a proposition ‚at hand' which is part of the non-verbal argumentative context. (Fischer 2007: 51)

Fischer (2007) verbindet diese Annahme entsprechend auch mit dem Verweis auf die Funktion von Modalpartikeln, die aktuelle Äußerung mit einem *common ground* zu verbinden (oder zumindest ihre Anbindung an einen solchen *common ground* zu behaupten) (52), wobei diese Verbindung je nach Modalpartikel unterschiedlich sein kann (z. B. *aber* als adversatives relationales Element, *ja* als affirmatives etc.). Das entspricht der in der Forschung gängigen Annahme, dass mit der Modalpartikel *ja* häufig Sachverhalte modalisiert werden, von denen der Sprecher annimmt, dass sie dem Hörer bereits bekannt sind (vgl. u. a. Weydt 1969, Thurmair 1989, Foolen 1989, Doherty 1985) oder dass sie nicht als kontrovers gesehen werden (vgl. u. a. Lindner 1991, Ickler 1994). Einige Autoren heben durch den Verweis auf eine ‚mögliche' Bekanntheit auf das Unsicherheitsmoment bezüglich des Wissens Anderer ab (vgl. Foolen 1989, Doherty 1985). Dem soll auch die Grundbedeutung der Modalpartikel *ja* Rechnung tragen, die ich auf der Basis meiner Analysen ansetze: Mit ihr werden Sachverhalte als bereits bekannt oder als ‚evident' bzw. ‚fraglos' angezeigt (vgl. Reineke 2016). Darüber hinaus stellt sich die Frage, welche interaktiven Funktionen es hat, mit der Modalpartikel *ja* etwas bereits Bekanntes oder Fragloses als solches anzuzeigen. Thurmair verweist auf die Aktualisierungsfunktion von *ja*:

Durch die Verwendung von *ja* kann sich der Sprecher der für den Gesprächsverlauf notwendigen Gemeinsamkeiten versichern; er nimmt zwar an, daß der Sachverhalt bekannt ist, erwähnt ihn aber explizit, um sicherzugehen, daß er auch dem Hörer gegenwärtig ist, da er oft von Bedeutung für den weiteren Gesprächsverlauf ist. (Thurmair 1989: 105)

Darüber hinaus entfaltet die Modalpartikel *ja* jedoch in unterschiedlichen Gesprächskontexten und sequenziellen Umgebungen weitere interaktive Funktionen. Sie dient zur Aktualisierung von Bekanntem für lokale Zwecke, zum Begründen bzw. zum Stützen von Argumenten sowie zur Bearbeitung und Aushandlung epistemischer Rechte (vgl. Reineke 2016).

Da in der Modalpartikelforschung häufig mit introspektiven Beispielen gearbeitet wird oder zwar mit authentischen mündlichen Daten gearbeitet wird, diese aber nicht sequenziell untersucht werden (und somit die Teilnehmerreaktionen und sequenzielle Einbettung nicht berücksichtigt werden können), soll im Folgenden diskutiert werden, ob und wie sich relationale Elemente, auf die die Modalpartikel *ja* bezogen ist, rekonstruieren lassen. Daran anschließend sollen noch Funktionen der Modalpartikel *ja* in der Aushandlung von wissensmäßigen Rechten und Pflichten in unterschiedlichen Sequenzpositionen dargestellt werden.

3.2 Rekonstruktion von Bezugskontexten der Modalpartikel *ja*

Aus Analytikersicht sind vorsichtige Annahmen über das Wissen der Interagierenden insbesondere dann methodisch möglich, wenn natürliche Daten von längeren Interaktionsgeschichten der Teilnehmer vorliegen. So können und sollen zwar weiterhin nicht mentale Zustände der Interagierenden rekonstruiert werden, es kann aber plausibel gezeigt werden, wann sich Interagierende im jeweils aktuellen Gespräch an Vorwissen aus vorangegangenen Interaktionen orientieren.

Geht man davon aus, dass Interagierende aufgrund von „shared bases" (Clark 1996: 96–100) auf der Basis von Annahmen über geteiltes Wissen mit dem jeweils Anderen handeln, kann man die entsprechenden Quellen bzw. Bezugskontexte dieser Annahmen mit Clark (1996) in einen „communal common ground" (Clark 1996: 100–112) und einen „personal common ground" (Clark 1996: 112–116) unterteilen. Zum *communal common ground* gehören Annahmen über Geteiltheit, die auf Grundlage der Zugehörigkeit einer Person zu gesellschaftlichen Gruppen bzw. kulturellen Gemeinschaften (z. B. aufgrund von Nationalität, Religionszugehörigkeit, Beruf, Sprache etc. (vgl. Clark 1996: 100) getroffen werden. Die Basis solcher Annahmen ist bei mangelnder gemeinsamer Erfahrung relativ unsicher und geht entsprechend „unvermeidlich mit Stereotypisierungen" (Bergmann/Quasthoff 2010: 23f.) einher. Mit größerer Sicherheit können Annahmen auf Basis eines *personal common ground* getroffen werden, der auf vorangegangenen Interaktionen derselben Interagierenden beruht und mit der Anzahl der geteilten Erfahrungen bzw. der Länge der Interaktionsgeschichte ,wächst' (vgl. Clark 1996: 112–116, vgl. auch Bergmann/Quasthoff 2010), die jeweils aktuelle Interaktionssituation

eingenommen. Dies sind mögliche Quellen von Antezedenzien[7] im Sinne von Bezugskontexten, auf die sich Wissenszuschreibungen mit der Modalpartikel *ja* beziehen können. Sie können für die Zwecke der vorliegenden Darstellung folgendermaßen eingeteilt werden:

1. Verweis auf den *communal common ground* durch geteilte Gruppenzugehörigkeit.
2. Verweis auf vorangegangene Interaktionen derselben Sprecher (*personal common ground*, der, abhängig von der Dokumentation dieser Interaktionen, z. T. für die Analyse zugänglich ist),
3. sequenzieller Rückbezug innerhalb der aktuellen Interaktionssituation (Verweis auf Äußerungen des Sprechers, des Adressaten/ratifizierten Teilnehmers).

Diese Bezugskontexte sollen dabei nicht zur Rekonstruktion der mentalen Repräsentationen der Interagierenden dienen, sondern sie sollen es aus Analytikersicht ermöglichen, zumindest als Heuristik annehmen zu können, dass und auf welcher Basis bestimmte Wissensgegenstände als geteilt angenommen werden können.

Die Daten, auf denen die folgenden Analysen beruhen, stammen aus dem Korpus meiner Arbeit zu Wissenszuschreibungen (Reineke 2016), das wiederum auf Daten aus dem „Forschungs- und Lehrkorpus Gesprochenes Deutsch" (FOLK) beruht; sie sind weitestgehend über die „Datenbank für Gesprochenes Deutsch" (dgd.ids-mannheim.de) wissenschaftsöffentlich verfügbar.[8] Die Analyse zur Modalpartikel *ja* beruht auf einer Kollektion von 86 Fällen, die aus drei unterschiedlichen Gesprächstypen (Studentische Alltagsgespräche, Prüfungsgespräche an der Hochschule, Schlichtungsgespräche zu Stuttgart 21) stammen. Sie erlauben es, den Einfluss unterschiedlicher Interaktionskonstellationen zu untersuchen, von denen zu erwarten ist, dass sie für die Zuschreibung und Aushandlung von Wissen bedeutsam sind. Gleichzeitig ermöglichen sie auf unterschiedliche Art und Weise, Annahmen über das geteilte Wissen der Beteiligten zu treffen: Durch die Vertrautheit einiger der Interagierenden (Kommilitonen und ein Paar in den studentischen Alltagsgesprächen), durch das Vorliegen von längeren Interaktionsgeschichten (Schlichtungsgespräche zu Stuttgart 21) und

---

7 Der Begriff Antezedens wird hier verwendet, um auf vorangegangene, angenommene oder rekonstruierbare, Bezugsereignisse zu verweisen; er wird nicht im grammatischen Sinn verwendet. Diese Bezugsereignisse können sowohl sprachlich als auch anders konstituiert (z. B. technisch vermittelt, wie in (2), unten) sein.
8 Die Beispiele sind nach GAT 2 (Selting et al. 2009) transkribiert.

durch die Wissenskonstellation von Experten und Novizen (Prüfungsgespräche an der Hochschule).

Die oben genannten unterschiedlichen Bezugskontexte, auf die sich Interagierende mit der Modalpartikel *ja* beziehen, sollen nun, angefangen mit Verweisen auf einen *communal common ground*, anhand von Beispielen dargestellt werden. In Ausschnitt (1), der aus den Schlichtungsgesprächen zu Stuttgart 21 stammt, verweist Michael Holzhey (MH) auf den Umstand, dass die Bahn ein Wirtschaftsunternehmen ist (Z. 07):

(1) Schlichtungsgespräche zu Stuttgart 21, FOLK_E_00064_SE_01_T_03, c200[9]

```
01   MH:   und das find_ich auch verKEHRlich wirklich-
02         (0.2)
03   MH:   JA;
04         (0.35)
05   MH:   ziemlich draMAtisch,
06         und ich FRAge mich,°hh
→ 07         da sie ja ein WIRTschaftsunternehmen sind,°hh
08         (0.35)
09   MH:   wie sie das GUTheißen können.
10         (0.57)
```

Der Sachverhalt, der hier mit der Modalpartikel *ja* modalisiert wird (dass die Deutsche Bahn ein Wirtschaftsunternehmen ist, Z. 07), ist als Teil des *communal common ground* derjenigen Rezipienten (hier: Anwesende sowie Fernsehzuschauer) anzusehen, die in Deutschland leben und wissen können, dass die Deutsche Bahn ein Wirtschaftsunternehmen ist. Solche Verweise auf einen angenommenen *communal common ground* unterliegen jedoch (sowohl aus Sicht des Analytikers als auch der Teilnehmer) Unsicherheiten bezüglich ihrer Geteiltheit, da sie nicht auf bereits vorgängig Etabliertes verweisen und somit keine interaktiven Anhaltspunkte für ihr Zutreffen vorliegen.[10] Demgegenüber kann bei Verwei-

---

9 Der Transkriptkopf enthält für die in der DGD verfügbaren Gesprächsausschnitte jeweils die Angabe des Gesprächsereignisses „FOLK_E_000064_SE_01" sowie des zugehörigen Transkripts „T_03" und der Beitragsnummer des ersten im Ausschnitt zitierten Beitrages „c200". Bei Ausschnitten, die (noch) nicht über die DGD verfügbar sind, wird der Name des in der DGD als „Sonstige Bezeichnung" geführten FOLK-Kürzels zusammen mit der Dauer des Ausschnittes angegeben.

10 Bei den Schlichtungsgesprächen zu Stuttgart 21 wird dies noch dadurch verstärkt, dass in

sen auf geteiltes Wissen, das die Teilnehmer in ihrer gemeinsamen Interaktionsgeschichte erworben haben, schon mit stärkerer Sicherheit davon ausgegangen werden, dass die Interagierenden das ihnen zugeschriebene Wissen tatsächlich zur Verfügung haben. Dies ist der Fall im folgenden Gesprächsausschnitt, vor dessen Beginn sich die Kommilitoninnen AM und LP darüber ausgetauscht haben, dass sie beide noch nicht zum Lesen der Werke von einer Liste mit Primärliteratur für das Staatsexamen in Literaturwissenschaft gekommen sind.

(2) Studentisches Alltagsgespräch (Kommilitonen), FOLK_E_00046_SE_01_T_01, c471[11]

```
01  AM   weil die sabrina hat mir nämlich die LISte: geGEben,=
02       =ich hab die ko[PIERT,]
03  LP              [JA-  ]
04  AM   ich hab die sogar daBEI jetzt,
05       und dann später geh ich mit ihrem HUND <<:-)>gassi,>
06  LP   ((lacht))
07  AM   ((lacht))
08       und dann werd ich ihr die liste zuRÜCKgeben,=
09  AM   und-
→ 10       ich hab ja die GRUPpe gegründet;
→ 11       und euch ja EINge[laden (auf studi)vau zett.  ]
12  LP                  [!JA!, ich hab des geSEHn; ja-]
13       hab die äh einladung ANgenommen; ((lacht))
```

AM modalisiert hier zwei Aussagen, einmal bezüglich des Gründens einer Gruppe („ich hab ja die GRUPpe gegründet;", Z. 10) und bezüglich der Einladung zu dieser Gruppe („und euch ja EINgeladen", Z. 11) mit der Modalpartikel *ja*. Sie bezieht sich damit auf ein Ereignis, das außerhalb der aktuellen Interaktionssituation, aber innerhalb der Interaktionsgeschichte von LP und AM liegt. LP

---

längeren Sequenzen einzelner Sprecher mit solchen *multi-unit-turns* eine lokale Verstehensdokumentation ausbleibt, auch da sie an vielen Stellen strukturell entweder nicht vorgesehen ist oder aber, für die nicht-ratifizierten Mitglieder der Schlichtung sowie die Fernsehzuschauer, gar nicht möglich ist. Vgl. zu Gesprächsstruktur und Teilnehmerkonstellation der Schlichtungsgespräche zu Stuttgart 21 Reineke (2016: 68–75).

11 Die hier wiedergegebene Interaktion zwischen AM und LP ist eines von zwei parallel ablaufenden, d. h. aktuell nicht auf das jeweils andere Gespräch orientierten, Gesprächen von Kommilitonen beim gemeinsamen Mittagessen in der Mensa. Das parallele Gespräch wird hier zur Übersichtlichkeit der Darstellung nicht im Transkript abgebildet.

bestätigt durch ihre Reaktion in Z. 12 und 13, dass sie die Einladung gesehen und „angenommen" habe, dass ihr der mit *ja* modalisierte Sachverhalt tatsächlich bekannt war. Hier ist also ein klares Antezedens (AMs Akt der Gruppengründung und -einladung) rekonstruierbar, an dessen Bekanntheit sich beide Sprecherinnen orientieren. Interessant ist hier mit Blick auf die Anzeige geteilten Wissens zudem, dass LPs Bestätigung in Z. 12 in Überlappung mit AMs Beitrag in Z. 11 und noch vor dessen Erweiterung um den ‚Ort' der Einladung („auf (studi)vau zett") produziert wird, dass also die Referenzen „Gruppe" und „gegründet" bereits ausreichend für LP waren, um das Bezugsereignis zu identifizieren.[12] Der Ausschnitt illustriert darüber hinaus einen Wechsel in der Äußerungsgestaltung von unmodalisierten Äußerungen, die als für LP ‚neu' angezeigt werden (Z. 01–08) zu den mit *ja* modalisierten Äußerungen (Z. 10–11). Letztere dienen zur Aktualisierung von potenziell bereits Bekanntem für den weiteren Gesprächsverlauf: Durch die Modalpartikel *ja* nimmt AM retrospektiv Bezug, um prospektiv in der Themen- und Handlungsprogression an Bekanntes ‚anknüpfen' zu können und löst dabei gleichzeitig das kommunikative Problem der Unsicherheit über die Rezeption ihrer außergesprächlichen Einladungshandlung, ohne dabei durch eine Zuschreibung von zu wenig Wissen negativ in LPs Wissensstatus einzugreifen (vgl. auch unten, Abschnitt 3.3).[13]

Beispiel (2) zeigt, dass sich auch sequenzanalytisch anhand von Teilnehmerreaktionen plausibel machen lässt, dass mit *ja* auf als geteilt angenommene Sachverhalte verwiesen wird. Anders ist dies bei Verweisen, die potenziell auch von den Teilnehmern ratifiziert werden könnten, es aber faktisch nicht werden, z. B. in Mehrparteien-Interaktionen mit restringierter Rederechtsverteilung, wie in den Schlichtungsgesprächen zu Stuttgart 21:

(3) Schlichtungsgespräche zu Stuttgart 21, FOLK_SS21_01_A05c_11.17–11.36

```
01  TG  und desWEgen-
02      °h beANTwort[et wurde diese frage in der re]
03  HR           [die FRAge war konkret-        ]
```

---

12 *StudiVZ* ist ein soziales Netzwerk, in dem Mitglieder ein persönliches Profil anlegen und sich mit anderen Mitgliedern vernetzen können. Das Netzwerk bietet wie andere soziale Netzwerke auch die Möglichkeit, „Gruppen" zu gründen, die der Diskussion bestimmter Themen gewidmet sind und entweder allen Mitgliedern offenstehen oder nur bestimmten, ‚eingeladenen' Mitgliedern zugänglich sind.

13 Hätte LP tatsächlich nicht von der Einladung Kenntnis genommen, könnte sie spätestens nach AMs Äußerung wissen, dass sie zu dieser Gruppe eingeladen wurde.

```
04  TG  [egel (schOn).    ]
05  HR  [wieviel zee o !Z] WEI! das bringt;
06      ds ham sie nicht beANTwortet;
07      (1.2)
08  HG  WAS äh-
09      GEHT_s jetz äh-
10      äh wir reden aber jetzt nicht über den !FLUG!hafen.=Oder;
11      (2.48)
→ 12  HG  das ham_mer ja schon mal geTAN.
13      (0'.36)
14  HG  °hh ALso;
15      JETZT äh;
16      (.) äh gehn_wer mal zur nächsten FOlie über,
17      (0.97)
```

In diesem Beispiel wird der Verweis darauf, dass ein bestimmtes Themenfeld („Flughafen") bereits besprochen wurde, mit *ja* modalisiert. Zumindest die Teilnehmer im „inneren Kommunikationskreis"[14] haben an den vorangegangenen Interaktionen teilgenommen und können dieses Wissen dementsprechend teilen. Auch hier ist also ein Antezedens (das Sprechen über das Thema in einer bzw. hier in mehreren vorangegangenen Interaktionen) rekonstruierbar. Der Verweis auf Bekanntes ist auch hier als Aktualisierung zu sehen, ist aber gleichzeitig lokal sequenzbeendigend und dient somit der Themenprogression im Sinne der institutionell festgelegten Agenda. Zudem entfaltet er argumentative Kraft, da er implizit darauf verweist, dass über ein Thema, das bereits besprochen wurde, nicht ein weiteres Mal gesprochen werden muss.[15]

Weniger weit reichen Verweise zurück, die auf die aktuelle Gesprächssituation zurückverweisen, wie im folgenden Beispiel aus einem Prüfungsgespräch an einer Hochschule:

---

14 Vgl. Burger (2005) zu einer Einteilung von Kommunikationskreisen von massenmedial vermittelten Gesprächen sowie, bezogen auf die Spezifik der Schlichtungsgespräche zu Stuttgart 21 Reineke (2016: 70–74).
15 Siehe Reineke (2016) zu einer detaillierteren Analyse von Verwendungen der Modalpartikel *ja* zum Stützen von Argumenten.

(4) Prüfungsgespräch an der Hochschule, FOLK_E_00036_SE_01_T_01, c451

```
01  KD   ((schnalzt)) °h (.) ähm und gleicherMAßen ebend; (.)
02       strateGIEN direkt im schreib (.) gebrAuch,=
03       =immer wemman auf so ne STELle stößt wo man jetz
         vielleicht-=
04       =zum beispiel nich weiß ob man auslautverhärtung
         schreiben SOLL oder NICH, °h
05       auch autoMAtisch?(.)
06       öhm (.) erFOLGt, hhh°
07       (0.37)
08  BÄ   ja eben leider NICHT;
→ 09       das hatten sie ja e[ben geSA]GT;
10  KD                    [hm-    ]
```

Die Prüferin (BÄ) weist die Studentin (KD) hier auf einen Selbstwiderspruch
(Z. 08–09) hin, und verweist explizit darauf, dass die Studentin eine zu ihrer
aktuellen Aussage gegenteilige Aussage im zurückliegenden Gesprächsverlauf
getätigt hat. Der Bezugskontext der Modalpartikel *ja* liegt hier also im aktuellen Gespräch. Dabei zeigt die Modalpartikel *ja* hier nicht die Bekanntheit der
gegenteiligen Aussage selbst an, sondern modalisiert wird die Tatsache, dass die
Studentin diese Aussage getroffen hat. Das Beispiel zeigt zudem, dass Interagierende davon ausgehen, dass ihre Mitinteragierenden verfolgen, was bereits im
aktuellen Gespräch gesagt wurde und Widersprüche, die sich aus diesem vorangegangenen Gesprächsverlauf ergeben, zuweilen auch kommunikativ eingeklagt
werden können.

Die bisher geschilderten Beispiele zeigen, dass es möglich ist, Bezugskontexte
von Verweisen mit der Modalpartikel *ja* zu rekonstruieren, was die Annahme,
dass mit *ja* auf bereits Bekanntes verwiesen werden kann und die oben genannten relationalen Elemente auffindbar sein können, empirisch stützt. Eine solche
Rekonstruktion ist aber nicht immer möglich oder es ist erkennbar, dass der mit
ja modalisierte Sachverhalt tatsächlich nicht bekannt war (z. B. dann, wenn ein
Sprecher Sachverhalte mit *ja* modalisiert, die ein für den Adressaten unzugängli-
ches Sprecherereignis betreffen (vgl. Reineke 2016: 121f.)), weshalb als Grundbedeutung der Modalpartikel nicht nur die Anzeige von Bekanntheit sondern auch
die der Anzeige von Sachverhalten als ‚evident' bzw. ‚fraglos' angesetzt werden
muss.

Unabhängig von der Frage der Rekonstruierbarkeit von Bezugskontexten
aus Analytikersicht gilt für die bisher geschilderten Beispiele aber auch, dass die
jeweils mit *ja* modalisierten Sachverhalte spätestens mit ihrer Äußerung für die

Interagierenden bekannt sein können, auch wenn sie es zuvor nicht waren. So würde LP spätestens mit AMs Äußerungen, dass diese die entsprechende Gruppe gegründet hat, davon erfahren, und ein Zuhörer kann spätestens mit der Äußerung Michael Holzheys Kenntnis davon nehmen, dass die Deutsche Bahn ein Wirtschaftsunternehmen ist oder zumindest, dass Holzhey davon ausgeht, dass sie es evidentermaßen ist.

3.3 Epistemische Sprecherpositionierung mit der Modalpartikel *ja*

Für die folgenden Beispielanalysen sind die Konzepte des „epistemic stance" im Sinne der Sicherheit, die Interagierende über das Zutreffen eines Sachverhaltes sprachlich-kommunikativ anzeigen (vgl. Kärkkäinen 2003, 2006) und mit dem sie ihre epistemische Haltung sowohl gegenüber Wissensobjekten, aber auch gegenüber ihren Gesprächspartnern einnehmen (vgl. Du Bois 2007) und des „epistemic status" (vgl. Raymond/Heritage 2006) der Interagierenden im Sinne ihrer wissensmäßigen Rechte und Pflichten sowie deren Zusammenspiel wesentlich. Heritage geht von einem epistemischen Gradienten („epistemic gradient" (u. a. Heritage 2013: 559)) aus, auf dem sich Sprecher, abhängig sowohl von ihrem epistemischen Status als auch von der jeweiligen lokalen Äußerungsgestaltung, zwischen einer Position als relativ wissend oder unwissend, als „knowing (K+)" oder „unknowing (K–)" bewegen (vgl. u. a. Heritage 2013: 559). Schon Pomerantz (1980) konnte zeigen, dass bestimmte Äußerungsformate in Abhängigkeit vom Wissenszugang der Interagierenden unterschiedlich interpretiert werden: Eine deklarative Äußerung eines Sprechers über ein Ereignis, das für ihn eine „type 2 knowable" (Pomerantz 1980: 187f.; etwas, was dem Sprecher nur mittelbar bekannt ist), für den Adressaten aber ein „type 1 knowable" (Pomerantz 1980: 187f.; etwas, dass der Adressat aus erster Hand weiß (und wissen sollte)) ist, wird als Information elizitierend statt als informationsgebend interpretiert.[16] Beispiele sind erste Äußerungen eines Sprechers wie etwa ‚bei dir war die ganze Zeit besetzt' *(type 2 knowable)*, auf die eine zweite Äußerung folgt, in der das zugehörige Wissen aus erster Hand *(type 1 knowable)* offengelegt wird (z. B. ‚ich war mit XY am Telefon') (vgl. Pomerantz 1980). Heritage und Raymond (2005) zeigen für Bewertungsaktivitäten in erster Position einen inhärenten Anspruch epistemischer Autorität bezüglich des Bewertungsgegenstandes und zeigen an

---

16 Ähnlich hierzu Labov/Fanshel (1977), die u. a. zwischen „A-events" und „B-events" unterscheiden (62–64, 100).

Beispielen, wie die Äußerungen im Englischen so gestaltet werden können, dass sie anzeigen, dass dieser Anspruch nicht erhoben wird und wie sich Interagierende so am epistemischen Status ihres Gegenübers orientieren. Auch allgemeiner kann angenommen werden, dass assertive erste Äußerungen zu einem Thema implizit epistemische Rechte bezüglich der Äußerungsinhalte beanspruchen (vgl. u.a Heritage 2013, Heritage/Raymond 2005, Stivers 2005: 133). Sprecher haben im Deutschen unterschiedliche sprachliche Möglichkeiten, die Sicherheit oder Unsicherheit über das Zutreffen einer solchen Aussage zu modalisieren, u. a. mit Modalverben (z. B. *dürfen* oder *müssen* in epistemischer Verwendung), mit epistemischen Satzadverbien (z. B. *anscheinend, vermutlich, vielleicht, sicher,* etc.), Modalpartikeln (z. B. *wohl, ja*) oder epistemischen Verben (z. B. *glauben, denken, wissen* etc.).

Im Folgenden soll gezeigt werden, dass eine Modalisierung mit der Modalpartikel *ja* dazu dienen kann, eine Äußerung zu einem Thema, zu dem der Adressat primären epistemischen Zugang hat, zu tätigen und dabei anzuzeigen, dass man keine epistemischen Rechte am Gegenstand beansprucht, ohne gleichzeitig die eigene Sicherheit gegenüber dem Zutreffen abschwächen zu müssen.

Das folgende Beispiel stammt aus einem Prüfungsgespräch an der Hochschule. In Prüfungsgesprächen stehen Studierende vor der Aufgabe, sich dem Prüfer gegenüber als wissend darzustellen (vgl. Meer 1998: 22, 119–122) und stellen dabei in der Regel Sachverhalte dar, zu denen die Prüfer aufgrund ihrer professionellen Stellung und Erfahrung ohnehin primären Zugang haben. Dennoch werden die Aussagen der Studierenden nicht fortwährend als etwas, was dem Prüfer bereits bekannt ist, gerahmt. Dies wäre auch im Sinne der Progression des Gespräches nicht wünschenswert. Dabei ist der epistemische Zugang der Prüfer kein exklusiver, da in Prüfungsgesprächen in der Regel öffentlich zugängliche Inhalte verhandelt werden. Im folgenden Ausschnitt verbalisiert eine Studierende in einem Prüfungsgespräch jedoch einen Sachverhalt, bei dem es sich um ein ‚Adressatenereignis' der Prüferin handelt, nämlich um die Beteiligung der Prüferin beim Schreiben von Lehrwerken; die Studierende hat mittelbaren Zugang zu den Werken (da sie sie lesen kann), die Prüferin aber hat primären und hier z. T. exklusiven epistemischen Zugang:

(5) Prüfungsgespräch an der Hochschule, FOLK_E_00003_SE_01_T_01, c377

```
01   DM   °hh
02        un dass man sO ne sachen halt extra mit thematisIERT.
03        und EIGentlich-
04        (.) also das FINdet man-
```

```
→ 05        (.) <<all> ich meine sie ham ja SEHR viel gemacht,>
  06        (.) bei taritaRA;
  07        oder phoNEtik komprimiert,
  08  JS    (.) hm-
  09  DM    findet man solche EXtra-
  10        (.) Ebenen natürlich unterteilt;=
  11        =also wo die ASSimilatiOn ne rolle [spielt-]
  12  JS                                       [hm_HM, ]
```

Die Modalpartikel *ja* (Z. 05) kann hier zunächst unter die Grundfunktion des kondensierten Hervorholens von bereits Bekanntem für die lokalen Gesprächszwecke gesehen werden und der Beitrag von DM in den Zeilen 05–10 dient insgesamt dem Untermauern der Relevanz der hier referierten Konzepte. Darüber hinaus bearbeitet die Studentin hier jedoch die Aufgabe, einen Sachverhalt zu verbalisieren, der ein Ereignis betrifft, zu dem sie nur mittelbaren Zugang hat, während die Prüferin durch ihre Autorschaft einen primären Zugang zum Lehrbuch hat. Die Studentin löst hier also die kommunikative Aufgabe, in erster Position einen Sachverhalt gegenüber einem Gesprächspartner zu äußern, der diesen selbst primär betrifft, durch eine Modalisierung mit der Modalpartikel *ja*. Diese Interpretation beruht auf gesprächsexternem Wissen a) über die Rollenverteilung in Prüfungsgesprächen und den spezifischen Status von JS als Autorin des Lehrwerkes und b) auf der Annahme, dass DM berücksichtigt, dass JS primären epistemischen Zugang zu den referierten Werken hat. Darüber hinaus bietet aber das Datum selbst ebenfalls Anhaltspunkte dafür, dass diese Interpretation zutrifft: Die Äußerungsgestaltung der Zeilen 04–10 lässt vermuten, dass die Studentin ihre ursprüngliche Äußerung unterbrochen hat, um sie mit dem Einschub „(.)<<all> ich meine sie ham ja SEHR viel gemacht,>" (Z. 05) partnerperspektivisch zu rahmen.[17] Gegenüber anderen Verfahren der epistemischen Modalisierung kann mit der Modalpartikel *ja* eine Äußerung in erster Position bezüglich des Wissensanspruches des Sprechers abgeschwächt werden, um anzuzeigen, dass der Sprecher keinen primären Zugang zum jeweiligen Wissen beansprucht, ohne dass dabei die Sicherheit über das Zutreffen des Sachverhalts selbst abgeschwächt wird.[18]

---

17 Diese Abfolge ist ein Hinweis auf eine mögliche emergente Entwicklung von einer egozentrischen hin zu einer stärker partnerorientierten Perspektive (vgl. Auer 1991: 154). Zu Perspektive und Perspektivierung vgl. auch Meier (in diesem Band).
18 Bezogen auf dieses Beispiel sind alternative Arten der Modalisierung, die die Sicherheit über das Zutreffen abschwächen würden, etwa mit *wohl* (‚sie haben wohl sehr viel gemacht') oder *wahrscheinlich/anscheinend* (‚sie haben wahrscheinlich/anscheinend sehr viel gemacht') als potentiell schwierig anzusehen, da sie auch die Interpretation aufrufen könnten, dass der Sach-

Gerade wurde gezeigt, dass die Modalpartikel *ja* dazu eingesetzt werden kann, um sich in der Äußerungsgestaltung an den Wissenszugängen der Mitinteragierenden und deren möglicherweise primären Zugängen zu bestimmten Wissensgegenständen zu orientieren. Demgegenüber unterliegen zweite Äußerungen zu einem selben Thema oder Sachverhalt immer dem Verdacht, auf der Basis der ersten Äußerung des anderen Sprechers produziert worden zu sein, da sie aufgrund ihrer zeitlich-sequenziellen Sekundarität eine nicht neue Äußerung sind (vgl. Heritage 2013, Heritage/Raymond 2005, Stivers 2005). Diese Sekundarität kann in der Äußerungsgestaltung bearbeitet bzw. ‚ausgehebelt' werden, etwa durch Antwortpartikeln (z. B. *eben, (das) stimmt* (Betz 2015), *jaja* (vgl. Golato/ Fagyal 2008, Barth-Weingarten 2011) oder *achJA* (Betz/Golato 2008)) oder durch explizite Behauptung eines vorgängig bestandenen Wissens (z. B. mit „das habe ich (mir) gedacht" (vgl. Deppermann/Reineke 2017). Auch die Modalpartikel *ja* kann in dieser Position verwendet werden, um unabhängigen Zugang zu einem Wissensobjekt anzuzeigen.

Im folgenden Ausschnitt spricht das Paar PB (Philipp) und AM (Anita) über PBs Pläne zu seinem bald anstehenden Masterstudium. Vor Beginn des Ausschnittes hat PB bereits berichtet, dass er vorhabe, nach möglichen „Kooperationspartnern" zu suchen, bei denen er während des Studiums arbeiten könnte und die die seine Studiengebühren übernehmen könnten.

(6) Studentisches Alltagsgespräch (Paar), FOLK_E_00047_SE_01_T_02, c766

```
01 PB   das [is doch das ganze sysT    ]EM-
02 AM       [ach DU meinst dass du m-]
03      DU h° meinst dass du °h arbeitest,
04      und dass dir <<all>dann auch noch die
        [STUdiengebühren z]ahlen.>
05 PB   [JA das-          ]
06      (0.21)
07 PB   anita so LÄUFT da[s halt.    ]
08 AM                    [ja aber die] zahlen doch dir auch
        schon ge!HALT!;
09      warum sollen die noch deine STUdiengebühren über[nehmen.]
10 PB                                                   [a_ja   ]
11      weil die dann en (.) nach z anerthalb jahren tOp (.) äh-
```

---

verhalt nicht zutreffen könnte (dass die Prüferin also nicht tatsächlich sehr viel gemacht hat).

```
12     (0.34)
13 PB  mitarbeiter haben den sie dann noch zwei jahre
       verPFLICHten oder sowas,
14 AM  ja;
15     wenn die deine studiengebühren übernEhmen dann
       kannste das ja auch MAchen.
16 PB  (.) <<f>ja>;
→ 17   (.) das IS es ja.
18     (0.37)
→ 19 PB (deshalb) da SUCH ich ja jemanden.
20 AM  °hh
21     (0.3)
22 AM  ja das unternehmen_a
```

AM zeigt zunächst allgemeine Zweifel an diesem Konzept an (Z. 02–04), verstärkt insbesondere durch den Fokusakzent auf DU (Z. 02). Nachdem PB wiederholt auf der Validität des Konzeptes besteht (in Z. 07 „anita so LÄUFT das halt." und möglicherweise in Antizipation ihres Widerspruchs bereits in Z. 01 „das is doch das ganze sysTEM-"), spezifiziert AM in Z. 08 den Grund für ihren Unglauben und fragt nach der möglichen Motivation von Unternehmen für ein entsprechendes Handeln: „ja aber die zahlen doch dir auch schon ge!HALT!; warum sollen die noch deine STUdiengebühren übernehmen." (Z. 08–09). PB erläutert in Z. 10–13 schließlich die Hintergründe des Systems. Dies wird von AM zwar nicht explizit, aber implizit als ausreichende Erklärung behandelt: In Z. 15 formuliert sie schließlich eine Konklusion, die sie aus diesem Modell für das zukünftige Handeln von PB zieht („wenn die deine studiengebühren übernEhmen dann kannste das ja auch MAchen."). Hiermit bearbeitet AM in ihrer Äußerung eine Frage, nämlich die, ob PB sich in einem solchen Fall noch von einem Unternehmen verpflichten lassen könne, die von PB nicht zuvor relevant gemacht wurde. Vielmehr hat PB dadurch, dass er nach einem entsprechenden Kooperationspartner sucht, bereits implizit angezeigt, dass er dieses Modell mit Rechten und Pflichten kennt. Entsprechend orientiert er sich auch in seiner folgenden Äußerung an diesem Umstand, indem er, nach einer lauter gesprochenen Bestätigung (Z. 16), zusammen mit der Modalpartikel *ja* die Unabhängigkeit seines Wissens anzeigt: „das IS es ja." (Z. 17). PB schließt damit die Interpretation aus, dass seine Bestätigung und damit zusammenhängend die Anzeige des Gewilltseins, sich verpflichten zu lassen, auf der Basis von AMs Äußerungen in Z. 26 entstanden sein könnten. Grundsätzlich muss die Anzeige von epistemischer Unabhängigkeit in zweiter Position keine faktische Unabhängigkeit sein; da in diesem Beispiel PB bereits zumindest einen übergeordneten Sachverhalt zu diesem Thema geäußert hat, kann diese Unabhängigkeit hier durchaus angenommen werden. PBs Äußerungen in Z. 16–19 können auch als impliziter Redundanzvorwurf gesehen werden, da ihm diese Implikation des Modells bereits klar war und nicht erst erklärt werden muss. Demgegenüber soll das folgende Beispiel illustrieren, dass die Anzeige von Redundanz bzw. vorheriger Bekanntheit in zweiter Position auch ganz explizit thematisiert werden kann, wenn ein Sprecher eine Information als ‚neu' in ein Gespräch einbringt, die dem Gesprächspartner bereits bekannt ist und er dies expliziert. Der Gesprächsausschnitt stammt aus einem Gespräch zwischen WG-Mitbewohnerinnen beim gemeinsamen Abendessen bzw. Kochen.[19]

(7) Studentisches Alltagsgespräch (Mitbewohner), FOLK_E_00055_SE_01_T_01, c201[20]

```
01 LM   ich habe EInen kurs äh,=
02         =ich den[ke in der AB  ]teilung von germaNIStik,
03 NH            [(ach scheiße).]
04      (0.35)
→ 05 AM   !JA! <<all> das hast du mir ja ge[SAGT];>
06 LM                                        [(es)]
07 AM   =(des/is)[COOL;]
08 LM         [sem  ]iotik der miniaTUR,
```

Die Sprecherin Anita (AM) zeigt hier in zweiter Position explizit an, dass ihr bereits bekannt war, was LM zuvor als neu formuliert hat: „!JA! <<all> das hast du mir ja ge[SAGT];>" (Z. 05). AM gibt damit der Sprecherin LM bereits zum ersten möglichen „repair-initiation opportunity space" (Schegloff/Jefferson/Sacks 1977: 375) die Möglichkeit, ihre Äußerungen gegebenenfalls an diesen Wissensstatus von AM anzupassen. Die eigentlich projizierte Reaktionshandlung (ihre folgende Bewertung „(des/is) COOL;" in Z. 07) wurde dafür zunächst suspendiert. Dies illustriert, dass die Anzeige von bereits Bekanntem in zweiter Position als etwas bereits Bekanntes auch ein Verfahren sein kann, um das *face* des ersten Sprechers zu schützen: LMs mangelnde Erinnerung oder zumindest ihre mangelnde Orientierung an der Bekanntheit des Sachverhaltes tritt zwar durch den Redundanzvorwurf kurzfristig zu Tage, langfristig wird sie jedoch vor weiteren,

---

19 Die Äußerung in Z. 03 von NH ist sehr wahrscheinlich auf eine Handlung beim Kochen bezogen, nicht auf die Äußerung von LM in Z. 01

20 Abweichend zur Darstellung der Maskierung in der DGD (dort „kurs_a") ist hier der Name des Kurses in Z. 08 als „semiotik der miniatur" maskiert, damit die Überlappung in Zeile 07/08 abgebildet werden kann.

redundanten Ausführungen geschützt und als kompetente Gesprächspartnerin behandelt, die sich an ihre frühere Äußerung dazu erinnern könnte.[21]

Während bei den Fällen der Nichtbeanspruchung epistemischer Autorität in erster Position auch noch auf ‚gesprächsexternes' Analytikerwissen über den wissensmäßigen Status der Teilnehmer Bezug genommen werden muss, ist die Interpretation der Fälle, in denen in zweiter Position epistemische Unabhängigkeit beansprucht wird, durch deren Bezug auf vorgängig Verbalisiertes stärker an die lokale sequenzielle Ausgestaltung angebunden. Durch den Rückbezug auf (adjazent) vorangegangene Partneräußerungen kann für diese Fälle eine Aktualisierungsfunktion aufgrund der starken Salienz der jeweiligen Sachverhalte ausgeschlossen werden.

4 Fazit

Es konnte anhand von authentischen Daten gezeigt werden, dass die Modalpartikel *ja* verwendet wird, um auf Sachverhalte zu verweisen, von denen anzunehmen ist, dass sie den Interagierenden tatsächlich bekannt sind und dass sich dies durch die Rekonstruktion von möglichen Bezugskontexten zusammen mit der Analyse der Aufzeigehandlungen der Teilnehmer empirisch nachvollziehen lässt. Mit Blick auf die Methodik lässt sich sagen, dass für die Plausibilisierung der Annahme eines geteilten Wissens für die Wissenszuschreibung hier auf verschiedene kontextuelle Faktoren zurückgegriffen wurde: Diese reichen von Annahmen über allgemein geteiltes Wissen in einer bestimmten Gruppe über Rückverweise auf vorgängig, aber weiter zurückliegendes, Verbalisiertes bis zu sequenziellen Rückbezügen auf vorangegangene (adjazente) Partneräußerungen. Einige dieser Bezüge müssen aufgrund ihrer schwächeren Belegkraft als Annahmen stehen bleiben (vgl. (1)), andere sind aufgrund der wechselseitigen Bestätigung durch die Interagierenden belegkräftiger (vgl. (2)). Gleichzeitig ist es nicht für alle Verwendungen möglich, ein ‚relationales Element' zu identifizieren und es werden auch Sachverhalte mit *ja* modalisiert, die erkennbar für die Adressaten nicht bekannt sind. Dabei ist die Modalpartikel *ja* ein Mittel, mit dem Sprecher die komplexe Anforderung meistern, dem Gegenüber weder zu viel noch zu wenig Wissen zuzuschreiben. Die Berücksichtigung des wissensmäßigen Status

---

21 Da LM keine Muttersprachlerin ist, könnte man hier einwenden, dass ihre mangelnde Rahmung des Sachverhaltes als bereits bekannt auf ihre Sprachfertigkeiten zurückzuführen sein könnte und sich AM in irgendeiner Form an diesem Status orientiert. Beides kann jedoch nicht belegt werden und ist insofern als für die vorliegende Analyse unproblematisch anzusehen, die die Interpretation bzw. Funktion von AMs Folgehandlung nicht schwächen würde.

202 — Silke Reineke

von Interagierenden in unterschiedlichen Gesprächskontexten und die zumindest vorläufige Annahme, dass sich Interagierende an diesem Status und dem Wissen ihres Gegenübers orientieren, ermöglicht es, auch subtilere und neue interaktionale Funktionen der Modalpartikel *ja* für Anzeige und Aushandlung epistemischer Zugänge in unterschiedlichen Sequenzpositionen herauszuarbeiten. Die Daten zeigen zudem, dass eine Orientierung der Interagierenden an den Wissenbeständen ihrer Adressaten, z. B. über Verweise auf bereits Gesagtes, von Zeit zu Zeit erkennbar im Gespräch zu Tage tritt. Damit zeigt sich, dass es möglich und sinnvoll ist, vorsichtige Annahmen über die Wissensbestände von Interagierenden mit interaktionalen Analysen zu kombinieren.

5 Literatur

Auer, Peter (1991): „Vom Ende deutscher Sätze". In: *Zeitschrift für Germanistische Linguistik* 19, 39–157.

Barth-Weingarten, Dagmar (2011): „Double sayings of German *ja*. More observations on their phonetic form and alignment function". In: *Research on Language and Social Interaction* 44(2), 157–185.

Bergmann, Jörg (1985): „Flüchtigkeit und methodische Fixierung sozialer Wirklichkeit: Aufzeichnungen als Daten der interpretativen Soziologie". In: Bonß, Wolfgang/Hartmann, Heinz (Hg.): *Entzauberte Wissenschaft: Zur Relativität und Geltung soziologischer Forschung*. Göttingen: Schwarz, 299–320.

Bergmann, Jörg/Quasthoff, Uta (2010): „Interaktive Verfahren der Wissensgenerierung. Methodische Problemfelder". In: Dausendschön-Gay, Ulrich/Domke, Christine/ Ohlhus, Sören (Hg.): *Wissen in (Inter-)Aktion: Verfahren der Wissensgenerierung in unterschiedlichen Praxisfeldern*. Berlin/New York: de Gruyter, 21–37.

Betz, Emma/Golato, Andrea (2008): „Remembering relevant information and withholding relevant next actions: The German token *achja*". In: *Research on Language and Social Interaction* 41(1), 58–98.

Burger, Harald (³2005): *Mediensprache. Eine Einführung in Sprache und Kommunikationsformen der Massenmedien*. Berlin/New York: de Gruyter.

Clark, Herbert H. (1996): *Using language*. Cambridge: Cambridge University Press.

Clark, Herbert H./Schaefer, Edward F. (1989): „Contributing to discourse". In: *Cognitive Science* 13, 259–294.

Deppermann, Arnulf (2015): „Wissen im Gespräch: Voraussetzung und Produkt, Gegenstand und Ressource". In: *InLiSt – Interaction and Linguistic Structures* 57, 1–31.

Deppermann, Arnulf (2013): „Analytikerwissen, Teilnehmerwissen und soziale Wirklichkeit in der ethnographischen Gesprächsanalyse". In: Hartung, Martin/Deppermann, Arnulf (Hg.): *Gesprochenes und Geschriebenes im Wandel der Zeit. Festschrift für Johannes Schwitalla*. Mannheim: Verlag für Gesprächsforschung, 32–59.

Deppermann, Arnulf (2012): „How does ‚cognition' matter to the analysis of talk-in-interaction? In: *Language Sciences* 34(6), 746–767.

Deppermann, Arnulf (2007): *Grammatik und Semantik aus gesprächsanalytischer Sicht*. Berlin/ New York: de Gruyter.

Deppermann, Arnulf (2000): „Ethnographische Gesprächsanalyse: Zu Nutzen und Notwendigkeit von Ethnographie für die Konversationsanalyse". In: *Gesprächsforschung* 1, 96–124.

Deppermann, Arnulf/Reineke, Silke (2017): „Epistemische Praktiken und ihre feinen Unterschiede: Verwendungen von *ich dachte* in gesprochener Sprache". In: Deppermann, Arnulf/Proske, Nadine/Zeschel, Arne (Hg.): *Verben im interaktiven Kontext. Bewegungsverben und mentale Verben im gesprochenen Deutsch.* Tübingen: Narr, 337–375.

Deppermann, Arnulf/Schmitt, Reinhold (2008): „Verstehensdokumentation: Zur Phänomenologie von Verstehen in der Interaktion". In: *Deutsche Sprache* 03/08, 220–245.

Diewald, Gabriele (1999): „Die dialogische Bedeutungskomponente von Modalpartikeln". In: Naumann, Bernd (Hg.): *Dialogue analysis and the mass media.* Tübingen: Niemeyer, 187–199.

Diewald, Gabriele/Fischer, Kerstin (1998): „Zur diskursiven und modalen Funktion der Partikeln *aber, auch, doch* und *ja* in Instruktionsdialogen". In: *Linguistica* 38(1), 75–99.

Doherty, Monika (1985): *Epistemische Bedeutung.* Berlin: Akademie-Verlag.

Du Bois, John W. (2007): „The stance triangle". In: Englebretson, Robert (Hg.): *Stancetaking in discourse.* Amsterdam: John Benjamins, 139–182.

Foolen, Ad (1989): „Beschreibungsebenen für Partikelbedeutungen". In: Weydt, Harald (Hg.): *Sprechen mit Partikeln.* Berlin/New York: de Gruyter, 305–317.

Golato, Andrea/Fagyal, Zsuzanna (2008): „Comparing single and double sayings of the German response token *ja* and the role of prosody: A conversation analytic perspective". In: *Research on Language and Social Interaction* 41(3), 1–30.

Grice, Paul H. (1975): „Logic and conversation". In: Cole, Peter/Morgan, Jerry L. (Hg.): *Speech acts.* New York: Academic Press, 41–58.

Heritage, John (2013): „Action formation and its epistemic (and other) backgrounds". In: *Discourse Studies* 15(5), 551–578.

Heritage, John (2012a): „Epistemics in action: Action formation and territories of knowledge". In: *Research on Language and Social Interaction* 45(1), 1–29.

Heritage, John (2012b): „The epistemic engine: Sequence organization and territories of knowledge". In: *Research on Language and Social Interaction* 45(1), 30–52.

Heritage, John/Raymond, Geoffrey (2005): „The terms of agreement: Indexing epistemic authority and subordination in talk-in-interaction". In: *Social Psychology Quarterly* 68(1), 15–38.

Hutchby, Ian/Wooffitt, Robin (²2008): *Conversation analysis.* Cambridge, UK: Polity Press.

Ickler, Theodor (1994): „Zur Bedeutung der sogenannten ‚Modalpartikeln'". In: *Sprachwissenschaft* 19, 374–404.

Kärkkäinen, Elise (2006): „Stance taking in conversation: From subjectivity to intersubjectivity". In: *Text & Talk* 26(6), 699–731.

Kärkkäinen, Elise (2003): *Epistemic stance in English conversation. A description of its interactional functions with a focus on "I think".* Amsterdam: John Benjamins.

Labov, William/Fanshel, David (1977): *Therapeutic discourse. Psychotherapy as conversation.* New York: Academic Press.

Lindner, Katrin (1991): „‚Wir sind ja doch alte Bekannte'. The use of German *ja* and *doch* as modal particles". In: Abraham, Werner (Hg.): *Discourse Particles. Descriptive and theoretical investigations on the logical, syntactic and pragmatic properties of discourse particles in German.* Amsterdam/Philadelphia: John Benjamins.

Lindström, Jan/Maschler, Yael/Pekarek Doehler, Simona (2016): „A cross-linguistic perspective on grammar and negative epistemics in talk-in-interaction". In: *Journal of Pragmatics* 106, 72–79.

Lynch, Michael/Macbeth, Douglas (2016): „The epistemics of Epistemics: An introduction". In: *Discourse Studies* 18(5), 493–499.

Meer, Dorothee (1998): *„Der Prüfer ist nicht der König". Mündliche Abschlußprüfungen in der Hochschule.* Tübingen: Niemeyer.

Pomerantz, Anita (1980): „Telling my side: ‚Limited access' as a ‚fishing' device". In: *Sociological Inquiry* 50(3–4), 186–198.

Raymond, Geoffrey/Heritage, John (2006): „The epistemics of social relations: Owning grandchildren". In: *Language in Society* 35(5), 677–705.

Reineke, Silke (2016): *Wissenszuschreibungen in der Interaktion. Eine gesprächsanalytische Untersuchung impliziter und expliziter Zuschreibungen von Wissen.* Heidelberg: Winter.

Sacks, Harvey/Schegloff, Emanuel A./Jefferson, Gail (1974): „A simplest systematics for the organization of turn-taking for conversation". In: *Language* 50, 696–735.

Schegloff, Emanuel A. (2007): *Sequence organization in interaction. A primer in Conversation Analysis.* Cambridge, UK/New York: Cambridge University Press.

Schegloff, Emanuel A. (1997): „Whose text, whose context?" In: *Discourse & Society* 8(2), 165–187.

Schegloff, Emanuel A./Jefferson, Gail A./Sacks, Harvey (1977): „The preference for self-correction in the organization of repair in conversation". In: *Language* 53(2), 361–382.

Selting, Margret et al. (2009): „Gesprächsanalytisches Transkriptionssystem 2 (GAT 2)". In: *Gesprächsforschung* 10, 353–402.

Stivers, Tanya (2005): „Modified repeats: One method for asserting primary rights from second position". In: *Research on Language and Social Interaction* 38(2), 131–158.

Stivers, Tanya/Mondada, Lorenza/Steensig, Jakob (2011): „Knowledge, morality and affiliation in social interaction". In: Stivers, Tanya/Mondada, Lorenza/Steensig, Jakob (Hg.): *The morality of knowledge in conversation.* Cambridge, UK: Cambridge University Press, 3–24.

Terasaki, Alene Kiku ([1976] 2004): „Pre-announcement sequences in conversation". In: Lerner, Gene H. (Hg.): *Conversation analysis: Studies from the first generation.* Amsterdam: John Benjamins, 171–223.

Thurmair, Maria (1989): *Modalpartikeln und ihre Kombinationen.* Tübingen: Niemeyer.

Ulmer, Bernd/Bergmann, Jörg (1993): „Medienrekonstruktionen als kommunikative Gattungen?" In: Holly, Werner/Püschel, Ulrich (Hg.): *Medienrezeption als Aneignung. Methoden und Perspektiven qualitativer Medienforschung.* Opladen: Westdeutscher Verlag, 81–102.

Weydt, Harald (1969): *Abtönungspartikel.* Bad Homburg etc.: Gehlen.

Wimmer, Heinz/Perner, Josef (1983): „Beliefs about beliefs: Representation and constraining function of wrong beliefs in young children's understanding of deception". In: *Cognition* 13, 103–128.

Wittgenstein, Ludwig ([1953] 2001): „Philosophische Untersuchungen". In: Schulte, Joachim (Hg.): *Ludwig Wittgenstein. Philosophische Untersuchungen. Kritisch-genetische Ausgabe.* Frankfurt am Main: Suhrkamp.

Zifonun, Gisela/Hoffmann, Ludger/Strecker, Bruno (1997): *Grammatik der deutschen Sprache.* 3 Bde. Berlin/New York: de Gruyter.

Sven Staffeldt

Bemerkungen zu *insofern*

Beschreibungsrealitäten in Grammatiken und
Verwendungsrealitäten im Sprachgebrauch

1 Grundsätzliches zur kognitiven und pragmatischen Ausrichtung von Grammatiken

Spätestens seit der Herauslösung einer synchronen Linguistik aus rein diachronen Betrachtungen ist das Kerngeschäft linguistisch-grammatischer Beschreibungen in der Hauptsache ein kognitives, auch wenn diese Attribuierung selbst disziplinär jüngeren Datums ist.[1] Man könnte auch sagen: Psychologisch ist mindestens die moderne europäische Sprachwissenschaft seit jeher. Ein grundlegendes Erkenntnisinteresse grammatischer Beschreibungen richtet sich dabei auf Form-Funktionszusammenhänge, wobei diese Zusammenhänge als innersprachliche Fakten (und zwar gleichermaßen als individuelle wie auch als *faits sociales*, vgl. Wunderli 2013: 186) verstanden werden. Sprachliche Strukturen ergeben sich aufgrund unterschiedlich bestimmbarer Zusammengehörigkeit sprachlicher Formen. Und Funktionen sprachlicher Formen sind Relationen eines formal bestimmbaren Elements zu einem anderen. Als Beschreibungen für solche innersprachlichen Tatsachen stehen immer schon traditionelle Fortschreibungen althergebrachter, meist lateinischer Kategorien und Relationen (zum Beispiel: Verb, Prädikat, Akkusativ, Subjekt, Temporaladverbial, Reflexivum etc.) ebenso zur Verfügung wie das Inventar verschiedener moderner Grammatiken (etwa Valenzgrammatiken, Inhaltbezogene Grammatik, Generative Grammatiken, Konstruktionsgrammatiken und eben natürlich auch Kognitive Grammatiken).

Bereits die Rekonstruktion der Struktur sprachlicher Einheiten (etwa von Wortformen, Wortbildungen, Wortgruppen oder Sätzen) ist dabei grundsätzlich verstehensbasiert und auch -orientiert. Deshalb funktionieren etwa Konstituententests auch nur dann, wenn man über Kompetenz in der Sprache verfügt, die

---

[1] Ich danke Jörg Hagemann für viele hilfreiche Anmerkungen bei seiner kritischen Durchsicht des Manuskripts. Ebenso den HerausgeberInnen dieses Bandes für ihre zielführenden Kommentare bei dem inhaltlichen Lektorat.

https://doi.org/10.1515/9783110575484-211

man analysiert (vgl. Dürscheid ⁵2010: 53). Anders herum: Dass Konstituententests durchgeführt werden können, ist ein Indiz für unsere Orientierung an kognitiven Kategorien beim strukturierten Verstehen und damit auch für die kognitive Realität sprachlicher Strukturen. Damit erweist sich schon die strukturelle Beschreibung als kognitiv orientiert: Sie beutet sprachliches Wissen in Form von Kenntnis der verschiedenartigen Zusammengehörigkeiten sprachlicher Einheiten aus und ist im Ergebnis selbst wieder Postulat kognitiver Realität sprachlicher Strukturen. Das gleiche trifft auch auf die Beschreibung grammatischer Funktionen sprachlicher Einheiten zu, und zwar in einem noch stärkeren Maße. Nicht nur sind strukturell die Vor- und Nachbereiche (also Start- und Zielpunkte) von Relationen (im Eisenberg'schen Sinn; vgl. Eisenberg ⁴2013: 36–42) zu ermitteln, sondern auch die Art der Relation, die syntaktische Funktion muss bestimmt werden. Und hier wird seit jeher mit kognitiven Kategorien modelliert: Subjekt als Zugrundeliegendes und Objekt als Entgegengeworfenes, kausal als ursächlich, aber dann auch etwa Patiens als Leidendes usw. Selbst die scheinbar nur formal bestimmten Kasus sind von alters her inhaltlich bestimmt (so waren *Akkusativ*, *Dativ* usw. ja sprechende Termini²) und erleben immer wieder eine inhaltliche Renaissance (vgl. etwa die Rede von einer Zuwendgröße oder von dem Dativobjekt als die der Partizipantenrolle *Empfänger* zugeordnete Argumentrolle in der „Grundbedeutung der ditransitiven Argumentstruktur-Konstruktion" (Smirnova/Mortelmans 2010: 147)).

Mit diesen grundsätzlichen und sehr verknappenden Vorbemerkungen ist natürlich nichts Neues gesagt. Derartige Überlegungen helfen aber dabei, die Rede von *kognitiven Ansätzen* oder von *Kognitiver Linguistik*³ (oder überhaupt die als mit Chomsky beginnend postulierte „kognitive Wende" (Rickheit/Weiss/ Eikmeyer 2010: 10; Schwarz ³2008: 15) ein wenig zu entmystifizieren. Alle Grammatik (verstanden als sprachliche Kompetenz) ist notwendig kognitiv, nur gibt es eben verschiedene Grammatiken (verstanden als Rekonstruktion dieser sprachlichen Kompetenz), die auf unterschiedliche Weise mit kognitiven Beschreibungen arbeiten. Wer immer also irgendeine so genannte traditionelle Grammatik betreibt, arbeitet bereits kognitiv orientiert. Jedenfalls solange, wie unter *Kognition* ganz allgemein

> die Gesamtheit der nichtemotionalen u. nicht den Willen betreffenden psych. Funktionen, also diejenigen Vorgänge, die etwas mit der Entstehung von Erkenntnis u. Wissen zu tun

---

2 Vgl. dazu etwa auch die Ausführungen von Hentschel/Weydt (⁴2013: 154–175).
3 Man kann zudem mit Ziem (2008: 48) zwischen kognitiver und Kognitiver Linguistik unterscheiden, wobei erstere die Sprachfähigkeit modular und letztere sie holistisch modelliert.

haben. (Städtler 2003: 544 mit Verweisen auf *Wahrnehmung, Vorstellung, Denken, Verstehen, Urteilen*)

verstanden wird. Während traditionelle grammatische Zugänge aber eher an Rekonstruktionen mittels Bezugnahme auf Denkprozesse interessiert sind (und mit Blick auf aussagenverknüpfende Konnektoren somit vielleicht propositional genannt werden können), konzentrieren sich neuere – und insbesondere auch die kognitiv genannten – Grammatiken eher auf Rekonstruktionen mittels Bezugnahme auf allgemeine Vorstellungs- und Wahrnehmungsprozesse (etwa das Figur-Grund-Schema o. Ä.) der Kognitionspsychologie. Man könnte in philosophischer Anwandlung vielleicht sagen: Traditionelle Grammatiken fokussieren Erkenntnisinhalte, Kognitive Grammatiken dagegen Erkenntnisweisen. Um eine grammatische Arbeit kognitiv auszurichten, bedarf es also nicht zwingend der Orientierung an „kognitiv" genannten Ansätzen.

Etwas anders stellt sich dies im pragmatischen Bereich dar. Grammatische Beschreibungen basieren auf Kategorien des Denkens und Wahrnehmens. Die „Fokussierung auf das Denkmögliche" (Staffeldt 2011: 105) dominiert die Ausrichtung traditioneller grammatischer Beschreibungen innersprachlicher Tatsachen. Nur selten wird in etablierten Grammatiken über die Beschreibung von Satzarten hinaus konsequent und integrativ von Kategorien sprachlichen Handelns Gebrauch gemacht, um sprachliche Einheiten in ihren Eigenschaften zu beschreiben.[4] Natürlich hat das Gründe, zum Beispiel etwaige unterschiedlich starke Situationsabhängigkeiten, die in ihrer ausufernden Vielfalt schwer überblickbar zu sein und abstrahierende Zugriffe nicht zu erlauben scheinen. Zudem entstehen für Resultatsgrammatiken sowohl Systematisierungs- und Kategorisierungsprobleme als auch solche des Umfangs, von der Frage der Orientierung an etwaigen Gebrauchsnormen ganz zu schweigen. So ist es sicher auch kein Zufall, dass Wolfgang Imo in seinem Ausblick zu „Sprache-in-Interaktion in Referenzgrammatiken" (Imo 2013: 285–292) als einen zentralen Gegenstand beispielhaft die „Beschreibung des Partikelgebrauchs" (Imo 2013: 286) heraushebt. Eine pragmatisch orientierte Grammatikschreibung wird sich zunächst mit sprachlichen

---

4 Beispiele für den grammatikographischen Einbezug von Pragmatischem: Die Duden-Grammatik hängt ab der 7. Auflage zwei Kapitel zum Text und zur gesprochenen Sprache an (vgl. Dudenredaktion [7]2005: 1067–1174 und 1175–1256), die IDS-Grammatik beschäftigt sich im ersten Band mit der „Grammatik von Text und Diskurs" (vgl. Zifonun et al. 1997: 95–591), Engel stellt seiner Valenzgrammatik ein Text-Kapitel voran (vgl. Engel [2]2009: 21–79), bei Weinrich gibt es ein Kapitel zur „Syntax des Dialogs" (Weinrich 2003: 819–911) und auch in der Grundzüge-Grammatik findet sich ein Kapitel „Die kommunikativ-pragmatische Komponente" (vgl. Heidolph/Flämig/Motsch 1981: 84–107).

Einheiten befassen müssen, für die eine pragmatische Beschreibung das Mittel der Wahl ist, weil ihre Leistung sich ganz wesentlich interaktional entfaltet und sie adäquat auch nur interaktional eingeholt werden kann. Als Beschreibungskategorien kommen dabei auf verschiedenen Ebenen natürlich alle bislang in der Sprechakttheorie, Konversationsanalyse, Interaktionalen Linguistik, Dialoganalyse, Implikaturtheorie usw. erarbeiteten Konzepte infrage (vgl. für einen Zugang zu der Arbeitsweise der verschiedenen pragmatischen Richtungen Staffeldt/ Hagemann 2014; zur Implikaturtheorie vgl. auch Liedtke in diesem Band).

Als ein Kandidat für eine pragmatisch orientierte grammatische Beschreibung kommt auch die in diesem Aufsatz behandelte sprachliche Einheit *insofern* in Betracht. Folgend wird nach einem Streifzug durch verschiedene Grammatiken gezeigt, zu welchen Ergebnissen man mit einer pragmatisch orientierten interaktionalen Beschreibung des Sprachgebrauchs kommt und dass so perspektivierte Untersuchungen gewinnbringend genau da ansetzen können, wo eine propositional orientierte Analyse stecken bleibt. Es wird gezeigt werden, dass die traditionellen grammatischen Zuschreibungen ‚kausal‘ und ‚konditional‘ auf drei formseitig klar bestimmbare Verwendungen von *insofern* verteilt sind, dass aber die Zuschreibung von ‚restriktiv‘ jenseits der konditionalen Verwendungen an Gebrauchsrealitäten vorbeigeht. Mit *insofern* wird nämlich – das zeigen insbesondere die gesprochensprachlichen Verwendungen, aus deren Beobachtung auch Rückschlüsse auf die geschriebensprachlichen möglich sind – nicht eingeschränkt, sondern affirmierend hervorgehoben. Diese Funktion kann als pragmatische in den grammatikographischen Kanon traditioneller kognitiver Zuschreibungen aufgenommen werden.

2 *insofern* in Grammatiken

An dem vor knapp 30 Jahren geäußerten „Unbehagen an Formulierungen in Wörterbüchern, Grammatiken und anderen sprachwissenschaftlichen Arbeiten in bezug auf *insofern*" (Primatarova-Miltscheva 1986: 98) dürfte sich bis heute nichts Grundlegendes geändert haben. Wenn man in Grammatiken nach *insofern* sucht, bekommt man nach wie vor propositional (Primatarova-Miltscheva würde sagen: semantisch) statt pragmatisch orientierte Beschreibungen zu dieser Einheit, die in der Zusammenschau unbefriedigend ausfallen. Wenn man über das Wortverzeichnis entsprechender Grammatiken sucht, findet man Folgendes:

Die aktuelle Duden-Grammatik listet *insofern* bei den restriktiven Subjunktionen „zur Bezeichnung der Einschränkung" (Dudenredaktion ⁹2016: 640) auf – ohne weitere Beschreibungen. Als Verwendungsbeispiel führt sie an: *Die Diskus-*

sion war sehr interessant, insofern (als) sie Aufschluss über das Tatmotiv lieferte.
Nebenbei gibt es also noch eine Zusatzinformation in Klammern, dass nämlich
insofern auch kombiniert mit *als* vorkommt. Es wird an der Stelle nicht weiter
ausgeführt, warum hier von Restriktivität gesprochen wird.[5] Ebenso gut – und
vielleicht sogar besser – könnte doch auch von Kausalität gesprochen werden.
Wenn zwischen *weil* und *insofern* ein Unterschied besteht, müsste er unter Bezugnahme auf das Duden-Beispiel wohl folgendermaßen rekonstruiert werden: (A)
Die Diskussion war sehr interessant, (B) SUBJ *sie Aufschluss über das Tatmotiv
lieferte.* Bei *weil* als SUBJ wäre B der Grund für A, bei *insofern* als SUBJ wäre B
dagegen eine Einschränkung von A. Nur letzteres würde – so müsste wohl weiter
angenommen werden – qua Implikatur eine Lesart nahelegen, dass A nur wegen
B so ist und ansonsten (bei ¬B) ¬A anzunehmen sei (logisch ein Bikonditional).
So jedenfalls würde die Rede von Einschränkung Sinn haben: Das Interessant-
Sein von A wird auf den Fall B eingeschränkt. Die Frage wäre aber, ob *weil* das
nicht auch tun kann. Wenn man einen Grund für etwas nennt, dann behauptet
man eben vielleicht nicht nur ‚A gilt und B ist ein Grund dafür, warum A gilt‘,
sondern u. U. auch anders gewendet ‚B ist ein Grund für A und da B gilt, gilt
auch A.‘ Dann würde *weil* ebenso über das Nahelegen einer solchen Implikatur-
Lesart einschränken können wie *insofern*, denn bei ¬B wäre ¬A evtl. implikatiert
(nicht aber impliziert, das wäre ein logischer Fehlschluss). Beides kann also die
erwähnte Bikonditional-Lesart erzeugen: ‚A gdw B‘.

Ohne dass dies im Register kenntlich wäre, taucht *insofern* im späteren
Textkapitel noch einmal als restriktiver Konnektor bei den Subjunktionen auf.
In der achten Auflage übrigens noch folgendermaßen geklammert: „(in)sofern"
(Dudenredaktion [8]2009: 1098), in der neunten dann „insofern (als)" (Dudenre-
daktion [9]2016: 1114). Hier wird dann auch Restriktivität definiert:

> **Restriktiv** (einschränkend) ist eine Verknüpfung, die eine Äußerung in ihrer Gültigkeit
> einschränkt. Ein behaupteter Sachverhalt gilt nach der Einschränkung nicht mehr in der
> ursprünglichen Weise. Restriktiv angebundene Texteinheiten [...] sind daher äußerungsbe-
> zogen. (Dudenredaktion [9]2016: 1115)

Äußerungsbezogen sind Verknüpfungen, wenn sie nicht auf der Ebene
des Gesagten fungieren, sondern auf der Ebene des Sagens des Gesagten.
Einschränkung heißt hier also: Wenn ich A sage, so gilt dies (implikatiert: nur)

---

5 Zur Problematik der schillernden Verwendung des Terminus restriktiv in Grammatiken vgl.
neuerdings Breindl/Volodina/Waßner (2014: 1074f.): „Wo er in der Literatur verwendet wird, bezeichnet er eine nach keiner erkennbaren Kriteriensystematik gebildete Mischklasse." (Breindl/
Volodina/Waßner 2014: 1074)

in Bezug auf B. Das Beispiel, das in der Duden-Grammatik in diesem Zusammenhang (vgl. Dudenredaktion ⁹2016: 1115) gegeben wird, lautet: *Renten aus der gesetzlichen Rentenversicherung bleiben bei Alleinstehenden bis zu bestimmten Grenzen steuerfrei, sofern keine anderen steuerpflichtigen Einkünfte erzielt werden.* Unklar ist die Frage des Äußerungsbezugs: Liegt hier nicht ein einfaches Konditional auf Sachverhaltsebene vor? Aussagenlogisch wäre dies: $B \rightarrow \neg A$, wobei B = ‚andere steuerpflichtige Einkünfte werden erzielt' und A = ‚Renten ... bleiben steuerfrei'. Falls diese Beschreibung adäquat sein sollte, liegt doch ein klarer Sachverhaltsbezug vor und *(in)sofern* wäre nicht äußerungs-restriktiv, sondern propositionsspezifizierend/-konditionalisierend. Nicht die Geltung der Äußerung wird eingeschränkt, sondern es wird eine Bedingung genannt, unter der der geäußerte Sachverhalt (A) nicht zur Geltung kommt.

In Helbig/Buscha (2001) ist *insofern (als)* als ungetrennt-mehrteilige, modale, spezifizierende Subjunktion mit fakultativem *als* gelistet (vgl. Helbig/Buscha 2001: 407). Beispielsätze dort: *Der Abend war interessant, insofern (als) es die musikalischen Darbietungen betraf. Die Dissertation war ausgezeichnet, insofern (als) sie theoretische Fragestellungen behandelte.* Allerdings taucht *insofern (als)* im späteren Kapitel „Modalsatz" dann auch getrennt auf (vgl. Helbig/Buscha 2001: 606). Das Beispiel hier lautet: *Eine Beurteilung der Lage ist insofern schwierig, als nicht alle Fakten bekannt sind.* Inhaltlich beschreibend heißt es an dieser Stelle: „Im NS wird durch die Bestimmung des Geltungsbereiches die Aussage des HS spezifiziert." (Helbig/Buscha 2001). Zur Spezifizierung bei *insofern* heißt es vorher: „Mit kausaler Nebenbedeutung" (Helbig/Buscha 2001: 402; hier übrigens auch mit einem Getrennt-Beispiel).[6] Man scheint sich etwas aussuchen zu können, nämlich inhaltlich: modal, spezifizierend, Geltungsbereich bestimmend oder kausal, formal: getrennt- oder ungetrennt-mehrteilig. Über die genaue begriffliche Fassung von *spezifizierend* (im Vergleich zu allen anderen Relationen wie adversativ, kausal, konzessiv usw., die doch auch alle spezifizieren) soll hier jetzt nicht weiter nachgedacht werden.

Die IDS-Grammatik (= Zifonun et al. 1997) listet *insofern (als)* bei den Subjunktoren auf, und zwar als eine „feste Verbindung aus [...] Adverb + (z. T. fakultativem) Subjunktor" (Zifonun et al. 1997: 2240). Inhaltlich werden mit *insofern*

---

6 Ähnlich ist das auch in Buscha (1989: 77) formuliert: Die subordinierende Konjunktion *insofern* hat restriktive Bedeutung. Mit ihr wird ausgedrückt, daß der NS-Sachverhalt den Geltungsbereich des HS-Sachverhalts einschränkt. [...] Der durch den NS festgelegte Geltungsbereich für den HS kann auch als Grund – manchmal auch als Bedingung – für den HS interpretiert werden. Dementsprechend sind Transformationen der *insofern*-Sätze in *da-/weil*-Sätze (bzw. *wenn*-Sätze) möglich, wodurch allerdings die restriktive Bedeutung verlorengeht."

(als) gefügte Adverbialsätze als modusmodifizierende analysiert (= „schränken den **Gültigkeitsanspruch,** der für das Gesagte unter dem Aspekt ‚so ist es' angemeldet wird, in unterschiedlicher Weise ein" (Zifonun et al. 1997: 2326)):

> Mit dem Untersatz wird diejenige Hinsicht genannt, unter der überhaupt ein Geltungsanspruch für die Aussage **erhoben** werden kann. Infrage kommt hier vor allem adjazent oder nicht adjazent verwendetes *insofern* (...) *als* sowie einfaches *insofern*. (Zifonun et al. 1997: 2327)

Die beiden hier gegebenen Beispiele variieren in der Position des Nebensatzes und der Frage der direkten Aufeinanderfolge von *als* nach *insofern*: adjazent und mit *insofern als* subordinierter Verbletzt-Nebensatz im Vorfeld (dortiges Bsp. 7b) sowie nicht-adjazent und mit *insofern* im Mittelfeld des Hauptsatzes und *als* in der linken Satzklammer des subordinierten Verbletzt-Nebensatzes (7a): *Dies ist insofern erstaunlich, als die Frauen nicht gerade auf der Welle des Erfolgs schwimmen.* Wiederum ist unklar, warum der NS nicht einfach einen Grund angibt, damit also kausal verstanden werden kann. Zudem ist *Hinsicht* beschreibungssprachlich ein wenig verunklarend. In der oben zitierten Formulierung müsste es sich bei einer *Hinsicht* um eine Bedingung handeln. Damit würde gesagt sein: Nur wenn das im Nebensatz (oder wie in der IDS-Grammatik formuliert: durch den Untersatz) Gesagte wahr ist, kann das im HS Gesagte wahr oder falsch sein. Oder anders herum: Der Hauptsatz setzt die Wahrheit des Nebensatzes voraus. Man wäre letztlich bei einer präsuppositionsartigen Beschreibung angelangt. Das dürfte allerdings auch nicht zutreffend sein, denn wenn es – um beim IDS-Beispiel zu bleiben – nicht stimmt, dass die Frauen auf der Welle des Erfolgs schwimmen, dann dürfte (wenn die oben postulierte Implikatur Bestand hat) auch nicht stimmen, dass dies erstaunlich ist. Zwar setzt die Wahrheit von A voraus, dass B gilt, aber wenn B nicht gilt oder fraglich ist, wird nicht die Beurteilbarkeit (im Frege'schen Sinn als „Fortschreiten vom Gedanken zu seinem Wahrheitswerthe" (Frege 1892: 35 bzw. [7]1994: 50)) von A ausgesetzt, sondern A wird falsch.

Grammis setzt drei Einheiten an: den Subjunktor *insofern*, den Subjunktor *insofern* (...), *als* und den Adverbkonnektor *insofern*. Inhaltlich orientieren sich die Beschreibungen (natürlich) an der IDS-Grammatik.[7] Interessant ist überdies,

---

7 Vgl. für den modusmodifizierenden Subjunktor insofern (als) http://hypermedia.ids-mannheim.de/call/public/sysgram.ansicht?v_typ=d&v_id=2121&v_wort=insofern und für die generelle Einordnung des Konnektors bei den restriktiven Konnektoren http://hypermedia.ids-mannheim.de/call/public/sysgram.ansicht?v_typ=d&v_id=366&v_wort=insofern. Bei der Beschreibung des vorkommenden Formenspektrums ist Grammis gegenüber den Beschreibungen in anderen Grammatiken am detailliertesten. Auf eine ausführliche Rezeption der Formseite wird hier aber verzichtet.

dass in dem IDS-Konnektorenhandbuch für *insofern (als)* bei linksversetzten Subjunktorphrasen als Korrelat *da* angegeben wird und die Zelle, in der ansonsten die Subjunktorbedeutungen angegeben sind, bei diesem Subjunktor nicht gefüllt ist (vgl. Pasch et al. 2003: 263). Die Möglichkeit, dass *insofern* Korrelat zum Subjunktor *als* ist, wird dagegen nicht gesehen.

Kurzzusammenfassung: Es bestehen erhebliche Unterschiede bei der Erfassung und Beschreibung der hier interessierenden Einheit. Formal haben wir es in Bezug auf die Einheit ,einfaches Wort' mit *sofern* oder *insofern*, in Bezug auf die Einheit ,komplexes Wort' oder ,Wortkombination' mit *insofern als* oder *insofern ... als* und in Bezug auf die Einheit ,Satzbau' mit Fragen der Stellung zu tun. Zu der inhaltlichen Frage, ob *insofern (als)* kausal oder konditional verknüpft, kommt noch hinzu, auf welcher Ebene dieser Konnektor dies tut: auf der Ebene des Gesagten (Sachverhaltsebene, propositions-/diktumsbezogen) oder auf der Ebene des Sagens des Gesagten (äußerungs-/modusbezogen). Davon unabhängig wird die grundlegende Leistung von *insofern (als)* aber grundsätzlich als restriktiv (einschränkend) angesehen. Damit bewegt man sich auf alten Pfaden:

> /Insofern/ ist schließlich in einer weiteren [neben der zu *wenn* und *sofern* synonymen; d. Verf.] syntagmatischen Variante möglich: es kann als Hinweisung im Hauptsatz stehen, an den ein als-Satz anschließt. In diesem Fall hat es immer restriktive Funktion. (Hartung 1961: 282)

Es könnte sein, dass damit eine gewisse Tradition in der Grammatikschreibung fortgesetzt wird, die *insofern* inhaltlich (und wohl auch etymologisch) an *sofern* (oder gar an *in so fern*, s. u.) rückbindet, wodurch *insofern* zwar zunächst alle Beschreibungseigenschaften von *sofern* erbt, darüber hinaus aber eigenständig zu werden scheint:

> **(in)soweit, (in)sofern, (wofern,) inwieweit, inwiefern,** die urspr. räumliche Adv. waren, werden jetzt häufig an die Spitze des einschränkenden Nebensatzes gestellt, und zwar gebraucht man i n w i e f e r n und i n s o f e r n, um den Grad der innern Stärke des eingeschränkten Begriffs oder der Aussage, i n w i e w e i t und i n s o w e i t aber, um die Ausdehnung des eingeschränkten Begriffs oder der Aussage, die Stärke nach auszen, anzuzeigen. W o f e r n, das erst im 17. Jhd. aufkam und sich am nächsten den rein bedingenden Konjt. anschliezt, scheint wieder in Abnahme zu kommen. (Engelien ²1878: 490)[8]

---

8 Becker scheint indes kein *insofern* als eigenständiges Wort zu kennen, sondern nur eine Konstruktion *in so fern* mit *als* oder *wie* – eine Konstruktion, die er selbst benutzt (etwa: „unserm w e n n, in so fern es, wie das lateinische cum, auf eine bestimmte Weise [...]"; Becker ²1969 [¹1870]: 387), aber wohl nicht als solche beschreibt. Am ehesten gehört sie bei Becker zu den Intensitätssätzen mit *so* + Adjektiv, *als/dass/wie*. Dagegen kennt er (es auf Luther zurückführend)

Die Fügewörter des Restriktivsatzes s o f e r n , i n s o f e r n , s o w e i t , i n s o w e i t , die in die konditionale Bedeutung übergehen, haben teils durch die relative Verwendung der Partikel s o , teils durch Ausfall von anschließendem a l s (s o f e r n a l s) konjunktionale Eigenschaft erhalten [...]. Durch alle diese Partikeln wird die Gültigkeit der Aussage des Hauptsatzes auf einen bestimmten Fall beschränkt, und zwar wird durch die Verbindungen mit f e r n mehr der Inhalt (die innere Geltung) und durch die Verbindungen mit w e i t mehr der Umfang (die äußere Geltung) der hauptsächlichen Aussage beschränkt. (Blatz [3]1900: 1149)

So fern dient schon seit dem 15. Jahrh. dazu, die Gültigkeit eines Ausspruchs einzuschränken, dieselbe an eine bestimmte Bedingung zu knüpfen [...] seit dem 18. Jahrh. ist daneben *insofern* üblich. (Paul [5]1959 [1920]: 257)

insofern dient zur Einleitung bedingender Sätze [...] Für *sofern, soweit* treten auch *insofern, insoweit* auf, unter dem Einfluß von *inmaßen*. (Behaghel 1928: 194 und 275)

Dass bei *insofern* grammatikographisch aber auch das Bedürfnis auftaucht, dessen Leistung zugleich auf verschiedenen Ebenen zu beschreiben, zeigt ganz gut und auf Wesentliches komprimiert eine kurze Bemerkung in der Erben-Grammatik:

Hingegen schließt das **einschränkende** *insofern (als)* mehr eine **Erläuterung** als eine **Begründung** an: *Er ist uns insofern nützlich gewesen, als er gelegentliche Beiträge beigesteuert hat* (auch: *Er ist uns nützlich gewesen, insofern er g. B. b. hat*). (Erben [12]1980: 207; fett durch d. Verf.)

3 *insofern* im Gebrauch

Folgend werden die Ergebnisse einiger kleinerer Studien zum Gebrauch von *insofern* vorgestellt. Für das Geschriebene wurden einerseits Sätze elizitiert und andererseits eine korpusbasierte Analyse (Korpus: Schriftspracharchiv des IDS) durchgeführt. Für das Gesprochene wurde ebenfalls eine korpusbasierte Analyse (Korpus: FOLK des IDS) durchgeführt. Ausgangspunkt aller Analysen ist die formseitige Erfassung der Stellung von *insofern* in Sätzen bzw. Satzreihen und Satzgefügen sowie die Kombination mit weiteren sprachlichen Einheiten.

---

ein *wofern*, wodurch „das Verhältnis einer notwendigen Bedingung" (Becker [2]1969 [[2]1870]: 389) hervorgehoben werde.

3.1 *insofern* im Geschriebenen

Im Sommersemester 2014 sind Studierende verschiedener Seminare in Düsseldorf gebeten worden, einen oder zwei Sätze mit *insofern* aufzuschreiben und abzugeben.[9] Diese Bitte wurde schriftlich formuliert an die Wand geworfen oder auf einem Blatt Papier ausgeteilt. Je zur Hälfte waren darin kleingeschriebenes *insofern* und großgeschriebenes *Insofern* (jeweils als einzelnes Wort ohne SatzKontext) zu finden, was aber keinen Einfluss auf die Groß- oder Kleinschreibung bei den elizitierten Sätzen hatte (vgl. Tabelle 1).

Tab. 1: Anzahl und Relation von *I/insofern* in den elizitierten Sätzen

Vorgabe	Vorkommen	Anzahl	Prozent
GROSS	groß	21	40 %
	klein	31	60 %
	gesamt	52	
KLEIN	groß	23	43 %
	klein	30	57 %
	gesamt	53	

Diese Sätze wurden auf die Stellung von *insofern* analysiert und mit dem Vorkommen von *I/insofern* im Schriftspracharchiv des IDS verglichen.[10] Die verschiedenen Stellungsvorkommen konnten unter dem Aspekt einer Wortartenzugehörigkeit auf drei Typen reduziert werden:
1. Verwendung als Konjunktionaladverb ohne Nebensatzanschluss,
2. Verwendung als Linksteilsubjunktion[11] mit angeschlossenem Nebensatz und
3. Verwendung als einfache Nebensatz einleitende Subjunktion.

---

9 Vielen Dank in diesem Zusammenhang an Peter Hinkelmanns, Christian auf der Lake und Anna Verena Cafitz.
10 Gesucht wurde am 15.10.2015 nach *insofern* (groß- und kleingeschrieben). Von den über 142.000 Treffern wurden die Treffer aus dem Jahr 2000 chronologisch sortiert heruntergeladen und davon die ersten 100 Treffer analysiert. Falsche Positive kamen nicht vor, wohl aber exakte Wiederholungen der ganzen Textstelle mit zwei Sätzen davor und danach, die aber nicht zweimal analysiert, sondern als ein Beleg gewertet wurden.
11 Hierunter fallen alle Verwendungen von *insofern* + SUBJ, wobei man bei den nicht-adjazenten auch von Korrelat reden kann, bei den adjazenten allerdings nicht.

Hier jeweils zwei Beispiele (das erste jeweils aus dem Studi-Korpus):[12]

Verwendung (1)

Ins_groß_07 (Studis)
Nach einem Unwetter liegen viele umgekippte Bäume auf den Gleisen und der Zugverkehr ist eingeschränkt. **Insofern** ist mit Verspätungen zu rechnen.

insofern_11 (IDS)
Die 38-jährige Chirurgin und Unfallchirurgin, gebürtig aus Bonn, studierte sowohl in ihrer Heimatstadt sowie in Aachen und in Wuppertal. Bereits als Schülerin hat sie in einem Krankenhaus gearbeitet und Gefallen an der Tätigkeit gefunden. **Insofern** stand schon früh ihr Berufsziel, Medizinerin zu werden, fest. Wenn es ihre Freizeit zulässt, spielt sie leidenschaftlich gerne Tennis und Saxophon.

Verwendung (2)

Ins_groß_42 (Studis)
Ich habe **insofern** kein Interesse an einem Zoobesuch, **als dass** ich keine Tiere mag.

insofern_1 (IDS)
Der Hannoversche Kurier brachte vom 11. bis zum 27. April 1923 in sechzehn Folgen den Roman Sturm, der sich von den beiden vorherigen Werken **insofern** unterscheidet, **als dass** nicht mehr Kampf, Kriegsbegeisterung und Selbstheroisierung im Vordergrund stehen, sondern die Beschreibung der Ruhe- und Mußestunden in den Schützengräben.

Verwendung (3)

ins_klein_18a (Studis)
Ich möchte nach Hause gehen, **insofern** ich das darf.

insofern_67 (IDS)
Bei der Verhandlung versuchen die Schiedsleute, eine Einigung zwischen den „Streithähnen" zu erzielen. Gelingt dies, wird sie schriftlich festgelegt als sogenannter „Vergleich", der von beiden Parteien unterschrieben wird. Konnte keine Einigung erzielt werden, kommt es, **insofern** die Parteien das wollen, doch zum Privatklageverfahren vor Gericht. Das Verfahren bei der Schiedsperson kostet selten mehr als 40 Mark.

Für die drei Verwendungen gibt es klare Stellungspräferenzen. Bei (1) findet sich *insofern* im VF eines zweiten Hauptsatzes, der durch Komma oder Punkt vom ersten Hauptsatz getrennt ist.

---

12 Die Zählung der Belege entspricht der Zählung in meinen Belegkorpora.

Bei Verwendung (2) liegt fast ausschließlich Korrelatverwendung vor. Lediglich dreimal wird *insofern dass/als* adjazent als komplexe Nebensatz einleitende Subjunktion gebraucht:

Ins_groß_33 (Studis)
Insofern dass ich morgen abend Zeit habe, werde ich mich mit Freunden treffen.

Ins_groß_36 (Studis)
Der Spatz ist als Vogel zu bezeichnen, **insofern dass** er die Vogeltypischen Kriterien oder Voraussetzungen z. B. Federn, Flügel, Schnabel erfüllt.

insofern_36 (IDS)
Die vielfältigen Zeugnisse religiösen, sozialen und kulturellen Lebens, die vom Christentum geprägt sind in den Orten und Gemeinden, lassen uns Gegenstände, Gedenkstätten, Gebäude, Einrichtungen, Bilder, Lieder, Bräuche, Menschen mit neuen Augen sehen. Ich zähle die Spuren christlichen Glaubens außerhalb der Kirchen auch dazu, **insofern als** sie Leben, Freiheit und Würde des Menschen achten.

In allen anderen Fällen ist *insofern* als Korrelat analysierbar, das im MF des Hauptsatzes (aber auch Nebensatzes) steht, wobei es eine Tendenz zur Stellung in der Nähe der rechten Satzklammer gibt:

insofern_73
Andere meinten, eine beste Partei gebe es schon gar nicht. Sachpolitik anstatt Parteiendenken stehe im Vordergrund. Die Kandidaten konnten den Berufsschülern für eine eigene Parteiwahl nur **insofern** helfen, **als** sie darauf hinwiesen, dass die gewählte Partei den eigenen Vorstellungen entsprechen solle.

insofern_21
Praktisch jede vierte Panne wurde durch einen Batteriedefekt verursacht. Häufigstes Malheur nach den Batteriedefekten sind die Schlüsselpannen. Das ist **insofern** erstaunlich, **als** es nur noch wenige Modelle (hauptsächlich japanischer und amerikanischer Herkunft) gibt, die ohne Schlüssel abgeschlossen werden können.[13]

insofern_41
Diese Frage ist **insofern** brisant, **als dass** die meisten Taxifahrer farbige Einwanderer aus Asien, Afrika und der Karibik sind.

---

13 Von dieser Struktur (also: Prädikativsatz mit *insofern* als alleiniger Mittelfeldbesetzung: [Vorfeld, Finitum, *insofern*, Prädikativum, *als*]) sind übrigens die meisten Beispiele in den Grammatiken.

insofern_70
Auf jeden Fall habe die Rolle des Vaters, der im Haus das Sagen hat, ausgedient. Und auch die Rolle der Frau, die ihm dienend zur Seite stand, sei überholt. Für die Frau ist die Umstellung **insofern** einfacher, **weil** sie ihre Arbeit in der Erziehung wie bisher, aber mit mehr Selbstbewusstsein verrichtet. Der Mann aber, der muss sich auf die Suche nach einem neuen Vaterbild machen.

insofern_89
Die Variationen, die vor allem durch die 1955 entstandene Aufnahme von Glenn Gould absoluten Bekanntheitsgrad erlangen und sogar die damals neu erschienene Louis Armstrong-Platte auf Platz zwei der Charts verwiesen, entspricht den gemeinsamen künstlerischen Stärken des Trio Echnatons **insofern** besonders gut, **da** sich die Spieler eher auch solistisch entfalten können. Das kommt auch in ihrer Debüt-CD „Primavera" zum Ausdruck.

Bei den Rechtsteilsubjunktionen überwiegt bei den IDS-Belegen *als*, bei den Studi-Belegen allerdings *als dass*, wobei die Studierenden ohnehin *insofern* kaum mit einem weiteren rechten Subjunktionsteil kombinieren (vgl. Tabelle 2).

Tab. 2: Vorkommen von rechts kombinierten nicht-adjazenten Subjunktionsteilen (Die Prozentangaben beziehen sich auf das jeweilige Gesamtvorkommen der als komplex erfassten Subjunktion.)

	Studis gesamt	prozentual	IDS gesamt	prozentual
als	1	10 %	37	79 %
als dass	7	70 %	3	6 %
dass	2	20 %	2	4 %
weil	0	0 %	1	2 %
da	0	0 %	4	9 %
gesamt	10	100 %	47	100 %

Bei der Zählung der *dass*-Vorkommen mussten natürlich diejenigen Fälle, in denen das HS-Verb einen *dass*-Satz regiert (zum Beispiel: *insofern muß man davon ausgehen, daß die Degussa in diesem Zeitraum eine durchaus bedeutende Rolle gespielt hat* (IDS)), ausgeschlossen werden, weil hier keine Verbindung zu *insofern*, sondern zum Verb vorliegt. Das ist bei den Fällen mit *weil* und *da* allerdings nicht so einfach zu entscheiden, denn *weil*- und *da*-Sätze sind recht frei hinzufügbare Angabesätze, die auch ohne *insofern* als Korrelat angefügt werden können. Es ist dennoch interessant, die Anzahl von Sätzen mit *insofern* im MF und einem subjunktional angeschlossenen Nebensatz insgesamt zu ermitteln und etwa mit denen von *insoweit* und *sofern* zu vergleichen (vgl. Abbildung 1; genaue Suchketten und Ergebnisse als Tabelle im Anhang).

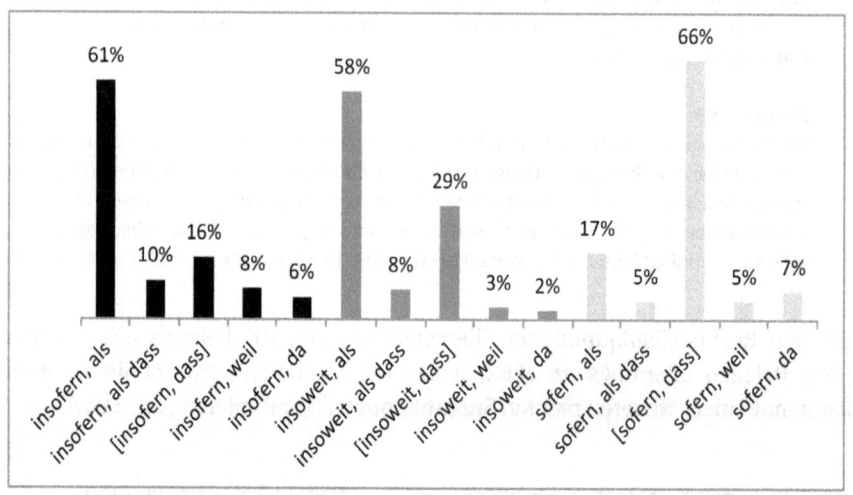

Abb. 1: *insofern, insoweit* und *sofern* in Sätzen mit subjunktional angeschlossenen Nebensätzen (Die Prozentzahlen sind bezogen auf die jeweilige Gesamtmenge der komplexen Verwendungen.)

Wegen der hohen Trefferzahlen konnten die Ergebnisse in den *dass*-Fällen nicht hinsichtlich etwaiger Verbrektion korrigiert werden. Bei stichprobenartiger Durchsicht ergab sich, dass die *sofern*-Treffer in Bezug auf die Kombination von *sofern*+SUBJ als komplexer Subjunktion oder als Korrelat+Subjunktion wohl falsche Positive sind und also als Fehlbelege außer acht gelassen werden können. Das zeigt sich auch, wenn man die Vorkommen mit (komplex) und ohne (allein) rechten Subjunktionsteil insgesamt vergleicht (s. Abb. 2).

Bei *insofern* und *insoweit* ergeben sich eindeutige Präferenzen für *als*. Interessant ist, dass die beiden kausalen Anknüpfungen mit *weil* und *da* zusammen aber auch gut vertreten sind. Und zwar stärker bei *insofern* als bei *insoweit*. Dies spricht für eine stärker ausgeprägte kausale Komponente bei Verwendungen von *insofern*.

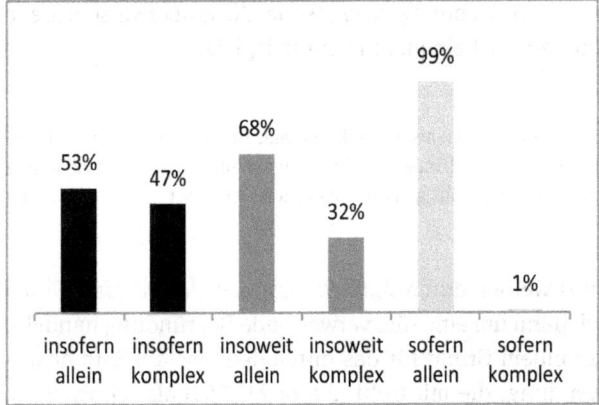

Abb. 2: Vorkommen von Sätzen mit *insofern*, *insoweit* und *sofern* mit und ohne rechtem Subjunktionsteil (Die Prozentzahlen beziehen sich jeweils auf das jeweilige Gesamtvorkommen von *insofern*, *insoweit* und *sofern*.)

Bei Verwendung (3) leitet *insofern* direkt einen Nebensatz ein (man kann sagen: bildet die linke Satzklammer des NS), der etwa zu gleichen Teilen im VF oder NF des Hauptsatzes steht. Interessant ist aber die Verteilung von *insofern* als einfacher Subjunktion überhaupt. Dies kommt nämlich fast ausschließlich in den Studi-Belegen vor, während die Korrelat-Verwendung (2) bei den IDS-Belegen viel prominenter ist (vgl. Tabelle 3).

Tab.3: Vorkommen der verschiedenen Wortarttypen von *insofern* in den Belegkorpora

	Studis	**IDS**
Konjunktionaladverb	49 %	51 %
Linksteilsubjunktion	11 %	47 %
Subjunktion	40 %	2 %
	100 %	100 %

Das traditionelle Inventar zur Bezeichnung der propositionalen Relationen in einer intuitionsgesteuerten Analyse anwendend, kann in einer ersten Annäherung gesagt werden: Wenn *insofern* als Subjunktion verwendet wird (Verwendung (3)), gibt der so eingeleitete Nebensatz zu 87 % (in 33 von 38 Fällen) klar eine Bedingung an und ist somit konditional zu verstehen. Bei den anderen beiden Verwendungen (1) und (2) liegen zu 93 % (in 85 von 95 Fällen bei (1) und 56 von

57 Fällen bei (2)) eher kausale Verwendungen vor, wobei diese aber verschiedene Kausalverhältnisse zu etablieren scheinen. Ein paar Beispiele:

insofern_28 (IDS)
Wer einmal dort ist, ist dann Teil des Systems. Das gilt übrigens für alle Medienberufe. **Insofern** ist ein Praktikum Gold wert. Wer drinnen ist, bekommt schnell einen Überblick über die Mechanismen dieses Berufsfeldes. Übrigens: Viele Firmen – etwa MTV – listen auf ihrer Homepage offene Stellen auf.

Hier könnte *insofern* ersetzt werden durch *deshalb, deswegen, aus diesem Grund* oder *darum*. Es würde sich dann um eine rückverweisende Begründung handeln, wobei Vorhergehendes zu einem Grund für das durch den *insofern*-Satz Ausgedrückte wird. Eine Verwendung, die mit Gohl (2006: 227–255) als *retrospektive Kennzeichnung einer sprachlichen Einheit als Begründung* beschrieben werden kann. Charakteristisches Merkmal ist über die rückwärts gerichtete Markierung hinaus auch eine Skopus-Unschärfe: Es bleibt häufig unklar, wie weit sich die Begründung zurückerstreckt bzw. was von dem Vorhergehenden genau als Grund gekennzeichnet wird.

insofern_56 (IDS)
In der Praxis sei jedoch nie so verfahren worden, hatte Strehl klargestellt. Die Spenden seien von jedem Abgeordneten individuell aus den Diäten und nicht aus der steuerfreien Pauschale abgeführt worden, sagte der Schatzmeister weiter. **Insofern** könne auch nicht von Spenden aus der Fraktion an die Partei gesprochen werden.

Abgesehen von der Zuordnungsschwierigkeit, wer *insofern* gebraucht hat (der Schatzmeister oder nur die den Artikel schreibende Person), könnte *insofern* hier einerseits durch *deshalb* etc. ersetzt werden, andererseits aber auch durch *folglich* etc. Mithin ist unklar, ob es sich um eine retrospektive Begründungskennzeichnung oder um eine prospektive Kennzeichnung einer Folgerung handelt. Wenn man sich daraufhin den vorigen Beleg 28 noch einmal anschaut, so ließe sich die durch *insofern* hergestellte Relation natürlich auch dort als Folgerung (aus dem retrospektiv als Grund Eingestuften) kennzeichnen.

insofern_64 (IDS)
Ein OB auf Schmusekurs, der auch gleich beim „engagierten und verantwortungsbewussten Unternehmertum" der Stadt sein hartes Zitat von den „Nieten in Nadelstreifen" zurechtrückt, mit dem er auf dem Höhepunkt der ADtranz-Protestwelle die fernen Entscheider in fernen Konzernzentralen angeprangert hatte.
Gerade die Misere der bedrohten Betriebe, da sollte sich niemand Sand in die Augen streuen lassen, wird 2000 auf der Tagesordnung im Rathaus bleiben. **Insofern** war die Einladung für Betriebsräte aus der Südstadt zum Jahresempfang ein gutes Zeichen der Solidarität.

Auch in diesem Beleg ließe sich wieder eine retrospektive Begründung annehmen. Nur: Was sollte das für ein Grund sein? Weil die Misere auf der Tagungsordnung ist, ist die Einladung ein Zeichen der Solidarität? Es könnte sich also vielleicht eher um die Markierung einer Folgerungsbeziehung handeln. Nur: Was folgt woraus? Vielleicht stellt *insofern* hier aber auch eine Beziehung her, die mit *was das betrifft* oder *darauf bezogen* paraphrasiert werden könnte. Dann würde eine limitative Beziehung zwischen den beiden Sätzen hergestellt: Der Geltungsbereich des zweiten Satzes erstreckt sich auf den ersten. Hier ist dann möglicherweise die von den Grammatiken favorisierte restriktive Lesart zu konstatieren.

insofern_27 (IDS)
Im Bewerbungsverfahren um die Nachfolge des Kunsthaus-Direktors, Felix Baumann, stehen offenbar zwei Kandidaten in der Schlussrunde: Bernhard Bürgi, Leiter der Kunsthalle Zürich, und Christoph Heinrich, Konservator an der Kunsthalle Hamburg. Dies überrascht **insofern, als** beide noch nie ein grösseres Museum geleitet haben. Bürgi hat in zehnjähriger Aufbauarbeit der Zürcher Kunsthalle zu einem beachtlichen Renommee verholfen und sich ausschliesslich mit Gegenwartskunst befasst. Heinrich fehlt zwar die langjährige Ausstellungspraxis, aber seine bisher wichtigsten Ausstellungen mit Fotografien von Andy Warhol und über die russische Avantgarde, die auch in Zürich zu sehen war, haben international Beachtung gefunden.

In diesem Beleg könnte der *als*-Satz als Begründung angesehen werden für den im *insofern*-Satz ausgedrückten Sachverhalt (*Dies überrascht*). Dann müsste *insofern, als* durch *deshalb, weil* ersetzt werden können, wobei *insofern* als Korrelat gewertet werden müsste. Meiner Meinung nach wäre *deshalb, weil* hier aber gewissermaßen zu stark und würde vielleicht auch voraussetzen, dass vorher die Frage des Überraschtseins aufgetaucht ist. Wenn *insofern* Korrelat ist, sollte es dieselbe Bedeutung haben wie der durch *insofern* vertretene Nebensatz. Das wäre dann begründend. Man könnte aber auch daran denken, *insofern* als eine Einheit anzusehen, die retrospektiv eine Folge-Beziehung herstellt (also *Dies überrascht* als Folge von etwas herausstellt) und *als* als eine Einheit, die prospektiv einen Grund für diese Folge liefert. Schließlich scheint auch eine restriktive Lesart nicht ausgeschlossen zu sein.

Die Beispiele zeigen, dass *insofern* als Konjunktionaladverb im VF eines HS oder als Linksteilsubjunktion aus sich heraus offenbar keine feste Bedeutung hat, sondern begründend, folgernd oder einschränkend sein kann. Welche Relation *insofern* als Konjunktionaladverb oder Linksteilsubjunktion herstellt, scheint von anderen Faktoren abhängig zu sein, als nur von der Bedeutung von *insofern*. Dies könnte man als Indiz für eine gewisse semantische Flexibilität oder Vagheit der durch *insofern* hergestellten propositionalen Relation ansehen. Diese Vagheit könnte schließlich auch mit gelegentlich festzustellenden Verwendungsunsicherheiten einhergehen. In diesem Zusammenhang sei abschließend noch ein Zufallsbeleg angeführt. Eine 25jährige Kollegin[14] hatte während einer Sitzung auf einem Zettel Folgendes notiert (s. Abb. 3).

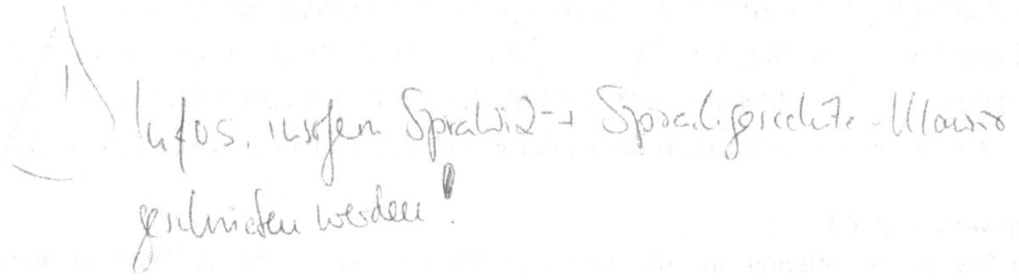

Abb. 3: Zufallsbeleg (Januar 2015) „Infos, insofern Sprawi2-+ Sprachgeschichte-Klausur geschrieben werden!"

Auf Nachfrage, was diese Notiz bedeutet, wurde angegeben: „Ich muss den Studierenden Informationen liefern, wenn sie beide Klausuren schreiben." Und ohne danach gefragt zu haben: „Als ich es schon geschrieben hatte, wusste ich, dass *insofern* irgendwie doof ist, aber ich hab's doch einfach stehen lassen." Klar ist: Hier liegt Verwendung (3) vor – eine im Übrigen ja vielleicht auch alterstypische Verwendung – mit eindeutig konditionaler Bedeutung, die in der Paraphrase ja auch durch *wenn* angezeigt wird. Unklar ist, woher die im Nachhinein formulierten Verwendungszweifel stammen. Nach der obigen Vermutung könnte dies damit zusammenhängen, dass *insofern* hier (wie vielleicht insgesamt in der Verwendung (3)) gegen seine prinzipielle semantische Vagheit in ein konditionales Korsett gezwängt wird, wofür ansonsten *wenn* oder eben auch *sofern* zur Verfügung stünden. So ließe sich daran denken, die obigen drei Verwendungen semantisch auf zwei zu reduzieren:

(A) = (1) + (2) mit *insofern* als Adverb
Konjunktionaladverb oder adverbieller Linksteil einer komplexen Subjunktion mit einem weit überwiegend nicht-adjazent folgenden Rechtsteil
→ kausal (begründend oder/und folgernd) oder/und restriktiv (einschränkend)

(B) = (3) mit *insofern* als Subjunktion
→ konditional

---

14 Vielen Dank an die Kollegin für die Bereitschaft, mir ihren Zettel als Beleg zur Verfügung zu stellen.

Im Übrigen haben die (A)-Belege im IDS-Korpus häufiger Bezug zu direkt oder indirekt wiedergegebener Rede (und zwar zu insg. etwa einem Drittel (in 29 von 98 Fällen)), auch wenn in den Belegen selbst natürlich keine gesprochene Sprache vorkommt (und zwar auch in den Fällen von (in)direkter Redewiedergabe oder in Sitzungsprotokollen nicht).

insofern_14
Über die einzelnen Fragen und Aspekte der Gentechnik hinaus kommt den Beratungen im Ethikrat noch eine weitere Bedeutung zu. Ich würde sie im weitesten Sinne als „stilbildend" bezeichnen wollen. „Stilbildend" **insofern, als** wir alle – ich betone: alle – über diesen Rat hinaus aufgerufen sind, die Debatte um die Möglichkeiten und Grenzen der Bio- und Gentechnik ohne Rechthaberei, vor allen Dingen aber ohne Diffamierungen, zu führen. (Presse- und Informationsamt der Bundesregierung, Interview von Michael Naumann mit der Wochenzeitung „DIE ZEIT")

insofern_15
„Die Felseck ist ein Spezialfall in Sachen Pflegeheimen", sagt Hansruedi Keller von der Fachstelle für Heimaufsicht. „Wir überlegen uns in der Heimkommission, wieweit es sinnvoll wäre, auch kleine Betriebe in der Pflegeheimliste aufzunehmen." **Insofern** sei die Felseck als kleinstes Heim im Kanton auch ein Versuch, um Erfahrungen zu sammeln mit Kleininstitutionen. (St. Galler Tagblatt)

insofern_99
Die CDU ist im freien Fall. Ich sage Ihnen: Schleswig-Holstein wird weiter von Rot-Grün regiert werden, egal, welche Kampagne und Polemik Sie hier anzuzetteln und einzubringen versuchen. **Insofern** wird Ihnen das nicht gelingen.
Lassen Sie es sich gesagt sein, Herr Austermann: Die Ökosteuer wird kommen. Sie ist verfassungsfest, ökonomisch sinnvoll und ökologisch richtig. (Protokoll der Sitzung des Parlaments Deutscher Deutscher Bundestag)

Damit erweist sich *insofern* aber als eine möglicherweise für gesprochene Sprache besonders relevante Einheit und es wäre interessant zu erfahren, welche Regelmäßigkeiten sich beim Gebrauch von *insofern* im Gesprochenen zeigen. Vielleicht ergeben sich hier Beschreibungen, die jenseits propositionaler Relationen ein etwas klareres Bild zeichnen und so vielleicht auch auf die Erfassung des Gebrauchs im Geschriebenen rückwirken.

3.2 *insofern* im Gesprochenen

Wenn man im FOLK (Forschungs- und Lehrkorpus, das bei Nutzung der IDS-Datenbank Gesprochenes Deutsch auswählbar ist) nach *insofern* sucht, erhält man 85 Treffer (Suche am 20.01.2015). Eine erste Auffälligkeit ist die Verteilung der

Treffer auf die in FOLK versammelten und unterschiedlich großen Unterkorpora nach einzelnen Interaktionstypen mit ihren Gesprächsereignissen. Nachdem mir Thomas Schmidt vom IDS auf Nachfrage freundlicherweise die Zusammensetzung von FOLK nach Anzahl der Gesprächsereignisse und Tokens der Interaktionstypen zur Verfügung gestellt hatte, war es möglich zu eruieren, ob *insofern* ungleich verteilt ist. Das ist es in der Tat. In den Schlichtungsgesprächsereignissen findet sich *insofern* viel häufiger, als der Gesamtanteil dieses Interaktionstyps an FOLK erwarten ließe. Bei den anderen Interaktionstypen ist es mehr oder weniger ausgeglichen (vgl. Tabelle 4).

Tab. 4: Verteilung der *insofern*-Treffer auf die Interaktionstypen im Vergleich zur Verteilung der Interaktionstypen auf das gesamte FOLK

Interaktionstyp	*insofern*	Anteil gesamt
Schlichtungsgespräch	52 %	11 %
Prüfungsgespräch	16 %	10 %
Meeting	15 %	9 %
Sprachbiogr. Interview	8 %	10 %
Spielinteraktion	6 %	7 %
Schichtübergabe	2 %	3 %
gesamt	100 %	100 %

Dass *insofern* bei den Schlichtungsgesprächen eine besondere Rolle spielt, ist sicher nicht zufällig und kann vor dem Hintergrund der folgenden Analyseergebnisse auch gut plausibilisiert werden. Zunächst ist auffällig, dass sich im Gesprochenen weniger die Frage stellt, was irgendwann nach *insofern* als möglicher zweiter Subjunktionsteil kommt, als vielmehr die Frage, was direkt davor kommt[15] (vgl. Tabelle 5).

---

15 Wobei es auch idiolektale Präferenzen zu geben scheint, etwa bei HG (= Heiner Geißler) in den Schlichtungsgesprächen für *nich also/un insofern*.

Tab. 5: Einheiten direkt vor *insofern* (= ‚davor') und (nicht unbedingt direkt) nachfolgend (= ‚danach') (Die Prozentzahlen beziehen sich auf die Gesamtmenge der DGD-FOLK-Belege (also 85).)

davor	Anzahl	Prozent	danach	Anzahl	Prozent
also	20	24 %	*als*	3	4 %
und	13	15 %	*als dass*	2	2 %
denn	1	1 %	*dass*	3	4 %
denk	2	2 %	*weil*	5	6 %
glaub	3	4 %			
mein	1	1 %			
heißt	1	1 %			
gesamt	41	48 %	gesamt	13	15 %

Während sich im Geschriebenen als kombinierte Form eher *insofern als* herausstellt, ist es im Gesprochenen eher *also insofern* und *und insofern*. Schon hier deutet sich an, wieso *insofern* für die Schlichtungsgespräche so anziehend ist: Man kann damit nämlich resümierend schlussfolgern.

Interessant ist nun, welche Funktionen *insofern* bzw. den Turns oder Turnteilen mit *insofern* insgesamt zugeschrieben werden können. Wie sich diese Frage beantworten lässt, zeigt sich erst in der Auseinandersetzung mit dem Material, was in einen spiralartigen Erkenntnisprozess „*von Gegenstandskonstitution und Gegenstandsanalyse*" (Deppermann ⁴2008: 20) mündet. In einer ersten Durchsicht habe ich nach den folgenden Kriterien analysiert:

- Position im jeweiligen Turn: eher zu Anfang, in der Mitte, zum Ende oder allein als TCU (turn constructional unit),
- Bezug zu vorhergehenden Turns: Werden Wörter oder Wortgruppen wieder aufgegriffen?
- Position innerhalb der thematischen Progression: zu Anfang eines Themas, in der Mitte, zum Ende, zwischen zwei Themen,
- weitere: propositional orientiert, direkter Zusammenhang mit einer Sprechaktzuschreibung usw.

Obwohl diese Kriterien zugegebenermaßen als erster Zugriff heterogen sind, zeigt sich, dass damit die meisten Vorkommen (75 von 85) differenziert erfasst werden können. Und es zeigen sich Präferenzen (vgl. Tabelle 6, auf die genaue Erläuterung der Operationalisierung bei der Zuweisung von Positionen und Funktionen kann hier jetzt nicht mehr weiter eingegangen werden).

Tab. 6: Erste Funktionszuschreibungen bei der Analyse der FOLK-Belege zu *insofern*

Funktion	Anzahl
Beginneinleitung	3
aufgreifen	10
Scharnier	16
Endeinleitung	34
Schlusspunkt	12
sonstige	10
gesamt	85

Was die Position anbetrifft, so findet sich *insofern* einerseits gern zwischen einem zu beendenden Thema und einem neuen Thema (Scharnier), am Schluss eines Turns (Schlusspunkt[16]) oder am Ende eines Themas (Endeinleitung). Man könnte dies das beschließende *insofern* nennen. Andererseits greift man mit *insofern* auch Vorhergehendes auf (aufgreifen). Man könnte dies das aufgreifende *insofern* nennen. Ein paar Beispiele:

```
0090  HG  sie machen die geschäftsordnung (.) herr
0091      (0.33)
0092  ML  [ja (.) herr doktor geißler nur] n vorschlag dass ma vielleicht (.) trennt einma personenverkehr und einma
          güterverkehr
0093  HG  [herr lieb sie haben aber nich des wort]
0094      (0.6)
0095  ML  [dass man des] der in der dil in der folgenden diskussion dass man zunächscht vielleicht mal den personenverkehr °h
          un dann den güterverkehr dass man das voneinander trennt
0096  HG  [bitte]
0097  HG  äh den vorschlag hätt ich grad gemacht also insofern °h äh würde ich äh °h äh (.) hm geh_mer doch äh doch vielleicht
          so vor wie geplant °h herr kefer h° sie hatten sich auch noch gemeld[et]
0098  VK  [ja]
0099      (1.0)
0100  VK  also
0101      (0.31)
0102  VK  ich
0103      (0.7)
0104  VK  im (.) für mich haben sich im grunde durch die erwiderungen (.) beziehungsweise durch die vorträge
```

Abb. 4: ins_gespr_42: beschließendes *insofern* als Scharnier (Segmentzeile 0097)

---

16 Hier kann man von syntaktisch desintegriertem *insofern* sprechen. Eine Verwendungsweise bestimmter Konnektoren, die häufiger zu beobachten ist. Vgl. für desintegriertes *deswegen* etwa König (2012), zu korrektiven Verwendungen von *obwohl* in Postposition mit und ohne Folgesatz Günthner (1999) und Moraldo (2013). Im Übrigen erweist sich *insofern* aber nicht als ein *verdächtiger Kandidat* für eine Subjunktion mit V2-Stellung (also im VVF eines Hauptsatzes), wie Freywald (2010: 65) vorsichtig andeutend mit einem Beleg in den Raum stellt. Lediglich zwei der 85 Belege weisen eine solche Verwendung auf, wobei bei einem davon *insofern* gerahmt von Lachen und Räuspern in einer als Korrektur anzusehenden Umgebung steht.

0132		(0.22)
0133	MF	hm_hm °h also er is äh viel gereist in seinem leben al[so er hat viele dialektlandschaf]ten kennengelernt [°hh] öhm er hat auch viel öhm (.) also mit andern gelehrten sozusagen kontakt gehabt er hat viel briefkontak geh äh briefkontakt gehabt auch in äh viele regionen °h und dadurch sin ihm so die ganzen dialektalen äh (.) phänomene dann auch (.) begegnet °h äh (.) das is ein punkt der nächste is dass es sich_s eigentlich sein (.) also die bibelübersetzung hat ja auf °h das halbe leben eigentlich in anspruch genommen das heißt er hat dann immer wieder an der sprache auch gefeilt und sich immer wieder mit °hh seiner deutsche sprache und auch mit andern sprach[en ausnander]gesetzt un also ne große (.) sprachke äh kompetenz °hh un dann von außen noch faktoren sin der buchdruck gewesen der ähm
0134	HS	[((unverständlich))]
0135	HS	[hm_hm]
0136	HS	[hm_hm]
0137	HS	hm_hm
0138	MF	ah nee entschuldigung °h die ich wollte gar nich sagen buchdruck ich wollte sagen die kanzleien ((lacht))[und die äh]
0139	HS	[hm hätte] beides gestimmt (.)[wo wobei] natürlich °h luther für den buchdruck eigentlich der warte und dem ganzen medium erst °h [(oder) auf der] deutschen seite zum durchbruch (.) °h äh so richtig verholfen [hat ne also insofern]
0140	MF	[ja (.) äh]
0141	MF	[ja]
0142	MF	[ja (.) al ja] also ich wollte eher sagen die kan[zleispr]achen also einmal die kaiserliche und einmal die äh m meißnische kanzleisprache °h die [ähm] hatten [also waren schon] gewissermaßen vereinheit also w gab_s (.) f einheit vereinheitlichende tendenzen °h und die hat er halt auch (.) gekannt und öh °hh ja hat er dann auch verwendet
0143	HS	[(ja)]
0144	HS	[hm_hm]
0145	XM	[°hhh]
0146		(0.21)

Abb. 5: ins_gespr_30: beschließendes *insofern* als Schlusspunkt (Segmentzeile 0139)

0221		(0.26)
0222	TG	ich will (.) noch mal auf eins (.) und dann (.) der herr leuschel der herr professor heimerl (.) der (.) kollege pfischter und der herr bitzer einfach um noch mal die reihenfolge klarzumachen °h ich teile
0223		(0.71)
0224	TG	ihre auffassung °hh grundsätzlich hinsichtlich der frage (.) was bedeutet des jetzt mit dem galaktischen auf der anderen seite (.) isch eben die neubaustrecke
0225		(0.24)
0226	TG	teil
0227		(0.3)
0228	TG	dieser magistrale und ein wesentlicher teil dieser magistrale °h und weil es dieser wesentliche teil isch weil dies von der europäischen union als das nadelöhr schlechthin gesehen wird auf dieser strecke °h isch es eben auch mit geld unterlegt und insofern °h bitte ich schon um verständnis dass wir auch in zukunft zumindescht darauf hinweisen dass es teil dieser magischtrale also der verbindung °h von städten untrenander isch jetzt herr leuschel
0229		(0.3)
0230	IL	°hhh ja vielen dank fr
0231	HG	eine zugverbindung von europäischer bedeutung
0232		(0.22)
0233	XM	ja
0234	TG	+++++
0235	HG	[ja] vielleicht kann man des

Abb. 6: ins_gespr_54: beschließendes *insofern* als Endeinleitung (Segmentzeile 0228)

1026		(0.25)
1027	JG	können sie mit dem begriff was anfangen und ähm w w wie wie würde das vielleicht dazu passen oder nich
1028		(0.31)
1029	JG	°h
1030		(1.37)
1031	AP	ähm
1032		(0.95)
1033	AP	ich kann mit dem begriff äh (.) was anfangen insofern als dass äh (.) es in (.) in der europäischen union ja auch die forderung danach gibt [dass] dass mehrsprach al also alle sprachen irgendwie einen einfluss [haben] (.) nich bloß erst und zweitsprache °h ähm was ja bei selinker auch schon [äh] aktualisiert wird dass also auch andere spr[achen] (.) n einfluss haben nich nur die mutterspr[ache] °h ((schmatzt)) und ähm äh äh inner inner mehrsprachigkeitsdidaktik geht es eben darum alle sprachen zum sprachenlernen zu nutzen also sowohl mutter
1034	JG	[hm]
1035	JG	[hm]
1036	JG	[((hustet))]
1037	JG	[hm]
1038	JG	[hm]
1039	JG	die man erwor[ben hat hm_hm ja]
1040	AP	[die alle erwo genau] n ja genau natürlich [nich alle] möglichen son[dern] °h äh möglichst alle die d über die der lerner verfügt [also] sowohl seine mutterspra[che] auf die er (.) natürlich irgendwie (.) es is eben [nich auszu]schließen nich wie die kontrastivhypothese es tat °h es is (.) kein grundsprachlicher transfer auszuschließen es [is aber] auch nich auszuschließen dass es ihn gibt

Abb. 7: ins_gespr_42: aufgreifendes *insofern* (Segmentzeile 1033)

Bei der Analyse der Belege[17] zeigt sich, dass in diesen Fällen beschließender oder aufgreifender *insofern*-Vorkommen von einer restriktiven Funktion nicht die Rede sein kann. Es geht nicht darum, etwas in seiner Gültigkeit einzuschränken. Ganz im Gegenteil: Die Äußerungen mit *insofern* sind geeignet, etwas herauszuheben, zu affirmieren. Das, was mit *insofern* markiert ist, spielt im Gesprächsverlauf eine mindestens zwischenzeitlich besonders wichtige Rolle. Hier werden Dinge zusammengefasst, es wird resümiert, Fragliches aufgegriffen und abschließend beantwortet, erläutert, erklärt. Dass die pragmatische Funktion von *insofern* in Bewertungen zu suchen sei, wie Primatarova-Miltscheva (1986) dies tut, scheint mir zwar zu kurz gegriffen. Aber dass es dem Sprecher „nicht darum geht, seine wertende Äußerung als problematisierbar hinzustellen, sondern darum, daß die Problematisierung von vornherein ausgeschlossen wird" (Primatarova-Miltscheva 1986: 104), ist eine wichtige Analysebeobachtung. Bedenkt man noch die

---

17 Zur Prosodie ist zu sagen, dass in allen Fällen *inSOfern* betont wird. Unterschiede sind in der Längung des betonten Vokals, in der Tonhöhe und in der Sprechgeschwindigkeit zu verzeichnen. Bei einem Test mit Studierenden – vielen Dank in diesem Zusammenhang an Christian auf der Lake –, die das Wort *insofern* bzw. *Insofern* vorgelegt bekommen hatten und es sprechen sollten, gab es hauptsächlich drei Betonungsmuster (die Groß-/Kleinschreibung bei der Vorlage wirkte sich auch hier nicht aus): *INsoFERN, insoFERN, inSOfern*. Rechnet man die ersten beiden zusammen, so ergibt sich eine Bevorzugung von FERN (57 %) gegenüber SO (38 %). Vielleicht lassen diese Daten den Schluss zu, dass das Adverb (incl. Linksteilsubjunktion) inSOfern betont wird, die Subjunktion hingegen *insoFERN*. Das müsste aber noch genauer untersucht werden.

insgesamt präferierte Endstellung von *insofern*, so könnte man es folgendermaßen auf den Punkt bringen: Es wird ein thematisches Schlusswort gesprochen.
Das trifft nicht auf alle Fälle zu, aber doch auf die meisten. Hier könnte übrigens
auch ein Grund für das höhere Vorkommen in den Schlichtungsgesprächen
liegen, bei denen es sicher vermehrt Anlässe zum thematischen Abhaken gibt.

4 Kurzes Fazit

Vor dem Hintergrund der Erkenntnisse über die Verwendung von *insofern* im
Gesprochenen lassen sich auch die schriftsprachlichen Belege neu interpretie-
rend analysieren. Wenn man *insofern* in der nicht-konditionalen Verwendung (A)
grundsätzlich eine restriktive Funktion zuschreibt, beleuchtet man gewissermaßen die falsche Seite der Medaille: Es geht nicht um Einschränkung, sondern um
Hervorhebung und Affirmation (der Gültigkeit einer Proposition oder einer Äußerung), was (auch im Schriftlichen) interaktionale (Verstehens-)Konsequenzen
haben dürfte. Natürlich kann damit (qua Implikatur) einhergehen, dass anderes
ausgeschlossen und damit etwas eingeschränkt wird, denn jedes Hervorheben
von A ist ein Nicht-Hervorheben von B bis Z. Aber als vorrangige Funktion von
insofern kann auch im Geschriebenen angesetzt werden, Dinge affirmierend
herauszuheben. Im Gesprochenen ist der, wie man sagen könnte, Affirmations-
konnektor *insofern* vor allem einer mit aufgreifender oder beendigender interaktionaler Relevanz, der in seiner Erscheinungsform bis hin zum syntaktisch
desintegrierten, völlig verwaisten *insofern* reicht,[18] was als Praktik des Nicht-
Mehr-Sagen-Müssens aufgefasst werden kann. Hier bleibt der affirmierte Inhalt
im ungesagten Vagen und *insofern* tritt als abschließende Affirmation interaktional zustimmungsheischend oder konsensgebietend in Erscheinung. Kategorien
dieser Art sind m. E. notwendig, will man die spezifische Leistung von *insofern*
beim Aufbau von Bedeutungen (in Texten und Gesprächen) adäquat beschreiben.
Es reicht dafür eben nicht aus, rein propositionsorientierte Beschreibungen (restriktiv, kausal, konditional etc.) zu verwenden. Um die Spezifik dieses Konnektors
zu erfassen, braucht es vor allem auch pragmatische Kategorien, die die Fragen
in den Fokus rücken, was man tut, wenn man *insofern* verwendet, und wie sich
Passagen mit *insofern* daraufhin verstehen lassen. Erst dann werden wesentliche

---

18 Übrigens lassen sich derzeit (Februar 2015) über das DWDS mit der genauen Suchkette „@In-
sofern \.“ tatsächlich auch drei Belege für syntaktisch desintegriertes *insofern* im Geschriebenen
nachweisen, was als medial schriftlich, aber konzeptionell mündlich angesehen werden kann.

Perspektivierungen überhaupt bemerkbar, die für das Verständnis dieses Konnektors in bestimmten Verwendungen ausschlaggebend sind. Das heißt nicht, das alte denkrationale Inventar immer schon kognitiver Beschreibungen zu verabschieden. Es heißt vielmehr, dieses Inventar um genuin pragmatische Kategorien anzureichern. Man schafft so Möglichkeiten, Einheiten in ihrer Verwendung kognitiv-pragmatisch ernst zu nehmen. Insofern...

5 Literatur

Becker, Karl Ferdinand (²1969 [²1870]): *Ausführliche deutsche Grammatik als Kommentar der Schulgrammatik.* Bd. 2. Hildesheim/New York: Olms. [Prag: Friedrich Tempsky].

Behaghel, Otto (1928): *Deutsche Syntax. Eine geschichtliche Darstellung.* Bd. III: *Die Satzgebilde.* Heidelberg: Winter.

Blatz, Friedrich (³1900): *Neuhochdeutsche Grammatik mit Berücksichtigung der historischen Entwickelung der Deutschen Sprache.* Bd. 2: *Satzlehre (Syntax).* Karlsruhe: Lang.

Breindl, Eva / Volodina, Anna / Waßner, Ulrich Hermann (2014): *Handbuch der deutschen Konnektoren.* Bd. 2: *Semantik der deutschen Satzverknüpfer.* Teilband 2. Berlin/München/Boston: de Gruyter.

Buscha, Joachim (1989): *Lexikon deutscher Konjunktionen.* Leipzig: Enzyklopädie.

Deppermann, Arnulf (⁴2008): *Gespräche analysieren. Eine Einführung.* Wiesbaden: VS.

Dudenredaktion (Hrsg.) (⁷2005, ⁸2009, ⁹2016): *Die Grammatik. Unentbehrlich für richtiges Deutsch.* Mannheim/Wien/Zürich: Dudenverlag. (= Duden; Bd. 4) [seit der 9. Aufl.: Wöllstein, Angelika und Dudenredaktion (Hrsg.)]

Dürscheid, Christa (⁵2010): *Syntax. Grundlagen und Theorien.* Göttingen: Vandenhoeck & Ruprecht/UTB.

Eisenberg, Peter (⁴2013): *Grundriss der deutschen Grammatik.* Bd. 2: *Der Satz.* Stuttgart/Weimar: Metzler.

Engel, Ulrich (²2009): *Deutsche Grammatik. Neubearbeitung.* München: Iudicium.

Engelien, A. (²1878): *Grammatik der neuhochdeutschen Sprache.* Berlin: Wilhelm Schultze.

Erben, Johannes (¹²1980): *Deutsche Grammatik. Ein Abriß.* München: Hueber.

Frege, Gottlob (1892): „Über Sinn und Bedeutung". In: *Zeitschrift für Philosophie und philosophische Kritik* 100(1), 25–50. [wieder abgedruckt in: Frege, Gottlob (⁷1994): *Funktion, Begriff, Bedeutung. Fünf logische Studien.* Hg. v. Günther Patzig. Göttingen: Vandenhoeck & Ruprecht, 40–65.]

Freywald, Ulrike (2010): „*Obwohl vielleicht war es ganz anders.* Vorüberlegungen zum Alter der Verbzweitstellung nach subordinierenden Konjunktionen". In: Ziegler, Arne (Hrsg.): *Historische Textgrammatik und Historische Syntax des Deutschen.* Berlin/New York: de Gruyter, 55–84.

Gohl, Christine (2006): *Begründen im Gespräch. Eine Untersuchung sprachlicher Praktiken zur Realisierung von Begründungen im gesprochenen Deutsch.* Tübingen: Niemeyer. (Zugl. Phil. Diss. Konstanz 2004).

Günthner, Susanne (1999): „Entwickelt sich der Konzessivkonnektor *obwohl* zum Diskursmarker? Grammatikalisierungstendenzen im gesprochenen Deutsch". In: *Linguistische Berichte* 180, 409–446.

Hartung, Wolfdietrich (1961): *Systembeziehungen der kausalen Konjunktionen in der deutschen Gegenwartssprache.* (= Phil. Diss. HU Berlin). [ansonsten unveröffentlichte Dissertation]

Heidolph, Karl Erich / Flämig, Walter / Motsch, Wolfgang (1981): *Grundzüge einer deutschen Grammatik.* Berlin: Akademie.

Helbig/Buscha (2001): *Deutsche Grammatik. Ein Handbuch für den Ausländerunterricht.* Berlin etc.: Langenscheidt.

Hentschel, Elke / Weydt, Harald (⁴2013): *Handbuch der deutschen Grammatik.* Berlin/Boston: de Gruyter.

Imo, Wolfgang (2013): *Sprache in Interaktion. Analysemethoden und Untersuchungsfelder.* Berlin/New York: de Gruyter.

König, Katharina (2012): „Formen und Funktionen von syntaktisch desintegriertem *deswegen* im gesprochenen Deutsch". In: *Gesprächsforschung* 13, 45–71.

Moraldo, Sandro M. (2013): „‚Ich muss Kunst und Deutsch lernen. Obwohl- nee, Deutsch lernen hab ich nicht nötig'. Sprachwandel als Sprachvariation: *obwohl*-Sätze im DaF-Unterricht". In: Moraldo, Sandro / Missagla, Federica (Hrsg.): *Gesprochene Sprache im DaF-Unterricht. Grundlagen – Ansätze – Praxis.* Heidelberg: Winter, 267–286.

Pasch, Renate / Brauße, Ursula / Breindl, Eva / Waßner, Ulrich Hermann (2003): *Handbuch der deutschen Konnektoren. Linguistische Grundlagen der Beschreibung und syntaktische Merkmale der deutschen Satzverknüpfer (Konjunktionen, Satzadverbien und Partikeln).* Berlin/New York: de Gruyter.

Paul, Hermann (⁵1959 [zuerst: 1920]): *Deutsche Grammatik. Bd. IV: Syntax (zweite Hälfte).* Halle (Saale): Niemeyer.

Primatarova-Miltscheva, Antoinette (1986): „*Insofern* als pragmatischer Konnektor und Argumentationsoperator". In: *ZGL* 14, 98–107.

Rickheit, Gert / Weiss, Sabine / Eikmeyer, Hans-Jürgen (2010): *Kognitive Linguistik. Theorien, Modelle, Methoden.* Tübingen/Basel: Francke/UTB.

Schwarz. Monika (³2008): *Einführung in die kognitive Linguistik.* Tübingen/Basel: Francke.

Smirnova, Elena / Mortelmans, Tanja (2010): *Funktionale Grammatik. Konzepte und Theorien.* Berlin/New York: de Gruyter.

Städtler, Thomas (2003): *Lexikon der Psychologie. Wörterbuch, Handbuch, Studienbuch.* Stuttgart: Kröner.

Staffeldt, Sven (2011): „*Wie Sie wissen.* Kleines Plädoyer für mehr Pragmatik und mehr Konstruktionen in Grammatiken". In: *Sprachwissenschaft* 36(1), 85–112.

Staffeldt, Sven / Hagemann, Jörg (Hrsg.) (2014): *Pragmatiktheorien. Analysen im Vergleich.* Tübingen: Stauffenburg.

Weinrich, Harald (²2003): *Textgrammatik der deutschen Sprache.* Hildesheim/Zürich/New York: Olms.

Wunderli, Peter (2013): *Ferdinand de Saussure: Cours de linguistique générale. Zweisprachige Ausgabe französisch-deutsch mit Einleitung, Anmerkungen und Kommentar.* Tübingen: Narr.

Zifonun, Gisela / Hoffmann, Ludger / Strecker, Bruno (1997): *Grammatik der deutschen Sprache.* 3 Bände. Berlin/New York: de Gruyter.

Ziem, Alexander (2008): *Frames und sprachliches Wissen. Kognitive Aspekte der semantischen Kompetenz.* Berlin/New York: de Gruyter.

Anhang

Tab. 7: Suchketten und Ergebnisse zur Kombination von *insofern* mit rechten Subjunktionsteilen

Suchen am 24.10.2014

Suchkette	Einheit	Anzahl	Prozent
insofern	insofern	49956	
(insofern %-w1 .) /+w5 , /+w1 als %+w1 (dass oder daß)	insofern, als	14106	60,6 %
(insofern %-w1 .) /+w5 , /+w1 als /+w1 (dass oder daß)	insofern, als dass	2319	10,0 %
(insofern %-w1 .) /+w5 , /+w1 (dass oder daß) %-w2:4 als	[insofern, dass]	3677	15,8 %
(insofern %-w1 .) /+w5 , /+w1 weil %-w2:4 als	insofern, weil	1833	7,9 %
(insofern %-w1 .) /+w5 , /+w1 da %-w2:4 als	insofern, da	1358	5,8 %
	insofern allein	26663	53,4 %
	insofern komplex	23293	46,6 %

Suchen am 27.10.2014

Suchkette	Einheit	Anzahl	
insofern	insoweit	14240	
(insoweit %-w1 .) /+w5 , /+w1 als %+w1 (dass oder daß)	insoweit, als	2641	57,8%
(insoweit %-w1 .) /+w5 , /+w1 als /+w1 (dass oder daß)	insoweit, als dass	350	7,7%
(insoweit %-w1 .) /+w5 , /+w1 (dass oder daß) %-w2:4 als	[insoweit, dass]	1321	28,9%
(insoweit %-w1 .) /+w5 , /+w1 weil %-w2:4 als	insoweit, weil	146	3,2%
(insoweit %-w1 .) /+w5 , /+w1 da %-w2:4 als	insoweit, da	109	2,4%
	insoweit allein	9673	67,9%
	insoweit komplex	4567	32,1%

Suchen am 27.10.2014

Suchkette	Einheit	Anzahl	Prozent
sofern	sofern	113301	
(sofern %-w1 .) /+w5 , /+w1 als %+w1 (dass oder daß)	sofern, als	244	17,2 %
(sofern %-w1 .) /+w5 , /+w1 als /+w1 (dass oder daß)	sofern, als dass	69	4,9 %
(sofern %-w1 .) /+w5 , /+w1 (dass oder daß) %-w2:4 als	[sofern, dass]	937	65,9 %
(sofern %-w1 .) /+w5 , /+w1 weil %-w2:4 als	sofern, weil	69	4,9 %
(sofern %-w1 .) /+w5 , /+w1 da %-w2:4 als	sofern, da	103	7,2 %

Jörg Bücker
Volksetymologien

Wortgeschichtliche Spurwechsel zwischen analogischem
Wandel und sprachlicher Motivierung

1 Einleitung

Das menschliche Sprachvermögen basiert – das hat die gebrauchsbasierte kog-
nitiv-funktionale Forschung der letzten Jahrzehnte gezeigt – ganz wesentlich auf
der Fähigkeit der menschlichen Kognition, die materialen Charakteristika situierter Sprachgebrauchserfahrung in der Performanz in situationstranszendente
sprachliche Einheiten in der Kompetenz ummünzen zu können (vgl. u. a. Tomasello 2003 und Bybee 2010).[1] Vernachlässigt wird in der Diskussion allerdings
meist, dass die materiale sprachliche Oberfläche situierten Sprachgebrauchs
nicht nur Ausgangspunkt kreativer Prozesse der Schemagenese, sondern auch
Auslöser von Verwechslungen sein kann. Für eine gebrauchsbasierte Linguistik,
die sich auch idiosynkratisch anmutende Aspekte der materialen Dimension
sprachlicher Phänomene unvoreingenommen und uneingeschränkt als Gegenstand zu eigen machen kann, sind die sprachlichen Voraussetzungen und Folgen
solcher Verwechslungen aufschlussreiche Hinweise auf die Vielfältigkeit der
Wege, die von der Performanz zur Kompetenz führen können. Aus diesem Grund
werden wir uns im Folgenden mit einem spezifischen Typ oberflächennaher Verwechslung beschäftigen, nämlich der sog. Volksetymologie.

  Seit Ernst Förstemanns grundlegender Untersuchung aus dem Jahr 1852 wird
der Gegenstandsbereich der Volksetymologie mit den traditionsreichen Konzepten Analogie und Motivierung in Verbindung gebracht. Dieses Verhältnis wollen
wir im Folgenden in Form zweier erkenntnisleitender Fragen aufgreifen und diskutieren:
1. Ist volksetymologischer Wandel analogischer Wandel?
2. Sind volksetymologischer Wandel und seine Produkte ein Fall von Motivierung?

---

1 Für hilfreiche Kommentare zu einer früheren Fassung dieses Beitrags danke ich ganz herzlich
Dagmar Hüpper und Simon Meier-Vieracker.

https://doi.org/10.1515/9783110575484-241

Der Titel unserer Untersuchung bleibt im Hinblick auf unsere Position zu diesen beiden Fragen bewusst mehrdeutig – in welcher Hinsicht genau Volksetymologien zwischen analogischem Wandel und sprachlicher Motivierung zu sehen sind, wird sich Schritt für Schritt im Zuge der Diskussion der beiden Fragen herauskristallisieren. Dabei werden wir uns zuerst mit dem Verhältnis volksetymologischen Wandels zu analogischem Wandel auseinandersetzen (zweiter Abschnitt), bevor wir uns der Beziehung zwischen Volksetymologie und Motivierung zuwenden (dritter Abschnitt) und unseren Beitrag dann mit einer Auflösung der Mehrdeutigkeit des Untersuchungstitels sowie einer kurzen Zusammenfassung der zentralen Ergebnisse beschließen (vierter Abschnitt).

2 Volksetymologie und Analogie

Unsere Diskussion des Verhältnisses der Volksetymologie zur Analogie lässt sich zweckdienlich mit Paul ([10]1920/1995) beginnen, der an die schon von Förstemann (1852: 6) vorgenommene Unterscheidung ausdrucksseitig sichtbarer und ausdrucksseitig unsichtbarer Volksetymologien anschließt, diese Unterscheidung aber anders als Förstemann explizit in den größeren diachronen Kontext der reanalytischen „Bildung neuer Gruppen" stellt.

Die erste Gruppe von Volksetymologien bilden Paul ([10]1920/1995: 218f.) zufolge Fälle, bei denen „[d]urch zufälliges partielles Gleichwerden der Lautgestaltung [...] unverwandte Wörter zu stofflichen Gruppen zusammen[treten]. Es ist dies die einfachste Art der sogenannten Volksetymologie, die sich lediglich auf eine Umdeutung durch das Sprachgefühl beschränkt, ohne dass dadurch die Lautform eine Veränderung erleidet." Ein Beispiel aus dieser Gruppe ist die volksetymologische Reanalyse von „Landsknecht" als „Lanzknecht", die durch Homophonie ausgelöst (vgl. [ˈlantsˌknɛçt]) und in der Schriftlichkeit in Form des Segments <z> in <Lanzknecht> gegenüber <ds> in <Landsknecht> aufgelöst wird.[2] Die volksetymologische Umdeutung ist dabei mit einer Veränderung der morphologischen Gliederung verbunden, da die Affrikate [ts] in „Lanzknecht" nicht mehr den Auslaut des Kompositionserstglieds mit der morphologisch getrennten nach-

---

2 Genau genommen charakterisiert Paul ([10]1920/1995: 219) „Lanzknecht" als Entwicklung aus „Landes Knecht". Soll sein Kriterium der unveränderten Lautung Gültigkeit haben, kann „Lanzknecht" aber nur dem Kompositum „Landsknecht" gegenübergestellt werden und nicht der freien Wortgruppe „Landes Knecht", die sich von „Lanzknecht" lautlich deutlich unterscheidet (vgl. [ˈlanˌdəs ˈknɛçt] versus [ˈlantsˌknɛçt]).

folgenden Fuge kombiniert, sondern komplett auf das phonologische Material des Kompositionserstglieds entfällt.

Die zweite, von Paul als „komplizierter" charakterisierte Gruppe von Volksetymologien enthält demgegenüber Fälle, bei denen „ein Wort, welches durch zufällige Klangähnlichkeit an ein anderes erinnert, diesem weiter angeglichen wird" (Paul [10]1920/1995: 220). Ein Beispiel aus dieser Gruppe stellt das volksetymologische Standardbeispiel „Maulwurf" dar, in dessen Entwicklung es neueren Untersuchungen zufolge zu gleich zwei Umdeutungen gekommen ist (vgl. Rohde 1985: 157f.): In einem ersten Schritt wurde „mûwerf" ‚Haufenwerfer' volksetymologisch zu „moltwerf" ‚Erdwerfer' umgedeutet, bevor es in einem zweiten Schritt zur Reinterpretation von „moltwerf" als „Maulwerf" kam, gegenüber dem sich überregional die Form „Maulwurf" durchgesetzt hat.[3] Anders als beim Beispiel „Landsknecht/Lanzknecht" wird die volksetymologische Umdeutung hier in beiden Schritten von phonologischen Veränderungen begleitet, allerdings verschieben sich keine morphologischen Grenzen.[4]

Für unsere Argumentation ist an dieser Stelle von besonderem Interesse, dass Pauls Annahme einer durch Ähnlichkeit ausgelösten „weiteren Angleichung" eines Worts an ein anderes nahelegt, dass volksetymologischer Wandel zumindest in der zweiten Gruppe *(i)* graduell verläuft und *(ii)* analogischer Natur ist. In der Tat dominieren in der Literatur zur Volksetymologie Positionen, die Paul in dieser Hinsicht folgen: So charakterisieren z. B. Coates (1987: 321), Scholfield (1988: 341), Škara (1999: 59) und Girnth/Klump/Michel (2007: 56) volksetymologischen Wandel als graduellen Prozess, und u. a. Coates (1987: 321), Olschansky (1996: 107), Škara (1999: 59) und Godglück (2001: 136f.) identifizieren volksetymologischen Wandel mehr oder minder eindeutig mit analogischem Wandel.[5]

Im Folgenden soll im Gegensatz dazu gezeigt werden, dass volksetymologischer Wandel in seinem Kern *(i)* ein abrupter und nicht-analogischer Vorgang ist, aber *(ii)* durch vorhergehenden graduell-analogischen Wandel begünstigt

---

3 Ab wann „-wurf"- neben „-werf"-Bildungen aufgetreten sind, kann an dieser Stelle nicht geklärt werden.

4 Vor diesem Hintergrund ist eher zweifelhaft, dass Pauls Gleichsetzung lautlicher Veränderungen mit „kompliziert" das hier zur Anwendung gebrachte Prinzip der Klassenbildung wirklich treffend wiedergibt.

5 Ullmann (1967: 85) spricht demgegenüber etwas zurückhaltender von einer „Verwandtschaft" zwischen Volksetymologie und Analogie, während Wundt ([4]1921: 469) und Saussure ([2]1931/1967: 208 und 210) „wesentliche" Unterschiede zwischen Analogie und Volksetymologie sehen. Wir schließen uns im Folgenden der Einschätzung Saussures und Wundts an (unter Absehung von Saussures Auslassungen zur Volksetymologie als „pathologisch"), begründen unsere Position aber deutlich anders als Saussure und Wundt.

werden sowie *(iii)* nachfolgenden graduell-analogischen Wandel auslösen kann, der anderen Typs ist als der ggf. vorhergehende graduell-analogische Wandel.

Dass volksetymologischer Wandel in seinem Kern ein abrupter und nicht-analogischer Vorgang ist, tritt insbesondere bei Beispielen wie dem eingangs erwähnten „Lanzknecht" unverstellt zutage: Auslöser des Wandels ist die zufällige lautlich-ausdrucksseitige Identität von „Lands-" und „Lanz-" (= [lants]), und der Wandel selbst besteht darin, dass das initiale Segment der Wortform „Landsknecht" fälschlicherweise nicht mit „Land" in Verbindung gebracht, sondern als Signifikant des Lexems „Lanze" interpretiert wird. Damit liegt eine durch Homophonie und fehlende Desambiguisierung ausgelöste Fehlinterpretation eines sprachlichen Ausdrucksmittels (= [lants]) als Signifikant eines etymologisch nicht verwandten Zeichens (= „Lanze") vor, die den Charakter einer Verwechslung hat (so auch Bloomfield 1933/1984: 423) und als solche nicht als graduell bemessbare Annäherung eines Zeichens an ein anderes Zeichen als richtungsgebendes Vorbild bzw. Muster seines Wandels verstanden werden kann, wie dies bei analogischem Wandel der Fall wäre.[6]

Ein ähnliches Beispiel stellt das Kompositum „Wahnsinn" dar: Dessen Erstglied „Wahn-" geht Olschansky (1996: 108 sowie 2004: 158f.) zufolge etymologisch auf das Adjektiv „wan" ‚leer' zurück, das infolge lautlichen Wandels ausdrucksseitig mit dem Substantiv „wân" – dem Etymon des gegenwartsdeutschen „Wahn" – zusammenfiel und mit ihm verwechselt wurde. Auch hier liegt also eine durch ausdrucksseitige Similarität/Identität und Ambiguität ausgelöste Fehlinterpretation eines sprachlichen Ausdrucksmittels als Signifikant eines Zeichens vor, zu dem es etymologisch in keiner Beziehung steht. Mit anderen Worten: Wir haben es mit einer abrupten Verwechslung, aber nicht mit einer graduell bemessbaren gerichteten Annäherung eines Zeichens an ein Zeichenvorbild zu tun.

Wie ist es nun aber um ein Beispiel wie „mongoose" ‚Mungo' bestellt, zu dem im Englischen die konkurrierenden Pluralformen „mongooses" und „mongeese" belegt sind? Škara (1999: 59) etwa zählt die Formenbildung von „mongoose" – seinem Ursprung nach eine Entlehnung aus dem Portugiesischen und der indo-iranischen Sprache Marathi[7] – zum Phänomenfeld der Volksetymologien und vertritt gleichzeitig die Position, dass „mongeese" als eine Analogiebildung zum Plural „geese" des etymologisch nicht verwandten „goose" ‚Gans' einzustufen ist. Beides ist für sich genommen nicht abwegig, das Beispiel könnte sowohl

---

6 Auf die Rolle der Bedeutungsseite bei der Reanalyse gehen wir weiter unten ein.

7 Vgl. „mongoose" im Oxford English Dictionary (OED) Online [URL: http://www.oed.com/], abgerufen am 24.03.2017. Die Rolle von Volksetymologien bei der Integration von Fremdwörtern ins Deutsche wird u. a. in Eisenberg (²2012: 5–8) angesprochen.

Züge einer Analogiebildung als auch Züge einer Volksetymologie aufweisen. Das spricht unseres Erachtens aber nicht gegen unsere Annahme, dass volksetymologischer Wandel kein analogischer Wandel ist. Vielmehr ist das Beispiel „mongoose" dazu geeignet zu zeigen, dass volksetymologischer und analogischer Wandel diachron eine enge Verbindung miteinander eingehen können, aber dennoch unterschiedliche Typen sprachlichen Wandels darstellen, zwischen denen präzise unterschieden werden sollte. Wir werfen einen genaueren Blick auf den Plural „mongeese" als (mögliche) Analogiebildung.

Als Analogiebildung lässt sich „mongeese" mit Paul ([10]1920/1995: 106–120), Bloomfield (1933/1984: 404–424) und Hjelmslev (1968: 64–69) in Form der „Proportionengleichung" „goose" : „mongoose" = „geese" : „mongeese" (anstelle von „mongooses") rekonstruieren.[8] Die Proportionengleichung besagt Folgendes: Die ausdrucksseitige Übereinstimmung des Segments „-goose" in der Singularform „mongoose" mit dem Singular des Substantivs „goose" löst den Analogieschluss aus, dass die beiden Einheiten auch im Plural ausdrucksseitig übereinstimmen. Die Folge des Analogieschlusses ist, dass für „mongoose" nicht der produktive Plural „mongooses", sondern der eigentlich unproduktive Plural „mongeese" realisiert wird. Die Proportionengleichung setzt nun aber in ihrer Logik voraus, dass das Segment „-goose" in „mongoose" *nicht* als Signifikant des Substantivs „goose" wahrgenommen wird. Andernfalls läge nämlich nicht eine Relation der Analogie, sondern vielmehr eine Relation der Identität vor, für die der Begriff der Analogiebildung missverständlich gewählt wäre. Man wird es auch schwerlich als einen Fall von Analogiebildung klassifizieren wollen, wenn etwa „Milchkuh" denselben Plural wie „Kuh" bildet.

Die Analyse von „mongeese" als Analogiebildung zum Plural „geese" impliziert also, das „-goose" in „mongoose" (noch) nicht qua volksetymologischer Verwechslung mit dem Substantiv „goose" identifiziert wird. Damit ergeben sich für den Plural „mongeese" zwei mögliche Wandelszenarien (vgl. *i* und *ii*), die nicht simultan, durchaus aber konsekutiv denkbar sind (vgl. *iii*):

i. Die Form „mongeese" ist das Resultat einer Analogiebildung zu „geese", die durch die ausdrucksseitigen Parallelen zwischen „mongoose" und „goose" im Singular ausgelöst wurde und die die Ähnlichkeiten zwischen den beiden Zeichen insofern weiter verstärkt, als sie nun auch im Plural übereinstimmende Signifikanten haben. Dieser Analyse zufolge kann die Form „mongeese" als Schritt auf einer graduellen und gerichteten Skala zunehmender Ähnlichkeit zwischen den beiden distinkten Zeichen „mongoose" (= das sich

---

8 Vgl. zu den Möglichkeiten und Grenzen eines Zugangs zu Analogiebildungen über Proportionengleichungen u. a. Becker (1990: 14–33).

angleichende Zeichen) und „goose" (= das Zeichenvorbild) charakterisiert werden.

ii. Die Form „mongeese" ist das Resultat einer durch ausdrucksseitige Parallelen und fehlende Desambiguisierung ausgelösten volksetymologischen Fehlinterpretation des Segments „-goose" in „mongoose" als Signifikant des Substantivs „goose", für das der Plural „geese" zu bilden ist. Dieser Analyse zufolge spiegelt der Plural „mongeese" keine graduell bemessbare zunehmende Ähnlichkeit zwischen den beiden nicht-identischen Zeichen „mongoose" und „goose" wider, sondern er ist das Ergebnis einer abrupt verlaufenden Verwechslung und Identifikation von „-goose" in „mongoose" mit dem frei verwendeten „goose".

iii. Die Form „mongeese" beruht auf einer Volksetymologie im Sinne von *(ii)* als Resultat eines hohen Maßes an ausdrucksseitiger Ähnlichkeit, das seinerseits auf eine vorhergehende Analogiebildung im Sinne von *(i)* zurückzuführen ist. Das wäre insofern nicht abwegig, als ein solcher analogischer Wandel eine komplexe Form ohne eindeutige morphologische Gliederung (= „mongoose") einem ausdrucksseitig bereits sehr ähnlichen Zeichenvorbild (= „goose") im Hinblick auf ein in der einschlägigen Formenklasse (= Nomen) unproduktives und wenig typfrequentes Merkmal (= Pluralbildung durch Stammvokalalternanz) weiter angeglichen und dadurch die Rahmenbedingungen für eine volksetymologische Verwechslung optimiert hätte.

Das zeigt uns, dass sich bei Beispielen wie „mongoose", bei denen sowohl Analogiebildung als auch Volksetymologie eine Rolle spielen (bzw. spielen könnten), mit analytischem Gewinn zwischen abruptem und nicht-analogischen volksetymologischen Wandel auf der einen Seite sowie graduell verlaufendem analogischen Wandel auf der anderen Seite unterschieden werden kann. Abfolgelogisch kann analogischer Wandel des hier beschriebenen Typs einer Volksetymologie als begünstigender Faktor vorausgehen, ihr aber insofern nicht nachfolgen, als die für ihn charakteristische Beziehung zwischen einem sich angleichenden Zeichen und einem Zeichenvorbild nicht mehr vorhanden ist, sobald das Zeichenvorbild erst einmal qua Verwechslung das angeglichene Zeichen ersetzt hat. Dagegen spricht auch nicht, dass auch nach einer volksetymologischen Umdeutung noch Wandel zu beobachten sein kann, der an der Oberfläche wie eine weitere analogische Annäherung eines Zeichens an ein anderes Zeichenvorbild aussieht. Hier ist etwa an Schreibungen wie „Stängel" und „verbläuen" zu denken, die im Gefolge der orthographischen Neuregelung von 1996 zur Norm erhoben und von vielen Reformkritikern als „Staatsetymologien" (vgl. [2]Eisenberg 2012: 41) oder „Etymogeleien" (Munske 2005: 161) abgelehnt wurden. Der Argumentation ihrer Befürworter zufolge verhelfen diese neuen Schreibungen lediglich bereits erfolgten und konventionalisierten volksetymologischen Umdeutungen an der orthographischen Oberfläche zu ihrem Recht. Wir können an dieser Stelle auf die Diskussion der Frage verzichten, ob diese Begründung stichhaltig ist oder nicht,[9] und uns auf die Feststellung beschränken, dass in solchen Fällen – gesetzt den Fall, dass eine Volksetymologie tatsächlich stattgefunden hat und konventionell geworden ist – kein analogischer Angleich eines Zeichensignifikanten an ein distinktes Zeichenvorbild vorliegt. Stattdessen handelt es sich vielmehr um die orthographische Homogenisierung eines Zeichensignifikanten im Sinne eines Abbaus nicht-normkonformer allographischer Variation nach dem in der gegenwartsdeutschen Rechtschreibung wirkungsmächtigen Prinzip der Morphemkonstanz (vgl. zu diesem Prinzip u. a. Nerius [4]2007: 148–166). Wenn man hier von Analogiebildung sprechen möchte, so wäre dies ein deutlich anderer Typ von Analogiebildung als der, den wir beim Beispiel „mongoose" diskutiert haben, denn die analogische Relation bezieht nicht zwei Zeichen aus unterschiedlichen Lexemverbänden über eine zufällige Ähnlichkeitsrelation, sondern vielmehr die distinkten Signifikanten zweier Zeichen aus demselben Lexemverband über eine Relation normativen Kontrasts aufeinander.

Die Beispiele „Stängel" und „verbläuen" sind für uns an dieser Stelle aber nicht nur im Hinblick auf die Möglichkeit orthographisch gesteuerten Abbaus allographischer Variation im Gefolge einer (mutmaßlichen) volksetymologischen Reinterpretation aufschlussreich. Sie zeigen uns vielmehr auch, dass wir für Volksetymologien zwei Hauptklassen unterscheiden können. Den Hauptklassen ist gemeinsam, dass bei der ähnlichkeitsbasierten Reanalyse des jeweils betroffenen Ausdrucksmittels sein korrekter etymologischer Status nicht erkannt wird, aber sie unterscheiden sich dahingehend, ob das betroffene Ausdrucksmittel mit oder ohne Berücksichtigung und Bewahrung einer schon vorhandenen eigenen Bedeutung reanalysiert wird.

Hauptklasse I enthält Beispiele, bei denen das betroffene Ausdrucksmittel ohne Berücksichtigung und Bewahrung einer schon vorhandenen eigenen Bedeutung reanalysiert wird. Sie zerfällt in zwei Subklassen. Subklasse I-A umfasst Beispiele wie „Maulwurf" und „mongoose", bei denen das reanalysierte Ausdrucksmittel zum Zeitpunkt des Wandels keine identifizierbare eigene Bedeutungsseite (mehr) hatte: Die Segmente „mû-" bzw. „molt-" waren zum Zeitpunkt

---

9 Vgl. zu verschiedenen sprachwissenschaftlichen Dimensionen dieser Frage u. a. Antos (1996: 238–249), Eroms/Munske (1997) und Bergmann (1998). Zur theoretischen Konsistenz und methodologischen Validität des der Reform an dieser Stelle zugrundeliegenden Konzepts einer „synchronen etymologischen Kompetenz" (Augst 1975) äußern sich u. a. Antos (1996: 230–233) und – ausgesprochen kritisch – Ickler (1999).

der Reanalyse jeweils schon isoliert und nicht mehr als Träger eigener Bedeutungen identifizierbar, und der Wortteil „-goose" von „mongoose" war schlechterdings nie bedeutungstragend. Subklasse I-A enthält im Übrigen nicht nur reanalysierte Appellativa, sondern auch viele volksetymologische Umdeutungen im Bereich der Namen. Beispielhaft sei verwiesen auf das auf mhd. „Milan", fnhd. „Mailan" zurückgehende Toponym „Mailand", bei dem das reanalysierte Material wie bei „mongoose" nie bedeutungstragend war, sowie das auf as./ahd. „-wini" ‚Freund' zurückgehende „-wein" als Teil des Familiennamens „Reichwein", bei dem das reanalysierte Material wie bei „Maulwurf" seine ursprüngliche Bedeutung zum Zeitpunkt der Reanalyse bereits verloren hatte.[10] In der zweiten Subklasse I-B sind demgegenüber Beispiele wie „Lanzknecht" enthalten, bei denen das reanalysierte Ausdrucksmittel zum Zeitpunkt des Wandels zwar eine eigene Bedeutungsseite hat (vgl. „Lands-"), diese bei der Reanalyse aber nicht erkannt wird und entfällt.

Formal folgen die Mitglieder von Hauptklasse I der schon von Paul ([10]1920/1995: 221) beobachteten Tendenz zur volksetymologischen Umdeutung kompositional komplexer oder zumindest kompositional komplex erscheinender Wörter, die durch Herkunft (u. a. Entlehnung, vgl. „mongoose") oder lautlichen und lexikalischen Wandel (vor allem Isolation im Lexikon, vgl. „mû-" und „molt-") ganz oder in Teilen intransparent geworden sind.

Damit kommen wir zu Hauptklasse II, die Beispiele umfasst, bei denen ein sprachliches Ausdrucksmittel unter Bewahrung seiner bereits vorhandenen eigenen Bedeutung volksetymologisch reanalysiert wird. Wie Hauptklasse I zerfällt auch Hauptklasse II in zwei Subklassen. Subklasse II-A enthält Beispiele wie „Stängel" und „verbläuen", die unter Bewahrung ihrer jeweiligen Bedeutungen die Zeichensignifikanten ihrer Volksetyma in „umgelauteter" Form übernehmen und dabei eigenständige Zeichen bleiben, da sie nicht mit ihren Volksetyma zu einer polysemen Einheit verschmelzen. Subklasse II-B umfasst demgegenüber Beispiele wie „Backe", die wie die Vertreter von Subklasse II-A unter Bewahrung ihrer vorhandenen Bedeutungen volksetymologisch reanalysiert werden, aber dabei anders als die Vertreter von Subklasse II-A insofern ihren eigenständigen Zeichenstatus verlieren, als sie mit ihren Volksetyma zu einer polysemen Einheit verschmelzen. So sind bei „Backe" die beiden Bedeutungskomponenten ‚Gesichtshälfte' und ‚Gesäßhälfte' mutmaßlich nicht auf Metonymie und/oder Metapher, sondern vielmehr auf die volksetymologische Verwechslung zweier ausdrucksseitig ähnlich gewordener Wörter als Vorkommen ein und desselben Worts zurückzuführen (vgl. Olschansky 2005: 20): In frühneuhochdeutscher

---

10 Beide Beispiele sind Panagl (2005: 1347f.) entnommen.

Zeit wurde das auf althochdeutsch „bahho" ‚Rücken, Schinken' zurückgehende „Bache" ‚Gesäßhälfte' volksetymologisch als allophonische (und allographische) Erscheinungsform des auf althochdeutsch „backo" ‚Kinnlade' zurückgehenden „Backe" ‚Gesichtshälfte' reinterpretiert, mit dem Resultat einer Fusion der beiden ursprünglich getrennten Wörter zu einem polysemen Wort mit der homogenisierten Ausdrucksseite „Backe". Die Bedeutung ‚Gesäßhälfte' des reanalysierten Ausdrucksmittels blieb also erhalten, aber nicht mehr als Bedeutung eines gegenüber dem Volksetymon eigenständigen Zeichens, sondern als identifizierbarer neuer Bedeutungsanteil des polysem(er) gewordenen Volksetymons.

Auf formaler Ebene zeigen schon die Beispiele „Stängel", „verbläuen" und „Backe", dass die Vertreter von Hauptklasse II im Vergleich zu denen von Hauptklasse I keine besondere Tendenz zur volksetymologischen Umdeutung echter oder scheinbarer Komposita mit intransparenten und isolierten Eigenschaften haben. Für Hauptklasse II – genauer: für Subklasse II-B – ist vielmehr das häufige Auftreten von Volksetymologien charakteristisch, bei denen das reanalysierte Ausdrucksmittel Züge einer Ableitung von seinem Volksetymon hat (z. B. „verbläuen" zu „blau" bzw. „Blau").

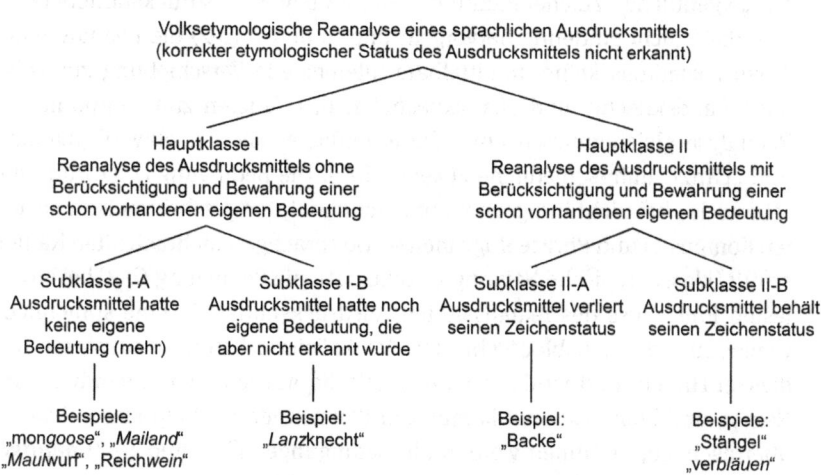

Abb. 1: Haupt- und Subklassen volksetymologischen Wandels[11]

---

11 Bei komplexen Wortformen sind die jeweils reanalysierten Ausdrucksmittel in der Abbildung kursiviert. Die hier vorgeschlagene Klassifikation unterscheidet sich von Olschanskys (1996: 178–231) Typologie dahingehend, dass Olschansky volksetymologische Reanalyse nicht von vorhergehendem analogischen Wandel, nachfolgender formaler Homogenisierung und

Die zentralen Punkte unserer Überlegungen zu Volksetymologie und Analogie lassen sich an diesem Punkt wie folgt zusammenfassen und präzisieren:

i. Volksetymologischer Wandel ist in seinem Kern ein abrupter und nicht-analogischer Vorgang im Sinne einer „schöpferischen" (Ronneberger-Sibold 2002) Fehlinterpretation sprachlichen Materials als Signifikant eines Zeichens (= Volksetymon), zu dem es etymologisch in keiner Beziehung steht. Das betreffende sprachliche Ausdrucksmittel kann dabei mit (= Hauptklasse II) oder ohne Berücksichtigung und Bewahrung einer schon vorhandenen eigenen Bedeutung (= Hauptklasse I) vom Wandel erfasst werden. Die beiden grundlegenden Voraussetzungen und Auslöser volksetymologischen Wandels sind *(a)* ausdrucksseitige Similarität oder Identität zwischen dem betroffenen Ausdrucksmittel und dem Volksetymon sowie *(b)* ein ambiger Kontext, der die reanalytische Verwechslung nicht verhindert. Die Hauptklassen I und II sind im Hinblick auf Bedingung *(a)* weitgehend identisch, unterscheiden sich aber im Hinblick auf Bedingung *(b)* deutlich voneinander.

ii. Im Falle einer Reanalyse ohne Berücksichtigung und Bewahrung einer vorhandenen Bedeutung des betroffenen Ausdrucksmittels (= Hauptklasse I) fallen unter *(b)* Kontexte, aus denen *(b-1)* die fehlende (z. B. „-goose") oder die „eigentliche" Zeichenidentität des betroffenen Ausdrucksmittels (z. B. „Lands-") nicht eindeutig hervorgeht und in denen *(b-2)* die Reanalyse des Ausdrucksmittels keine unmittelbare referenzielle Verschiebung zur Folge hat („Landsknecht" und „Lanzknecht" z. B. referieren zum Zeitpunkt der Reanalyse gleichermaßen auf frühneuzeitliche Söldner, obwohl „Lands-" und „Lanz-" unterschiedliche Lexeme sind). Die Bedingung *(b-1)* wird typischerweise bei nicht-indigenem Sprachmaterial, fortgeschritten lexikalisierten Komposita und Phraseologismen sowie sprachgeschichtlich alten Namen erfüllt (klassentypische Neigung zu Opazität), die Bedingung *(b-2)* bei einem festen Einschluss des reanalysierten Ausdrucksmittels in eine sprachliche Umgebung, der „en bloc" eine fixe lexikalisierte Referenz zukommt. Vor diesem Hintergrund ist das charakteristische Auftreten von Fremdwörtern, Namen und kompositional komplexen Wortformen in Hauptklasse I wenig überraschend, bei ihnen werden die Bedingungen *(b-1)* und *(b-2)* naturgemäß besonders häufig erfüllt.

iii. Im Gegensatz dazu sind bei einer volksetymologischen Reinterpretation mit Berücksichtigung und Bewahrung einer vorhandenen Bedeutung des betrof-

---

nachfolgendem Bedeutungswandel abgrenzt. In der Folge sind bei Olschansky zum Teil Kriterien klassenbildend, die unseres Erachtens nicht Merkmale von Volksetymologien, sondern vielmehr Merkmale vorhergehenden oder nachfolgenden Wandels sind.

fenen Ausdrucksmittels (= Hauptklasse II) alle Kontexte strikt ausgeschlossen, die die für Hauptklasse I charakteristische Bedingung *(b-1)* erfüllen, sprich die Identifikation des Ausdrucksmittels als ein bestimmtes bedeutungstragendes Zeichen verhindern. Auch die Erfüllung von Bedingung *(b-2)* gestaltet sich in Hauptklasse II anders als in Hauptklasse I: Sie ergibt sich sozusagen natürlich aus der Bewahrung der vorhandenen Bedeutung des reanalysierten Ausdrucksmittels, was im Falle seiner Interpretierbarkeit als (vermeintliche) derivationelle Ableitung von einem kategorial geschiedenen Volksetymon unter Bewahrung seines eigenen Zeichenstatus möglich ist (= Subklasse II-B),[12] ansonsten aber seine Fusion mit dem Volksetymon zu einem polysemen Zeichen zur Folge hat (= Subklasse II-A). In Hauptklasse II besteht die relevante notwendige Ambiguität des Kontexts letztlich vor allem darin, dass die Bedeutungen des volksetymologisch umgedeuteten Zeichens und des Volksetymons keinen prominenten interpretativen Konflikt erzeugen, der eine direkte etymologische Verwandtschaft wenig naheliegend oder gar abwegig erscheinen lässt (eine solche Bedingung kann bei den ohne Berücksichtigung vorhandener Bedeutungen reanalysierten Ausdrucksmitteln in Hauptklasse I demgegenüber naturgemäß keine Rolle spielen). Da diese Form von Ambiguität nichts mit Isolation und Intransparenz zu tun hat, fehlt Hauptklasse II die formale Tendenz zu nicht-indigenem Sprachmaterial, zu Namen und zu fortgeschrittenen lexikalisierten Komposita, die Hauptklasse I kennzeichnet. Stattdessen ist Subklasse II-A formal unspezifisch und Subklasse II-B primär durch abgeleitete bzw. abgeleitet interpretierbare Formen charakterisiert. Überdies trägt die für Hauptklasse II konstitutive Ambiguität dazu bei, dass diese Klasse sich im Hinblick auf nachfolgenden Bedeutungswandel tendenziell konservativer verhält als Hauptklasse I: Die Lexik des Volksetymons erzeugt keine prominenten interpretativen Brüche oder Konflikte, die Bedeutungswandel begünstigen würden, und sie kommt auch nur indirekt zur Geltung, da die „eigentliche" Bedeutung des reinterpretierten Sprachmaterials bei der Reanalyse erhalten bleibt. Das zeigt neben „verbläuen" und „Stängel" auch das populäre Beispiel „dämlich": In allen drei Fällen zeichnen sich zumindest zum gegenwärtigen Zeitpunkt keine lexikalischen Veränderungen ab, selbst die bei „dämlich" gelegentlich zu beobachtenden kritischen Einlassungen zur vermeintlichen Beziehung zu „Dame"

---

12 „Stängel" kann in diesem Sinne als (oberdeutsch anmutender) Diminutiv zu seinem Volksetymon „Stange", „verbläuen" als präfigierte verbale Ableitung von entweder adjektivischem „blau" oder substantivischem „Blau" als seiner volksetymologischen Derivationsbasis interpretiert werden.

haben bestenfalls Einfluss auf die Konnotation, aber nicht auf das Denotat. Anders Hauptklasse I: Hier kommen die Volksetyma ohne Beschränkungen seitens ggf. vorhandener Bedeutungen der reanalysierten Ausdrucksmittel direkt zur Geltung, so dass es leichter zu durch ihre Lexik ausgelösten interpretativen Verschiebungen kommen kann. Ein Beispiel dafür ist die volksetymologische Verwechslung des auf mhd. „smutzen" ‚schmunzeln' zurückgehenden „smutze-" in „smutzelachen" ‚schmunzelnd lachen' mit dem lexikalisch disparaten „schmutzig", die das formelhafte „schmutzig lachen" mit seiner zu ‚anzüglich lachen' verschobenen Bedeutung hervorgebracht hat (vgl. Olschansky 1996: 183). Insgesamt liefern die geradezu gegensätzliche Natur der ambigen Kontexte, die für die Volksetymologien in den Hauptklassen I und II jeweils Voraussetzung sind, und die aus ihnen resultierenden formalen und semantischen Unterschiede unseres Erachtens gewichtige Argumente dafür, die beiden Klassen analytisch getrennt in den Blick zu nehmen.

iv. Volksetymologische Reanalyse gemäß *(i)* kann potenziell durch vorhergehenden analogischen Wandel begünstigt werden, im Zuge dessen zwei distinkte Zeichen über ein Ähnlichkeitskriterium zu einander in Beziehung gesetzt werden und das eine Zeichen sich dem anderen Zeichen als seinem Vorbild im Hinblick auf dieses Kriterium noch weiter angleicht. So etwas ist in den Subklassen I-A, I-B und II-A erwartbarer als in Subklasse II-B mit ihrer kategorialen Differenz zwischen reanalysiertem Ausdrucksmittel und Volksetymon. Wenn ein solcher Typ analogischen Wandels eintritt, kann er entlang einer gerichteten und graduellen Skala zunehmender Ähnlichkeit zwischen den beiden nicht-identischen Zeichen rekonstruiert werden, und er hat keinen unmittelbaren Einfluss auf die etymologische Identität der beteiligten Zeichen. Er ist daher weder eine prinzipiell notwendige Voraussetzung für das Eintreten von Volksetymologie noch verleiht Volksetymologie ihm seine jeweilige Entwicklungsrichtung.

v. Unmittelbar mit seiner volksetymologischen Reinterpretation werden für das betroffene sprachliche Ausdrucksmittel alle normativen Ansprüche wirksam, die für den Signifikanten des Zeichens gelten, als dessen Instanziierung es nun irrtümlich wahrgenommen wird. Insbesondere in der standardnahen gegenwartsdeutschen Schriftlichkeit kann es allerdings aufgrund der Hürden, die direkten Eingriffen in konventionalisierte Wortschreibungen im Wege stehen, etwas dauern, bis ein reinterpretiertes Segment orthographisch sozusagen auf Linie gebracht wird (z. B. „Stängel" und „verbläuen", wenn es sich denn um Volksetymologien handeln sollte). In solchen Fällen hat man es mit der zeitlich zerdehnt verlaufenden Homogenisierung eines Zeichensignifikanten in einem Lexemverband zu tun, die als orthographisch gesteuerter Abbau nicht-normkonformer allographischer Variation weder eine direkte Fortsetzung von vor der Volksetymologie ablaufendem analogischen Wandel darstellt noch den abrupten und nicht-analogischen Charakter volksetymologischen Wandels als Verwechslung in Frage stellt.

Vor diesem Hintergrund dürfte die empirische Gretchenfrage meist die sein, ob es sich bei dem Untersuchungsgegenstand unter dem „etymologischen Mikroskop" (Bréal 1868/1991: 91) um eine Analogiebildung, um eine Volksetymologie oder um eine Analogiebildung gefolgt von einer Volksetymologie handelt und wann die Volksetymologie ggf. eingetreten ist. Wie schwierig solche Fragen zu beantworten sind und welche Strahlkraft in öffentlichkeitswirksame sprachkritische Diskurse hinein sie entfalten können, zeigen nicht zuletzt die teils erbittert geführten Diskussionen um die orthographisch angemessene Behandlung mutmaßlicher Volksetymologien im reformierten Regelwerk für die deutsche Rechtschreibung.[13]

3 Volksetymologie und Motivierung

Volksetymologien, darin scheint sich die Forschung weitgehend einig zu sein, entspringen in irgendeiner Form dem „offenbar natürlichen Bedürfnis, Wörter als motiviert (z. B. lautmalerisch) oder jedenfalls in einem engen Zusammenhang mit ihrer semantischen Leistung zu sehen" (Brekle 1985: 151).[14] Das führt uns zu der Frage, welche Beziehung zwischen volksetymologischem Wandel auf der einen Seite und sprachlicher Motivierung auf der anderen Seite anzunehmen ist (vgl. dazu auch Mayer 1962, Ullmann 1967: 84–86 und Olschansky 1996: 143–148).[15] Diese Frage hat im Hinblick auf die Forschungslage mindestens drei unterschiedliche Aspekte:[16]

---

13 Schon Antos (1996: 242–245) sieht hier Züge einer „Laien-Experten-Eskalation".
14 Entsprechend ist (Re-, Sekundär-)Motivierung ein Bestandteil vieler Begriffsvorschläge zur Volksetymologie (vgl. neben Mayer 1962 in jüngerer Zeit u. a. Ballmer 1985: 8, Olschansky 1996: 107, Girnth/Klump/Michel 2007: 55).
15 Vgl. zum Konzept der Motivierung in jüngerer Zeit u. a. Radden/Panther (2004), Panther/Radden (2011), Lehmann (2007) und Mečiarová (2015).
16 Das Problem einer begriffslogisch sinnvollen Grenzziehung für das sprachwissenschaftliche Konzept der Motiviertheit blenden wir hier und im Folgenden weitgehend aus, seine tiefergehende Diskussion würde den Rahmen dieser Untersuchung sprengen.

i. Ist volksetymologische Reanalyse als Wandel motiviert im Sinne eines zweck-
    tragenden Vorgangs (Zweckmotiviertheit)?
ii. Sind die Produkte volksetymologischer Reanalyse motiviert im Sinne nicht-
    arbiträrer Zeichen oder Bezeichnungen (Zeichenmotiviertheit)?
iii. Was motiviert die Konventionalisierung der Produkte volksetymologischer
    Reanalyse?

Im Hinblick auf die erste Frage setzen wir bei unserer Beobachtung aus dem vorhergehenden Abschnitt an, dass volksetymologische Reanalyse in den jeweils
besprochenen Beispielen durch spezifische Kontexte ausdrucksseitiger Simi-
larität/Identität und Ambiguität ausgelöst wird, infolge derer es zu einer Verwechslung sprachlichen Materials unterschiedlicher etymologischer Provenienz
kommt. Ausdrucksseitige Similarität/Identität und Ambiguität sind ihrer Natur
nach *Ursachen* für das Eintreten volksetymologischen Wandels, aber sie statten
volksetymologischen Wandel nicht mit einem ihm eigenen und charakteristischen
Zweck aus, der durch die Produkte volksetymologischen Wandels erfüllt wird. Die
sich daraus ergebende Frage, ob Volksetymologien über den Standardfall ursäch-
licher Motiviertheit hinaus auch noch eine zweckmotivierte Existenzform haben
können, führt uns im Folgenden insbesondere in das Feld „sporadischer umdeutungen" mit einem „charakter des komischen" (vgl. Förstemann 1852: 22–24),
die Volksetymologien formal stark ähneln können. Gerade der Bereich der sog.
Kalauer bietet dafür viele Beispiele, vgl. etwa zu „crêpieren" umgebildetes „krepieren" als angenommenes Sterben an übermäßigem Pfannkuchengenuss.[17] Die
Frage, ob solche zweifelsohne zweckintentional gebildeten Formen zum Bereich
der Volksetymologie gezählt werden sollten oder nicht, wird in der Forschung
unterschiedlich beantwortet (vgl. dazu u. a. Olschansky 1996: 171–177). Wir wollen
uns im Folgenden dafür aussprechen, sie aus dem Bereich der Volksetymologien
auszuschließen, wobei unsere Entscheidung nicht vorrangig darauf beruht, dass
Kalauer zweckintentional gebildet werden. Für relevanter und aufschlussreicher
halten wir vielmehr semiotische und distributionelle Unterschiede, die zweckmotivierte kalauernde Bildungen von genuinen Volksetymologien absetzen. So
ähnelt die kalauernde Bildung „crêpieren" zwar formal Volksetymologien des
Typs „verbläuen" in Subklasse II-B, aber anders als „verbläuen" ist „crêpieren"
(i) schon unmittelbar bei seiner Entstehung nicht referenziell koextensional mit
seiner Basis „krepieren" („crêpieren" hat eine deutlich kleinere Extension als
„krepieren", da semantische Merkmale des vermeintlichen Volksetymons „crêpe"

---

17 Mit solchen Kalauern eng verwandt sind kontaminierende Paronomasien des Typs „Defor-
mationszeit" anstelle von „Reformationszeit" (Beispiel aus Ronneberger-Sibold 2002: 108).

restriktiver Teil des Denotats werden) und bleibt *(ii)* nur im engen Rahmen der Kontextbedingungen seines speziellen Entstehungszusammenhangs klar bedeutungstragend (jenseits von Kalauerkontexten fehlt „crêpieren" eine eindeutige Bedeutungsbelegung). Das deutet darauf hin, dass hier nicht die aus einem ambigen Kontext erwachsende volksetymologie-charakteristische Verwechslung eines Ausdrucksmittels mit einem anderen stattgefunden hat, sondern vielmehr über ein ungewöhnlich praktikenspezifisches expressives Wortbildungsverfahren aus dem Umfeld der Wortkreuzung[18] ein neues sprachliches Zeichen erzeugt wurde, dessen starke Gebundenheit an Kalauerkontexte einem direkten Eingang in den Kernwortschatz tendenziell im Wege steht. Besonders deutlich ist die wortbildungstypische referenzielle Verschiebung im Falle des Kalauers „Laufsteak" als angenommene schnelle Zwischenmalzeit von Models, der mit seiner Basis „Laufsteg" schlechterdings keine extensionale Schnittmenge hat.

Das zeigt uns alles in allem, dass Kalauer wie „crêpieren" und „Laufsteak" mit genuinen Volksetymologien zwar Merkmale ihres formalen Aufbaus und die Voraussetzung ausdrucksseitiger Similarität/Identität teilen, aber im Gegensatz zu genuinen Volksetymologien nicht qua Reanalyse aus ambigen Kontexten hervorgehen und „parasitär" die Identität ihrer Ausgangsformen annehmen, sondern vielmehr als Produkte eines von ambigen Kontexten unabhängigen expressiven Wortbildungsverfahrens mit eigenständigem Zeichenstatus neben ihre Basen treten. Vor diesem Hintergrund halten wir eine klare begriffsbildende Grenzziehung zwischen zweckungebunden aus Ambiguitäten erwachsenden Volksetymologien und zwecktragend über expressive Wortbildung erzeugten Kalauern für analytisch sinnvoll. Die empirische Einordnung von Beispielen als Volksetymologie oder als Kalauer mag im Einzelfall schwierig sein, aber da Kalauern in aller Regel wichtige Voraussetzungen für einen dauerhaften Einzug ins Lexikon fehlen (insbesondere die Voraussetzung kontextueller Flexibilität), kann zumindest bei lexikalisierten Volksetymologien von einem Ursprung in nicht-kalauernden Kontexten ausgegangen werden.

Damit können wir uns der Frage zuwenden, ob die Produkte volksetymologischer Reanalyse als Zeichen oder Bezeichnungen motiviert sind. Das schließt die Frage mit ein, ob Volksetymologien in einem direkten Gegensatz zur Saussureschen Annahme der Arbitrarität des sprachlichen Zeichens stehen, wie in einigen Untersuchungen angenommen wird (vgl. z. B. Ballmer 1985: 19f. und Škara 1999: 60). Um diese Fragen beantworten zu können, unterscheiden wir zunächst zwischen zwei Typen von Zeichenmotiviertheit. Den ersten Typ bezeichnen wir als *Zeichenträgermotiviertheit* im Sinne einer Motiviertheit materialer (phonischer

---

18 Vgl. zu Wortkreuzungen u. a. Ronneberger-Sibold (2006).

oder graphischer) Eigenschaften des Zeichenträgers durch Konzepteigenschaften der korrespondierenden Inhaltsseite. Zeichenträgermotiviertheit bildet einen klaren Gegensatz zu dem im „Cours de Linguistique générale" behaupteten typischen Fehlen einer „inneren" oder „natürlichen" Beziehung zwischen dem Signifikant und dem Signifikat sprachlicher Zeichen im Kernbereich der Langue (vgl. Saussure ²1931/1967: 79–82), mit dem sich Saussure gegen einen naiven semantischen Realismus wendet, wie er mit Kratylos im gleichnamigen platonischen Dialog seine paradigmenbildende Verkörperung erfahren hat. Die naive semantisch-realistische Annahme einer prinzipiellen „natürlichen Affinität zwischen der Lautgestalt eines Wortes und seiner Bedeutung" (Kutschera 1975: 33, vgl. auch Lyons 1968: 4–6)[19] hat philosophiegeschichtlich eine lange Tradition und wird über die Jahrhunderte hinweg immer wieder prominent vertreten, wie etwa Leibniz' „Unvorgreiffliche Gedancken" aus dem Jahre 1697 zeigen, in denen der „Teutsche Buchstabe W" in diesem Geiste als Ausdruck einer „Bewegung [...], so ab- und zugehet, auch wohl umgehet" (zitiert nach Junker 1948: 25) gedeutet wird.[20] Da sie einer konventionalistischen Position wie der Saussures unmittelbar entgegen steht, ist nicht überraschend, dass Saussure ihr viel Raum für eine kritische Diskussion einräumt. Für uns ist an dieser Stelle aber vorrangig von Interesse, dass Zeichenträgermotiviertheit keine erkennbare oder auch nur erwartbare Folge volksetymologischen Wandels ist: Bei keinem der bis zu diesem Punkt diskutierten Beispiele wie etwa „Maulwurf", „Lanzknecht", „Backe" und „Stängel" ist die volksetymologische Fehlinterpretation in irgendeiner Hinsicht mit einer Zunahme an Zeichenträgermotiviertheit verbunden (dasselbe gilt im Übrigen auch für die der Volksetymologie formal ähnlichen oben besprochenen Kalauer). Vor diesem Hintergrund ist es unseres Erachtens analytisch nicht hilf-

---

19 Für den naiven semantischen Realismus ist insbesondere kennzeichnend, dass er Einheiten der bedeutungsunterscheidenden zweiten Gliederungsebene im Sinne Martinets (1963: 21–23) schlechterdings an der Konvention vorbei mit eigenen „natürlichen" Bedeutungen ausgestattet sehen möchte. Auf Ungenauigkeiten in Saussures Argumentation zur Arbitrarität des Zeichens, die sich aus einer begriffslogisch unsauberen Vermischung der bedeutungskonstitutiven Merkmale sprachlicher Zeichen einerseits und der Eigenschaften ihrer außersprachlichen Zeichenreferenten andererseits ergeben, weist Benveniste (1974: 61–68) hin.

20 Im „Kratylos" wird eine solche Bedeutung bezeichnenderweise nicht dem „w", sondern dem „ρ" (Rho) zugeschrieben im Sinne eines geeigneten Ausdrucksmittels für Bewegungen aller Art, da die Zunge bei seiner Artikulation „besonders stark vibriert" (vgl. Platon, Kratylos, 426c–426d, in Krapinger 2014: 159f.). Schon das deutet darauf hin, dass hier nicht sprachsystemunabhängige Konzepteigenschaften segmentale Merkmale der Ausdrucksseite steuern, sondern vielmehr sprachsystemspezifische Faktoren wie die ausdrucksseitigen Merkmale der prototypischen, besonders salienten oder besonders produktiven Vertreter bestimmter Teilbereiche des Lexikons oder der Grammatik der jeweiligen Einzelsprache ausschlaggebend sind.

reich, sondern irreführend, in Volksetymologien Entwicklungen entgegen dem Saussureschen Grundsatz der Beliebigkeit sprachlicher Zeichen zu sehen.

Damit kommen wir zu unserem zweiten Typen von Zeichenmotiviertheit, den wir *Bezeichnungsmotiviertheit* nennen wollen, da bei ihm anders als bei der Zeichenträgermotiviertheit nicht das phonische oder graphische Material des Signifikanten, sondern vielmehr die Rekrutierung eines bestimmten bedeutungstragenden Zeichens als Bezeichnung konzeptuell motiviert ist (im Regelfall spielen dabei Metonymien oder Metaphern eine Rolle, häufig sind auch Wortbildungsverfahren beteiligt).[21] Beispiele für transparent bezeichnungsmotivierte kompositionale Appellativa sind „Schraubenzieher" (Radden/Panther 2004: 4–8) und „Blaubeere" (Ronneberger-Sibold 2002: 106), im proprialen Bereich sei exemplarisch auf das breite Feld sprechender literarischer Namen wie etwa „Simplicius" (Grimmelshausen, Der abenteuerliche Simplicissimus) oder „Gottlieb Biedermann" (Frisch, Biedermann und die Brandstifter) verwiesen.[22] Bezeichnungsmotiviertheit ist – ebenso wie im Übrigen auch Zeichenträgermotiviertheit – nicht Teil der konventionellen oder konversationellen Bedeutung eines Zeichens, sondern sie muss erschlossen werden.[23] Derartige Schlüsse auf die vermeintliche etymologische „causa prima" eines sprachlichen Zeichens können ein verlockendes rhetorisches Potenzial haben,[24] dem sich Wirklichkeitsansprüche bei Bedarf unterordnen lassen, wie dies z. B. bei der Ableitung des Städtenamens „Reims" von Remus als angeblichem Stadtgründer zum Zwecke der eigenen Statusaufwertung der Fall ist (vgl. Brückner 2006: 8).[25] In mittelalterlichen Hagiographien u. Ä. noch ein probates Mittel der rhetorisch wirksamen Verankerung argumentativer und narrativer Geltungsansprüche in unterstellten Wirklichkeitsstrukturen, die sich durch etymologisierende Sprachreflexion erschließen lassen, wurden solche

---

21 Bezeichnungsmotiviertheit steht anders als Zeichenträgermotiviertheit nicht in einem Gegensatz zum Grundsatz der Beliebigkeit des sprachlichen Zeichens, wie er von Saussure (²1931/1967: 79–82) entwickelt wird.

22 Vgl. zur literarischen Onomastik u. a. Debus (2002), Elsen (2008) und Nübling/Fahlbusch/Heuser (2012).

23 Solche Schlüsse zielen weder auf propositionale Einschlüsse des Gesagten (Implikationen) noch auf konversationelle Dimensionen des Gemeinten (Implikaturen) ab, sondern sie spiegeln Mutmaßungen über das Zustandekommen des „Kontrakts auf Zeit" (Gauger 1994: 28) wider, der Ausdruck und Inhalt eines sprachlichen Zeichens miteinander verbindet. Das Resultat der Schlüsse können gerade in Erzählkontexten mehr oder minder unterhaltsame Wortgeschichten über die jeweils vermutete Wortgeschichte sein.

24 Vgl. schon Aristoteles zum „Topos von der Bedeutung des Namens" (Sieveke 1995: 156).

25 Vgl. ähnlich auch die Deutung des vermeintlich sprechenden Namens „Roma" als Anagramm für „amor" in einer deutschen Minneallegorie aus dem späten 15. Jahrhundert (Ruberg 1982: 321f.).

Schlussmodi in späterer Zeit zunehmend in Form bewusst naiver Wortspielereien parodistisch gebrochen, wie dies z. B. in der nachfolgenden nicht ernst gemeinten Passage zur Etymologie des Wortes „Baumwolle" aus dem Volksbuch vom Finkenritter der Fall ist (zitiert nach dem Faksimile eines frühen Drucks aus der zweiten Hälfte des 16. Jahrhunderts, vgl. Bolte 1913): „das ift in Ara=bia/da die schaaff auff den baumen wachfen (von dannen her die felbig woll/Baumwoll genennet wirt)".[26] Dieses Beispiel führt uns in den Randbereich der volksetymologischen Subklasse II-B, denn mit Beispielen wie „Stängel" und „verbläuen" teilt der im Finkenritter entwickelte Zugang zu „Baumwolle" nicht nur seine etymologische Trugschlüssigkeit, sondern auch die Bewahrung der hergebrachten Bedeutung und der Zeichenintegrität des reinterpretierten sprachlichen Materials. Es gibt jedoch einen grundlegenden Unterschied zwischen Fällen wie „verbläuen" auf der einen Seite und einem Beispiel wie „Baumwolle" auf der anderen Seite: Anders als bei „verbläuen" kommt es bei „Baumwolle" nicht zu einer durch ausdrucksseitige Ähnlichkeit/Identität und Ambiguität ausgelösten Verwechslung sprachlichen Materials mit dem Signifikanten eines etymologisch nicht verwandten Zeichens, sprich weder „Baum-" noch „-wolle" noch sonst ein Segment des Worts wird verwechselnd mit einem Volksetymon identifiziert. Es bleibt vielmehr bei einem fehlerhaften Schluss auf die Bezeichnungsmotiviertheit der nominalen Komplexbildung „Baumwolle", der auf ihrer morphologischen und lexikalischen Transparenz als Determinativkompositum sowie dem bekannt weiten Interpretationsspielraum endozentrischer Komposita (vgl. u. a. Heringer 1984) aufbaut. Das zeigt uns zweierlei: Schlüsse auf Bezeichnungsmotiviertheit machen sich erstens erkennbare lexikalische Bedeutungen und kompositional transparente Strukturen der betroffenen Ausdrucksmittel zunutze, und sie sind zweitens intrinsisch unabhängig von den oben beschriebenen Voraussetzungen und Mechanismen volksetymologischer Reanalyse, auch wenn sie wie diese an der etymologischen Realität vorbeigehen können. Damit können wir die Beziehung zwischen Volksetymologien und Zeichenmotiviertheit wie folgt genauer bestimmen:

i. Die kompositional transparent interpretierbaren komplexen Zeichen mit ihren in der Regel nicht-isolierten und bedeutungstragenden Volksetyma, die volksetymologische Reinterpretation vor allem in den Subklassen I-A und I-B erzeugt, bieten charakteristische Ansatzmöglichkeiten für Schlüsse nicht auf Zeichenträger-, sondern auf Bezeichnungsmotiviertheit. Volksetymologie begünstigt in diesem Sinne Schlüsse auf Bezeichnungsmotiviertheit (legt sie vielleicht sogar nahe), erzwingt sie aber nicht.

---

26 In diesem Fall trifft Curtius' (1948: 489) kritische Bewertung etymologisierender Motivierungszuschreibungen als „albern" durchaus den Kern des narrativen Zwecks.

ii. Kommt es im Anschluss an Volksetymologien zu Schlüssen auf Bezeichnungsmotiviertheit, verfehlen sie naturgemäß die etymologische Realität, da sie direkt oder indirekt auf den Bedeutungen der Volksetyma aufbauen, die keinerlei Aufschluss über die ursprünglichen Bezeichnungsgründe geben. Dass volksetymologische Verwechslungen ggf. nicht von etymologisch zutreffenden, sondern von etymologisch verfehlten Schlüssen auf Bezeichnungsmotiviertheit begleitet werden, dürfte dazu beigetragen haben, dass zwischen den beiden unterschiedlichen Typen etymologischer Fehlinterpretationen nicht klar genug unterschieden worden ist.

Unsere Überlegungen zum Verhältnis zwischen Volksetymologie und Zweck- und Zeichenmotiviertheit laufen vor diesem Hintergrund im Hinblick auf die Frage, was die Konventionalisierung der Produkte volksetymologischer Reanalyse motiviert, auf eine gebrauchsbasierte und evolutionstheoretische Perspektive auf sprachlichen Wandel (u. a. Croft 2000, Keller ³2003) hinaus. Volksetymologischer Wandel erzeugt einem solchen Szenario zufolge als nicht-zweckgesteuerter Vorgang in ambigen Kontexten kompositional transparent interpretierbare Zeichen,[27] die ggf. hinderliche normative Blockaden vor allem dadurch unterlaufen, dass sie bei ihrer Entstehung in der Regel unerkannt bleiben. Wenn eine solche volksetymologisch eröffnete Interpretation dann Ansatzmöglichkeiten für Schlüsse auf Bezeichnungsmotiviertheit bietet, die ein vorhandenes „etymologisches Bedürfnis" (Gabelentz ²1901/1969: 215–218) oder einen „Willen zum Sinn" (Eichinger 2010: 67) befriedigen, vor allem aber, wenn sich über sie neue produktiv nutzbare Domänen der Grammatik und des Lexikons erschließen lassen (vgl. z. B. „Hamburger", dessen volksetymologische Reinterpretation das lexikalisch teilspezifizierte Wortbildungsmuster „N + ‚-burger'" hervorgebracht hat), bietet das unter dem synchronen Druck konkurrierender Lesarten einen selektiven Vorteil gegenüber der nicht-volksetymologischen Lesart. In der Folge kann die volksetymologische Lesart sich diachron durchsetzen und als an die Bedürfnisse der Sprechgemeinschaft vorteilhaft angepasste sprachliche Ressource lexikalisiert werden.

---

27 Mit Saussure (²1931/1967: 156–159) könnte dann von „relativer Motiviertheit" gesprochen werden. Zu beachten ist dabei jedoch, dass „relative Motiviertheit" keineswegs den Grundsatz der Beliebigkeit des sprachlichen Zeichens relativiert, wie er von Saussure (²1931/1967: 79–82) entwickelt wird: Dem Grundsatz der Beliebigkeit des sprachlichen Zeichens steht Zeichenträgermotiviertheit entgegen, nicht kompositionale Transparenz. Wir halten kompositionale Transparenz in diesem Zusammenhang auch gar nicht für ein Motiviertheitsphänomen, sondern vielmehr für die sprachsystematische Basis einer Interpretation von Zeichenkombinationen, durch die Schlüsse auf Bezeichnungsmotiviertheit begünstigt werden.

Die einem solchen evolutionären Szenario entgegengesetzte Position, der Volksetymologie direkt die Funktion zuzuschreiben, inhärent zweckgesteuert und zweckerfüllend motivierte Ausdrucksmittel zu generieren, verfehlt demgegenüber unseres Erachtens den Kern ihrer Natur als unbeabsichtigte Reanalyse. Es ist bezeichnend, dass gerade zweckintentional und bewusst erzeugten Kalauern wie „crêpieren", die Volksetymologien formal sehr stark ähneln können, trotz ihres eigenständigen Zeichenstatus Konventionalisierung im Sinne eines dauerhaften Einzugs ins Lexikon üblicherweise verwehrt bleibt.

Volksetymologische Reanalyse lässt sich abschließend wie folgt in den Kontext von Kalauern einerseits und irrtümlichen Schlüssen auf Bezeichnungsmotiviertheit andererseits stellen (auf die volksetymologische Subklassifikation wird in Abbildung 2 verzichtet, sie ist Abbildung 1 zu entnehmen):

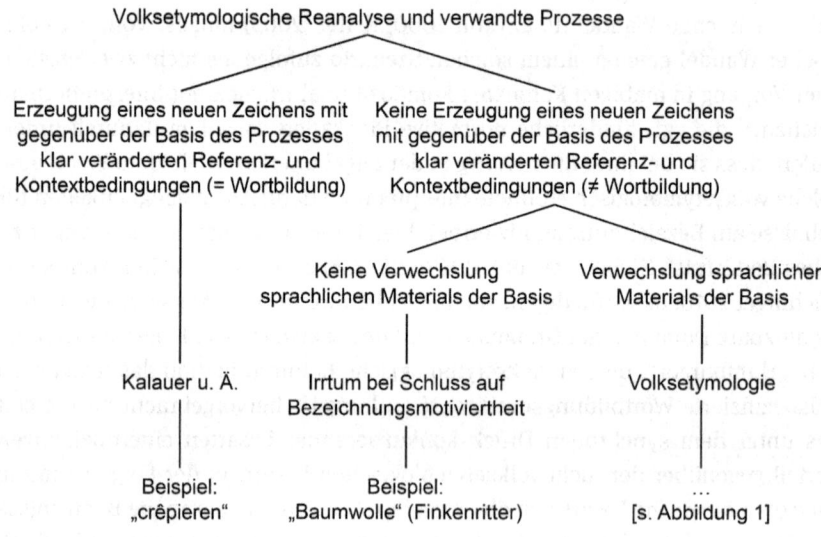

Abb. 2: Volksetymologische Reanalyse und verwandte Prozesse

4 Fazit

Wir können die eingangs festgestellte Mehrdeutigkeit des Titels dieser Untersuchung nun wie folgt auflösen: Volksetymologischer Wandel liegt nicht im Hinblick auf die ihn kennzeichnenden Eigenschaften, sondern vielmehr im Hinblick auf die Abfolgelogik sprachlichen Wandels zwischen analogischem Wandel und sprachlicher Motivierung. So können Volksetymologien auf der einen Seite auf vorhergehenden analogischen Wandel folgen, der zwei distinkte Zeichen einander angeglichen hat, und sie können auf der anderen Seite analogischen bzw. analogisch anmutenden Abbau allophonischer und/oder allographischer Variation am Zeichenträger sowie Schlüsse auf mutmaßliche Bezeichnungsmotiviertheit nach sich ziehen. Nichtsdestotrotz setzen Volksetymologien in ihrem Kern weder analogischen Wandel noch Motivierung voraus, sie sind als durch Ähnlichkeit und Ambiguität ausgelöste abrupte Verwechslungen sprachlichen Materials mit etymologisch nicht verwandten Zeichen (Volksetyma) prinzipiell von beidem unabhängig.

Volksetymologischer Wandel kann sprachliches Material ohne (= Hauptklasse I) oder mit Berücksichtigung und Bewahrung seiner schon vorhandenen Bedeutung (= Hauptklasse II) erfassen. Die Bedingungen, unter denen volksetymologische Reanalyse sich ohne Berücksichtigung und Bewahrung einer schon vorhandenen Bedeutung vollziehen kann, werden insbesondere bei einem festen Einschluss des betroffenen Materials in eine komplexere sprachliche Umgebung erfüllt, die ihre referenziellen Funktionen nicht strikt kompositional, sondern „en bloc" ausübt (z. B. intransparente Lehnwörter, lexikalisierte Komposita, Phraseologismen und Namen).

Volksetymologische Reanalyse mit Berücksichtigung und Bewahrung einer schon vorhandenen Bedeutung des betroffenen sprachlichen Materials führt demgegenüber zu einer semiotischen Verschmelzung des Materials mit dem Volksetymon, wenn das Material nicht als derivationelle Ableitung von seinem Volksetymon interpretierbar ist. In der Folge ist Hauptklasse II zumindest in Subklasse II-B formal weniger durch kompositionale Komplexität als vielmehr durch ein derivationell anmutendes Verhältnis zum Volksetymon charakterisiert.

Im Hinblick auf den Aspekt der Konventionalisierung von Volksetymologien haben wir uns für eine gebrauchsbasierte und evolutionstheoretische Perspektive ausgesprochen: Volksetymologische Lesarten gehen inhärent zweckungebunden aus spezifischen ambigen Kontexten hervor und können vor allem dann konventionell werden, wenn sie relevante Sinnbildungsbedürfnisse der Sprechgemeinschaft zu befriedigen vermögen oder sich über sie neue produktiv nutzbare Domänen der Grammatik und des Lexikons erschließen lassen. In diesem Sinne bilden die Voraussetzungen, das Eintreten und die möglichen Folgen von Volksetymologien einen unmittelbar aus der Materialität sprachlicher Äußerungen hervorgehenden Sonderfall „emergenter" (Bybee 1998, Hopper 1998) Bedeutung und Struktur, im Zuge dessen eine bloße Verwechslung (= die Volksetymologie in ihrem Kern) zu einer kreativen Verwechslung (= die Volksetymologie einschließlich ihrer formalen und semantischen Folgen) werden kann. In kognitiver Hinsicht ist das mit der Einsicht verbunden, dass zur menschlichen

Sprachkompetenz ganz wesentlich nicht nur die Fähigkeit zur Schemagenese und Schemamanipulation, sondern eben auch die Fähigkeit zur kreativen Verwechslung zu zählen ist.

5 Literatur

Antos, Gerd (1996): *Laien-Linguistik. Studien zu Sprach- und Kommunikationsproblemen im Alltag.* Tübingen: Niemeyer.

Augst, Gerhard (1975): *Untersuchungen zum Morpheminventar der deutschen Gegenwartssprache.* Tübingen: Narr.

Ballmer, Thomas T. (1985): „Etymologie und Volksetymologie. Ein Beitrag zur Phono-Semantik". In: *Grazer Linguistische Studien* 24, 5–47.

Becker, Thomas (1990): *Analogie und morphologische Theorie.* München: Fink.

Benveniste, Emile (1974): *Probleme der allgemeinen Sprachwissenschaft.* München: Paul List Verlag.

Bergmann, Rolf (1998): „Das morphologische Prinzip in der Rechtschreibreform und ihrer Diskussion. Synchronisches Prinzip und historischer Sprachgebrauch bei den Umlautgraphien <ä> und <äu>". In: *Sprachwissenschaft* 23, 217–261.

Bloomfield, Leonard (1833/1984): *Language. With a new foreword by C. F. Hockett.* Chicago/London: The University of Chicago Press.

Bolte, Johannes (Hg.) (1913): *Das Volksbuch vom Finkenritter.* Zwickau: Ullmann.

Bréal, Michel (1868/1991): „The latent concepts of language". In: Wolf, George (Hg.): *Michel Bréal, The beginnings of semantics. Essays, lectures and reviews.* Stanford: Stanford University Press, 79–92.

Brekle, Herbert E. (1985): „,Volkslinguistik': ein Gegenstand der Sprachwissenschaft bzw. ihrer Historiographie?" In: Januschek, Franz (Hg.): *Politische Sprachwissenschaft. Zur Analyse von Sprache als kultureller Praxis.* Opladen: Westdeutscher Verlag, 145–156.

Brückner, Dominik (2006): „Historische Etymologien und Wortgeschichten in historischen Bedeutungswörterbüchern". In: *Lexicographica* 22, 4–23.

Bybee, Joan L. (1998): „The emergent lexicon". In: *Chicago Linguistic Society* 34, 421–435.

Bybee, Joan L. (2010): *Language, usage and cognition.* Cambridge: Cambridge University Press.

Coates, Richard (1987): „Pragmatic sources of analogical reformation". In: *Journal of Linguistics* 23, 319–340.

Croft, William (2000): *Explaining language change. An evolutionary approach.* Harlow: Pearson Education Limited.

Curtius, Ernst Robert (1948): *Europäische Literatur und lateinisches Mittelalter.* Bern: Francke.

Debus, Friedhelm (2002): *Namen in literarischen Werken: (Er-)Findung – Form – Funktion.* Stuttgart: Steiner.

Eichinger, Ludwig M. (2010): „,…es müsse sich dabei doch auch was denken lassen.' Remotivationstendenzen". In: Harnisch, Rüdiger (Hg.): *Prozesse sprachlicher Verstärkung. Typen formaler Resegmentierung und semantischer Remotivierung.* Berlin/New York: de Gruyter, 59–86.

Eisenberg, Peter (^{2}2012): *Das Fremdwort im Deutschen.* Berlin/New York: de Gruyter.

Elsen, Hilke (2008): *Phantastische Namen. Die Namen in Science Fiction und Fantasy zwischen Arbitrarität und Wortbildung*. Tübingen: Narr.

Eroms, Hans Werner/Munske, Horst Haider (Hg.) (1997): *Die Rechtschreibreform. Pro und Kontra*. Berlin: Schmidt.

Förstemann, Ernst (1852): „Ueber deutsche Volksetymologie". In: *Zeitschrift für vergleichende Sprachforschung auf dem Gebiete der indogermanischen Sprachen* 1, 1–25.

Gabelentz, Georg von der (^{2}1901/1969): *Die Sprachwissenschaft. Ihre Aufgaben, Methoden und bisherigen Ergebnisse*. Tübingen: Narr.

Gauger, Hans-Martin (1994): „Der etymologische Holzweg". In: *Zeitschrift für neue Literatur* 18, 23–39.

Girnth, Heiko/Klump, Andre/Michel, Sascha (2007): „,Du defamierst somit die Verfasser der Gästebuchbeiträge, wo wir wieder bei den Beleidigungen wären.' Volksetymologie gestern und heute im Romanischen und Germanischen." In: *Muttersprache* 117, 36–59.

Godglück, Peter (2001): „Eigenwissen und Fremdverstehen. Über die sogenannten Volksetymologien". In: *Zeitschrift für Literaturwissenschaft und Linguistik* 122, 136–149.

Heringer, Hans Jürgen (1984): „Wortbildung. Sinn aus dem Chaos". In: *Deutsche Sprache* 12, 1–13.

Hjelmslev, Louis (1968): *Die Sprache. Eine Einführung*. Aus dem Dänischen übersetzt, für das Deutsche eingerichtet und mit einem Nachwort versehen von Otmar Werner. Darmstadt: Wissenschaftliche Buchgesellschaft.

Hopper, Paul (1998): „Emergent grammar". In: Tomasello, Michael (Hg.): *The new psychology of language. Cognitive and functional approaches to language structure*. Mahwah/London: Erlbaum, 155–175.

Ickler, Theodor (1999): „Spekulative Volkslinguistik". In: *Zeitschrift für Dialektologie und Linguistik* 66, 296–307.

Junker, Heinrich (1948): *Sprachphilosophisches Lesebuch*. Heidelberg: Winter.

Krapinger, Gernot (Hg.) (2014): *Platon, Kratylos. Griechisch/Deutsch*. Stuttgart: Reclam.

Keller, Rudi (^{3}2003): *Sprachwandel*. Stuttgart: Francke.

Kutschera, Franz von (^{2}1975): *Sprachphilosophie*. München: Fink.

Lehmann, Christian (2007): „Motivation in language. Attempt at a systematization". In: Gallmann, Peter/Lehmann, Christian/Lühr, Rosemarie (Hg.): *Sprachliche Variation. Zur Interdependenz von Inhalt und Ausdruck*. Tübingen: Narr, 105–140.

Lyons, John (1968): *Introduction to theoretical linguistics*. Cambridge: Cambridge University Press.

Martinet, André (1963): *Grundzüge der allgemeinen Sprachwissenschaft*. Stuttgart: Kohlhammer.

Mayer, Erwin (1962): *Sekundäre Motivation: Untersuchungen zur Volksetymologie und verwandten Erscheinungen im Englischen*. Universität zu Köln: Köln.

Mečiarová, Martina (2015): *Semantische Remotivierung als Produkt laienhafter Reflexion über Sprache*. Hamburg: Buske.

Munske, Horst Haider (2005): *Die angebliche Rechtschreibreform*. St. Goar: Leibniz-Verlag.

Nerius, Dieter (Hg.) (^{4}2007): *Deutsche Orthographie*. Hildesheim: Olms.

Nübling, Damaris/Fahlbusch, Fabian/Heuser, Rita (2012): *Namen. Eine Einführung in die Onomastik*. Tübingen: Narr.

Olschansky, Heike (1996): *Volksetymologie*. Tübingen: Niemeyer.

Olschansky, Heike (2005): *Täuschende Wörter. Kleines Lexikon der Volksetymologien*. Stuttgart: Reclam.

Panagl, Oswald (2005): „Volksetymologie und Verwandtes". In: Cruse, D. Alan, et al. (Hg.): *Lexikologie. Ein internationales Handbuch zur Natur und Struktur von Wörtern und Wortschätzen*. Berlin/New York: de Gruyter, 1346–1352.

Panther, Klaus-Uwe/Radden, Günter (2011): „Introduction: Reflections on motivation revisited". In: Panther, Klaus-Uwe/Radden, Günter (Hg.): *Motivation in grammar and the lexicon*. Amsterdam/Philadelphia: Benjamins, 1–26.

Paul, Hermann ([10]1920/1995): *Prinzipien der Sprachgeschichte*. Tübingen: Niemeyer.

Radden, Günter/Panther, Klaus-Uwe (2004): „Introduction: Reflections on motivation". In: Radden, Günter/Panther, Klaus-Uwe (Hg.): *Studies in linguistic motivation*. Berlin/New York: Mouton de Gruyter, 1–46.

Rohde, Wolfgang (1985): „Volksetymologie und Sprachbewußtheit". In: Januschek, Franz (Hg.): *Politische Sprachwissenschaft. Zur Analyse von Sprache als kultureller Praxis*. Opladen: Westdeutscher Verlag, 157–174.

Ronneberger-Sibold, Elke (2002): „Volksetymologie und Paronomasie als lautnachahmende Wortschöpfung". In: Habermann, Mechthild/Müller, Peter O./Munske, Horst Haider (Hg.): *Historische Wortbildung des Deutschen*. Tübingen: Niemeyer, 105–127.

Ronneberger-Sibold, Elke (2006): „Lexical blends: Functionally tuning the transparency of complex words". In: *Folia linguistica* 40(1–2), 155–181.

Ruberg, Uwe (1982): „Rhetorische und hermeneutische Komponenten literarischer Namendeutung". In: Rymut, Kazimierz (Hg.): *Proceedings of the thirteenth international congress of onomastic sciences. Cracow, August 21–25, 1978. Volume II*. Wroclaw: Ossolineum (The Publishing House of the Polish Academy of Sciences), 319–326.

Saussure, Ferdinand de ([2]1931/1967): *Grundfragen der allgemeinen Sprachwissenschaft*. Berlin: de Gruyter.

Scholfield, Phil (1988): „Documenting folk etymological change in progress". In: *English Studies* 69, 341–347.

Sieveke, Franz G. (Hg.) (1995): *Aristoteles, Rhetorik*. München: Fink.

Škara, Danica (1999): „A linguistic approach to the analysis of folk etymology". In: *Lore and Language* 17(1–2), 57–63.

Tomasello, Michael (2003): *Constructing a language. A usage-based theory of language acquisition*. Harvard: Harvard University Press.

Ullmann, Stephen (1967): *Grundzüge der Semantik. Die Bedeutung in sprachwissenschaftlicher Sicht*. Deutsche Fassung von Susanne Koopmann. Berlin: de Gruyter.

Wundt, Wilhelm ([4]1921): *Völkerpsychologie. Eine Untersuchung der Entwicklungsgesetze von Sprache, Mythus und Sitte*. Erster Band: Die Sprache. Erster Teil. Stuttgart: Kröner

Verzeichnis der Autorinnen und Autoren

Dr. Jörg Bücker, TU Dortmund, Institut für deutsche Sprache und Literatur/Westfälische Wilhelms-Universität Münster, Germanistisches Institut.
E-Mail: joerg.buecker@uni-dortmund.de, bueckerj@uni-muenster.de.
Forschungsschwerpunkte: Gesprächslinguistik, Grammatik, Sprachwandel.
Ausgewählte Publikationen: Bücker, Jörg (2012): *Sprachhandeln und Sprachwissen. Grammatische Konstruktionen im Spannungsfeld von Interaktion und Kognition.* Berlin/New York: de Gruyter. Bücker, Jörg (2013): „Position offerings in German radio phone-in talk shows". In: *Journal of Pragmatics* 45(1), 29–49. Bücker, Jörg (2016): „Focus, scales, and concessive conditionals in German". In: *Language Sciences* 58, 163–177. Bücker, Jörg (2017): „Komplexität diachron. Zur Entstehung der Zirkumpositionen im Alt- und Mittelhochdeutschen". In: Hennig, Mathilde (Hg.): *Linguistische Komplexität - ein Phantom?* Tübingen: Stauffenburg, 197–221.

Prof. Dr. Frank Liedtke, Universität Leipzig, Institut für Germanistik, Bereich Sprachwissenschaft. E-Mail: liedtke@uni-leipzig.de. Forschungsschwerpunkte: Pragmatik, Grammatik, Sprachphilosophie, öffentlicher Sprachgebrauch.
Ausgewählte Publikationen: Liedtke, Frank/Schulze, Cornelia (Hg.) (2013): *Beyond Words. Content, Context, and Inference.* Berlin/Boston: de Gruyter Mouton. Liedtke, Frank (2016): *Moderne Pragmatik. Grundbegriffe und Methoden.* Tübingen: Narr. Liedtke, Frank (2016): „Kulturwissenschaftliche Orientierung in der Pragmatik". In: Jäger, Ludwig et al. (Hg.): Sprache – Kultur – Kommunikation/Language – Culture – Communication. Berlin/New York: de Gruyter, 786–794.

Prof. Dr. Konstanze Marx, Institut für Deutsche Sprache Mannheim, Abteilung Pragmatik und Universität Mannheim, Linguistik des Deutschen. E-Mail: Konstanze.Marx@ids-mannheim.de. Forschungsschwerpunkte: Internetlinguistik, Sprachkritik, Diskurslinguistik.
Ausgewählte Publikationen: Marx, Konstanze (2017): *Diskursphänomen Cybermobbing. Ein internetlinguistischer Zugang zu [digitaler] Gewalt.* Berlin/New York: de Gruyter. Marx, Konstanze (2017): „Rekontextualisierung von Hate Speech als Aneignungs- und Positionierungsverfahren in Sozialen Medien". In: *Aptum* 2(2017), 132–147. Marx, Konstanze (2017): „‚Doing aggressive 2.0'– Gibt es ein genderspezifisches sprachliches Aggressionsverhalten in der Social-Media- Kommunikation? Ein Diskussionsauftakt". In: Bonacchi, Silvia (Hg.): *Verbale Aggression. Multidisziplinäre Zugänge zur verletzenden Macht der Sprache.* Berlin/Boston: de Gruyter, 331–355.

Dr. Simon Meier, TU Berlin, Institut für Sprache und Kommunikation, z. Zt. TU Dresden, Institut für Germanistik. E-Mail: simon.meier@tu-berlin.de. Forschungsschwerpunkte: Korpuslinguistik, Diskurslinguistik, Medienlinguistik.
Ausgewählte Publikationen: Meier, Simon (2013): *Gesprächsideale. Normative Gesprächsreflexion im 20. Jahrhundert.* Berlin/Boston: de Gruyter. Meier, Simon (2016): „Wutreden. Konstruktion einer Gattung in den digitalen Medien". In: *Zeitschrift für germanistische Linguistik* 44(1), 37–68. Meier, Simon (2016): „Historizität der Sprechakttheorie. Zur diskursiven Einbettung von Sprechhandlungskonzepten". In: Heidrun Kämper/Daniel Schmidt-Brücken/Ingo H. Warnke: *Textuelle Historizität. Interdisziplinäre Perspektiven auf das historische Apriori.* Berlin/Boston: de Gruyter, 47–67.

https://doi.org/10.1515/9783110575484-265

Dr. Nadine Proske, Institut für Deutsche Sprache, Abteilung Pragmatik.
E-Mail: proske@ids-mannheim.de. Forschungsschwerpunkte: Interaktionale Linguistik, Grammatik des gesprochenen Deutsch, interaktive Bedeutungskonstitution.
Ausgewählte Publikationen: Deppermann, Arnulf/Proske, Nadine/ Zeschel, Arne (Hg.) (2017): *Verben im interaktiven Kontext. Bewegungsverben und mentale Verben im gesprochenen Deutsch*. Tübingen: Narr; Proske, Nadine (2014): „‚°h ach KOMM; hör AUF mit dem klEInkram.'
Die Partikel ‚komm' zwischen Interjektion und Diskursmarker". In: *Gesprächsforschung* 15, 121–160; Proske, Nadine (2013): *Informationsmanagement im gesprochenen Deutsch. Eine diskurspragmatische Untersuchung syntaktischer Strukturen in Alltagsgesprächen*. Heidelberg: Winter.

Dr. Silke Reineke, Institut für Deutsche Sprache, Abteilung Pragmatik , Mannheim.
E-Mail: reineke@ ids-mannheim.de. Forschungsschwerpunkte: Konversationsanalyse, Interaktionale Linguistik.
Ausgewählte Publikationen: Reineke, Silke (2016): *Wissenszuschreibungen in der Interaktion. Eine gesprächsanalytische Untersuchung impliziter und expliziter Formen der Zuschreibung von Wissen*. Heidelberg: Winter. Deppermann, Arnulf/Reineke, Silke (2017). „Epistemische Praktiken und ihre feinen Unterschiede: Verwendungen von *ich dachte* in gesprochener Sprache". In: Deppermann, Arnulf/Proske, Nadine/Zeschel, Arne (Hg.): *Verben im interaktiven Kontext. Bewegungsverben und mentale Verben im gesprochenen Deutsch*. Tübingen: Narr, 337–375. Helmer, Henrike/Reineke, Silke/Deppermann, Arnulf (2016): „A range of uses negative epistemic constructions in German: *ich weiß nicht* as a resource for disprefered actions". In: Journal of Pragmatics 106, 97-114.

Dr. Daniel Schmidt-Brücken, Universität Bremen, Deutsche Sprachwissenschaft/Interdisziplinäre Linguistik. E-Mail: schmidtbruecken@uni-bremen.de.
Forschungsschwerpunkte: Diskurslinguistik, Funktionale und Konstruktionsgrammatik, Pragmatik.
Ausgewählte Publikationen: Schmidt- Brücken, Daniel (2015): *Verallgemeinerung im Diskurs. Generische Wissensindizierung in kolonialem Sprachgebrauch*. Berlin/München/Boston: de Gruyter. Stolz, Thomas/Warnke, Ingo H./Schmidt-Brücken, Daniel (Hg.) (2016): *Sprache und Kolonialismus. Eine interdisziplinäre Einführung zu Sprache und Kommunikation in kolonialen Kontexten*. Berlin/München/Boston: de Gruyter Studium. Lossau, Julia/Schmidt-Brücken, Daniel/Warnke, Ingo H. (Hg.) (erscheint 2018): *Contradiction Studies. An interdisciplinary approach*. Wiesbaden: Springer VS.

Prof. Dr. Ulrike Schröder, Universidade Federal de Minas Gerais (Brasilien), Fachgebiet Germanistik und Allgemeine Linguistik. E-Mail: schroederulrike@gmx.com.
Forschungsschwerpunkte: Kognitive Linguistik, Interkulturelle Pragmatik, Interaktionale Linguistik.
Ausgewählte Publikationen: Schröder, Ulrike (2012). *Kommunikationstheoretische Fragestellungen in der kognitiven Metaphernforschung. Eine Betrachtung von ihren Anfängen bis zur Gegenwart*. Tübingen: Narr. Schröder, Ulrike (2017): „The interactive (self-)reflexive construction of culture-related key words". In: Kecskes, Istvan/Assimakopoulos, Stavros (Hg.): *Current Issues in Intercultural Pragmatics*. Amsterdam: Benjamins, 182–205. Schröder, Ulrike (2015): „The interplay of verbal, vocal, and visual cues in the co-construction of the experience of alterity in exchange students' talk". in: *Journal of Pragmatics* 81, 21–35.

Prof. Dr. Dr. h.c. Monika Schwarz-Friesel, TU Berlin, Fachgebiet Allgemeine Linguistik.
E-Mail: monika.schwarz-friesel@tu-berlin.de. Forschungsschwerpunkte: Kognitive Text- und
Medienlinguistik, Sprache und Emotion, Hasssprache.
Ausgewählte Publikationen: Schwarz- Friesel, Monika/Reinarz, Jehuda (2013): *Die Sprache der
Judenfeindschaft im 21. Jahrhundert.* Berlin/ New York: de Gruyter. Schwarz- Friesel, Monika
(^{2}2013): *Sprache und Emotion.* Tübingen/Basel: Francke. Schwarz- Friesel, Monika/Kromminga,
Jan-Henning (Hg.) (2013): *Metaphern der Gewalt: Konzeptualisierungen von Terrorismus in den
Medien vor und nach 9/11.* Tübingen: Narr.

PD Dr. Sven Staffeldt, Julius-Maximilians-Universität Würzburg, Deutsche Sprachwissenschaft;
z. Zt. Martin-Luther-Universität Halle-Wittenberg. E-Mail: sven.staffeldt@uni-wuerzburg.de.
Forschungsschwerpunkte: Gebrauchssemantik, Phraseologie, Pragmatik, Gesprochene
Sprache.
Ausgewählte Publikationen: Staffeldt, Sven (2017): „Begriffliche Annäherungen an Phänomene
pragmatischer Komplexität". In: Hennig, Mathilde (Hg.): *Komplexität - ein Phantom?* Tübingen:
Stauffenburg. 97–122. Staffeldt, Sven (2017): „Wortfeldtheorie". In: Staffeldt, Sven/Hagemann,
Jörg (Hg.): *Semantiktheorien. Lexikalische Analysen im Vergleich.* Tübingen: Stauffenburg,
97–149. Staffeldt, Sven (2015): „Einheiten des pragmatischen Standards". In: Dürscheid,
Christa/Schneider, Jan G. (Hg.): *Handbuch Satz, Äußerung, Schema.* Berlin/Boston: de Gruyter,
326–344.

Sachregister

https://doi.org/10.1515/9783110575484-269